21世纪高职高专规划教材

现代市场营销案例教程
（第2版）

主　编　张岩松
副主编　程　虹　刘思坚

清华大学出版社
北京交通大学出版社
·北京·

内 容 简 介

本书为适应高职各专业市场营销学课程教学的需要而组织编写。在绪论中首先对市场营销案例教学的方法、技巧和规律进行了系统总结，从而为市场营销案例分析教学目的的实现提供方法论指导。本书将市场营销学内容分为认识市场营销、市场营销环境分析、消费者行为分析、市场营销调研、市场营销战略、目标市场营销战略、产品策略、定价策略、营销渠道策略、促销策略、营销创新、行业营销等12项任务，每项任务首先是"学习目标"，让学生明确本章的要求，借用生动有趣的营销小故事导入后，本着理论够用为度的原则介绍了市场营销学的基本理论，在此基础上设置了若干个市场营销案例，每个案例包括案例内容和思考讨论训练题若干，共60余个案例，可作为规范性案例提供给学生学习和课堂讨论。为了方便学生自主学习，每项任务后配了"实践训练""课后练习题"和"拓展阅读"，以助于做中学、学中做，学做结合，提高学生市场营销实务操作能力。

本书可作为高职高专、成人高校、民办高校及本科院校举办的二级职业技术学院市场营销类课程教材，也可作为高职高专院校市场营销等商科类专业的专业综合实训教材，还可作为企业营销人员的实务操作参考书和培训教材。

本书封面贴有清华大学出版社防伪标签，无标签者不得销售。
版权所有，侵权必究。侵权举报电话：010-62782989　13501256678　13801310933

图书在版编目(CIP)数据

现代市场营销案例教程/张岩松主编. —2版. —北京：清华大学出版社：北京交通大学出版社，2018.6（2024.1重印）
（21世纪高职高专规划教材）
ISBN 978-7-5121-3381-5

Ⅰ. ①现… Ⅱ. ①张… Ⅲ. ①市场营销学－高等职业教育－教材 Ⅳ. ①F713.50

中国版本图书馆 CIP 数据核字（2017）第 258781 号

现代市场营销案例教程
XIANDAI SHICHANG YINGXIAO ANLI JIAOCHENG

策划编辑：	郭东青
责任编辑：	郭东青
出版发行：	清 华 大 学 出 版 社　　邮编：100084　电话：010-62776969
	北京交通大学出版社　　邮编：100044　电话：010-51686414
印 刷 者：	北京虎彩文化传播有限公司
经　　销：	全国新华书店
开　　本：	185 mm×260 mm　　印张：20　　字数：512千字
版　　次：	2018年6月第2版　　2024年1月第2次印刷
书　　号：	ISBN 978-7-5121-3381-5/F·1771
印　　数：	3 001～3 200册　　定价：48.00元

本书如有质量问题，请向北京交通大学出版社质监组反映。对您的意见和批评，我们表示欢迎和感谢。
投诉电话：010-51686043，51686008；传真：010-62225406；E-mail：press@bjtup.com.cn。

第 2 版前言

随着经济的飞速发展,全球经济一体化进程的加快,具有较深的营销理论基础、较高创新能力、掌握营销实践技能的高素质技术技能人才常常供不应求。在每年社会需求人才的统计排名中,市场营销人才的需求都名列前茅,然而市场营销专业的高职学生同时也面临着就业困难的尴尬局面。这对高职院校市场营销人才的培养提出了更高的要求,要求高职院校必须彻底改变"重理论""轻实践"的做法,紧跟社会发展的步伐,加强实践教学环节,适应市场经济对市场营销专业人才的要求。

实践证明,市场营销是一门实战性很强的学科,单纯的理论学习无法培养出合格的市场营销人才。营销案例是理论与实践之间的纽带,是学习市场营销理论的最佳途径。真实、生动的案例能够帮助读者更加深刻地理解市场营销的本质,使之利用相关的知识更好地解决企业市场营销中所遇到的实际问题。

鉴于此,我们在 2010 年即编写了 "21 世纪高职高专规划教材" 之《现代市场营销案例教程》(第 1 版),该教材曾先后数次印刷,受到高职院校的普遍欢迎。此次在第 1 版的基础上更新了近一半的案例,同时对内容进行了相应的梳理和优化,使《现代市场营销案例教程》(第 2 版)特色更加鲜明。具体表现为如下方面。

第一,本书秉承市场营销学的理论体系,分为认识市场营销、市场营销环境分析、消费者行为分析、市场营销调研、市场营销战略、目标市场营销战略、产品策略、定价策略、营销渠道策略、促销策略、营销创新、行业营销 12 项任务,这是目前市场营销理论体系结构中普遍认同的,本书案例体系的结构设计与此结构保持一致。

第二,选用案例的行业或产品类别广泛,并注重营销实战在中国市场的国际性思维和本土化场景。其资料来源既有作者实地调研而形成的一手资料,也有作者精心从现有资料中收集整理的二手资料,案例经典新颖,具体生动,针对性强,具有前瞻性、启发性和代表性。案例还具有小型化特点,体现规范性和实用性,注重对营销过程的焦点分析,具有"拿来即用""改了能用""易于套用"等特点,使读者耳目一新。

第三,本书体例独到,每项任务首先是"学习目标",让学生明确本章的要求,借用生动有趣的营销小故事导入后,本着理论够用为度的原则介绍了市场营销学的基本理论,在此基础上设置了若干个市场营销案例,每个案例包括案例内容和思考讨论训练题若干,共 60 余个案例,可作为规范性案例提供给学生学习和课堂讨论。为了方便学生自主学习,每项任务后还精心设计了"实践训练"、"课后练习题"和"拓展阅读"栏目,便于做中学、学中做,学做结合,满足学生从事市场营销工作的技术技能要求,激发学生的兴趣,提高学生市场营销实务操作能力。

第四,本书是案例教学的极佳范本。本书正是为适应高职各专业市场营销学课程案例教学的需要而组织编写的。它在绪论中首先对市场营销案例教学的方法、技巧和规律进行了系统总结，从而为市场营销案例分析教学目的的实现提供方法论指导。本书弥补了教学过程中缺乏案例、缺乏课堂讨论的缺陷，可使学生通过讨论和分析，从案例情景中归纳出问题，找寻解决问题的方案并择优处理，最终领悟出适合自己个人特点的思维和逻辑推理方法，从而在今后实践活动中，可以有效地运用这种逐步培育起来的思维和逻辑推理方法，来观察、分析和解决问题，培养和确立相关能力，并随着工作实践的持续进行而日趋成熟和完善。

《现代市场营销案例教程》（第2版）可作为高职高专、成人高校、民办高校及本科院校举办的二级职业技术学院市场营销类课程教材，也可作为高职高专院校市场营销等商科类专业的专业综合实训教材，还可作为企业营销人员的实务操作参考书和培训教材。

本书由张岩松主编，程虹、刘思坚任副主编。具体分工如下：张岩松确定全书体例和框架并编写了绪论、任务1、任务2、任务4、任务7、任务10；程虹编写了任务3、任务5、任务6和任务8；刘思坚编写了任务9和任务11。王海鉴、周宏波、喻继征、包红军、李健、王允、高琳、潘丽、张铭、王芳、孙培岩、徐东闽、房红怡、李晓明、张朝晖、胡旸、蔡颖颖、车秀英、于丽娟完成了每项任务下"拓展阅读"的编写。全书由刘思坚、程虹统稿。

在编写本书过程中，参阅了不少有关著作、报纸及网上资料，在此对案例和资料的原作者表示感谢。本书在成书过程中，也得到北京交通大学出版社的大力支持，亦致以深深的谢意。

由于时间、条件、水平等的限制，书中错漏之处，恳请读者批评指正，以便今后再版时充实和完善。

作　者

2017年10月

前　言

案例教学的首要功能，在于以案例学习为主，高度调动学生的积极性、创造性，引导学生通过对案例的学习，自主地进行读、写、说的训练，从而提高学生分析和解决现实管理问题的能力，这也是市场营销案例分析课程的重要特点。因此，教师要牢牢把握住本课程的这一重要特征，将其体现到整个教学过程之中去。使学生通过个人和集体的讨论和分析，从案例情景中归纳出问题，找寻解决问题的方案并择优处理，最终领悟出适合自己个人特点的思维和逻辑推理方法，从而在今后的实践活动中，可以有效地运用这种逐步培育起来的思维和逻辑推理方法，来观察、分析和解决问题，培养和确立相关能力，并随今后工作实践的持续进行而日趋成熟和完善。

本书是为适应高职各专业市场营销学课程案例教学的需要而组织编写的。绪论中首先对市场营销案例教学的方法、技巧和规律进行了系统总结，从而为市场营销案例分析教学目的的实现提供方法论指导。

本书将市场营销学内容分为市场营销概述、市场营销环境分析、消费者行为分析、市场营销调研、市场竞争战略、目标市场营销战略、产品策略、定价策略、营销渠道策略、促销策略、营销创新、行业营销等，每章首先是"学习目标"，让学生明确本章的要求，借用生动有趣的营销小故事导入后，本着理论够用为度的原则介绍了市场营销学的基本理论，在此基础上设置了若干个市场营销案例，每个案例包括案例内容和思考讨论训练题若干，共近60个案例，它们是从众多案例中精选出来的，非常适合教学使用，可作为规范性案例提供给学生学习和课堂讨论。

使用本书进行市场营销学教学应保证36课时。具体教学应分三阶段：一是案例教学导入阶段（4课时），包括案例教学概述2课时（教师讲授）、组建课堂讨论小组2课时；二是案例学习和讨论阶段（24课时）。这是市场营销学案例分析课程教学的主要阶段，在这一阶段要指导学生完成30个左右案例，这24个课时主要用于学生进行课堂讨论，少量课时由教师讲授，学生课外学习的课时不包括在这24课时内；三是书面分析报告撰写阶段（8课时），这8课时是学生进行分析成果口头表述和教师讲评的课时，并不包括学生撰写分析报告的课外课时，每个学生至少要完成两篇市场营销案例分析报告的撰写和表述。在教学过程中，建议教师应就市场营销案例的基本要求和相关问题的处理、主动学习和被动学习、案例分析的研究角度、书面分析报告的撰写、案例的口头表述技巧等内容穿插讲述，以提高学生案例分析的质量。为了增强教学效果也可以适当安排实践训练，这在每章后的"实践训练"中都做了安排。

为了便于学生自主学习，本书每章后配了"课后练习题"若干，这些练习题是参考国内外有关著作和各兄弟院校的相关教学资源，从众多实训题中精心选编而成的，每道练习题并非简单的问答题，而是需要学生消化课堂学习内容，亲身实践，动手动脑去完成的技能训练题，这些练习题可供学生在课后复习巩固时选用。

本书可作为高职院校汽车营销、旅游管理、保险营销、酒店管理、房地产经营等经济管理类专业学生的"市场营销学"教材，也可作为经济管理类专业主干课"市场营销学"的配套教材，还可供各级各类组织在职市场营销人员培训和自学使用。

本书由张岩松、包红君、王海鉴任主编，喻继征、周宏波、李健任副主编。具体分工如下：张岩松确定全书编写体例和框架并编写了第7章和第8章；包红君编写了第9章、第10章和第11章；王海鉴编写了第3章、第4章和第5章；喻继征编写了第1章、第2章和第6章；周宏波编写了第12章；李健编写了绪论部分。佟昌杰、王洪亮具体负责了全书案例的资料检索和收集工作，王芳、孙培岩、徐东闽、包红君、曹晖、房红怡、李晓明、张朝晖、胡杨、蔡颖颖、鲍文玉、于凯、于丽娟完成了全书的文字录入工作，李健完成本书的校对工作，全书由王海鉴、周宏波统稿。

在本书编写过程中，参阅了不少有关著作、报刊及网上资料，对案例和资料的原作者，在此深表感谢。本书在成书过程中，也得到了北京交通大学出版社的大力支持，亦致以深深的谢意。

由于时间、条件、水平等的限制，书中错漏之处，恳请读者批评指正。

编　者

2009年12月

目 录

绪论 ··· 1
  0.1 市场营销案例教学 ··· 1
  0.2 案例教学范例 ··· 6

任务1 认识市场营销 ··· 15
  学习目标 ·· 16
  营销故事导入 ·· 16
  1.1 市场营销概念 ··· 17
  1.2 现代市场营销观念 ·· 20
  1.3 市场营销理论 ··· 24
  案例1 海尔洗衣机"无所不洗" ·· 26
  案例2 永远追求品质第一的"劳斯莱斯" ························· 27
  案例3 令游客满意的迪士尼乐园 ····································· 29
  案例4 香格里拉酒店的营销观念 ····································· 32
  案例5 光芒厨卫浴的营销观念 ·· 33
  案例6 蚊帐将"寿终正寝"吗？ ······································ 35
  案例7 ZARA的营销传奇 ··· 36
  实践训练 ·· 40
  课后练习题 ·· 42
  拓展阅读：营销人员应具备的基本素质与技能 ················ 44

任务2 市场营销环境分析 ··· 47
  学习目标 ·· 48
  营销故事导入 ·· 48
  2.1 宏观市场营销环境 ·· 49
  2.2 微观市场营销环境 ·· 54
  案例1 入境还得先问俗 ·· 57
  案例2 速派奇"战鹰行动"大起底 ·································· 58
  案例3 "90后"消费的十大特征 ······································ 61
  案例4 湖南卫视的营销环境分析与策略 ························· 63
  实践训练 ·· 65
  课后练习题 ·· 66
  拓展阅读：市场营销环境的分析方法 ······························· 66

任务3 消费者行为分析 ··· 71
  学习目标 ·· 72

I

  营销故事导入 ··· 72
  3.1 消费者市场分析 ·· 73
  3.2 组织市场分析 ··· 75
  案例1 《富爸爸，穷爸爸》的营销之道 ··· 77
  案例2 阿雯选车 ··· 79
  案例3 康尔寿减肥茶锁定目标消费人群 ··· 80
  案例4 动感地带：年轻的选择 ··· 82
  案例5 苹果智能手机产品的体验式营销 ··· 84
  实践训练 ··· 85
  课后练习题 ··· 86
  拓展阅读：消费者购买行为模式 ·· 86

任务4 市场营销调研 ·· 89
  学习目标 ··· 90
  营销故事导入 ··· 90
  4.1 市场营销调研的程序 ·· 91
  4.2 市场营销调研的方法 ·· 93
  4.3 市场营销调研报告撰写 ·· 96
  案例1 美国航空公司的一次市场调查 ··· 98
  案例2 西班牙白叶橄榄油制胜北京市场 ··· 99
  案例3 ××大学食堂顾客信息调查问卷 ··· 100
  案例4 贝佳人引领功能型内衣行业全新蝶变 ··· 101
  案例5 有机蔬菜市场调研报告 ··· 110
  实践训练 ··· 111
  课后练习题 ··· 112
  拓展阅读：网络调查法 ·· 112

任务5 市场营销战略 ·· 115
  学习目标 ··· 116
  营销故事导入 ··· 116
  5.1 市场营销战略的含义 ·· 117
  5.2 市场营销战略的类型 ·· 117
  案例1 德克士的三大竞争战略 ··· 119
  案例2 英特尔的市场营销战略 ··· 120
  实践训练 ··· 123
  课后练习题 ··· 124
  拓展阅读：不同竞争者的战略 ·· 124

任务6 目标市场营销战略 ·· 131
  学习目标 ··· 132
  营销故事导入 ··· 132

6.1 市场细分 ··· 133
6.2 目标市场选择 ··· 134
6.3 市场定位 ··· 135
案例1 在中国多品牌市场细分的宝洁公司 ······························· 137
案例2 星巴克的目标市场战略 ··· 140
案例3 "万宝路"的市场重新定位 ·· 141
案例4 奔驰的高品质定位 ··· 143
实践训练 ··· 146
课后练习题 ·· 146
拓展阅读：人口差异与消费性向 ·· 147

任务7 产品策略 ·· 149
学习目标 ··· 150
营销故事导入 ··· 150
7.1 产品组合策略 ··· 151
7.2 产品生命周期策略 ··· 152
7.3 品牌策略 ··· 154
7.4 包装策略 ··· 156
7.5 服务策略 ··· 157
7.6 新产品策略 ·· 158
案例1 吉列感应式剃须刀开发纪实 ·· 158
案例2 "无声小狗"便鞋的产品生命周期策略 ·························· 161
案例3 3M公司的产品创新战略 ·· 162
案例4 361°的品牌崛起之路 ·· 163
案例5 罗林洛克啤酒的包装策略 ··· 168
案例6 华龙面产品组合策略分析 ··· 169
案例7 SWATCH：唯一不变的是我们一直在改变 ····················· 172
案例8 服务营销成就顺丰快递 ··· 175
实践训练 ··· 177
课后练习题 ·· 178
拓展阅读：产品组合的优化方法 ·· 178

任务8 定价策略 ·· 181
学习目标 ··· 182
营销故事导入 ··· 182
8.1 心理定价策略 ··· 183
8.2 折扣定价策略 ··· 183
8.3 差别定价策略 ··· 184
8.4 组合定价策略 ··· 185
案例1 家乐福低价策略 ·· 186

案例2　Silverado珠宝店：一个定价的悖论……187
　　案例3　iPhone产品定价的教训……188
　　案例4　阿兰·埃德蒙公司的高价策略……190
　　案例5　休布雷公司巧定酒价……190
　　实践训练……191
　　课后练习题……192
　　拓展阅读：价格调整技巧……193

任务9　营销渠道策略……197
　　学习目标……198
　　营销故事导入……198
　　9.1　营销渠道设计……199
　　9.2　营销渠道管理……199
　　9.3　营销渠道改进……201
　　9.4　营销渠道冲突管理……202
　　9.5　主要营销渠道模式……202
　　案例1　娃哈哈怎样控制分销渠道……205
　　案例2　另解"重赏之下，必有勇夫"……208
　　案例3　实施市场终端突围的龙津啤酒……209
　　案例4　LG电子公司的渠道策略……211
　　实践训练……213
　　课后练习题……214
　　拓展阅读：物流作业……214

任务10　促销策略……217
　　学习目标……218
　　营销故事导入……218
　　10.1　促销方式……219
　　10.2　促销组合……220
　　案例1　美媛春果味常润茶的强势促销……221
　　案例2　小事件带来的产品促销……223
　　案例3　"阳光牌"丝袜人员推销活动……226
　　案例4　美汁源果粒橙营销：喝出来的乐趣……227
　　案例5　北京奥运广告……229
　　案例6　耐克的促销策略……232
　　案例7　成功推出"野马"汽车的福特公司……235
　　案例8　非凡的推销员——乔·吉拉德……237
　　实践训练……240
　　课后练习题……241
　　拓展阅读：常见促销手段……242

任务11 营销创新 ·············· 245
- 学习目标 ·············· 246
- 营销故事导入 ·············· 246
- 11.1 绿色营销 ·············· 247
- 11.2 关系营销 ·············· 248
- 11.3 网络营销 ·············· 249
- 11.4 体验营销 ·············· 252
- 11.5 整合营销 ·············· 253
- 11.6 文化营销 ·············· 254
- 11.7 体育营销 ·············· 255
- 案例1 浅析华隆公司的绿色营销 ·············· 257
- 案例2 以情感营销构建客户关系的芬必得 ·············· 260
- 案例3 TCL的网络营销体系 ·············· 261
- 案例4 新疆乳液的体验营销 ·············· 263
- 案例5 "蒙牛酸酸乳超级女声"的整合营销传播 ·············· 268
- 案例6 星巴克的文化营销 ·············· 271
- 案例7 可口可乐的体育营销 ·············· 273
- 实践训练 ·············· 275
- 课后练习题 ·············· 275
- 拓展阅读：直销 ·············· 276

任务12 行业营销 ·············· 281
- 学习目标 ·············· 282
- 营销故事导入 ·············· 282
- 12.1 汽车市场营销 ·············· 283
- 12.2 旅游市场营销 ·············· 284
- 12.3 酒店市场营销 ·············· 286
- 12.4 保险市场营销 ·············· 288
- 12.5 房地产市场营销 ·············· 292
- 案例1 奇瑞QQ诠释"年轻人的第一辆车" ·············· 293
- 案例2 武夷山风景区旅游营销策略 ·············· 296
- 案例3 沙漠度假地酒店卖什么 ·············· 298
- 案例4 江苏国寿第一团队 ·············· 299
- 案例5 大连城市广场复合商业地产项目的运营 ·············· 301
- 实践训练 ·············· 302
- 课后练习题 ·············· 303
- 拓展阅读：营销师国家职业标准 ·············· 303

参考文献 ·············· 305

绪 论

0.1 市场营销案例教学

市场营销案例是根据真实的市场营销事例编写成的，它体现了企业营销工作的发展过程，是能够引起研究者思考与判断、引起企业营销人员参考与借鉴的一种实证性材料。市场营销学是一门应用性很强的学科，市场营销案例的分析与研究在学科体系中占有重要的地位。

1. 市场营销案例的含义和类型

市场营销学是一门应用性极强的综合性学科，在学习营销理论过程中，如果缺乏实际应用，就不能全面深入地了解有关理论知识体系，更难以掌握和运用这些理论知识体系，而通过营销案例分析，可以融合这些理论知识到实践活动中，培养和提高学生运用营销学理论知识分析、解决实际问题的能力。

市场营销案例是营销案例教学所使用的教材或教学资料，它是指对某一特定的营销活动的内容、情景与过程，进行客观描述的教学资料。通过对市场营销案例的研究分析，能够揭示市场营销活动的内在规律，有效地引导和促进营销案例分析的开展和进行。

营销案例有着众多的类型，按不同的分类标志，有不同的分类情况，最基本的分类有如下几种。

（1）小型案例、中型案例和大型案例。小型案例、中型案例和大型案例是按营销案例的篇幅长短划分的。

小型案例的篇幅短小，一般指 2 000 字以下的案例，案例所反映的矛盾单一，层次比较简单，线索清晰，所要解决的问题是简单的营销活动问题，如营业推广某一具体形式的运用失败，某一印刷广告的出台及其优势等。

中型案例，从字数的角度来说，一般指 2 000～5 000 字之间的营销案例，案例反映了一组相关矛盾，结构、层次比较丰富，情节线索也显得复杂，所反映和解决的问题则多是营销活动中的重要问题，如某一产品的市场细分和市场定位，某一新产品的商品化开发等。

大型案例往往以反映和解决综合性营销问题为主，从篇幅上看，一般超过 5 000 字。因此容量较大，矛盾多样，层次复杂，线索繁复，情节错综多变，综合性地反映了营销活动行为。可以是企业为处理关系极大的事件而开展的营销活动，如产品策略或价格策略的综合运用，也可以是企业的整体思路与连续性的营销活动，如企业的市场选择和市场进入的过程活动等。

（2）专题性案例和综合性案例。专题性案例和综合性案例是按营销案例的内容划分的。

专题性案例一般是针对营销活动某个方面的专门问题的案例,活动目标比较简单,适用的理论知识比较集中、单一,说明的问题也较明确和专门化,便于有针对性地培养应用理论解决相关问题的能力。

综合性案例一般以市场活动中,企业运作所存在的事关全局性的问题,或重大事件活动为内容,叙述其出现、发展乃至绩效情况等。这类事件或问题往往有许多相关因素,尽数罗列,在分析和解决问题时需抓住主要矛盾和关键环节,能培育学生综合运用所掌握的全部理论知识、解决实际问题的能力。

（3）评审型案例和分析型案例。评审型案例和分析型案例是按营销功能划分的。

评审型案例介绍具体的某个企业营销实务的全过程,有现成的已定方案和措施,要求对该方案进行品评和审定,指出方案和措施的科学性和关键性,也同时指出、分析其疏漏和不足。整个评审要以市场营销学的基础理论为根据,这类案例可以描述发现与处理问题的全过程,培养对已定方案和措施的评审能力,一般不叙述执行结果。

分析型案例是在对营销活动状态的描述中显露或隐藏一定的问题,要求能将这些问题寻找和挖掘出来,分清主次,探索原因,最后拟定对策,做出方案抉择。对培养学生观察、分析、解决问题的能力有很大帮助。

2. 市场营销案例的构成

营销案例研究是一般案例方法与市场营销理论体系的有机结合,因此营销案例的完整构成,可以从其内容构成和形式构成两个方面来说明。

（1）营销案例的内容构成。符合教学目的或使用要求的营销案例,在其具体内容和表达上,虽然十分丰富多彩,但总的来说,必须具备以下要素,才构成一个完整的营销案例。

① 目标。凡是营销案例分析,都有一定的目标或目的性。缺乏目的或目标的营销案例分析没有实际意义。而且案例分析也不是纯理论性的活动,通过阅读、讨论或争议,使学生对营销案例所描述的事件有一个思考、处理的过程,最终是以揭示营销活动内在规律、增进对其认识为目的。因此,营销案例应包含至少对一项营销活动及其规律的说明,可以是揭示事件矛盾的活动;可以是说明活动的变化过程;还可以是指明事件发展趋势等。营销案例应把对营销活动有规律的说明作为营销案例的主题或中心思想,进行编写及组织讨论,而使其成为营销案例内容构成中的目标要素。

② 主体。任何市场营销活动都来自特定的活动主体,从这个角度出发来认定营销活动的条件、环境状况,继而采取相应的运作程序或过程活动。换句话说,任一营销案例都应当有事先确定的主体,以其立场、观点来叙述营销实务的过程或运作,可以是从宏观调控的政府部门观点来述说,也可以是从市场营销的当事人如生产者、经销者或消费者的观点来描述活动过程。即使是同样的事件,立场、观点不同对事件的看法和处理也会完全不一样。因此,虽不局限于一个主体,但应防止在描述事件时,让人分不清是谁而无法处置事件。因此,不同的活动主体,会有不同的事件描述内容。这是营销案例来源于新闻报道、人物特写而又与其不同的地方,也是编写、学习案例时应关注的地方。

③ 客体。市场活动的客体指贸易对象。仅有主体,没有贸易对象,谈不上营销活动的运作,也就没有营销案例。因此,在营销案例中,客体是特定的并且不能随意变动或修改。在一个案例中,客体对象一般是有限个数的,多数情况下一两个客体已足够。太多的客体对象,容易造成思路混乱、表达不清晰。而实际上营销活动的任何一个客体,其本身已有相当

丰富多彩的表现形式，是导致营销活动多样化的重要原因。因此，营销案例所涉及的客体是特定的有限个数的贸易对象。

④ 背景条件。市场营销活动都发生在特定的背景条件之中。这种背景条件有宏观的，如政治、经济、社会文化、科学技术等方面；也有微观的，如具体时间、地点、涉及人物及历史沿革等。不注意或缺少这些背景条件，主体活动会成为不可理喻的活动行为或盲目进行的运作，还会成为虚拟的故事或说教式的叙述。背景条件，一方面使主体活动具体化和明朗化；另一方面能克服就事论事的倾向，培养将营销活动与多方面因素联系起来处置的观点和思维习惯。有些背景条件，尤其是宏观营销环境，与事件的联系可能不是直接的或显著的，但始终有着或多或少的联系，在编写学习营销案例时应予以重视。

(2) 营销案例的形式构成。营销案例的形式构成，指营销案例的格式、编排程序和结构。一般说来，营销案例从形式表现上由以下三部分构成。

① 案例标题。案例标题是对所描述的营销活动最具概括性的归纳和揭示。一般有单一标题和复合标题（即主标题加上副标题）两种形式，可根据具体需要选择其中一种形式。要求案例标题能起画龙点睛的作用，既让人对该案例有一个方向性的了解，又能吸引人们对该案例产生阅读的兴趣。

② 案例正文。正文部分是营销案例的主干内容，一般包括事件、分析、问题和思考等多方面。首先要描述事件活动发生、发展的全过程，要求背景材料完整、情节清晰，既要简明易读，反对过于文学化，又要层次清楚，能将活动的来龙去脉说清楚，尤其要注意重点突出与防止遗漏重要细节相结合。其次，对该事件进行科学合理的分析，既不能只做简单的机械分割，也不能变成事件描述的段落大意，而是需要概括性好，有一定理论深度和展开力度。再次，应能提出进一步思考的思路，揭示事件活动显露或隐藏的问题。

③ 案例结尾。结尾部分一般是对正文部分的总结和归纳，如解决问题的方案措施的策划、组织，事件发展的未来趋势等，必要时还要用数字、图表加以说明和介绍。

总之，营销案例的编写没有固定的模式，要注意防止案例公式化的倾向，因为多样化的案例能使案例教学的启迪性更加明显。

3. 市场营销案例教学的组织

案例教学是一项系统工程，不同于传统教学中以教师为主的方式。教学组织是教学效果的重要因素，在进行案例教学时，有两个前提条件：一是教学时间的保证，在编制教学计划时必须预先做安排，留出适当和必要的时间，与前驱课程和后续课程结合起来，相互促进，不能脱离教学规律而孤立地进行；二是所用教材、资料，目前多数是任课教师自行编写，并未形成统一的规范或格式。案例的学术价值、交流工作亟待加强。

市场营销案例教学的组织在这两个前提条件的基础上注意以下问题。

(1) 坚持两个基本原则。案例教学的目的在于着重提高学生分析问题和解决问题的能力，从这个基本观点出发，教师在组织学生分析、研究案例过程中，要遵循两个基本原则。

① 启发、引导学生独立思考的原则。要让学生提出自己的或小组的见解，自己去分析、解决问题。教师的主要责任在于启发、引导学生展开争辩，逐步统一认识。见解不能统一，只要有理，应允许几种可能的见解存在。应切忌在学生见解不一致时，教师出面裁判是非，这种做法本身是违反案例教学指导思想的，很不利于开发学生智力。

② 尊重学生的创见的原则。学生对案例的分析研究结论，即使超出教学指导书所包括

的几种可能的见解，只要有理有据，就应该认为是正确的，是有创见的，教师应从中汲取智慧。教师在做案例分析研究结果的评价时，应充分肯定各种见解的合理性。如有不足之处，可以提出问题，加以引导，让学生自己补充，切忌简单公布"标准答案"。

（2）运用多种教学方式。营销案例教学的具体方式是多种多样、生动活泼的，一般有以下几种。

① 个人练习方式。把案例练习材料发给每一个学生，要求他们独立思考，并在规定的时间内做出自己的判断，然后在全班发言。可以由本人举手发言，也可以由教师随意点名请学生发言。最后大家对所发表的看法进行评论、修改和补充。发言者对评论者的意见可以发表看法，进行评论、修改和补充。发言者对评论者的意见也可以发表相反意见，经过争辩，获得正确的认识。

② 小组讨论方式。这种方式是以小组为单位，对案例进行讨论、分析，这是案例分析经常使用的一种方法，但对小组成员的构成有一定的要求。案例小组要有代表性，教师可根据学生年龄、性别、阅历、经验等因素将全班分成几个小组。目的在于让学生互相启发，取长补短。

③ 全班辩论方式。由个人或各小组代表在班里介绍对案例所进行的分析、判断和决策，然后让大家争辩，逐渐求得一个比较完整、比较统一的见解。在讨论过程中，教师对所讨论、争论的问题应该心中有数，要引导学生集中讨论中心问题，防止争论漫无边际。

④ 角色扮演游戏方式。这是一种模拟教学形式，是案例教学过程中经常用的比较生动的方法，使学生确有身临其境之感。其做法是：让学生分别扮演案例中的不同人物，事先不准通气商量，只知道自己所扮演的角色和要达到的目的，按案例要求进行活动，通过角色将案例材料向学生公布，并由扮演者发表自己的见解，谈谈自己是否达到了预想的目的，是否取得了更好的效果，再让全班学生评论哪位"演员"最"出色"。

（3）注意案例考试与评分。尽管案例没有唯一正确答案，但通过具体分析，可从理论是否联系实际，逻辑分析、表达和沟通能力，处理人际关系的能力及有无独到见解等方面考虑确定评价和评定成绩。这里根据杨明刚教授主编的《市场营销100个案例与点析》（机械工业出版社2004年版）的有关内容整理，供教学时参考。

① 考试形式、注意事项与应试技巧。市场营销案例课程考试常见的形式如下。第一，课外作业式：开卷。老师布置了案例考题后，让学生利用课外业余时间进行分析，然后再指定时间交上来。第二，课堂限时式：开卷或闭卷。即允许携带翻译论著、笔记及其他参考资料。这种考题与平时布置讨论作业比，篇幅相对较短，内容较简单，因而略容易些。

注意事项。案例考试的要求，一是要切题，二是要简明，三是要有重点。答卷方式之一，是开门见山地列出你的主要论点和建议，再注上必要的支持性论据，如"我建议采用以下方案：……理由是：一、二、三、四……"

应试技巧：第一，先看题目，从题目中可以看出问题的重点与方向。第二，标出重点，阅读案例，根据从问题中得到的方向，将重点标出，以简化文章内容，并作为回答时的主要参考。第三，归纳分析，掌握案例的层次感，并运用图形或流程图说明案例的整体框架，然后归纳分析。第四，合理解答，提出的解决方案或建议要符合客观实际，不要好高骛远，追求所谓的最佳答案。

② 成绩评定。第一，评分结构：典型案例教学课程的常见评分结构是课堂讨论占25%，

案例分析报告占 25%，期末考试占 50%。第二，评定办法。根据教育及学生的情况及特点，下面举出的是某校市场营销案例分析课程期末成绩的评定办法。本课程的总成绩由下列三个部分组成，满分合计为 100 分。

第一，出勤与参与，占课程总成绩的 15%，最高分为 15 分。

评分难度	出勤	参与的主动性	参与的质量
百分比	30%	40%	30%
评分范围	4.5 分	6 分	4.5 分

第二，平时作业，占课程总成绩的 25%，最高分为 25 分。

评分难度	内容的充实性	结构的逻辑性	知识的应用性	创见性
百分比	20%	20%	30%	30%
评分范围	5 分	5 分	7.5 分	7.5 分

第三，期末考试，占课程总成绩的 60%，最高分为 60 分。

评分难度	分析的逻辑性	判断理由的充足性	已知知识的应用性	创新性
百分比	20%	20%	30%	30%
评分范围	12 分	12 分	18 分	18 分

(4) 把握基本教学环节。营销案例教学的应用过程是一个循环的完整的过程，这一过程包含五个基本环节，把握这些基本教学环节是营销案例教学取得成效的关键。下面对这五个基本环节进行分析。

① 从理论出发，精选案例。案例教学效果如何，在很大程度上取决于教师能否选择恰当的案例，精选出的案例应当是典型的、有代表性的、最能揭示所学理论的案例。精选案例要求教师必须吃透教材，即不仅要弄懂教材中的概念原理，还要弄懂知识间的内在联系，即知识的结构体系。这是精选案例的基础。要选择与教学内容和教学目的密切相关的正面与反面的典型案例，寓所教理论于案例之中。

② 情景描述，介绍案例。最简单的情景描述，是将编写后的文字资料，提供给学生自行阅读。较短的资料仅有数百字，长篇资料可达四五千字甚至更多。就内容来说，叙述重心多为企业、人物和经济活动，要求有比较完整的情景过程，有时还要用小标题将其分成若干部分。就表现形式来说，单纯的文字介绍最为常用。为说明企业或活动的状态，也可辅以表格和示意图等形式。在文字处理上，以第三人称或旁观者的记叙式为最多，也可用第一人称自述或采访对话式的记录。总之，这些文字叙述为主、图表说明为辅的案例，应当让人阅读之后对整个事件概况有清楚而具体的认识。有时为了加强这种认识，还可以将幻灯片、录像片等视听手段结合使用，或者单独使用。

值得注意的是，长篇叙述或综合性案例，应在教师指导下阅读，否则不易抓住重点，对图文并茂的这类案例往往应先行布置作业，安排充足的阅读时间。

③ 提炼理论，分析案例。这是营销案例教学最重要的一步。通过师生共同对案例的分析，总结归纳出带有普遍规律性的营销理论。这种理论是学生亲身实践经验的总结，

是学生的直接经验，理解得透彻，记得也牢。这一步要求精心设计所提问题，提出什么样的问题关系到能否总结归纳出要学的营销理论，因此要求教师一方面在吃透教材和案例的基础上，依据教材内容的逻辑结构，针对案例所提出具有相应逻辑结构的问题，使师生双方通过对这些问题的分析，一步一步地得出所学理论；另一方面要防止简单的"是"与"否"的提问，避免案例教学流于形式。问题要一个一个地提出，并引导学生渐次分析。引导学生总结归纳出相应的理论，使学生切实体会到理论如何来自于实践；要充分发挥分析过程中教师的引导作用，对学生的各种回答做出恰当的评价，以保证分析沿着预定的目标进行，逐步接近案例所包含的理论实质，使理论的提炼自然贴切，切忌强拉硬扯，牵强附会。

④ 应用理论，审视案例。这一环节就是让学生应用通过案例分析得出的营销理论，反过来站在理论的高度，重新审视案例，分析案例中正确应用营销理论的成功所在，或没有正确应用营销理论的失败之处；也可分析在改变案例客观环境的假设条件下，可能再现的另外结果；设想个人作为公关工作者操作该案例的所作所为。由此使理论回到实践，这样还可以进一步加深学生对理论的理解，巩固所学的理论。在此，教师还可以改变角度，就当前的案例，从多方面向学生提出新的问题。通过学生的分析，使他们进一步明确理论的效力；教师也可展示新的案例，让学生运用提炼的理论去分析，进一步调动其思维活动，增强其理论应用的能力。

⑤ 总结归纳，形成体系。案例教学自"实践"开始，这样得出的理论往往是独立的。因此，每堂课教师最后必须归纳总结，形成一个具有内在逻辑联系的知识体系，以便于学生的进一步理解和巩固。总结归纳可由教师来进行，也可引导学生来进行。

0.2　案例教学范例

1. 案例讨论提纲实例

案例：中日合资洁丽日用化工公司

十几年前，洁丽公司与日本丽斯公司进行技术合作，向国内引进该公司丽斯品牌的化妆品，双方各投资40%，另有20%由建厂当地乡镇的个体户出资建成。日本丽斯品牌在日本不出名，由于中国当时开放不久，日用化工商品尤其是化妆品缺乏，大家也不在乎品牌。十几年来，合资生产的丽斯产品在江南一带颇具知名度，有数百个专柜遍布城乡各地的小百货商店，并有几百位化妆师（销售与推广）和美容店。近两三年由于人们消费水平提高，以及不少欧美品牌进入中国市场，丽斯在人们心目中地位下降，销路萎缩，此时那几个20%份额的小股东希望出让股份并撤资。假使你是洁丽公司的负责人，你有哪些应对策略和方案？

课堂案例讨论提纲如下。

1) 有三种可能方案

(1) 品牌重新定位。

(2) 收购散户小股东的股份，使洁丽公司控股超过50%，然后找一流的厂商进行技术合作或代理一流产品。

(3) 寻找机会脱售持股。

2）方案的分析

方案 1

利：可利用原来已建立的销售渠道、服务人员及与经销商的良好关系、化妆品本身的价值、较难衡量的较高附加值，重新进行市场定位锁住目标市场。

弊：因为市场变化快，进口关税逐渐降低，会使整个企业转型有较高的风险。

方案 2

利：可利用原有的销售渠道与服务人员，除可重新进行市场定位外，还可与其他知名品牌厂商合作，进入其他市场；控股权扩大，经营方式较有弹性。

弊：投资金额较大；日方态度不易掌握。

方案 3

利：避免激烈竞争，可将资金转作他用。

弊：原有的渠道和人员、队伍全部放弃相当可惜。

3）建议

采用方案2，接受小股东的退股建议。

本题的关键点是：① 想要放弃原有的市场或产品，而进入全新的陌生领域；② 只想创造新产品，放弃原有产品的改善。两者都可能使事业受到更大的损伤。

但是产品的创新或多角度化使用，也有可能为公司创造更好的将来，成败的关键在于信息的收集是否齐全、利弊评估是否确实。

2．学生案例分析实录

以下学生案例分析实录选自梅子惠主编的《现代企业管理案例分析教程》（武汉理工大学出版社2006年版），现转录于此供参考。

蔡×同学的案例分析

1）实例选择统计表

学生姓名：蔡×　　　　指导教师：方××

实例命名	选能干的，还是选会说的
实例表述	C集团是欧洲著名连锁超市集团，在某市筹建一家超市时，需要招聘超市工程部经理，在众多应聘者之中，有两位表现比较突出，介绍如下。 马卫达，27岁，已于机械制造专业大专毕业4年。大专毕业后进入某中法合资汽车厂设备动力部，任助理工程师，一直从事汽车制造设备配件的采购工作，在业余时间自学取得科技英语专业本科毕业证。英语口语流利。余海宏，33岁，设备管理专业本科毕业，22岁毕业后到武汉一家大型百货商场任中央空调操作班长、配电设备主管，已任工程部经理3年，熟悉大型百货商场的配电、照明、动力、通风空调等设备的运行维护管理，机械维修的动手能力也很强，但英语口语能力不行

续表

实例命名	选能干的，还是选会说的
	在由店长法国人罗伯特主持的面试中，马卫达直接用英语回答了罗伯特的提问，并用流利的英语陈述了对超市工程部的工作设想。余海宏在面试时，由于超市的翻译不熟悉设备管理的专业词汇，他对面试问题的回答没能准确地翻译给罗伯特，罗伯特给他的分数远远低于给马卫达的。在店长的坚持下决定录用马卫达为工程部经理。三个月后，德国 M 集团也在该市开了一家超市，余海宏成功受聘上了工程部经理的职务。 一年后的 8 月份，由于中央空调操作工辞职，临时招聘不到操作工，马卫达自己亲自操作机器，由于他不熟悉操作规程，使中央空调超负荷运行，导致空调电机烧毁，给超市造成设备直接损失 10 万余元，这次事故使超市室内温度超过 36℃ 达一周之久，给超市营业收入和声誉带来重大的损失。 根据市商业管理委员会的统计，余海宏所在的 M 集团超市的各项设备经济技术指标如单位面积用电量、设备维护费等大大优于马卫达所在的超市
选学和重温有关的资料和管理原理	1.《人力资源管理》 2.《跨国公司的人力资源管理》

2) 案例分析

正确把握岗位能力要求，避免招聘失误

从案例中的情况来看有以下几点是 C 集团武汉超市工程部经理招聘甄选失败的主要原因。

(1) 母公司的岗位能力要求不能照搬到子公司，虽然一个跨国公司旗下的连锁超市的经营方式、组织结构、职位设置几乎完全相同，但由于所在国政府法规、供应商特点、客户需求等内外经营环境不同，其设置的职务名称虽然一样，但其工作内容可能差异很大。同样是超市工程部经理，在法国店里手下只管两个人，主要工作是选择设备维修服务商、配件供应商，监督服务的质量、进度和工作安全等，不必自己动手操作设备。在中国，由于设备运行维修服务市场还不成熟，缺少优秀的设备管理服务公司为超市提供全方位的运行和维修服务，再加上中国劳动力便宜，设备服务外包的成本远远高于自己组建一支队伍进行自我服务。因此同样面积的超市，中国店的工程部人员比法国店的多得多，工程部经理的工作内容也因此相差很大。用法国店工程部经理的甄选标准来招聘中国店的经理，显然是错误的。店长罗伯特以前在法国店当过工程部经理，以法国店的要求来衡量中国的应聘者，按这个要求马卫达是合格的。但中国的情况不一样，中国店的工程部经理不仅要善于跟供应商打交道，还要熟悉超市各种设备的性能，基本掌握其操作和维修技术，既要当好指挥员，必要的时候还要能亲自动手操作维修机器，当好战斗员。

外籍主试人应该克服语言障碍，客观地对应聘者进行评价。

在面试时语言的交流是否通畅影响到主试者的判断，壳牌石油公司的经验是："对沟通能力的评价已经降低。从理论上讲，沟通技巧是评价候选人的一项很好的指标，但实际上，如果应聘者的英语不流利，而面试人又不会说当地话，应聘者的得分肯定低于其应得分数。"因此当马卫达能不通过翻译用英语与罗伯特进行良好的沟通时，由于晕轮效应的影响，他参

加工作时间不长,没有商场设备运行维修管理经验,机械专业的学历是大专,技术职称只是助理工程师等缺点就显得不那么重要了。但工程部经理这一职务对这些技能的要求是客观存在的,如果不具备这些技能,工作绩效肯定不高,从这一点来说,后来出现设备事故也是迟早的事。相反,余海宏由于英语口语能力不强,需要通过翻译回答罗伯特的问题,翻译词不达意,使具有决定权的罗伯特认为他不行,其实是他口语能力不强的缺点掩盖了他具有多年商场设备管理经验、本科毕业、专业对口、有工程师职称等与马卫达相比的优势。

(2) 不同的职位对外语能力的要求应该不一样,超市中各职位对外语能力的要求应该是不一样的。外企一般对不同级别的人外语水平要求不同,如对收银员外语要求肯定是比财务经理低,但同级别的中高层的管理人员对外语的要求也应该不同。需要经常与外籍经理和总部进行沟通的人外语要求高一些,如店长秘书、财务部经理等。不同职位对外语听、说、读、写能力要求的侧重点也应该不同。对店长秘书的英语口语能力的要求肯定比工程部经理要高。当然在案例中,如果余海宏是一个全才,英语水平与马卫达一样,罗伯特也会选他不会选马卫达。但全才的工作选择余地大,对薪酬的要求高,雇用他们企业所付出的工资会比专业技能强、外语水平不高的人多得多,而且还不见得能找到这种人。因此必须对每一个职务进行科学的工作分析,依据不同职位对外语能力、技术技能、组织指挥能力、学习创新能力的不同侧重要求,得出对各种能力要求层次不同的招聘甄选标准,依照这样的标准才不会选错人。

跨国公司管理人员本地化是一个大趋势,在这个进程中,我们必须按照人力资源管理的客观规律认真做好工作分析,制定科学的招聘甄选标准,努力克服语言交流造成的评价偏差,让本地人在招聘过程中拥有更多的决定权,只有这样才能顺利完成本地化的战略目标。

3) 案例分析见解口头表述评估

案例分析见解口头表述评估表如表 0-1 所示。

表 0-1 案例分析见解口头表述评估表

考核项目 \ 档次	好(20分)	中(15分)	差(10分)
案例是否清楚	清楚 √	较清楚	不清楚
研究角度是否正确	正确	较正确 √	不正确
分析是否新颖	新颖	较有新颖性 √	无新颖性
建议是否可行	可行	基本可行 √	不可行
表达能力鉴定	√		
定量分析合计/分		85	

4) 评语

本地化是许多跨国公司的重要战略。随着生产、研发、销售、采购本地化的推进,人力资源本地化变得越来越迫切。在执行层和管理层，本地人才完全能够达到职位要求，其本地化程度比决策层的高级管理职位高得多。招聘甄选这些员工的标准是与母公司所在国一样呢，还是应该根据子公司的实际情况，重新进行工作分析编写出新的职务说明书，按其要求招聘甄选？对员工外语能力的要求应该根据不同职务工作内容的不同而有区别，不能用一个标准来要求。外籍主试人应该尽量克服语言障碍，客观地对应聘者进行评价。派往子公司的高级管理人员中，能使用驻在国语言和熟悉其文化特征的人，可以更好地执行人力资源本地化的战略。

实例叙述得清楚、简洁、完整，这是正确展开案例分析的前提和基础，本实例分析的成功之处在于，能从外资超市管理的实际事例中，发现跨国公司人力资源管理这一伴随着我国改革开放程度的提高出现的新问题，并对人力资源本土化中最关键的环节——招聘中出现的问题进行比较深入的分析。在分析中应用的理论依据正确，提出的建议具有可行性。

从上可以看出，该生能够运用所学管理理论知识分析和解决实际问题。

指导教师：方××

×××年×月×日

3. 案例教学课堂实录

郑州大学升达经贸管理学院陈怡老师完成了一堂精彩的管理学案例教学课（见《一堂精彩的管理学案例教学课——联系实际生活，认清管理本质》，《管理观察》2008年第10期），现录于此供大家参考。

1）案例背景

（1）时间。按照正常教学计划，在讲完第一章"管理概述"之后，安排一次案例讨论课，针对本章的重点、难点知识进行复习回顾，加深理解。

（2）地点。应使用多媒体教学手段，安排在多媒体教室内，学生的桌椅最好可以自由移动，方便进行下一步分组讨论。

（3）学生情况。课堂案例讨论课程，学生是重要的教学参与者，也是教学的主体。对于学生情况的分析和把握，决定此次课程的成败。所以，教师要提前做课堂以外的准备工作，为课堂教学的成功打下基础。

① 学生情况分析。此次案例讨论课是针对一年级的新生，第一次接触管理学知识，第一次经历案例讨论课这种课堂教学形式，主讲教师针对这两个"第一次"采取以下对策。见表0-2。

表0-2 学生情况分析表

年级	专业	班级人数	学生情况	优势	劣势	对策
07级	财务管理	58人	第一次接触管理学课程，相关背景知识较少，无基础	无思维定式，求知欲强烈	理论功底薄弱，分析和解决问题的能力欠缺	提前补充相关理论知识，加强启发引导
			第一次参加课堂案例讨论	好奇心强，参与意识浓厚	没有团队合作意识	提前划分学习小组，培养组织意识

② 组建学习团队。大学阶段的学习，是由"个体学习"上升为"团队学习"，在完成一个较为复杂的学习目标时，单靠个人的力量和智慧，十分有限。要通过"团队学习"充分发挥集体的智慧，顺利完成学习目标。同时也锻炼自身的组织、协调能力。分组原则：第一，每组最多不超过 10 人，否则难以控制；第二，注意男女生比例搭配，以利于不同思维模式的交流。

③ 确定讨论程序。要事先将讨论的程序告知学生，避免出现混乱的课堂秩序，影响课堂效果。具体程序见图 0-1。

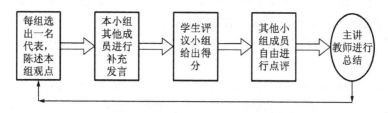

图 0-1 课堂案例讨论流程图

2) 案例主题

（1）主题确定。主题是案例讨论课的灵魂，它贯穿于整节课的全过程。案例主题的确定是重中之重。所有的教学形式和手段都要为案例主题服务。本节案例讨论课主题的确定，首先以学情分析、课前准备、教学程序设计等为铺垫，针对学生对于管理学的本质认识不明确，对于什么是管理的目的、什么是管理的手段，两者混淆不清的教学难题而确立。而对于初学管理的新生，基本概念、基本原理又是至关重要的，是必须掌握的内容。

（2）案例导入（用时 15 分钟）。运用多媒体 PPT 课件，将案例情景打在大屏幕上，并实现滚动放映效果，教师用画外音形式，进一步介绍案例情景。

谁来承担损失

田野是某大学的一位大学生，为了准备全国英语六级考试，在 A 书城购买了一本历年全国英语六级考试全真试题，没想到等到准备做试题时，却发现该书缺页达 40 页之多。无奈，他只好找出购书时电脑打印的列有所购书名的付款小票，准备去调换一本。

到了书城，田野直接到总服务台说明了情况，营业员甲接过书和付款小票看了看，说："没问题，可以调换。请您直接去 5 层找营业员调换。"随即，田野来到 5 层，找到相应专柜的营业员乙，营业员乙马上在书架上找，结果却发现该书一本都不剩了，于是对田野说，"这本书已卖完了，不知仓库里有没有，你去找总台问问。"此时，田野显得有些不耐烦了，问营业员乙为什么不能帮助顾客联系解决，而要顾客楼上楼下来回跑。营业员乙一边抱怨一边打电话给总台说："书架上已没有该书，请你们处理吧。"田野一脸的无奈，只好再次跑下楼去找总台。

没想到总台营业员甲查完电脑记录后，田野却被告知，该书已脱销了，现在厂家也没有此书了。田野十分生气，本来只想调换一本，结果自己楼上楼下跑，跑的结果却是一本不剩，他要求退书。可是，营业员甲说："退书必须在购书 7 日之内，您所购书是 8 天前买的，我们不能给您退。"田野此时已气愤至极，买到一本缺 40 余页的书本来已经够恼火的了，专门来调换却遭遇无书可换。于是，他找到书城负责人理论说："我从你们书城买的书缺了 40 多页，我是来换书的，并不想来退书，可现在因为你们该书脱销不能给我换书我才退书的。"

书城负责人不无遗憾地说:"这是单位规定,超过7天不予退,只能换。"田野据理力争道:"如果因为我个人的原因在7天之后要求退书,你们可以不退。但现在不是因为我的原因,而是你们该书脱销,而卖给我的书又少了40多页,你们没有理由不给退。"书城负责人说:"不是我们不给你换,是没有书可换,我也没有办法,超过7天我们不予退书,要退,你找出版厂商去。"此时,围观的人越来越多,人们纷纷谴责书城负责人的做法。

(3) 提出问题(用时2分钟)。

① 从案例这一事件中,对该书城"超过7天不予退,只能换"的规定,书城负责人、营业员始终坚持遵照执行,他们的做法有错吗?为什么?

② 如果你是该书城的负责人,对田野的退书要求,你该怎样处理?

(4) 自由讨论(用时15分钟)。

给学生充分讨论的时间,让不同的思想交流碰撞,只有通过深入的讨论,才能归纳总结出不同的论点,为下一步小组发言做铺垫。此时教师可以在各小组之间巡视,激发调动学生讨论的积极性,但要注意此时教师扮演的是倾听者和推动者角色。暂时不要回答学生提出的关于案例的问题,以免先入为主,影响学生的不同思路,难以产生创新思维。

(5) 小组发言(用时48分钟,每组发言平均5分钟,评分每组3分钟)。

请各小组代表走上讲台陈述本组论点,此时帮助学生克服紧张心理,在规定时间内顺利完成任务,就显得尤为重要。要充分发挥教师的指导性和控制性的作用。此步骤需遵循的原则如下。第一,尊重每位发言者的论点,鼓励不同观点的出现,无论此观点正确与否。第二,尽可能不打断学生发言,让本人独立完成目标。第三,给予鼓励,调动积极性。为帮助发言学生克服紧张、胆怯的心理,教师要示意其他同学,在恰当的时机用掌声给予鼓励。调动课堂气氛,激励更多的学生积极参与。第四,适度控制。因为课堂时间有限,对于时间控制是重要的一环,既要充分讨论,又不可发挥过度,延误时间。教师要提示发言者时间限制。第五,教师要随时观察并记录每位发言者的表现,及时给予简短的评价和引导。见表0-3。

表0-3 学生讨论发言记录表

组别	发言人姓名	重要论点	优点	不足	改进建议
第一组					
第二组					
第三组					
第四组					
第五组					
第六组					

(6) 案例分析(用时40分钟)。

① 教学功能。本案例主要涉及管理本质。管理从本质上而言是人们为了实现一定的目标而采用的一种手段。如何对待规章制度,是本案例的焦点。是照章办事还是酌情处理?通过本案例,学生们会真正体会到:良好管理效果的获得,取决于人们对管理的正确认识和管理手段的妥善运用。

案例分析关键词：规章制度、管理的定义、管理者角色

• 规章制度：企业规章制度是指由企业权力部门制定的以书面形式表达的并以一定方式公示的非针对个别事务的处理的规范总称。首先，规章制度必须出自企业权力部门，或经其审查批准；其次，规章制度必须按照企业内部规定的程序制作，如果法律对企业规章制度的制定又规定了特定的程序，必须遵循该程序；再次，规章制度必须向公众公示；最后，规章制度是规范，是有关权利义务的设定，非针对个别人、个别事件。

• 管理的定义：管理（management）是管理者在特定的环境条件下，对组织所拥有的资源进行有效的计划、组织、领导和控制，以便实现组织既定目标的过程。

• 管理者角色：见图0-2。

图 0-2　管理角色

② 知识点链接。如何对待规章制度。正确的态度应该是：在一般情况下，照章办事；在特殊情况下，酌情处理。正确对待规章制度的关键是正确界定特殊情况的范围和酌情处理的原则。特殊情况的范围主要包括违反规章的目的与确立规章的目的一致，或已有的规章制度已不能发挥其应有的作用。酌情处理的原则是对违反规章的有益行为，按目标有利原则处理并采取相应行为。

③ 参考答案。第一题：规章制度就其本质而言，是一种管理手段，任何组织为了实现共同的目标，都会制定一系列的规章制度以规范群体的行为。可以说，规章制度是一种有效的管理手段，任何组织都不可缺少。但与此同时，要明确规章制度只不过是一种手段，绝不能为了维护规章制度而置组织的目标于不顾。对于该书城"超过7天不予退，只能换"的规定，书城营业员、负责人在任何情况下都照章办事，是典型的教条主义，他们错把手段当成目的，因此其做法是错误的。

第二题：对于规章制度，正确的态度应该是：在一般情况下，照章办事；在特殊情况下，酌情处理。正确对待规章制度的关键是明确界定特殊情况的范围和酌情处理的原则。在本案例中，主人公田野所购书缺40页之多，因为该书脱销，在无法调换的情况下要求退书，他退书的目的和书城制定该规章的目的是一致的，即都是为了维护消费者的合法、合理利益。该情况属于违反规章的目的与确立规章的目的一致，在这种特殊情况下，书城负责人应按照目标有利原则进行处理，对田野的退书要求给予妥善解决。在此特殊情况下，规章制度可以破，但目标原则不能违背。同时，进一步完善书城退换书的相关规定，如可以考虑在规章制度中将所有可能出现的特殊情况列出来，以便指导员工妥善运用。

3）案例反思

（1）选材目的。首先因为本案例文字较为浅显，内容单一，同时案例情景贴近学生现实生活，比较适合一年级初次学习管理的非专业学生。学生容易找出讨论的切入点，有话可

说，有感可发，这是展开讨论的第一步。其次，本案例出现一定的矛盾冲突点，即严格遵守规章制度究竟是对还是错？各小组之间可能出现论点不一致的地方，有矛盾、有冲突才会进一步挖掘深层次的原因，利于讨论的深入展开。最后，此案例运用的背景知识是第一章的重点内容——管理学的概念、管理的本质、管理者的角色等相关知识。起到复习巩固基础知识的目的，这也是本节案例讨论课最重要的教学目标。

（2）学生反应。本节案例讨论课对学生的要求，就是恰当运用理论知识，解释日常管理现象。提高学生分析问题、解决问题的能力。本次课程同学们表现出极高的热情和积极参与的意识。团队合作精神也相当不错。但欠缺之处就是，原理应用不够准确、分析问题不够深入、全面，陈述论点缺乏层次性。鉴于以上不足，教师又针对此次案例分析，布置了书面作业，让同学们整理自己的思路，形成书面文字，进一步巩固课堂效果。

（3）教学反思。教师最后的总结性分析，是本次课程的核心部分。教师既要全面总结评价各组学生的发言，又要充分说理，将案例层层剖析。因为低年级学生的发言条理性较差，作为主讲教师没有充分考虑到这一点，对于各组学生的点评，只能点到为止，无法详细深入指导。只能将普遍出现的问题指出，无法做到个别辅导。

任务1
认识市场营销

营销并不是以精明的方式兜售自己的产品或服务，而是一门真正创造顾客价值的艺术。

——［美］菲利普·科特勒

市场营销是如此基本，以至于不能把它看成是一个单独的功能……从它的最终结果来看，也就是从顾客的观点来看，市场营销是整个企业活动。

——［美］彼德·德鲁克

天下没有什么坏买卖，只有蹩脚的买卖人。

——［美］阿曼德·哈默

学习目标

- 明确市场营销的概念;
- 了解市场营销的范围;
- 掌握市场营销的核心概念;
- 树立现代市场营销观念。

营│销│故│事│导│入

宋人的秘方

古时宋国有一族人善于制造一种药,这种药冬天擦在皮肤上,可使皮肤不干裂,不生冻疮。这一族人靠这个秘方,世世代代做漂染布絮的生意,日子倒也过得充足殷实。

后来有个买布的商人知道了此事,就出重金买下了这个秘方。

当时吴、越两国是世仇,不断交兵打仗。这个商人便将这个秘方献给吴王,并说明在军事上的用途。

吴王得此秘方大喜,便在冬天发动水战。吴军士兵涂了药粉,不生冻疮,战斗力极强,而越国士兵仓促应战,加上大部分都患了冻疮,苦不堪言,大败而归。

吴王重赏献秘方的商人一块土地,这个商人从此大富大贵,也不用再去贩卖布匹了。

对于善于思考的营销者来说,营销的成功法则就是选择合适的营销对象(消费者),推销他们最需要的产品。因为"市场营销"中的"市场"为"消费者"之谓也,而非"自由市场"之谓也。

(资料来源:http://www.360doc.com/content/12/0324/09/479061_197176222.shtml)

尽管决定企业能否成功的因素很多，但是，通过仔细的研究发现，所有成功的企业都有一个共同点，就是他们都强调以顾客为中心，并花大气力进行市场营销活动，可以毫不夸张地说，"得市场者得天下。"那么什么是市场营销呢？

1.1 市场营销概念

1. 市场营销的含义

市场营销（marketing）从英文字面分析，有两种译法：一是把它作为一种经济活动，译为"市场营销"；二是把它作为一种学科名称，译为"市场学"或"市场营销学"。对于市场营销这个概念，存在许多解释，一般可以归纳为如下的基本含义。

市场营销是从市场需要出发的管理过程。其核心思想是交换，这种交换对买卖双方都是有利的，交换过程涉及大量的工作。卖方必须搜寻买方，找到他们的需要，设计良好的产品和服务，确定合理的价格。有效地开展促销活动，并高效率地进行存储和运输。产品开发、调研、联络、销售、定价和服务等都是核心营销活动。尽管人们通常认为市场营销是由卖方负责的，但实际上买方也在进行营销活动。当消费者寻找所需要并买得起的商品时，他们就在进行"市场营销"。而企业采购人员设法找到销售商并争取较好的交易条件之时，他们也在进行"市场营销"。

在通常情况下，市场营销包括为最终用户提供服务，同时还要面对竞争对手。企业及其竞争对手直接或通过营销中间商向消费者传送它们各自的产品和信息。市场营销系统中的所有成员都会受到主要环境力量（人口、经济、技术、政治、法律、社会、文化）的影响。市场营销系统中的每一方都为下一级增加价值。因此，企业的成功不仅取决于它自身的行为，而且还取决于整个市场营销系统对最终消费者需要的满足程度。

在理解市场营销概念时，不要把"市场营销（marketing）"等同于"推销"或"销售（sales）"，认为市场营销就是把货物推销出去，就是销售和销售促进。这种认识显然相当狭隘。如果企业不能生产出适销对路的产品，无论怎样推销，即便能得益于一时，也绝不能收效于长久。现代市场营销学认为，推销和销售只是marketing的一部分功能，但不是重要的一部分。市场营销活动是要先做好市场调查研究，了解消费者的需求，再按消费者的需求考虑某种产品是否应该生产，产品如何设计，用什么厂牌、商标和包装，如何确定价格，采用何种促销形式等。另外，市场营销的终点也并不限于将产品送达消费者或使用者手中，还应了解产品出售后是否能使消费者满意，消费者是否会继续购买和使用，消费者是否会向其亲朋好友推荐，从而增加产品的销路或公司的信誉，以及向消费者进一步提供产品售后服务等。

市场营销是个人和机构通过预测和提供方便，协调生产与消费，以满足顾客和社会公众对产品、服务及其他需求的整体经济活动。

2. 市场营销的范围

从市场营销的概念中可知，市场营销是一项协调生产与满足消费者需求的经济活动。市场营销的范围包括下列八个不同方面。

（1）商品。有形商品是构成大多数国家市场营销总体的主要部分。例如，生活用品：粮食、水果、副食、日用品、家用电器等；生产用品：水泥、钢材、机器设备等。

(2) 服务。它是一种无形的产品。随着经济的发展，服务在市场营销中的占比越来越高。服务行业则包括航空、旅店、理发、美容、维修、餐饮、物流、咨询等。

(3) 事件。利用事件的影响力或魅力来为机构树立声誉或推介产品。较常被利用来做营销的事件有奥林匹克世界运动大会、大型体育赛事、各种博览会、商展会、节日、专题社会公益活动等。这些事件的主办单位，可就其操办事件的赞助权、参展权、专用产品冠名权、特殊标志使用权等，向社会招标拍卖，而获得相应的收入及财政支持。

(4) 人物。这主要是指利用名人的效应进行营销活动。这种营销活动一个时期以来已变成一种重要行业，现在每个有影响的影视明星、体育明星都有经纪人、个人代理和处理公共关系的经办。通过明星的影响力创造了一种"形象文化"，于是各个企业不惜重金，精心挑选后隆重推出自己产品或品牌的形象代言人。此外，当前许多艺术家、音乐家、首席执行官、医生和金融家及其他专家，都从"名人营销者"那里获得帮助，还包括向某些机构或工商企业出让自己的肖像权或冠名权。

(5) 地点。地点用作营销，主要表现在各个城市、省区、地方及整个国家采取各种宣传促销活动，积极争取、吸引国内外旅游者、投资者。近年来，国内外许多城市和地区的政府负责官员参与此种促销的风气也愈演愈烈，他们往往利用官方或非官方的访问或接待时机，极力推销自己的城市和地区。

(6) 机构。机构作为营销范围并不是指将机构作为买卖的对象，而是指机构努力为自己在社会公众心目中树立强而有力的形象，积极对自己进行推销。最常见的是通过公司形象识别标志广告来争取更多公众的认同和支持。现在许多大学、博物馆、艺术表演团体都在积极拟订提高自身形象的计划，争取更成功地获得生源、观众及资助基金。

(7) 信息。信息可以作为商品出售。将通过市场调查，通过对各种报纸、杂志资料的整理和分析得到的信息，向需要帮助的机构和个人有偿提供，例如，市场调查公司、咨询公司、剪报公司负责采集提供信息。目前信息的生产、包装和分销已成为一种重要的社会行业。

(8) 观念。一段时期以来，观念或点子营销已悄然兴起。这不仅包括有些个人和组织以付费的方式通过传媒或广告推销自己的观念、信仰、见解和主张，更多的还在于通过某种观念的传播而获得社会公众的认同和资金支持。

3. 市场营销的核心概念

(1) 需要、欲望和需求。人的需要和欲望是市场营销的出发点。人们为维持生存，需要空气、水、食品、衣服和住所。除此而外，人们对精神生活，如娱乐、教育等有着强烈的欲望。

需要（needs）是指人们没有得到某些基本满足的感受状态。人们在生活中，需要食品、衣服、住所、安全、爱情及其他一些东西。这些需要都不是社会和营销者所能创造的，它们存在于人自身的生理结构和情感中。

欲望（wants）是指人们想使这些基本需要得到具体满足物的愿望。一个人需要食品，就想要得到一个面包；一个人需要引人注意，就想要得到一件名牌西装；一个人需要娱乐，就想到电影院去看一场电影。

需求（demand）是指人们有能力购买并且愿意购买某个商品的欲望。当具有购买能力时，欲望便转换成需求。例如，许多人都想拥有一辆轿车，但只有少数人能够并愿意购买。因此，公司既要估量有多少人想要本公司的商品，更重要的是应该了解有多少人真正愿意并且有能力购买。

营销并不创造需要，需要早就存在于营销活动出现之前。营销者，连同社会上的其他因素，只是影响了人们的欲望。他们向消费者建议，一辆轿车可以满足人们对社会地位和交通的需要，他们只是试图指出一个什么样的商品可以满足这方面的要求。营销者力图通过使商品富有吸引力、适应消费者的支付能力和容易得到来影响需要。

（2）商品和服务。在商品经济社会，人们靠商品来满足自己的各种需要和欲望。从广义上对商品（goods）的定义是：任何能满足人类某种需要或欲望而进行交换的东西都是商品。商品这个概念通常使人想起一个事物，例如，汽车、电视机或一种饮料。一般用商品和服务这两个概念来区分实体商品和无形商品。但在考虑实体商品时，其重要性不仅在于拥有它们，更在于使用它们来满足我们的欲望。我们买自行车不是为了观赏，而是因为它可以提供一种被称为交通的服务。所以，商品实际上是向我们传送服务的工具。

相比之下，服务（service）是一种无形商品，例如，医院里的全身健康检查、幼儿园的儿童看护、技能的训练课程等。当购买者购买一件商品时，实际上是购买他们认为的该商品所提供的利益和满意程度。比如，劳力士手表，它的销售并不只适用于告诉人们时间，而是为了表现消费者的成功人士的身份。

实际上，服务是建立在使顾客满意的承诺的基础上购买的。有图像和符号表达的承诺，能够帮助消费者对有形和无形的产品做出购买的判断。通常，符号和无形的产品让消费者感到更形象或真实。

人们不是为了商品的实体而去买商品。人们买化妆品是由于它能提供一种服务，可以使人变得更好看。买洗衣机是由于它能提供一种很容易使衣物变得洁净的服务。商品实体是服务的外壳。营销者的任务是推销商品实体中所包含的利益或服务，而不能仅限于描述商品的形貌，否则，目光就太短浅了。

（3）交易和关系。当人们决定以某种称之为交易的方式来满足需要和欲望时，就存在营销了。交易（exchanges）是指人们通过提供或转移货物、服务或创意，以换取有价值的东西。

任何产品都能被包括在一个营销交易中，个人和组织都希望获得比自己生产成本更高的价值。交易能否真正产生，取决于买卖双方能否找到合适的交易条件，即交易以后双方都比交易以前好。这里，交易被描述成一个价值创造的过程。交易是由双方之间的价值交换所构成的。例如，购买者花 2 000 元从商店里买回了一部手机，这是一种典型的用货币交换实物的过程。

一个交易的发生必须满足四个条件。首先，两个或更多的人、团体或组织必须参与，每一方都必须拥有其他方想要获得的有价值的东西。其次，交易必须为交易双方提供利益或满足。再次，每一方都必须对其他方所承诺的"价值的东西"有信心。例如，你去参加音乐会，你一定会认为这是一场精彩的演出。最后，为了建立起信任，交易双方必须满足对方的期望。

交易包括几个可以量度的实质内容：至少是提供有价值的事物，买卖双方所统一的条件、协议时间和协议地点等。在市场经济中，通常应建立一套法律制度来支持和强制交易双方执行。交易很容易因曲解协议条款或蓄意破坏协议而引起争执。所以，在交易过程中要签订交易合同，以便得到国家法律的保护。

营销的本质就是开发令人满意的交易，使顾客和营销者从中都能获益。顾客希望从营销交易中获得比他付出的成本更高的回报和利益。营销者希望得到相应的价值，通常是交换产品的价格。通过买者和卖者的相互关系，顾客有了对卖者未来行为的期望。为了达成这些期望，营销者必须按承诺来完成。

随着时间的推移，这种相互关系就成了双方之间的相互依靠。

（4）市场。交易往往在市场上进行，交易的概念导出市场的概念。市场由那些表示有某种需要，并拥有使别人感兴趣的资源，而且愿意以这种资源来换取其需要的人组成。具体来说，对于一切既定的商品，现实市场包含三个要素：有某种需要的人、为满足这种需要有购买能力和购买愿望，即市场由消费者、购买力、购买愿望这三要素组成。其表达式如下：市场＝消费者＋购买力＋购买愿望。

市场的这三个要素是相互制约、缺一不可的，只有三者结合起来才能构成现实的市场，才能决定市场的规模和容量。例如，一个国家或地区人口众多，但收入很低，购买力有限，则不能成为容量很大的市场，如某些发展中国家；反之，购买力虽然很强，但人口很少，也不能成为容量很大的市场，如瑞士、科威特。只有满足人口既多，购买力又强的条件，才能成为一个有潜力的大市场。但是，如果商品不适合需要，不能使人们产生购买愿望，仍然不能成为现实的市场。

1.2 现代市场营销观念

市场营销作为一种有意识的经营活动，是在一定经营思想指导下进行的。市场营销观念（marketing concept）也就是指以什么样的指导思想、什么样的态度和什么样的思想方法去从事市场营销活动。所以，市场经营观念是指企业在一定时期、一定的生产技术和市场环境条件下，进行全部市场营销活动的根本准则和指导思想，它贯穿于整个市场营销活动的各个方面和全部过程，指导企业所有部门和所有方面的营销活动。

1. 市场营销观念的演变

市场营销观念不是固定不变的东西，它在一定的经济基础上产生和形成，并随着社会经济的发展和市场形势的变化而发展变化。在西方市场经济高度发达的社会里，企业的市场营销观念有五种，即生产观念、产品观念、推销观念、市场营销观念、社会市场营销观念、大市场营销观念、全球营销观念，依次占据主导地位。

（1）生产观念。生产观念（production concept）或称为生产导向，是一种传统的经营思想，在西方发达国家，于20世纪20年代初期以前占支配地位。当时，西方各国普遍的情况是，国民收入普遍很低，生产落后，整个社会的产品不太丰富，工厂只要通过提高产量，降低生产成本，就可获得巨额利润。

所谓生产观念，就是卖方的一切经营活动以生产为中心，即"以产定销"。生产观念的假设前提是：消费者可以接受任何买得到和买得起的商品，因而企业的主要任务就是努力提高效率，降低成本，扩大生产。

生产观念产生和适用的条件是：市场上商品需求超过供给，卖方竞争较弱，买方争购，选择余地不多；产品成本和售价太高，只有提高生产效率，降低成本从而降低售价，方能扩大市场。也就是说，当市场的主要问题是产品的有无或贵贱问题，即当人们是否买得到或买得起成为市场主要矛盾时，生产观念适用。因此，随着科学技术和社会生产力的发展，以及市场供求形势的变化，生产观念的适用范围必然越来越小。

(2) 产品观念。产品观念（product concept）或称为产品导向，是一种与生产观念类似的经营思想。它片面强调产品本身，却忽视市场需求，以为只要产品质量好，技术独到，功能最多，就会顾客盈门。有些企业认为，消费者会喜欢做工精巧、结实耐用、性能最好、功能最多的产品，并愿意为这些额外的品质付更多的钱。

因此，许多企业常常投入巨大精力生产这种"高质量"产品，而没有得到市场对这些产品的"认可"，他们往往抱怨自己的洗衣机、收录机或高级组合音响质量是最好的，但市场为何并不欣赏。这种观念在商品经济不甚发达的时代或许有一定道理，但在现代市场经济高度发达的条件下，则肯定不适用。因为：第一，现代市场需求变化很快，并且是多层次的，如果不适合市场需求，再好的产品也不会畅销；第二，现代市场竞争激烈，不同于小商品生产时代，如果没有适当的营销活动，再好的产品也不可能持久地占领市场，如当空调机普遍进入消费者家庭的时候，凉席无论多好也不会再畅销；当袖珍计算器大量上市后，再好的计算尺也无人问津。产品观念会导致"营销近视症"，它过于重视产品本身，而忽视市场的真正需求。因此，不应过分夸大生产的作用，而忽视市场营销。

生产观念和产品观念都属于以生产为中心的经营思想，其区别只在于：前者注重以量取胜，后者注重以质取胜，二者都没有把市场需求放在首位。

(3) 推销观念。这一阶段约为20世纪的30年代和20世纪40年代。由于当时已从生产不足开始进入了生产过剩，竞争差不多席卷了所有的工业部门，竞争迫使那些过去实际享有垄断地位的企业，现在必须去推销他们的产品。特别是1929年开始的经济大萧条，使大批产品供过于求，销售困难，竞争加剧，人们担心的已不是生产问题而是销路问题。于是，推销技术受到企业的特别重视，推销观念成为企业主要的指导思想。

推销观念（selling concept）或称为推销导向，是生产观念的发展和延伸。推销观念较生产观念不同的是：后者是以抓生产为重点，通过增加产量，降低成本来获利；前者则是以抓推销为重点，通过开拓市场，扩大销售来获利。从生产导向发展为推销导向是经营思想的一大进步，但基本上仍然没有脱离以生产为中心，"以产定销"的范畴。因为它只是着眼于既定产品的推销，只顾千方百计地把产品推销出去，至于销出后顾客是否满意，以及如何满足顾客需要，是否达到顾客完全满意，则并未给予足够重视。因此，在科学技术进一步高度发展、产品更加丰富的条件下，它就不能适应客观需要了。

(4) 市场营销观念。这一观念是从20世纪50年代开始的。所谓市场营销观念，是一种以顾客需要和欲望为导向的经营哲学。它把企业的生产经营活动看作是一个不断满足顾客需要的过程，而不仅仅是制造或销售某种产品的过程。简而言之，市场营销观念的基本思想是，必须以消费者和用户的需求作为推动企业活动的轴心，加强市场营销调研和预测，了解顾客的需求和欲望。据此制订有效的市场营销计划，生产出比竞争者能更好地满足消费者需求和欲望的产品，在满足市场需求中获取利润。这就是"以消费者为中心"的市场营销观念，在企业经营管理中的具体体现是："顾客需要什么，企业就经营什么。"

市场营销观念的理论基础就是"消费者主权论（consumer sovereignty）"，即决定生产何种产品的主权不在于生产者，也不在于政府，而在于消费者。在生产者和消费者的关系上，消费者是起支配作用的一方，生产者应当根据消费者的意愿和偏好来安排生产。生产者只要生产出消费者所需要的产品，就不仅可增加消费者的利益，而且可使自己获得利润，否则他们的产品就没有销路。

这显然是在买方市场的前提下产生的，在卖方占支配地位的供不应求的市场上，很难有真正的消费者主权。

市场营销观念的形成和在实践中的广泛运用，对西方企业改善经营起了重要作用，并取得了重大成就。美国的可口可乐、P&G、IBM、麦当劳等公司都是运用市场营销观念并取得成功的范例。因此，在西方有人把这一经营思想的变革同产业革命相提并论，称之为"营销革命"。甚至还有人说这是企业经营思想方面的"哥白尼日心说"。这虽然未免夸大其词，但这一经营思想的重要性及其影响之大，的确不容忽视。不过，近年来也有人提出，不应过分夸大营销革命的作用而忽视技术革命和新产品开发，新产品毕竟是占领市场的物质基础。

虽然市场营销观念强调满足顾客需要是企业的最高宗旨，但也有许多企业为了牟取暴利，往往置消费者利益和社会利益于不顾。例如，虚假的广告宣传、冒牌的或有害的商品、不择手段的推销等。于是，20世纪60年代以来，消费者保护运动在西方发达国家更加发展壮大。在这一运动的推动下，许多国家的政府也加强了保护消费者利益的立法和执法。这一切表明，市场营销观念需要补充和修正，需要一种更加完善的营销管理哲学。

（5）社会市场营销观念。社会市场营销观念（societal marketing concept）是20世纪70年代以来市场营销观念的一种新发展。它的产生背景是，20世纪70年代以后，西方市场出现了一些重要的变化。首先，部分企业在经营中没有真正贯彻市场营销观念，为牟取暴利，以次充好，以虚假的广告欺骗消费者。其次，有些企业在主观愿望上愿意维护消费者的利益，但却忽略了他们的长远利益。比如，人们指责美国麦当劳的汉堡包，能满足人们对廉价、味美、快捷的需求，但因脂肪含量过高，长期食用，不利于人们的身体健康。第三，企业在经营中造成了环境污染、物质浪费等社会现象。比如，一些清洁用品的使用造成河流污染，破坏了水产资源的生态平衡；过量的小轿车生产和使用不仅严重地污染了环境，而且是交通事故增加的重要原因之一。为了解决这些现实问题，市场营销学提出了社会市场营销观念。

所谓社会市场营销观念，就是不仅要满足消费者的需要和欲望，并由此获得企业的利润，而且要符合消费者自身和整个社会的长远利益，要正确处理消费者欲望、企业利润和社会整体利益之间的矛盾，统筹兼顾，求得三者之间的平衡与协调。

这显然有别于单纯的市场营销：一是不仅社会市场营销观念要迎合消费者已有的需要和欲望，而且还要发掘潜在需要，兼顾长远利益；二是要考虑社会的整体利益。因此，不能只顾满足消费者眼前的生理上的或心理上的某种需要，还必须考虑消费者个人和社会的长远利益。社会市场营销观念不是对市场营销观念的取代或否定，而是对市场营销观念的发展。

（6）大市场营销观念。大市场营销观念（mass marketing concept）是20世纪80年代以来市场营销观念的新发展，它是指导企业在封闭型市场上开展市场营销活动的一种新的营销思想，其核心内容是强调企业既要适应外部环境，又要在某些方面改变外部环境。从理论上看，依据系统论的观点，企业应是一个开放的组织系统，其经营管理是与外界环境不断交换信息的过程。从这一观点出发，企业经营既受资源、市场等环境的影响和制约，又通过企业的市场营销活动传递信息、提供产品或劳务，来影响外部环境朝着有利于企业的方向发展。但是，上述一般的市场营销理论只看到了外部环境对企业市场营销活动影响和制约的一面，却忽视了企业经营活动也可以影响外部环境的一面，克服一般市场营销观念的局限，这就导致了大市场营销观念的产生。

从实践中分析，大市场营销观念正是企业在新的市场条件下试图改变外部环境的产物。20

世纪 80 年代以来,世界上许多国家和地区加强了对经济的干预,实行贸易保护主义,造成了国家之间或地区之间的市场"壁垒"或市场封锁,使企业在进入目标市场时遇到了许多有形或无形的"障碍"。例如,提高关税、征收反倾销税、不友好的销售渠道、拒绝合作的态度等。这些问题的出现迫切需要有一个新的战略思想来加以解决,于是大市场营销观念应运而生。

大市场营销观念与一般营销观念相比,具有以下两个特点。

① 大市场营销观念打破了可控制要素和不可控制要素之间的分界线。强调企业营销活动可以对环境发生重要的影响,使环境有利于实现企业的营销目标。

② 大市场营销观念强调必须处理好多方面的关系,才能成功地开展常规的市场营销,从而扩大了企业市场营销的范围。

(7) 全球营销观念。全球营销观念(international marketing)是 20 世纪 90 年代市场营销观念的最新发展,它是指导企业在全球市场进行营销活动的一种崭新的营销思想。全球营销观念在某种程度上完全抛弃了本国企业与外国企业、本国市场与外国市场的概念,而是把整个世界作为一个经济单位来处理。

近十几年,企业营销国际化已成为市场营销发展的主流趋势。但是,过去企业营销遵循的原则,首先是适应当地市场或本国市场的营销环境,然后才区别其他国家市场的特殊性与不同的需求去选择目标市场,制定出相应的营销战略去占领目标市场,因此,就其实质来讲,国际营销活动是分散的。全球营销观念则突破了国界的概念,它要求企业的生产、流通等全部营销活动都从整个世界的角度去考察,不局限于一件完整的产品都由一个企业独立生产和分配,实现最终消费。全球营销观念强调营销效益的国际比较,即按照最优化的原则,把不同国家中的不同企业组织起来,以最低的成本、最优化的营销去满足市场需要。

全球营销观念的形成及迅速发展是由全球营销环境的变化决定的。随着通信、情报、旅行、购买力等在世界范围内的迅速扩大,世界上消费者的需求与欲望也在向同质化发展。据研究表明,目前美国、日本、欧洲的消费者的需求有惊人的趋同倾向。可以肯定,全球营销观念在今后的经济发展中,将为越来越多的企业,特别是被那些拥有国际竞争力的企业所重视和运用。因为,随着国际经济联系与交往的紧密化和世界规模企业的出现,全球营销的集中化和统一化,可以使企业大幅度地降低成本,提高整体营销效益。

2. 现代营销观念与传统营销观念的区别

企业的市场营销观念可归纳为两大类:一类是传统营销观念,包括生产观念、产品观念、推销观念;另一类是现代营销观念,包括市场营销观念和社会市场营销观念。新旧营销观念由于产生的历史条件不同,因而也有着不同的特点,主要表现在以下几个方面。[1]

(1) 营销活动的程序不同。企业把市场在生产中的位置颠倒过来,传统营销观念下企业以产品为出发点,市场处于生产过程的终点。即先开发适当产品,再采取一定的推销手段,实现产品从生产领域经流通领域转向消费领域。现代营销观念下企业以消费者需求为出发点,首先进行市场调研,了解消费者需求,再组织产品设计,使生产既满足顾客需求,又使企业产品适销对路获取利润,市场处于生产过程的起点。

(2) 营销活动的重点不同。传统营销观念是以产品为主,"以产定销",一切围绕着企业

---

[1] 柴雨,杨金宏,熊衍红,等. 市场营销. 长沙:湖南师范大学出版社,2012.

自身利益,市场营销活动的重点是产品的生产和效率的提高。现代营销观念是"以销定产",以发现顾客需求和满足顾客需求为重点,注重对消费需求的研究,维护社会和顾客的利益。

(3) 营销活动的手段不同。传统营销观念以产品为出发点、以销售为手段、以增加销售获取利润为目标。现代营销观念以市场营销组合为手段、以满足顾客需求来获取利润,即为了实现企业的目标,加强市场调查和预测,运用整体营销手段,发挥市场机制的作用,满足顾客的需求。

(4) 营销活动的目的不同。传统营销观念指导下的企业目光短浅,急功近利,偏向于计较每一项短期交易的盈亏和利润的大小。现代营销观念指导下的企业不仅考虑顾客的现实需求,还应考虑顾客的潜在需求,在满足顾客需要,符合社会长远利益的情况下,追求企业利润的长期最大化。(见表1-1)

表1-1 传统与现代营销观念对照表

营销观念		营销顺序	重点	手段	目标
传统营销观念	生产观念	产品—市场	产品	生产作业效率	销售量、利润
	产品观念	产品—市场	产品	产品质量功能	销售量、利润
	推销观念	产品—市场	产品	销售与推广	销售量、利润
现代营销观念	市场营销观念	市场—产品	顾客需求	整体市场营销	通过满足需求获得利润
	社会市场营销观念	市场—产品	顾客需求 社会公众利益	多层次综合市场营销	满足社会利益,企业获得效益

1.3 市场营销理论

代表性的市场营销理论有 4P 营销理论和 4C 营销理论两种,这里介绍如下。①

1. 4P 营销理论

1960年,美国著名市场营销学家麦卡锡提出了 4P 营销理论,奠定了市场营销的基本理论框架,对市场营销理论和实践产生了深远的影响,被市场营销界奉为营销理论中的经典。

所谓 4P 营销理论就是指企业在开展市场营销活动过程中,通过对各种可控因素的优化组合和综合运用,使其能够扬长避短、发挥优势,以适应外部环境的一种营销理论。即通过对产品(product)、价格(price)、渠道(place)、促销(promotion)的计划、组织与实施,对外部不可控因素做出动态的积极反应,从而实现其占领某个目标市场的营销目的。

由于 4P 营销理论为市场营销提供了一个简洁且易于操作的框架,所以很快就成为营销理论界和营销实践者普遍接受的一个营销组合模型,成为长期占据统治地位的市场营销基本理论。即使在市场营销理论日新月异的今天,4P 营销理论也未过时。实际上,企业几乎每份营销计划书都是以 4P 的理论框架为基础拟订的,几乎每本营销教科书和每个营销课程都

---

① 彭石普. 市场营销理论与实训. 北京:北京师范大学出版社,2011.

把4P营销理论作为教学的基本内容,而且几乎每位营销经理在策划营销活动时,都自觉不自觉地从4P营销理论出发考虑问题。

进入20世纪80年代,由于贸易保护主义回潮,政府干预加强,企业营销中所面临的问题,已不仅是如何满足现有目标市场的需求,企业面临的首要问题是如何进入壁垒森严的特定市场。1984年,以美国西北大学著名营销学教授菲利普·科特勒为代表,提出了"大市场营销"理论。所谓大市场营销,就是指企业为了成功地进入特定市场,并在那里从事经营活动,需要在策略上协调地采用经济的、心理的、政治的和公共关系等手段,以博得各方面合作的活动过程。其运作方法是:首先,运用政治权力(political power)和公共关系(public relationship),设法取得具有影响力的政府官员、立法部门、企业高层决策者等方面的合作与支持,启发和引导特定市场的需求,通过在该市场的消费者中树立良好的企业信誉和产品形象,打开并进入市场;其次,运用传统的市场营销组合去满足该市场的需求,达到占领该目标市场的营销目的。可见,这是对4P营销理论的完善与发展。

2. 4C营销理论

进入20世纪90年代,市场竞争更加激烈,媒介传播速度越来越快,消费需求个性化也日益突出。人们发现,4P营销理论已无法满足企业对品牌形象、服务水平和顾客关系等重要营销战略的更高要求。美国北卡罗来纳大学教授罗伯特·劳特朋针对4P营销理论存在的问题提出了4C营销理论。

所谓4C营销理论,就是企业在营销活动中,必须瞄准消费者需求,考虑消费者所愿意支付的成本及消费者购买的便利性,与消费者进行充分沟通的一种营销理论。

(1) 瞄准消费者需求(consumer)。首先要了解、研究、分析消费者的需要与欲求,企业要生产消费者所需要的产品,而不是先考虑企业能生产什么产品。

(2) 消费者所愿意支付的成本(cost)。首先要研究消费者的收入状况、消费习惯及同类产品的市场价位,了解消费者为满足需要与欲求愿意付出多少钱(成本),而不是先给产品定价,即向消费者要多少钱。

(3) 消费者的便利性(convenience)。首先考虑顾客购物等交易过程如何给顾客方便,而不是先考虑销售渠道的选择和策略。

(4) 与消费者沟通(communication)。消费者不只是单纯的受众,本身也是新的传播者,以消费者为中心实施营销沟通是十分重要的,通过互动、沟通等方式,将企业内外营销不断进行整合,把顾客和企业双方的利益无形地整合在一起。

4C营销理论的产生,应该说也是对4P营销理论的发展和完善,是从另一个角度来看待和分析市场营销。4P与4C的关系可以概括如下:所谓4P就是站在企业的角度来分析营销;所谓4C就是站在消费者的角度来分析营销。如果站在市场的角度看企业,站在消费者的角度看市场,那么,"产品"对应的是"消费者","价格"对应的是"成本","渠道"对应的是"方便","促销"对应的是"沟通"。这样4P也就变成了4C。

由此可见,它们之间只是思考问题的出发点不同而已,两种思维方式并没有对错之分。如果企业不管4C,只是一味地强调4P理论,那可能就是在闭门造车,就可能制定出可笑的销售政策、设计可笑的产品、策划可笑的促销计划;如果企业只是站在消费者的角度一味地强调4C理论,企业的成本将可能大大增加,得不偿失,很可能设计出过度超前的产品,或者策划出可能使企业破产的促销方案。所以企业在考虑产品定位、渠道策略、促销活动的时候要有4C的观念,企业在执行计划或者方案的时候,也应按照企业的实际情况进行调整。也就是说,企业要用4C来思考,用4P来行动。

总体来看,4C营销理论注重以消费者需求为导向,与市场导向的4P营销理论相比,4C营销理论有了很大的进步和发展。

案例1　海尔洗衣机"无所不洗"

一、案例介绍

创立于1984年的海尔集团,经过24年的持续发展,现已成为享誉海内外的大型国际化企业。作为在白色家电领域最具核心竞争力的企业之一,海尔有许多令人感慨和感动的营销故事。

海尔营销人员在调查四川农民使用洗衣机的状况时发现,在盛产红薯的成都平原,每当红薯大丰收的时节,许多农民除了卖掉一部分新鲜红薯外,还要将大量的红薯洗净后加工成薯条。但红薯上附着的泥土洗起来费时费力,于是农民就动用了洗衣机洗红薯,夏天用洗衣机来洗衣服。这令海尔负责人张瑞敏萌生一个大胆的想法:发明一种洗红薯的洗衣机。这款洗衣机于1998年4月投入批量生产,洗衣机型号为XPB40-DS,这种洗衣机不仅具有一般双桶洗衣机的全部功能,还可以洗红薯、水果甚至蛤蜊,价格仅为848元。首次生产了1万台投放农村,立刻被一抢而空。

"只有淡季的思想,没有淡季的市场。"每年6月至8月是洗衣机销售的淡季,每到这段时间,很多厂家就把促销员从商场里撤回去了。调查发现,不是老百姓不洗衣裳,而在夏天5公斤的洗衣机不实用,既浪费水又浪费电。于是,海尔的科研人员很快设计出一种洗衣量只有1.5公斤的洗衣机——小小神童。

在西藏,海尔洗衣机甚至可以用于打酥油;在安徽,海尔洗衣机可以洗龙虾。海尔,通过多年以来的技术储备和市场优势的积累,在快速启动的洗衣机市场上占尽先机,在其他企业以降价和推销为手段大力开拓市场时,海尔仍然以高价和优质服务赢得了市场,市场份额持续高居全国第一。正是因为海尔公司以顾客为中心,以市场需求为导向,重视市场调查,获取重要的一手资料来指导企业的生产和经营活动,组织有系统的市场营销,才取得了今天的成就。

(资料来源:http://www.md-xte.com/html/jiadianchangshi/2010/0616/4359.html)

二、思考·讨论·训练

1. 结合本案例谈谈你对市场营销概念的理解。
2. 对于"无所不洗"洗衣机的开发,你认为海尔成功在哪些方面?
3. "只有淡季的思想,没有淡季的市场。"请谈谈你对这句话的理解。

案例2　永远追求品质第一的"劳斯莱斯"

一、案例介绍

"劳斯莱斯"牌汽车是世界上公认的最优质汽车,是名牌汽车王国里的皇冠。它不仅是财富的象征,更是社会地位的标志。

(一)"劳斯莱斯"的来历

"劳斯莱斯"牌汽车问世于1904年。

它的创造者是英国的一位名叫亨利·劳斯的男子。劳斯是一家小电机厂的工人,因为家里穷,没有上过多少学。但他很聪明,自修电气学、机械学方面的知识。虽然他是工人,实际却具有技师的能力。他立志要通过自己的双手,制造出世界上最漂亮的汽车来。于是他买了一部七拼八凑的旧车,白天在车间上班,制造电气起重机、电动机等,晚上回到家里就着了魔似的摆弄他的旧车,竭尽全力去改良每一个零部件。到1904年他22岁的时候,终于改造出了一部他比较满意的车。

这时,伦敦的一位有贵族头衔的进口汽车的商人,名叫查尔斯·S.莱斯。有一天,莱斯看到劳斯改造的车,非常欣赏,认为它是世界上性能最好的车。莱斯就提出愿与劳斯合作成立一家公司生产这种车。劳斯的车子同福特汽车公司在1903年生产的车子比较,远远胜过后者。劳斯的车没有什么噪声,行驶起来很平稳,而且跑得更快。莱斯是看准了这一点才提出合作的。

新车生产出来以后,他们俩给车起了个名字,就叫"劳斯莱斯",以纪念他们的友谊。然而不幸的是,莱斯在1910年因飞机失事而身亡。但车名"劳斯莱斯"一直沿袭至今。

(二)永远追求品质第一

有人说,劳斯是个技术狂,一点不假。他制作每一部车时简直是如同创造一件艺术品。即使是小到一颗螺丝,他一般也不采用那种全自动化生产的方式,而要经过他的精雕细刻。对于车身底盘、引擎,可以根据订货人的爱好,选择制造方式。订货单定下来以后,就交给车间工人具体负责。直到1930年,劳斯莱斯公司才建立起了一个车身制造车间,到1945年,才开始实行整车的流水生产过程。

这个品牌的汽车被世界上公认为是最优质的汽车。可以说,没有人怀疑这一点。

生产出来的每一辆"劳斯莱斯",出厂之前都必须经过五千英里路程的测试。几十多年前生产的汽车,直到现在性能也没有降低。

每一辆"劳斯莱斯"都是经过精雕细刻的艺术品。它不计工本不计时效,力求尽善尽美。一般的汽车公司,如吉姆汽车在1963年一年就生产83万辆,日本丰田一年生产1万辆。而"劳斯莱斯"从1904年到1963年,在60年时间里才生产了4万辆。

每一部生产出来的"劳斯莱斯",都具备坚固、耐用、无故障的特点,人们几乎听不到汽车的噪声，感觉不出汽车的晃动。在第一次世界大战后，经过评比和对该车各种性能的严格审查，"劳斯莱斯"获得"世界第一"的光荣称号。

在英国皇家汽车俱乐部监督下的苏格兰汽车性能评审会上，经过伦敦到格拉斯哥之间1.5万英里的路程测试以后，"劳斯莱斯"以领先3天的时间获胜。经过评审，它的零件损耗费仅为3.70英镑，轮胎磨损及汽油的消耗费大约平均为1英里四便士。

无数次的比赛，它都夺冠。它的名声早在第一次世界大战之前就传遍世界。自从它问世，汽车过去的噪声大、故障多、维修难等问题，被一一解决了。

如今的"劳斯莱斯"，无论哪一车种，在以每小时一百公里的速度行驶时，放在水箱上的银币可以长时间不被颤动下来。坐在车子里，听不到马达声，只听到车内钟表上的分针、秒针的轻微移动声。其精益求精可见一斑。

能生产出这么高精尖的汽车是与劳斯在技术上的刻意追求分不开的。"劳斯莱斯"的座右铭就是："永远保持崭新的技术""生产精良精美汽车的传统，不论经过多少年都要保持下去"。

一辆"劳斯莱斯"生产出来后，还要经过长时间的试车。一般的车在生产出来后，离开生长线，开出厂门，就可交货。即使凯迪拉克这种高档车也只不过测试四小时。而"劳斯莱斯"每辆产品车，调试、试车要经过十四天的时间，他们说，卖出每一部车，就是代表公司的名誉与威信，绝不马虎。

有一次，一对美国夫妇驾着一辆"劳斯莱斯"到欧洲旅行。汽车跑到法国一个村落时，后轴忽然折断。

这里离"劳斯莱斯"代销店有数百公里，这两个美国人就直接通过电话与"劳斯莱斯"伦敦总部联系，并倾吐了满肚子的牢骚。

不到两三个小时，只见从天空中飞来一架直升机，降落到这辆车的旁边。"劳斯莱斯"公司派专人带着后轴乘飞机来给他们赶修。工人把车子修复得跟新车一模一样，并反复赔礼道歉，然后才返回工厂。几个月后，这对美国夫妇到达伦敦，要求交付修理费，公司负责人坚决拒收，说："我们公司的车轴折断，还是创业以来的第一次。我们以不发生故障为荣，既然发生了这次事故，我们不但不能收费，还要给你们换上一根永远不会折断的车轴。"

由于"劳斯莱斯"刻意追求世界第一流高级豪华车，因而车的价格昂贵得惊人，导致营业额减少，利润下降。1902年、1963年是其经营最困难的时期。美国普林斯顿大学艺术系教授亚恩·巴拉鲁斯基说："劳斯莱斯"因其零件是手工精雕细刻生产出来的，成本必然高。它采用的设备最先进，刻意于创造"世界第一优秀车"，这种车的高价，简直吓坏了英国平民。

1962年，"劳斯莱斯"销售量无法扩大，利润不高，面临停产的危险。眼看着生产世界第一流汽车的厂家要倒闭，有一位颇有远见的众议员哈契森在议会上慷慨陈词："如果'劳斯莱斯'破产，那就等于是英国的名誉受到污辱，威信扫地。"因而英国政府出面扶持，使该厂平稳度过了这次难关。

（资料来源：王慧彦. 市场营销案例新编. 北京：北京交通大学出版社，2004.）

二、思考·讨论·训练

1. "劳斯莱斯"主要满足哪些消费群体？

2. 从本案例可以看出"劳斯莱斯"奉行怎样的营销观念？这种营销观念具有怎样的影响？

3. 为了保持"劳斯莱斯"持续增长的市场份额，企业还应从哪些方面着手？

案例3　令游客满意的迪士尼乐园

一、案例介绍

享誉全球的迪士尼乐园自1955年7月17日开园以来，每年接待着数百万慕名而来的游客。人们来到这里，仿佛到了童话般的世界。世界建筑荟萃，海底世界珍奇，三维立体电影，地震洪水模拟，高空坠落，探险者之路，民族歌舞，彩车游行，晚间灯火璀璨、礼花绽放，真是人间胜景，美不胜收。游客们惊讶不已，流连忘返。然而，人们更为称赞的是这里的服务质量，环境清新洁净，氛围高雅欢乐，员工热情友好。

事实上，迪士尼乐园的成功之处，不仅在于其由高科技所提供的娱乐硬件，更重要的在于其服务质量管理的经验和软件。核心部分是迪士尼的经营理念和质量管理模式，具体包括给游客以欢乐、营造欢乐氛围、把握游客需求、提高员工素质和完善服务系统等诸要素。

（一）给游客以快乐

迪士尼乐园有魔术王国、迪士尼影城和伊波科中心等若干主题公园。整个乐园拥有大量娱乐设施，32 000余名员工，1 400多种工作（角色）。如此众多的员工和工种，一年365天每天要接待成千上万的游客，夏季高峰时，气温常达36摄氏度以上。确保服务质量的确不是件容易的事。因此，必须形成全员管理上的共识，即经营理念和服务承诺。

40多年前，迪士尼乐园的奠基人——沃特·迪士尼先生首先明确定义了公司的经营理念，即通过主题公园的娱乐形式，给游客以欢乐。

通过主题公园的形式，迪士尼致力于提供高品质、高标准和高质量的娱乐服务。同时，公司还提供餐饮，销售旅游纪念品，经营度假宾馆、交通运输和其他服务支持行业。迪士尼品牌如米老鼠、唐老鸭、古非等动画角色均享有极大的影响力和商誉，包含着巨大的经济利益。然而经营业务的核心仍是迪士尼乐园本身。该乐园生命力在于能否使游客欢乐。由此，给游客以欢乐成为迪士尼乐园始终如一的经营理念和服务承诺。

许多游客慕名远道而来，在乐园中花费时间和金钱。迪士尼懂得不能让游客失望，哪怕只有一次。如果游客感到欢乐，他们会再次光顾。能否吸引游客重复游玩，恰是娱乐业经营兴旺的奥秘和魅力所在。其实，游客对欢乐的体验，客观上是对员工们服务质量的一种评价。所以员工们提供的每一种服务，都是迪士尼服务圈整体的关键时刻，游客们在一系列关键时刻中体验着服务质量，并会记住其中最好的和最差的。因此，"公司给游客以欢乐"的经营理念必须转化落实到每一员工的具体工作中，成为员工们的工作理念和服务承诺。为了实现服务承诺，迪士尼公司花大力气，对员工工作表现进行评估和奖励。但凡员工工作表现欠佳者，或将重新培训，或将受到纪律处罚。

此外，迪士尼公司在经营中力求完善，不断改进和提高。任何时候，整个乐园中都有

10%～20%的设施正在更新或调整，以期给予游客新的刺激和欢乐。尽管追求完美永无止境，但通过追求完美的努力，可将工作推进到更高的境界和标准。

（二）营造欢乐气氛

由游客和员工共同营造迪士尼乐园的欢乐氛围。这一理念的正向推论为：园区的欢乐氛围是游客和员工的共同产品和体验，也许双方对欢乐的体验角度有所不同，但经过协调是可以统一的；逆向推论为：如果形成园区欢乐祥和的氛围是可控的，那么游客从中能得到的欢乐也是预先可度量的。

在共同营造园区氛围的过程中，员工起着主导作用，具体表现在对游客的服务行为上。这种行为包括微笑、眼神交流、令人愉悦的行为、特定角色的表演及与顾客接触的每一个细节上。

引导游客参与是营造欢乐氛围的另一重要方式。游客们能同艺术家同台舞蹈，参与电影配音，制作小型电视片，通过计算机影像合成成为动画片中的主角，亲身参与升空、跳楼、攀登绝壁等各种特技的拍摄制作等。

在迪士尼乐园中，员工们得到的不仅是一项工作，更是一种角色。员工们身着的不是制服，而是演出服装。他们仿佛不是为顾客表演，而是热情招待自己家里的客人。当他们在游客之中，即在"台上"；当他们在员工们之中，即在"台后"。在"台上"时，他们表现的不是他们本人，而是具体角色。根据特定角色的要求，员工们要热情、真诚、礼貌、周到，处处为客人的欢乐着想。简而言之，员工们的主体角色定位是热情待客的家庭主人或主妇。

（三）把握游客需求

为了准确把握游客需求，迪士尼致力于研究"游客学"，了解谁是游客、他们的起初需求是什么。在这一理念指导下，迪士尼站在游客的角度，审视自身每一项经营决策。在迪士尼公司的组织构架内，准确把握游客需求动态的工作，由公司内调查统计部、信访部、营销部、工程部、财务部和信息中心等部门分工合作完成。

调查统计部每年要开展 200 余项市场调查和咨询项目，研究成果提供给财务部。财务部根据调查中发现的问题和可供选择的方案，找出结论性意见，以确定新的预算和投资。

营销部重点研究游客们对未来娱乐项目的期望、游玩热点和兴趣转移。

信息中心存储了大量关于游客需求和偏好的信息，具体有人口统计、当前市场策略评估、乐园引力分析、游客支付偏好、价格敏感分析和宏观经济走势等。其中最重要的信息是游客离园时进行的价格/价值随机调查。正如沃特·迪士尼先生所强调的：游园时光绝不能虚度，游园必须物有所值，因为游客只愿为高质量的服务而付钱。

信访部每年要收到数万计的游客来信，他的工作是尽快把有关信件送到责任人手中；此外把游客意见每周汇总，及时报告管理上层，保证顾客投诉得到及时处理。

工程部的责任是设计和开发新的游玩项目，并确保园区的技术服务质量。例如，游客等待游乐节目的排队长度、设施质量状况、维修记录、设备使用率和新型娱乐项目的安装，其核心问题是提升游客的安全性和效率。

现场走访是了解游客需求最重要的工作。上层管理者经常到各娱乐项目点上，直接同游客和员工交谈，以期获取第一手资料，体验游客的真实需求，同时，一旦发现系统运作有误,及时加以纠正。

研究"游客学"的核心是保持和发展迪士尼乐园的特色。作为迪士尼公司的董事长,埃尔斯特先生时常念叨的话题是:"迪士尼的特色何在,如何创新和保持活力。"把握游客需求动态的积极意义在于:其一,及时掌握游客的满意度、价值评价要素和及时纠偏;其二,支持迪士尼的创新发展。从这一点上说,恰是游客的需求偏好的动态变化促进了迪士尼数十年的创新发展。

(四) 提高员工素质

管理者应具备创新能力和高超的领导艺术。领导对未来发展应规划全新的蓝图,并以此激励员工。迪士尼的管理者努力使员工们懂得,这时他们所做的一切都将成为世界娱乐业的主流和里程碑。迪士尼制订5~10年中长期的人力资源规划,并每年更新1次。在经营管理中,每年都拨出足够的经费预算,进行人员培训。

明确岗位职责。迪士尼乐园中的每一工作岗位都有详尽的书面职务说明。工作要求明白无误,细致具体,环环紧扣,有规可循,同时强调纪律、认真和努力工作。每隔一个周期,严格进行工作考评。

统一服务处事原则。服务业成功的秘诀在于每一员工对待顾客的正确行为和处事态度。基于迪士尼使游客欢乐的经营理念,公司要求32 000名员工学会以正确的方式与游客沟通和处事。为此,公司提供统一服务处事原则,其要素构成和重要顺序依次为安全、礼貌、演技、效率。游客安全是第一位的。仅与安全相比,礼貌则处于次一等的地位。同样,公司以此服务处事原则,考察员工们的工作表现。

推进企业文化建设。公司经常对员工开展传统教育和荣誉教育,告诫员工:迪士尼数十年辉煌的历程、商誉和形象都具体体现在员工们每日对游客的服务之中。创誉难,守誉更难。员工们日常的服务工作都将起到增强或削弱迪士尼声誉的作用。

由游客评判服务质量优劣。迪士尼认为:服务质量应是可触摸、可感受和可体验的,并且游客掌握着服务质量优劣的最终评判权。公司指出:游客们根据事先的期望值和服务后的体验,加以比较评价,然后确定服务质量之优劣。因此,迪士尼教育员工:一线员工所提供的服务水平必须努力超过游客的期望值,从而使迪士尼乐园真正成为创造奇迹和梦幻的乐园。

(五) 完善服务系统

必须完善整个服务体系。迪士尼乐园的服务支持系统,小至一架电话机、一台电脑,大到电力系统、交通运输系统、园艺保养中心、售货商场、人力调配、技术维修系统等,这些部门的正常运行,均是迪士尼乐园高效运行的重要保障。

岗位交叉互补。管理者对园区的服务质量导向有重大影响。管理者勤奋、正直、积极推进工作,员工们自然争相效仿。在游园旺季,管理人员放下手中的书面文件,到餐饮部门、演出后台、游乐服务点等处加班加点,这样,加强了一线岗位工作的积极性,保证了游客服务质量,与此同时,管理者也得到了一线员工一份新的友谊和尊重。

(案例来源:豪娜,斯沃布鲁克. 国际旅游管理案例分析. 张勤,译. 沈阳:辽宁科学技术出版社,2005.)

二、思考·讨论·训练

1. 迪士尼乐园的经营理念和质量管理模式是怎样的？
2. 迪士尼风靡全球几十年长盛不衰的原因是什么？
3. 请借鉴迪士尼乐园的经营理念，为你所熟悉的某宾馆、酒店、度假村等服务企业提出市场营销方面的建议。

案例4　香格里拉酒店的营销观念

一、案例介绍

香格里拉酒店是国际著名的大型酒店连锁集团，它从1971年新加坡豪华香格里拉酒店的开业开始起步，很快便以其标准化的管理及个性化的服务赢得国际社会的认同，在亚洲的主要城市得以迅速发展。其总部设在香港，是亚洲最大的豪华酒店集团，并被许多权威机构评为世界最好的酒店集团之一，它所拥有的豪华酒店和度假村已成为最受人们欢迎的休闲度假目的地。香格里拉酒店始终如一地把顾客满意当成企业经营思想的核心，并围绕它把其经营哲学浓缩为一句话——"由体贴入微的员工提供的亚洲式接待"。

香格里拉酒店有8项指导原则：

（1）我们将在所有关系中表现真诚与体贴；
（2）我们将在每次与顾客接触中尽可能为其提供更多的服务；
（3）我们将保持服务的一致性；
（4）我们确保我们的服务过程能使顾客感到友好，员工感到轻松；
（5）我们希望每一位高层管理人员都尽可能地多与顾客接触；
（6）我们确保决策点就在与顾客接触的现场；
（7）我们将为我们的员工创造一个能使他们的个人、事业目标均得以实现的环境；
（8）客人的满意是我们事业的动力。

与航空公司联合促销是香格里拉酒店互惠合作的手段之一。香格里拉酒店与众多的航空公司推出了"频繁飞行旅行者计划"。入住香格里拉酒店时，客人只要出示频繁飞行旅行者计划的会员证和付款凭证，就可得到众多公司给予的免费公里数或累计点数，如：每晚住宿便可得到德国汉莎航空公司提供的500英里的优惠，美国西北航空公司、联合航空公司500英里的优惠。其他航空公司有加拿大航空公司、新加坡航空公司、瑞士航空公司、澳大利亚航空公司、马来西亚航空公司、泰国航空公司等。另外，香格里拉酒店还单独给予顾客一些额外的机会来领取奖金和优惠。

顾客服务与住房承诺方面，则体现了酒店在承诺、信任原则上的坚持。香格里拉酒店的回头客很多。酒店鼓励员工与客人交朋友，员工可以自由地同客人进行私人的交流。为此，酒店建立了"顾客服务中心"，客人只需打一个电话就可解决所有的问题。酒店也因此可更好地掌握顾客信息，协调部门工作，及时满足顾客。在对待顾客投诉时，绝不说不，全体员工达成共识，即"我们不必分清谁对谁错，只需分清什么是对什么是错"。让客人在心理上感觉他"赢"了，而我们在事实上做对了，这是最圆满的结局。每个员工时刻提醒自己多为客人着想，不仅在服务的具体功能上，而且在服务的心理效果上满足顾客。香格里拉酒店重视来自世界不同地区、不同国家客人的生活习惯和文化传统的差异，有针对性地提供不同的服务。如对日本客人提出"背对背"的服务：客房服务员必须等客人离开客房后再打扫整理客房，避免与客人直接碰面。酒店为客人设立个人档案并长期保存，作为为客人提供个性化服务的依据。

（资料来源：http://www.emkt.com.cn/article/56/5608-2.html）

二、思考·讨论·训练

1. 香格里拉酒店作为国际著名的大型酒店连锁集团，他们应具备什么样的营销理念？
2. 香格里拉酒店在顾客满意方面采取了哪些措施？对你有何启示呢？

案例5　光芒厨卫浴的营销观念

一、案例介绍

（一）提炼绿色理念

光芒对"品牌簇群"的产品提出了"光芒厨卫浴，成套绿色园"的营销概念。光芒集团之所以如此命名，就是想赋予"光芒"品牌在市场终端的一种象征意义。对于广大的消费者来说，光芒是在传递一种节能、环保的理念，通过簇群营销，将光芒集团所有的产品，包括厨房电器、热水器等成套家电在市场终端进行集中展示和销售，从而赋予光芒以品牌个性和特征，让终端消费者形成"绿色"的光芒品牌印象。

（二）制定标准营销战略

在"光芒厨卫浴，成套绿色家园"的具体操作上，光芒坚持统一的终端标准，实施标准营销战略。

首先，在华东地区"光芒厨卫浴，成套绿色家园"门店面积都集中在60~150平方米，以全面展示光芒成套产品，同时充分地给予消费者对产品体验欣赏的空间。

其次，以"一切从消费者出发"为理念，为消费者提供统一品牌，统一造型风格，功能具有关联性和兼容性的产品，让消费者可因此享受到更为便捷、省心的一站式家电消费服务。"光芒厨卫浴，成套绿色家园"门店施行配送、安装、服务、升级一站到位的消费模式。

（三）打"全能冠军"牌

光芒拥有行业内数量最多的品类，由于未能及第"单打冠军"，光芒将目标及时转向了"全能冠军"的宝座，开始了产品整合营销之路，将厨电、热水器、太阳能等品类的160个产品整合起来，集中于"光芒厨卫浴，成套绿色家园"门店之内。光芒通过所有产品的整体终端展示、销售，区别于以前分散的终端形态，主打"全能冠军"牌。

（四）重点突破

在营销方面，"光芒厨卫浴，成套绿色家园"重点定位于华东市场，选择基础较好的区域市场进行重点突破，慎重地采取择优而设的原则，只在能真正发挥销售主要渠道作用的门店开设"光芒厨卫浴，成套绿色家园"门店。由于华东市场历来是商家争夺的高利润板块，光芒此次利用"光芒厨卫浴，成套绿色家园"进行集中布阵，是非常明智的。

（五）系统支持

1. 产品支持

在"光芒厨卫浴，成套绿色家园"的产品配备上，光芒特地投入了3 000多万元研制新产品，开发出了十多种在行业内具有影响力的新产品，如拥有包括自由变频技术、可伸缩排烟管、伺服电机和外观设计等四项国家专利的"新一代变频式燃气热水器"——16升"锐尚"燃气热水器以及有多路供水、出水恒温的大容量、大功率中央电热水器和具有"蓝金刚"内胆技术与设计双巅峰的高端"锐至"电热水器；此外，光芒还扩大新能源产业链，成立了江苏光芒科技发展有限公司，专业生产太阳能、热泵分体式承压水箱，并研制出500立升水箱，填补了国内空白，为"光芒厨卫浴，成套绿色家园"的终端推广提供了产品基础。光芒集团在终端形成了包括集成吊顶、厨电、热水器等十多种光芒成套产品的全方位成套绿色家园，从而提升了光芒的品牌形象。

2. 广告支持

广告支持主要表现在以下几个方面。

（1）广告软文。在"光芒厨卫浴，成套绿色家园"的推广上，光芒在报纸上进行了软文宣传，充分挖掘事件的新闻点进行空中轰炸，注意突显数字、强化效果，从而强调光芒的经济实力和良好的企业形象、企业文化，加强社会对光芒的认同和赞许。

（2）公关活动。光芒在空中宣传的同时，还兼顾地面轰炸，组织了贯穿每年六、七、八月份，为期长达三个月时间的"光芒服务节"（每年一次的光芒服务节已经连续举办了9年，但每年主题各异），为用户提供舒适、安全的服务，从而形成了空中—地面立体式传播网。

（3）终端支持。所有"光芒厨卫浴，成套绿色家园"门店中统一配备受过专职培训的导购人员，为终端消费者提供详细的咨询导购服务。这类导购人员区别于一般的终端导购，其不仅具备更多更全面的产品业务技能，而且对"光芒厨卫浴，成套绿色家园"渠道模式的诠释也具备熟练的驾驭能力。

（资料来源：http://www.emkt.com.cn/article/56/5608－2.html）

二、思考·讨论·训练

1. 一个名不见经传的企业为何会有如此博大的胸怀和新型的营销理念？光芒的成功又给了我们哪些启示呢？

2. 美国运通公司的一位总经理说："社会责任是一个很好的营销诱饵。"对此你是如何理解的？

3. 当今时代，你认为社会营销观念重要吗？为什么？

案例6 蚊帐将"寿终正寝"吗?

一、案例介绍

C市英华路,大名鼎鼎的王德荣蚊帐商店门可罗雀。"王德荣"在C市是个路人皆知的人物。改革开放之初,他以优质蚊帐赢得顾客,从而率先致富。作为全市第一个公开承认自己资产已达百万的个体户,他一度成了C市人茶余饭后的话题对象。

然而如今走进王德荣蚊帐店,稍事逗留,就会发现这里难得进来一位顾客。作为销售旺季的6月份,今年的销售额仅40多万元,与往年70多万元月销售形成了巨大的落差。而这还是全市蚊帐商店行业中境况最好的一家,有的蚊帐厂家已濒临倒闭。

为了挽救衰败的局势,王德荣使出了浑身解数,亮出了一招又一招:开展照图加工业务,顾客想把蚊帐做成什么样子,只需画张图,哪怕只做一张,他也承接;对老弱病残顾客,不仅笑脸相迎,提供优质服务,还负责上门帮顾客挂好新买的蚊帐。在蚊帐生产上,他提出9个字的指导思想:高档化、装饰化、礼品化。他坚持全部采取上乘进口原材料进行加工,生产出来的蚊帐有五六个款式,10余个品种,20多种颜色。上至365元一顶的尼龙静电提花圈帐,下至24元一顶的儿童蚊帐,琳琅满目。其中有一种圆帐,白天一收起来俨然像一只美丽的花篮。

然而,这仍无补大局。与蚊帐滞销形成鲜明对比的是今年C市的"如意牌"电子驱蚊器供不应求,令那名气颇大的刘宏厂长如坐针毡,来自全国各地的信件、电报、长途电话一个劲儿地催货,更有许多老顾主驻在C市死盯住他,工人们加班加点仍然满足不了市场需求。

同是生产抵御蚊子的用具:电子驱蚊器和蚊帐,这两家却是一家欢乐一家愁。

王德荣在被问及对蚊帐市场前景的展望时说:"我想世界上只要还有蚊子,人们对蚊帐的需求恐怕就不会停止。"然而,C市某公司10名刚刚结婚或正在筹备婚礼的新人,当被问及"您是否已经或正要为您的新房购置一顶漂亮的蚊帐"时,答案却完全一边倒:"既没买,也不打算买。"一位新娘甚至还反问一句:"现在结婚谁还买蚊帐啊?!"接着,还历数了蚊帐的种种"弊端":挂蚊帐让本来就小得可怜的居室显得更小,给人以压抑、郁闷感;钻进蚊帐,只能被动的躲避蚊子,人不自由,而蚊子仍然无孔不入,永远处于进攻状态;蚊帐洗涤和收拾起来都很不方便;挂蚊帐也无法吹电扇;一床蚊帐100多元,只能新鲜3~5年,挂旧蚊帐也不好看……有人还拿出一本厚厚的《国外居室布置》翻着说:"看人家先进国家谁还在卧室里不伦不类地挂一顶蚊帐呀?"

难道随着小小电子驱蚊器的问世,蚊帐这种具有悠久历史的居室用品将"寿终正寝"了吗?

(资料来源:http://www.njliaohua.com/lhd_7zvki3zmlk5o77l3184q_1.html)

二、思考·讨论·训练

1. 蚊帐,这个"几乎家家户户的必需品"真的没有市场了吗?为什么?

2. 王德荣在被问及对蚊帐市场前景的展望时说："我想世界上只要还有蚊子，人们对蚊帐的需求恐怕就不会停止。"这句话里面反映出他什么样的市场观念？

3. 你觉得他的这种市场观念问题出在哪里？

案例7　ZARA 的营销传奇

一、案例介绍

2014年8月14日上午，罗萨莉娅·梅拉去世了，享年69岁。她曾是西班牙第一女富豪，手上握有全球闻名的快速时尚消费品牌 ZARA。

ZARA 是西班牙 Inditex 控股集团旗下的服装品牌，同时也是 Inditex 集团最大和盈利最多的部门。ZARA 的中文名称为飒拉，作为 Inditex 公司的旗舰品牌，其主要产品为女装、男装、童装、鞋靴及配饰等。当今，ZARA 已在全球60多个国家拥有1 000多家专卖店。

西班牙加西利亚，这片拥有7座城市的地区，位处西班牙面向大西洋的一面，以良好的生活质量而著称。而其中偏僻的港口城市拉科鲁尼亚曾是走私犯、海盗和中世纪御用裁缝辈出的地方，不管男孩女孩，做裁缝都理所当然。1944年，梅拉出生在这里，11岁时，因为贫困，她辍学了，最后选择了这个地区许多穷苦人家的孩子都会从事的行业——裁缝。从到服装店当助手的第一天起，她一生中与布料、织品的不解之缘就此结下。这家服装店名叫 LaMaja，在那里，她遇见了改变她一生的男人阿曼西奥·奥特加。他们不久后结为夫妻。到20世纪60年代的时候，经过10余年的埋头苦干，梅拉和奥特加已经拥有了数间成衣工厂。他们决定开办一家品牌服装店。当时，夫妻二人注意到高级服装公司的睡袍销量极好，但价格昂贵，而两人在自家餐桌上就能缝制出几乎一样的睡袍。他们测算，如果价格便宜一半仍然有得赚。于是，一家以仿制高档睡衣为主的服装店开张了。

那时的西班牙，一部名叫《希腊人左巴》的电影风靡一时，梅拉和奥特加于是决定开一家名叫左巴（Zorba）的店面，不巧的是，离服装店不远的一家酒吧抢先使用了这个名字，梅拉与奥特加只得把服装店改成一个与"左巴"拼写相近的名字：ZARA。1975年5月15日，第一家 ZARA 门店在西班牙西北部的偏远市镇拉科鲁尼亚中央大街上最有名的百货商店对面开张。这一年，独裁者弗朗西斯科·佛朗哥去世，胡安·卡洛斯一世登上王位，实行君主立宪制及展开民主改革，结束了西班牙长达40年的独裁统治。人们渐渐开始追求解放与个性。而 ZARA 灵感来源自"左巴"，是一个大口喝酒、大块吃肉的性情中人，当他激动到无法言语时，会纵情地起舞弹奏，这与当时西班牙的社会气氛不谋而合，也与 ZARA 日后的品牌形象不谋而合。在之后的日子里，这家以5 000比塞塔（西班牙货币，相当于30欧元，约合300元人民币）立足的服装小店狂飙突进，这就是今天 ZARA 的母公司盈迪德集团的原型，该集团公司2013年市值达到150亿欧元。如今，在第五大道，在香榭丽舍大街，在世界时尚都城最繁华的地段，都能看到 ZARA 的身影。

ZARA 通过对顾客价值的挖掘，改变了以往品牌服装营销依赖大批量和多款式的模式，改之用丰富的款式搭配有限的数量并结合对大牌时装设计的模仿作为自己独有的营销观念。使 ZARA 在消费者心目中树立起既便宜又非常时尚的形象，受到顾客特别是年轻顾客群的热捧。

(一) 抓准目标顾客

ZARA 锁定的顾客主要是追求时尚但购买力有限的青年族群。ZARA 的核心顾客群体大致分布在 20~30 岁这一年龄段，该年龄段的顾客一方面有一定的消费能力，另一方面又非常喜欢追求时尚，但是又无力为此支付过高的价格，此时 ZARA 既时尚又便宜的定位就满足了他们的需要，因此受到极大欢迎。同时，年轻人的习惯、喜好和对时尚的偏爱总是十分相似的，所以当 ZARA 到新的地区拓展市场时，只要根据当地实际情况对自己的销售策略进行一下微调就可以了。通过集中具有相似消费习惯和消费特点的顾客，然后根据这些人的喜好制作并销售服装，ZARA 准确定位了自己的目标顾客。

(二) 制造全新营销理念

1. 超多的款式加大牌风格的设计

ZARA 出品的服装分成男装、女装和童装三大部分，最重要的产品构成是其女装产品，分为三个系列，分别是成熟路线的 ZARA Women、偏重基础款服饰的 ZARA Basic 和偏向年轻休闲的 ZARA TRF。除了丰富的服装品种，ZARA 还制作大量的时尚配件，如鞋靴、首饰、手提包等，这些配件与服装搭配起来使用往往可以使整体造型显得更为生动。由于 ZARA 的产品结构如此完整，所以可以满足消费者对每一个方面的需求，给消费者的购物带来极大方便，使其可以在一次购物中尽情选取所需的产品，为其带来愉悦的购物体验。与此同时，消费者在购买服装的同时往往会顺便选购与其相配的饰品，因此对 ZARA 销售额的增加也起到很大帮助。

2. 故意营造出的稀缺感

和其他品牌的服装相比的话，ZARA 会将同一款式的服装生产相当少的数量，哪怕是非常受欢迎的款式也依然要遵循此原则，有时候在门店里某种款式的服装每个尺码只供应两到三件，即使迅速售完也不会再调货进来。这是由于 ZARA 的销售策略并非重视每款服装卖出的数量，而将侧重点放在丰富的款式，虽然每款服装的供应量少，但是丰富的款式却使销售总量增加。ZARA 一年当中平均出品多达 20 000 种款式的服装，专卖店每周会上两次新货，因此给人一种随时可以见到新款服装的印象，这对于那些总是希望穿上最新、最时尚服装的年轻顾客群体来说形成了致命吸引力。而且由于每款服装的数量十分有限，给人不抓紧购买就会没的心理暗示，导致顾客在看到心仪的服装时为了避免买不到而不会过多犹豫，总会快速做出购买决定，这对增加销量也大有帮助。由于 ZARA 的服装总是可以在第一时间迅速售完，所以需要打折处理的商品就非常少，使得产品可以一直维持以一个高利润率的价格销售。

3. 模仿设计策略

ZARA 还具有独特的设计战略。普通服装品牌往往需要根据最新发布的流行信息，利用半年甚至一年的时间来完成新款服装的设计工作，而后还要进行对样品的反复修改并根据成衣的最终效果制定营销策略，整个流程是一个非常漫长的过程。但是 ZARA 的设计策略完全打破了这一点，ZARA 曾发表过一句经典宣言：我们不需要一流的设计师，只需要一流的打版师。ZARA 的设计往往是从世界一流时尚大牌中汲取灵感，发现适合自己销售的服装，就会进行模仿、稍加改变，在这一环节中发挥关键作用的并非设计师，而是打版师。这种设计策略不仅可以加快新品成衣推出的速度，使服装的出品周期由大半年变为十几至二十几天，让品牌随时与最新潮流同步，而且可以提升品牌的设计品位，使该品牌的服装给人一种很大牌、很经典的感觉，赋予消费者一种用平民的价格穿大牌的设计的满足感，所以虽然它本身是一个很平价的品牌，可是由于具有十足的设计感而不会给人以低廉的感觉。

（三）独特的宣传策略

ZARA的宣传策略不是利用做广告来推销自己，而是利用自身的整体形象直接向大众传达想要表达的品牌信息。ZARA通常将专卖店开在繁华的商业地段，利用布置精美的橱窗向来往的消费者展示自己的服装和特点，吸引消费者为之驻足并对其产生兴趣。

多年以前，梅拉夫妇选择把店面开在豪华旺市，最好紧邻阿玛尼等奢侈品店，然后在橱窗摆放与大牌可相匹敌的潮流服饰，同时标出一个平民的价格。这样的营销布局意味着：缺钱的顾客（主要是年轻人）在逛完买不起的大牌店后，一转身就看到了ZARA的招牌，随后大肆消费，即便超出预算也会觉得很值。

这个心理暗示，从ZARA开店的选址也可以看得出来：它只选最好的地段开店，不惧与世界顶级品牌正面交锋。在纽约，ZARA选择的是第五大道；在巴黎，ZARA选择的是香榭丽舍大街；在上海，ZARA选择的是南京路；而在广州，ZARA选在奢侈品扎堆的太古汇正对面，它的招牌直直对准了马路那边巨大的LV招牌。

ZARA专卖店店内的陈设以及服装、配饰的展示也毫不马虎，总是将服装、饰品、箱包精心搭配成一个整体造型并一起销售，给消费者带来视觉上的冲击，通过这种方法向消费者传达品牌的品位和风格，在消费者心中创造出时尚、简约、大气的品牌形象。由于ZARA的卖场面积通常超过10 000平方米，总有足够的空间对所有款式的产品全部进行精心的摆放和展示，不会出现在小型店铺中服装都挤在一起导致顾客无法看清楚的情况，这一方面给顾客带来了方便、愉悦的选购体验，另一方面又显得ZARA的产品特别丰富，同时又充分向顾客展示了自己的风格，无论从哪个方面都可以为自己在顾客心中树立起良好形象并赢得好的口碑，成为消费者口中议论的话题，并通过消费者的口口相传起到对品牌的宣传作用。节省了广告费就相当于降低了成本，这既对维持产品的低价格策略有帮助，又可以提高自己的利润率。

（四）信息技术和分工协作相得益彰

ZARA之所以可以在最短的时间内完成从设计到生产再到销售的整个过程，离不开完善的信息系统和优秀的分工配合能力的支持。

首先，ZARA具有出色的收集顾客需求的能力。在ZARA的每家店铺中，都会安排员工记录顾客的需求，并把收集到的信息及时传回总部，设计师们则综合这些信息和每天的销售量做一个分析，然后产生新的设计或对已有设计进行改良，由于这些设计都是基于顾客的需求而完成的，因此总能受到顾客欢迎。

其次，ZARA还致力于服装制作信息的标准化工作。在设计师快速完成设计后，就可以根据服装信息数据库中的标准确定一些细节部位的尺寸和对生产技术的要求，并且由于仓库中已准备好各种现成的材料和配件，所以可以迅速完成打样环节。

最后，ZARA 还具有强大的产品信息与库存管理能力，不仅公司总部对一切成品、半成品、原材料等都采取电子管理信息系统的方式进行控制，并且还做到了将电子库存管理推广到每家店铺当中，使店铺中的工作人员可以通过电脑随时为每一位客人查询他想要的商品的实时信息，不但可以告诉顾客在这家店里还有没有存货，甚至可以把整个城市甚至周边地区店铺中这件产品的库存信息都清楚地告知顾客，包括剩余的数量、大小、颜色及分布在哪家店铺当中，如果顾客需要的话，还可以通过该信息系统为顾客调货至指定的店铺来。基于强大的信息系统之上的工作不仅为顾客提供了方便，也为整个企业的经营管理贡献出重要力量。

ZARA 还具有出色的分工协作能力，既可以精确地进行工作分配，又可以达到完美的协调一致，保障了整个组织始终在高效的状态下运行。当设计部门根据顾客需要和流行趋势完成对新产品的设计之后，生产部门就第一时间安排样衣的制作，然后把制作好的样品快速反馈给设计团队检查，看是否还有一些细节或尺寸需要修改，在最终设计完成后，马上就会进行批量生产。

成品服装的生产过程也是经过认真分工的，首先是从原料库准确配料至工厂，再由工厂安排原料在自动化的裁剪设备上进行裁剪，然后根据不同制作要求将裁剪好的原材料送到合作制造商处进行加工与缝制，最后再将初加工完成的服装送至包装部进行熨烫和包装，完成这一系列步骤之后，成衣就会通过高度整合过的配送和分销系统送至世界各地的 ZARA 专卖店之中。由于 ZARA 的跨部门合作非常成功，所以不会出现因衔接失误导致的工作进程延误，极大地推进了该品牌的运营效率。

（五）高效灵敏的供应链和物流系统

ZARA 所属的 Inditex 集团拥有规范化的采购流程和经过严格筛选后保持长期合作关系的供应商，使得 ZARA 能以较低的价格获得布料等原料的稳定供给，并且这些供应商一定能保证在第一时间为 ZARA 提供符合其品质要求的原材料，不会因为原料布供给不足导致新款服装生产滞后。除了从供应商处购买原料布，Inditex 集团本身也具有对原坯布的加工能力，可以按照设计需要对尚未经过染色的布料进行上色处理，制造出符合设计需要的原料布，而这些未经过处理的原坯布大多是从东南亚、摩洛哥、印度等地的有合作协议的供应商处采购的，价格和质量都有保证。

ZARA 八成以上的产品都是由 Inditex 集团在欧洲的工厂或者与其有股权关系的工厂中生产的，由于这些工厂都集中于欧洲，所以所有产成品都可以通过一个自动配送系统运送到下一环节，将库存量降至最低，因此，虽然在欧洲生产服装的费用要比在亚洲等传统服装加工地的费用高一些，但是节约的库存成本和提高的生产效率仍可以使 ZARA 的利润率维持在 10% 左右。Inditex 集团从布料上色环节开始入手，设计、染色、剪裁及服装生产中涉及的一切环节都能自己覆盖到，使整个集团在一个垂直的结构上运转，所以总能以比其他服装制造商更快捷的速度完成生产，产量控制也更方便。

ZARA 在其本国从事物流工作的人员数量非常少，这完全归功于该品牌拥有的先进的分销、配送系统和设备。当已完工的成品需要由工厂转运至 ZARA 统一的货品分销中心时，利用的是一条长达 20 公里的地下传输带进行运输，当这些货品到达分销中心后会第一时间被分拣，以便按照不同的要求给位于世界各地的 ZARA 专卖店发货。由于 ZARA 已经不使用传统的手工货物分拣方式，而是借助先进的设备对服装上的电子标签进行识别，平均每小时可以识别六万件左右的服装，因而大大提升了货品分拣速度和准确率，缩短了货物在分销中心的滞留时间。被分拣好的服装则在第一时间打包装箱并按照最合理的运输方式运往零售终端，使每批货物都可以按时、按量、按发货要求到达专卖店之中。至于运输方式的选择，ZARA 也有自己的原则。由于其大部分产品都是由位于欧洲的工厂生产的，所以在将这些货品送至欧洲本土的各个专卖店时便通过卡车来运输，这种运输方式的特点是成本低，并且短途使用时速度也有保障，所以是欧洲各地之间货物运送的最佳选择，通常两天之内就能将货物从分销中心运抵欧洲各地的店铺。至于需要进行全球范围的货物配送的时候，ZARA 则毫不犹豫地选择飞机运输的方式，虽然这种运输方式的成本较其他方式来说要高一些，但是运送速度是最快的，而由于货品更新快给 ZARA 带来的销售利润远远大于运输成本的支出。ZARA 出色的物流系统保证了其位于世界各地的商店每周可以收到两次新货，而且往距离总部最远的店铺发货所需的运输时间也保持在一周之内。

经过以上对 ZARA 营销策略的分析，我们大致可以掌握 ZARA 获得成功的秘诀——快速。无论设计、生产、分销环节，ZARA 都保持以高效率运行，所以保证了专卖店中货品更新的速度，并使这个特色成为一大卖点，吸引了大批消费者，创造出可观的销售额。然而这种快速的背后体现的是 ZARA 高度整合的运营体系以及对信息的收集与把握能力，有了这些做基础才能使其在第一时间根据消费者的喜好设计、生产并销售产品，使速度变成自己的核心竞争力。由于成本控制得好，所以 ZARA 品牌服装都可以以平价销售，加之设计时尚又符合消费者需要，使得消费者没有不青睐它的理由，ZARA 量身定做的营销策略，成为其在服装行业内遥遥领先的关键所在。

（资料来源：刘烁.服装品牌 ZARA 的营销策略分析.商业营销，2011（9）；稼辛.ZARA 之母，传奇谢幕.看世界，2013（18））

二、思考·讨论·训练

1. ZARA 营销成功的秘诀之一是"快速"，ZARA 是如何实现"快速"的？
2. 请对 ZARA 的市场营销进行分析评价。

项目名称：市场营销基本原理应用训练

1. 实训目的

建立市场营销的基本概念，形成现代市场营销观念，建立营销职业意识，学习用市场营销的思想分析问题。

2. 实训思路

对你所在地区某一企业的市场行为进行调查，应用营销基本原理分析其企业营销理念和营销活动的科学性，并对所调研的企业未来的市场行为提出营销方面的建议。

3. 实训步骤

（1）根据教学班级学生人数划分为数个小组，每一小组以 5~8 人为宜，小组中要合理分工。

（2）在教师指导下统一认识，以小组为单位开展市场调查，分别采集不同的资料和

任务1　认识市场营销

数据。

(3) 在调查的基础上，小组成员充分讨论，形成小组的课题报告。

(4) 在全班进行交流，师生共同评价。

项目名称：不同营销观念比较

根据各种营销观念的内涵及适用条件，从你知道的企业中找到运用该观念进行营销实践的企业，分析企业运用该观念的条件是什么？并通过比较得出你的结论（见表1-2）。

表1-2　不同营销观念企业比较

营销观念类型	企业名称	所属行业	主营业务	市场竞争情况
生产观念				
产品观念				
推销观念				
市场营销观念				
社会市场营销观念				

比较分析结论：

（资料来源：李叔宁. 市场营销实训. 北京：高等教育出版社，2011.）

项目名称：五分钟自我推销

1. 训练项目

五分钟自我推销。

2. 训练目的

便于授课老师及同学之间迅速掌握全班学生情况，有效地开展和组织各项营销活动。

3. 训练内容

假设毕业之际，你正在参加海尔集团举行的营销助理招聘面试，请用5分钟的时间进行自我推荐。

4. 训练要求

(1) 举止行为得体，表达自然流畅。

(2) 准确的自我定位，根据招聘要求，有针对性地自我推荐。

(3) 其他同学扮演海尔集团招聘人员，提出相关问题，观察和判断应聘人员是否符合聘用标准，应聘人员进行现场答辩。

5. 训练考核

(1) 上台演讲神态大方、举止得体、声音洪亮、充满自信，站姿正确。(50分)

(2) 自我推荐内容属实、逻辑连贯、语言流畅。(40分)

(3) 时间把握适度。(10分)

（资料来源：熊云南，郑璁. 市场营销. 武汉：武汉大学出版社，2008）

课后练习题

1. 到学校附近的商店进行观察，记录营业员与顾客的买卖活动过程。
2. 福特汽车公司的董事会主席唐纳德·彼得森曾经说过："如果我们不面向客户，我们的汽车就开不动。"请你解释这句话中蕴涵的营销学概念。
3. 向全班同学以介绍自己的方式进行两分钟自我推销训练。
4. 你所在公司的总裁决定调整公司结构，使其更加以市场为导向。他准备在稍后的会议上宣布这些变化。他让你为其准备一个简短的演说，概括一下公司选择新导向的基本理由。
5. 你家附近有一家超市，他们的宣传口号是"商店就是你的家"。可是当你要一位理货员帮助找一袋薯片时，他说这不关他的事，让你自己仔细找找。在商店的出口处，你发现一个投诉地址。请你起草一封投诉信，说明若超市的职工不将商店的口号落到实处的话，那口号只能是一句空话。
6. 即使你不从事营销工作，你所上的营销课对你的就业也会有所帮助。请你给一位朋友或家人写一封信对此予以说明。
7. 一位老板准备开设一个小卖店，征求你的意见。请你进行市场调研后谈谈自己的看法。
8. 你使用什么品牌的牙膏？你为什么选择该品牌的牙膏？请就这一品牌牙膏的产品品质、功能、包装、价格、促销等方面向牙膏生产企业提出合理化建议。
9. 以下判断是否正确，为什么？
（1）市场＝购买者＋购买欲望＋购买力。
（2）"营销＝推销（销售）"。
（3）市场营销是引导商品和劳务从生产者流向消费者或用户的企业商务活动过程。
（4）全员营销就是要求企业的全体人员必须参与营销活动，在搞好销售工作的前提下搞好本职工作。
（5）行销全球的美国快餐业提供的快餐食品，尽管含脂肪及盐过多，从长期来看不利于消费者的健康，但满足了消费者求方便快捷的需求，因而是符合社会营销观念要求的。
（6）关系营销就是在营销活动中，通过吃、喝、玩等手段拉关系，通过开展非正当交易活动来达到自己的目的。
（7）在市场营销理论日新月异的今天，4P营销理论显得已经过时。
（8）许多人认为："市场营销就是推销，就是把产品卖掉，变成现金。"而彼得·德鲁克先生却说："营销的真正内涵是使销售成为多余。"
（9）沃尔玛公司奉行三大原则。①"顾客服务原则"——"第一条，顾客是对的；第二条，顾客永远是对的；第三条，如有任何疑问，请参照第一、第二条执行。"②"三米原则"——顾客距离店员三米就能感觉到他（她）的微笑和热情。③"日落原则"——店方一旦发生过错，公司会在当天日落前妥善处理，向顾客诚心道歉。
（10）所谓4P营销理论，就是企业在营销活动中，必须瞄准消费者需求，考虑消费者所愿意支付的成本及消费者购买的便利性，与消费者进行充分沟通的一种营销理论。

(资料来源：彭石普. 市场营销理论与实训. 北京：北京师范大学出版社，2011.)

10. 请阅读下面的小案例，然后回答问题。

《经济日报》曾报道了一桩销售者状告消费者的官司：退休女工卫某在某市友谊商场买了一台彩电，半月后音像全无，便找商场去换。商场因其已办理保修手续不肯换。卫某找了4天仍未换成，便打出"友谊商场为什么不退劣质彩电"的牌子，在商场前活动了两天半。商场以卫某侵害名誉权提起诉讼，要求卫某赔礼道歉并赔偿损失一万元。审判结果卫某败诉，以卫某写出道歉书、商场退彩电款了结。这是一桩少见的官司。官司结束后，有人认为官司打得好，因为官司迫使卫某写出道歉书，挽回了对商场的影响，维护了商场的声誉；但也有人认为官司打得不好，因为这会给人们留下店大欺客的不良印象，不利于争取更多的消费者。商场这场官司到底该不该打，一时众说纷纭。

(资料来源：彭石普. 市场营销理论与实训. 北京：北京师范大学出版社，2011.)

问题：

假如你是某营销咨询公司经理，你认为这场官司该不该打，为什么？

11. 请阅读下面的小故事，然后回答问题。

有一家效益相当好的大公司，为扩大经营规模，决定高薪招聘营销主管。广告一打出来，报名者云集。

面对众多应聘者，招聘工作的负责人说："相马不如赛马，为了能选拔出高素质的人才，我们出一道实践性的试题，就是想办法把木梳尽量多地卖给和尚。"绝大多数应聘者感到困惑不解：出家人要木梳何用？这不明摆着拿人家开涮吗？于是纷纷拂袖而去，最后只剩下三个应聘者：甲、乙和丙。负责人交代："以10日为限，届时向我汇报销售成果。"

10日到。负责人问甲："卖出多少把木梳？"甲答："1把。"甲讲述了历尽的辛苦，游说和尚应当买把梳子，无甚效果，好在下山途中遇到一个小和尚一边晒太阳，一边使劲挠着头皮。甲灵机一动，递上木梳，小和尚用后满心欢喜，于是买下一把。

负责人问乙："卖出多少把木梳？"乙答："10把。"乙说他去了一座名山古寺，由于山高风大，进香者的头发都被吹乱了，他找到寺院的住持说："蓬头垢面是对佛的不敬，应在每座庙的香案前放把木梳，供善男信女梳理鬓发。"住持采纳了他的建议，于是买下了10把木梳。

负责人问丙："卖出多少把木梳？"丙答："1 000把。"负责人惊问："怎么卖的？"丙说他到一个颇具盛名的深山宝刹，朝圣者络绎不绝。丙对住持说："凡来进香布施者，多有一颗虔诚之心，宝刹应有所回赠，以做纪念、保佑其平安吉祥，鼓励其多做善事。我有一批木梳，您的书法超群，写上'积善梳'三个字，便可作为赠品。"住持大喜，立即买下1 000把木梳。得到"积善梳"的施主与香客也很是高兴，一传十，十传百，朝圣者更多，寺庙香火更旺。

(资料来源：http://bbs.tianya.cn/post-no11-4816356-1.shtml)

问题：

(1) 甲、乙、丙分别销售出了不同数量的梳子，其原因是什么？

(2) 丙提出"积善梳"的理念对我们开展市场营销有何启发？

营销人员应具备的基本素质与技能

1. 市场营销人员应具备的基本素质

（1）高尚的职业道德。一个合格的营销人员应当热爱自己的工作，忠实于自己的企业，并将营销工作作为自己终身为之奋斗的事业；要将客户利益、消费者利益放在第一位，并积极维护企业利益。合格的营销人员必须具有强烈的责任心、严肃的工作态度、坚守职业道德，并通过职业意志推动目标的实现。

【案例】三尺柜台树丰碑

已故全国劳模、原北京市百货大楼售货员张秉贵，是新中国成立后的第一批售货员。在当时计划经济，商品供不应求的情况下，为了让来店购买糖果的顾客少排一会儿队，他牺牲了业余时间，练就了"一把抓""一口清"等服务技能，不但为顾客节省了大量排队时间，还成为北京市的一道风景，许多人慕名前来参观。张秉贵娴熟的售货技术，被著名作家冰心誉为"一团火"精神，是全国商业战线的楷模。

（2）积极的心态和坚强的意志。营销工作是一项烦琐、劳动强度大、工作时间不确定的工作，营销人员应该能够承受各种挫折，保持积极的心态，同时还要有毅力、耐心、韧性和持续的行动力，能做到持之以恒，坚持到底，直至胜利。

营销人员要有六不怕精神：一不怕苦，二不怕累，三不怕难，四不怕险，五不怕远，六不怕失败。

营销人员还要具备四个千万：走遍千山万水，吃遍千辛万苦，想尽千方百计，说尽千言万语。

意志的作用在于发挥能动性，自觉克服来自内部或外部的各种障碍，努力实现目标。市场营销人员承担着企业兴衰的重任，同时又是连接消费者与企业的桥梁，所以必须要有自我激励精神，要有坚强的意志品质。

【案例】李阳与"疯狂英语"

李阳，祖籍山西，1969年出生于乌鲁木齐。李阳中学的学习成绩不很理想。1986年自新疆实验中学勉强考入兰州大学工程学系。大学一、二年级李阳多次补考英语。为了彻底改变英语学习失败的窘况，李阳开始奋起一搏。他摒弃了偏重语法训练和阅读训练的传统，另辟蹊径，从口语突破，并独创性地将考试题变成了朗朗上口的句子，然后脱口而出。经过4个月的艰苦努力，李阳在1988年大学英语四级考试中一举获得全校第二名的优异成绩。

后来李阳通过自我锤炼成为著名的英语播音员、中英文双语主持人、一代英语口语名师、"万能翻译机"和"英语播种机"。再后来，他被邀请到全国数百个城市传授英语，全国上千万人听过他的精彩讲学。

十多年来，他的学生遍布大江南北。他曾经应邀前往日本、韩国、美国讲学，传播"疯狂英语"和"疯狂汉语"，成为全球近30个国家千余家媒体追踪采访的热点人物，缔造了中国著名的教育品牌——"疯狂英语"。

（3）健康的心理素质和强健的体魄。世界卫生组织对"健康"的定义是"不仅仅未患疾病，还包括具有承受正常的交流活动的心理能力"。健康的心理素质包括：① 对现实与他人的认识趋于准确；② 对事实持稳定的态度，能够承受各种挫折，保持良好的心态；③ 广泛而深厚的人际接纳能力，同时由于营销工作劳动强度大、工作时间不确定，需要养成好习惯，练就强健的体魄。

【案例】不是谁都能成功的

美国市场营销协会（AMA）的一项调查表明：有48%的推销员在第一次拜访用户后便放弃了继续推销的意志；有25%的推销员在第二次拜访用户后放弃了继续推销的意志；有12%的推销员在第三次拜访用户后放弃了继续推销的意志；有5%的推销员在第四次拜访用户后放弃了继续推销的意志；只有10%的推销员锲而不舍，而他们的业绩占了全部销售额的80%。

（4）复合的人格特性。营销人员的个性特征是由他们岗位的特殊性、工作的复杂性和曲折性决定的。一般来说，营销人员应表现出外向的性格特征，但事实上，一些具有内向性格特征的人也可以成为成功的营销专家。复合的人格特征主要表现为工作越复杂，越表现出主动性，足智多谋，富有想象力，具有准确的判断力、冷静的分析力；对产品，表现出丰富的知识储备；面对客户，具有高度的热忱、耐心、礼貌、有控制力；与客户谈判时，表现出较强的灵活性；从事紧张公关时，善于把握机会，工作有条不紊；面对刁蛮的客户或棘手的问题时，友善、礼貌、冷静、大度，能以人格魅力扭转局面。

【案例】是矮小还是高大

被日本人称为"推销之神"的原一平，身高1.45米。可他的推销额连续15年居全国第一。他69岁时应邀演讲，有人问他成功的秘诀，他脱掉袜子请人摸他的脚底板，他的脚底板有一层厚厚的脚茧。又有人问他，在几十年推销生涯中是否受过侮辱，他回答："我曾十几次被人从楼梯上踹下来，手被门夹痛50多次，可我从未受过侮辱。"他每月用掉1 000张名片，一天要访问几十位客户，从未间断。

2. 营销人员应该具备的八大技能

（1）自我形象表达和企业形象策划能力。能够从不同的角度把自我的个性、特点、能力展示出来，熟练运用文字或口头对企业及产品形象做详细描述，成为本企业产品的行家能手。

（2）具有对目标市场的调查与分析能力。能够编写调研方案，设计调查问卷，熟练运用各种调研方法，撰写市场分析报告。

（3）具备目标市场战略策划能力。能够用市场细分的标准，对现有的市场进行有效的市场细分，灵活运用目标市场的战略，对竞争环境进行分析，做出正确的市场定位选择。

（4）具有运用市场营销策略分析市场信息、选择合适策略的能力。能充分利用调研得到的各种信息，结合企业实际和特定的市场营销环境，分析市场特点和消费者需求，并选择相应的市场营销策略。

（5）具有一定的广告和公关策划能力。能掌握常用的广告技巧，或熟悉某一领域的广告知识，为企业营销提供必要的广告建议。具有一定的公关策划能力，能够组织一系列有效的公关专题活动，为企业树立良好形象进行有效的宣传、沟通与协调活动。

（6）具有较强的团队意识。营销人员要将自己融入整个团体对问题进行思考，想团队之所需，从而最大限度地发挥自己的作用，为企业市场营销活动做出贡献。

（7）熟悉网络营销。熟悉企业网站的基础知识，能对网页内容进行设计，实现与客户实时的交流与交易。

（8）熟悉相关法律规定，并能够运用自如。能够运用法律规定规范销售合同行为，正确签订销售合同，履行合同义务；能够以营销活动相关的法律法规做指导，提出合理的营销对策和建议，正确制订市场营销方案，规范营销行为；掌握必要的解决营销纠纷的实务技能，能够通过合法途径、程序解决经济纠纷。

（资料来源：任会福，李娜. 市场营销理论与实务. 北京：人民邮电出版社，2011.）

任务2
市场营销环境分析

　　世界上有成就的人都是能放开眼光寻找他们所需要的境遇的人，要是找不着，就自己创造。

——［英］萧伯纳

　　为了能拟定目标和方针，一个管理者必须对公司内部作业情况以及外在市场环境相当了解才行。

——［日］青木武一

　　企业成功的关键在于认清哪些特色能使自己免于竞争。你必须强调这些特色，经常重申其重要性，绝不能让它稀释淡化。

——［美］罗蒂克·安妮塔

> **学习目标**
>
> - 掌握市场营销环境的定义；
> - 明确宏观市场营销环境；
> - 明确微观市场营销环境；
> - 能够针对具体企业进行市场营销环境分析。

营│销│故│事│导│入

在"裸人国"推销

有兄弟两人，来到一个偏远蛮荒的地方做生意，这个地方的人都不穿衣服，故称作"裸人国"。

哥哥看到这样子，皱起了眉头。

弟弟却不以为然，率先进入了裸人国。

过了十来天，弟弟派人来告诉哥哥，一定得按当地风俗习惯，才能做成生意。

哥哥一听十分生气："要照着畜生的样子行事，这难道是君子作为吗？"

裸人国的风俗是，每逢初一、十五的晚上，大家用白土在身上画上各种图案，戴上各种装饰品敲击石头，男男女女手拉着手，唱歌跳舞。弟弟学着他们的样子，与他们一起欢歌曼舞。结果，裸人国的人，上至国王，下至普通老百姓，都十分喜欢他。国王把他带去的货物全都买下来，付给他十倍的价钱。

而他哥哥则满口仁义道德，指责裸人国这也不对，那也不好，不仅被狠打了一顿，还差点丢了命。

俗话说"入乡随俗"。营销人员只有把握营销环境，适应当地人的风俗习惯，才能做成大买卖。

（资料来源：http://money.163.com/06/0407/14/2E44V84B00251HH2.html）

在营销活动中，环境因素既是不可控制的，又是不可超越的，企业必须根据环境的实际与发展趋势，自觉地利用市场机会，防范可能出现的威胁，扬长避短，在激烈的市场竞争中求得生存和发展。任何企业的营销活动都不可能脱离周围环境而孤立地进行。环境是企业不可控制的因素，但企业可以认识和预测环境因素，主动地适应和利用环境，重视研究市场营销环境及其变化，努力去影响外部环境，使其朝着有利于企业生存的方向发展。

营销环境是指直接或间接影响组织营销投入产出活动的外部力量，是企业营销职能外部的不可控制的因素和力量。如经济、政治、法律、技术、文化、竞争者、消费者和原料提供商等。

根据影响力的范围和作用方式，营销环境可以分为宏观营销环境（或宏观环境）和微观营销环境（或微观环境）。微观环境指与企业紧密相连、直接影响企业营销能力的各种参与者，包括企业本身、市场营销渠道企业、消费者、竞争者及社会公众。微观环境直接影响与制约企业的营销活动，多半与企业具有或多或少的经济联系，也称直接营销环境，又称作业环境。宏观环境指影响微观环境的一系列巨大的社会力量，主要是人口、政治法律、经济、自然生态、科学技术、社会文化等因素，宏观环境被称作间接营销环境。宏观环境一般以微观环境为媒介去影响和制约企业的营销活动，在特定条件下，也可直接影响企业的营销活动。宏观环境因素与微观环境因素共同构成多因素、多层次、多变的企业市场营销环境的综合体。营销环境具有不可控性、多变性、差异性、关联性等特点。

2.1 宏观市场营销环境

1. 人口环境

人口是构成市场的第一位要素。所谓人口环境，是指目标市场在人口方面的各种状况。这些不同的状况必然影响到目标市场购买者的消费需求及其购买行为。人口环境对市场营销的影响往往是整体性和长远性的，特别是对人们所需求的生活必需品方面的影响巨大，因此，进行市场营销的企业必须十分重视对人口环境的研究。市场是由有购买欲望同时又有支付能力的人构成的，人口的多少直接决定着市场的规模，因此，企业必须十分重视人口环境研究。

（1）人口总量。一个国家或地区的总人口数量，是衡量市场潜在容量的重要因素。目前，世界人口环境正在发生明显的变化，主要趋势是全球人口持续增长，人口增长首先意味着人民生活必需品的需求增加；发达国家人口出生率下降，而发展中国家出生率上升，90%的新增人口在发展中国家，使得这些国家人均所得的增加及需求层次的升级受到影响。

（2）人口年龄结构。人口年龄结构是指人口总数中各年龄层次的比例构成。它主要在以下方面影响市场营销活动：① 不同年龄层次的购买者的收入状况不同；② 不同年龄层次的购买者家庭的人口数不同，其购买力的主要投向不同；③ 不同年龄层次的购买者对商品价值观念的不同影响着其购买行为。人口老龄化是当今世界的发展趋势。随着老年人口的绝对数和相对数的增加，银发市场需求会迅速增加，这样给经营老年人用品的行业提供了市场机会。另外，出生率下降引起了市场需求变化。发达国家人口出生率下降，这种人口变化动向对经营儿童食品、儿童用品等行业是一种威胁，同时，许多年轻夫妇有更多闲暇和收入用于旅游、休闲和娱乐，促进了第三产业的发展。

（3）家庭组成。家庭是社会的细胞，也是商品采购和消费的基本单位，因而有些商品特别是以家庭为单位进行消费的商品的购买行为受家庭状况的影响比较大，如住房、家用电器等。与家庭组成相关的是家庭人口数，而家庭平均成员的多少又决定了家庭单位数，即家庭户数的多少。一个市场拥有家庭单位和家庭平均成员的多少及家庭组成状况等，对市场消费需求的潜量和需求结构，都有十分重要的影响。随着计划生育、晚婚晚育的倡导和实施，职业妇女的增多，单亲家庭和独身者的涌现，家庭消费需求的变化甚大。

（4）人口地理分布。人口的地理分布是指在居住地区人口的疏密状况，它对市场营销的影响主要表现在两个方面。① 不同地区的人由于消费习惯和消费支出的结构不同，对商品的基本需求就不同。人口处在不同的地区，其消费需求千差万别。俗话说："十里不同风，百里不同俗。"居住在不同地区的人群，由于地理环境、气候条件、自然资源、风俗习惯的不同，消费需求的内容和数量存在较大的差别。② 城乡居民由于生活环境的差异导致其对商品的需求也不同，如针对同一个商品，他们对其在档次、花色、品种、功能的各个方面都有不同的评价。

（5）人口性别结构。男性和女性由于生活和工作的特点不同，以及自身的生理、心理等方面的差别，导致男性和女性对于商品的需求及购买行为都有很明显的差别。受传统思想的影响，男主外、女主内，购买家庭日常用品者多为家庭主妇，购买家庭耐用的大件商品如家用电器等则多为男士。

（6）人口流动状况。我国是一个人口大国。由于地区经济发展的不均衡，社会的进步、科学技术水平的提高产生了大量农村剩余劳动力和城镇剩余劳动力，这些劳动力对就业机会的寻找客观上要求有充分的流动性。另外，随着我国城镇化建设速度的加快，劳动者为了实现自身价值的需要，只有自由流动，才能让劳动者找到充分实现自身价值的位置，满足劳动者收回投资和致富的需求。

（7）地区间人口的流动性。在市场经济条件下，会出现地区间人口的大量流动，对营销者来说，这意味着一个流动的大市场。而人口流动的总趋势是，人口从农村流向城市、从城市流向市郊、从非发达地区流向发达地区、从一般地区流向开发地区。企业营销者应及时注意人口流动的客观规律，适时采取相应的对策。

（8）其他因素，包括人口的出生率、增长率、职业、籍贯、民族等，都会对市场营销产生很大影响。

2．政治法律因素

政治法律环境是强制和约束企业市场营销活动的各种社会力量的总和。一家企业总是在一定的政治法律环境下进行市场营销活动的，政治法律环境的变化对企业的经营活动有着十分重大而深远的影响，尤其是进行国际市场营销的企业更要十分注重目标市场的政治法律环境。因而，企业在分析市场营销环境时，必须把对政治法律环境的分析放在十分重要的地位。一般而言，政治法律环境包括一个国家的政治形势、经济政策、贸易立法和消费者权益保护组织等。

（1）政治环境。政治环境指企业营销时所处的国内政局稳定与否的状况以及国际政治气候等。在某一时期，各国政局的差异会导致该国对内、对外一系列经济政策的相应变化，进而影响企业的市场营销活动。在西方发达国家，大型财团往往关注何人、何党派上台执政，政治权力的争夺有时夹杂着激烈的经济竞争。在国内，安定团结的政治局面，不仅有利于经济发展和人民收入的增加，而且影响群众心理状况，导致市场需求的变化。党和政府的方针、政策，规定了国民经济的发展方向和速度，也直接关系到社会购买力的提高和市场消费需求的增长变化，而且政治形式的变化，往往引起产业结构的变化和某些实力财团之间的力量对比的变化。因此，企业必须研究目标市场的政治环境，以避免政治上的风险，减少经济损失，甚至可以利用政治环境的变化，创造良好的市场机会。对国家政治环境的分析，应了解"政治权力"与政治冲突对企业营销活动的影响。政治权力影响市场营销，往往表现为由政府机构通过采取某种措施约束外来企业，如进口限制、外汇控制、劳工限制、绿色壁垒等。政治冲突指国际上的重大事件与突发性事件，如"9·11"事件、美伊战争等，对企业市场营销工作影响或大或小，有威胁，也有机会。

（2）法律环境。法律环境指国家或地方政府颁布的各项法律、法令和条例等。各国由于社会制度不同，经济发展阶段和国情不同，体现统治阶级意志的法制也不同。为保证本国经济的良好运行，各国政府都颁布有相应的经济法律来制约、维护、调节企业的活动。从事国际贸易活动的企业，必须对贸易国家或地区的相关法律和法规、国际惯例和准则进行学习研究，并在实践中遵循，以保护自身合法权利。近些年来，我国颁布了许多经济法规，有保护市场公平竞争的法律，有保护消费者利益的法律，有保护社会长远利益的法律，如消费者权益保护法、价格法、广告法、专利法、计量法、知识产权保护法和反不正当竞争法等。

3. 经济环境

经济环境一般指影响企业市场营销方式与规模的经济因素，如经济发展阶段、地区与行业的经济发展状况、社会购买力水平等。市场规模的大小不仅取决于人口的多少，还取决于社会购买力的大小。因此应当密切注意购买力的增减变动所带来的环境机会和环境威胁。社会购买力是一系列经济因素的函数，总的说来，社会购买力取决于国民经济的发展水平及由此决定的国民平均收入的水平。而整个社会购买力则直接或间接地受消费者收入、价格水平、消费者支出状况、储蓄和消费信贷等的影响。

4. 自然环境

企业营销的自然环境，是指影响企业生产和经营的物质因素，如企业生产需要的物质资料、生产过程中对自然环境的影响等。自然环境的发展变化会给企业造成一些"环境威胁"和"市场机会"，所以，企业营销活动不可忽视自然环境的影响作用。分析研究自然环境的内容主要有两个方面：① 自然资源的拥有状况及其开发利用；② 环境污染与生态平衡。

（1）自然资源的拥有状况及其开发利用。地球上的自然资源有三大类：第一类是"取之不尽，用之不竭"的资源，如阳光、空气等；第二类是"有限但可更新的资源"，如森林、粮食等；第三类是"有限的资源"，如石油、煤、铀、锡、锌等矿产资源。目前第一类资源面临被污染的问题。第二类资源由于生产的有限性和生产周期长，再加上因森林乱砍滥伐，导致生态失衡、水土流失、灾害频繁，影响其正常供给，有的国家需大量进口。企业应尽可能地通过建立原料基地或调节原料储存的方式来减轻不利影响。第三类资源都是初级产品，且政府对其价格、产量、使用状况控制较严。对市场营销来说，面临两种选择：一是科学开采，综合利用，减少浪费；二是开发新的替代资源，如太阳能、核能。

（2）环境污染与生态平衡。工业污染日益成为全球性的严重问题，要求控制污染的呼声越来越高。这对那些污染控制不力的企业是一种压力，他们应采取有效措施治理污染；另一方面，又给某些企业或行业创造了新的机会，如研究开发不污染环境的包装、妥善处理污染物的技术等。由于生态平衡被破坏，国家立法部门、社会组织等提出了"保护大自然"的口号。一些绿色产品被开发出来，营销学界也提出了"绿色营销"的观念。企业的营销活动必须考虑生态平衡要求，以此来确定自己的营销方向及营销策略。

5. 科技环境

科学技术是企业将自然资源转化为符合人们需要的物品的基本手段，是第一生产力。人类社会的文明与进步历史是科学技术发展的历史，是科技革命的直接结果。科学技术对企业市场营销的影响是多方面的。

（1）每一种技术一旦与生产相结合，都会直接或间接地带来国民经济各部门的变化与发展，带来产业部门间的演变与交替。随之而来的是新产业的出现，传统产业的改造，落后产业的淘汰。

（2）科学技术的发展为市场营销管理提供了更先进的物质技术基础。如电子计算机、传真机、办公自动化等提高了信息接收、分析、处理、存储的能力，从而有利于营销决策。

（3）科技发展为消费者提供了大量的新产品。同时，使现有产品在功能、性能、结构上趋于合理和完善，满足了人们更高的要求。

（4）科技发展影响到企业营销策略的制定。新材料、新工艺、新设备、新技术使产品生命周期缩短，企业需要不断研制开发新产品；先进通信技术、多媒体传播手段使广告更具影响力；商业中自动售货、邮购、电话订货、电子商务、电视购物等引起了分销方式的变化；科技应用使生产集约化和规模化，管理高效化，这些导致生产成本、费用大幅度降低，为企业制定理想的价格策略准备了条件。

（5）科技发展直接引起了自然因素的变化。科技应用使人类提高了对资源勘探、开采和综合利用的能力，减少浪费；科学技术还有助于人类开发替代资源。

6. 社会文化环境

社会文化是人类在创造物质财富过程中所积累的精神财富的总和。它体现着一个国家或地区的社会文明程度。社会文化环境因素主要通过影响消费者的思想和行为，间接地影响企业的营销活动。市场营销对社会文化的研究一般从以下几方面入手：教育状况、语言文字、宗教信仰、价值观念、风俗习惯、审美观念等。

（1）教育状况。教育是按照一定的目的和要求，对受教育者施以影响的一种有计划的活动，是传授生产经验和生活经验的必要手段，反映并影响着一定的社会生产力、生产关系和经济状况，是影响企业市场营销活动的重要因素。处于不同教育水平的国家和地区的消费者，对商品有着不同的需求，而且对商品的整体认识存在很大的差异。如商品包装、商品的附加利益等。企业的商品目录、产品说明书的设计要考虑目标市场消费者受教育的情况，是采用文字说明，还是用文字加图形来说明，这都要根据目标市场消费者的文化水平来做相应调整。教育水平对市场营销的促销方式也有很大的影响。教育程度比较低的地区，产品的宣传工作尽量少用报纸、杂志做广告，宜采用电视机、收音机、展销会等形式。要考虑不同文化层次的消费者接触媒体的习惯。

（2）语言文字。语言文字是人类表达思想的工具，也是最重要的交际工具，它是文化的核心组成部分之一。不同的国家、不同的民族往往都有自己独特的语言文字，即使语言文字相同，也可能表达和交流的方式不同。语言的差异代表着文化的差异，语言文字的不同对企业的营销活动有着巨大的影响，一些企业由于其产品与产品销售地区的语言文化等相悖，给企业带来巨大损失。因此，语言文字的差异对企业的营销活动有很大的影响，企业在开展市场营销尤其是国际市场营销时，应尽量了解目标市场国的文化背景，掌握其语言文字的差异，这样才能使营销活动顺利进行。

（3）宗教信仰。宗教是历史的产物，是构成文化因素的重要方面。不同的宗教信仰有不同的文化倾向和戒律，从而影响人们认识事物的方式、价值观念和行为准则，影响人们的消费行为，带来特殊的市场需求，与企业的营销活动有密切的关系，特别是在一些信奉宗教的国家和地区，宗教信仰对市场营销的影响力更大。据统计，世界上信仰宗教的人约占总人口的60%，其中，基督教教徒有10多亿人，伊斯兰教教徒有8亿人，印度教教徒有6亿人，佛教教徒有2.8亿人。宗教不一样，信仰和禁忌也不一样。这些信仰和禁忌限制了教徒的消费行为。某些国家和地区的宗教组织对教徒的购买决策有重大影响。一种新产品出现，宗教组织有时会提出限制和禁忌使用，认为该产品与宗教信仰相冲突。相反，有的新产品出现，得到宗教组织的赞同和支持，它就会号召教徒购买、使用，起到一种特殊的推广作用。因此，企业应充分了解不同地区、不同民族、不同消费者的宗教信仰，提倡适合其要求的产品，制定适合其特点的营销策略，否则，会触犯宗教禁忌，失去市场机会，造成经济损失，有时甚至会造成政治影响。因此，了解和尊重消费者的宗教信仰，对企业营销活动具有重要意义。

（4）价值观念。价值观念是人们对社会生活中各种事物的态度、评价和看法。价值观念的形成与消费者所处的社会地位、心理状态、时间观念以及对变革的态度、对生活的态度等有关。例如，我国人民随着生活水平的提高，对时间的价值观念正在改变，速溶咖啡、半制成式食品等越来越受欢迎。不同的文化背景，人们价值观念的差别是很大的，而消费者对商品的需求和购买行为则深受其价值观念的影响。我国人民普遍有节俭的美德，所以反映在产品寿命周期曲线上，成熟期特别长，也喜欢把钱或珍贵的东西存起来。而西方国家的人，比较注重现实生活的舒适，"及时行乐"的思想占主导地位。

（5）风俗习惯。风俗习惯是人们根据自己的生活内容、生活方式和自然环境，在一定的社会物质生产条件下长期形成，并世代相袭而成的一种风尚，以及由于重复、练习而巩固下来的需要、行为方式等的总称，它在饮食、服饰、居住、婚丧、信仰、节日、人际关系等方面，都表现出独特的心理特征、伦理道德、行为方式和生活习惯。不同的国家、不同的民族有不同的风俗习惯，它对消费者的消费嗜好、消费模式、消费行为等都具有重要的影响。企业营销者应了解不同国家、不同民族的消费习惯和爱好，做到"入境随俗"。可以说，这是企业做好市场营销尤其是国际市场营销的重要条件，如果不重视各个国家、各个民族之间的文化和风俗的差异，就可能造成难以挽回的损失。

（6）审美观念。审美观念是指人们对事物的好坏、美丑、善恶的评价。处于不同时代、不同民族、不同地区的人有着不同的审美观和美感。这将影响人们对产品及服务的看法，必须根据营销活动所在地区的审美观设计产品，提供服务。结合审美观念的不同，市场营销一般从以下几个方面进行分析。① 对产品的要求。不同的国家、民族和区域及文化素养不同的人有着不同的欣赏角度，对事物的褒贬有着明显的差别。② 对促销方式的要求。主要表现在对广告和其他经销方式上的特殊要求与禁忌。因此，不同的审美观对消费的影响是不同的，企业应针对不同的审美观所引起的不同的消费需求，开展自己的营销活动，特别要把握不同文化背景下的消费者审美观念及其变化趋势，制定良好的市场营销策略，以适应市场需求的变化。

在营销过程中,任何企业都不能改变市场营销的宏观环境,但它们可以认识这种环境,可以通过经营方向的改变和内部管理的调整,适应环境变化,达到营销目标,实现企业利润。

2.2 微观市场营销环境

1. 企业内部环境

除市场营销管理部门外,企业本身还包括最高管理层和其他职能部门,如制造部门、采购部门、研究开发部门及财务部门等,这些部门与市场营销管理部门一起在最高管理层的领导下,为实现企业目标共同努力。正是企业内部的这些力量构成了企业的内部营销环境。而市场营销部门在制订营销计划和决策时,不仅要考虑到企业外部的环境力量,而且要考虑到与企业内部其他力量的协调。

首先,企业的营销经理只能在最高管理层所规定的范围内进行决策,以最高管理层制定的企业任务、目标、战略和相关政策为依据,制订市场营销计划,并得到最高管理层批准后方可执行。

其次,营销部门要成功地制订和实施营销计划,还必须有其他职能部门的密切配合和协作。例如,财务部门负责解决实施营销计划所需的资金来源,并将资金在各产品、各品牌或各种营销活动中进行分配;会计部门则负责成本与收益的核算,帮助营销部门了解企业利润目标实现的状况;研究开发部门在研究和开发新产品方面给营销部门以有力支持;采购部门则在获得足够的和合适的原料或其他生产性投入方面担当重要责任;而制造部门的批量生产保证了适时地向市场提供产品。

2. 供应商

供应商是向企业及其竞争者供应原材料、部件、能源、劳动力等资源的企业和个人。供应商是能对企业的经营活动产生巨大影响的力量之一。其提供资源的价格往往直接影响企业的成本,其供货的质量和时间的稳定性直接影响了企业服务于目标市场的能力。所以,企业应选择那些能保证质量、交货期准确和低成本的供应商,并且避免对某一家供应商过分依赖,不至于受该供应商突然提价或限制供应的控制。对于供应商,传统的做法是选择几家供应商,按不同比重分别从他们那里进货,并使他们互相竞争,从而迫使他们利用价格折扣和优质服务来尽量提高自己的供货比重。这样做,虽然能使企业节约进货成本,但也隐藏着很大的风险,如供货质量参差不齐,过度的价格竞争使供应商负担过重放弃合作等。认识到这些点后,越来越多的企业开始把供应商视为合作伙伴,设法帮助他们提高供货质量和及时性。

3. 营销中介

营销中介是协助企业推广、销售和分配产品给最终买主的那些企业,包括中间商、物流机构、营销服务机构和金融机构等。

(1) 中间商。中间商是协助企业寻找顾客或直接与顾客进行交易的商业组织和个人。中间商分为两类:代理中间商和商人中间商。代理中间商是指专业协助达成交易,推销产品,但不拥有商品所有权的中间商,如经纪人、代理人和制造商代表等。商人中间商是指从事商品购销活动,并对所经营的商品拥有所有权的中间商,包括批发商、零售商。除非企业完全依靠自己建立的销售渠道,否则中间商对企业产品从生产领域成功地流向消费领域有至关重要的影响。中间商是联系生产者和消费者的桥梁,他们直接和消费者打交道,协调生产厂商与消费者之间存在的数量、地点、时间、品种及持有方式等方面的矛盾。因此,他们的工作效率和服务质量就直接影响到企业产品的销售状况。如何选择中间商并与之合作,是关系到企业兴衰成败的大问题。

(2) 物流机构。物流机构也叫实体分配机构,是帮助企业储存、运输产品的专业组织,包括仓储公司和运输公司。物流机构的作用在于使市场营销渠道中的物流畅通无阻,为企业创造时间和空间效益。近年来,随着仓储和运输手段的现代化,实体分配机构的功能越发明显和重要。

(3) 营销服务机构。营销服务机构包括市场调研公司、财务公司、广告公司、各种广告媒体和营销咨询公司等,他们提供的专业服务是企业营销活动不可缺少的。尽管有些企业自己设有相关的部门或配备了专业人员,但大部分企业还是与专业的营销服务机构以合同委托的方式获得这些服务。企业往往比较各服务机构的服务特色、质量和价格,来选择最适合自己的有效服务。

(4) 金融机构。金融机构包括银行、信贷公司、保险公司等对企业营销活动提供融资或保险服务的各种机构。在现代社会里,几乎每一个企业都与金融机构有一定的联系和业务往来。企业的信贷来源、银行的贷款利率和保险公司的保费变动无一不会对企业的市场营销活动产生直接的影响。

供应商和营销中介都是企业向消费者提供产品或服务过程中不可缺少的责任力量,是价值让渡系统中主要的组成部分。企业不仅要把它们视为营销渠道成员,更要视为伙伴,以追求整个价值让渡系统业绩的最大化。

4. 目标顾客

目标顾客是企业的服务对象,是企业产品的直接购买者或使用者。企业与市场营销渠道中的各种力量保持密切关系的目的就是为了有效地向其目标顾客提供产品和服务,顾客的需求正是企业营销努力的起点和核心。因此,认真分析目标顾客需求的特点和变化趋势是企业极其重要的基础工作。

市场营销学根据购买者和购买目的来对企业的目标市场进行分类。

(1) 消费者市场。消费者市场由为了个人消费而购买的个人和家庭构成。

(2) 生产者市场。生产者市场由为了加工生产来获取利润而购买的个人和企业构成。

(3) 中间商市场。中间商市场由为了转卖来获取利润而购买的批发商和零售商构成。

(4) 政府市场。政府市场由为了履行政府职责而进行购买的各级政府机构构成。

(5) 国际市场。国际市场由国外的购买者构成,包括国外的消费者、生产者、中间商和政府机构。

每种市场类型在消费需求和消费方式上都具有鲜明的特色。企业的目标顾客可以是以上五种市场中的一种或几种。也就是说,一个企业的营销对象不仅包括广大的消费者,也包括各类组织机构。企业必须分别了解不同类型目标市场的需求特点和购买行为。

5. 竞争者

任何企业都不大可能单独服务于某一顾客市场,完全垄断的情况在现实中不容易见到。而且,即使是高度垄断的市场,只要存在着出现替代品的可能性,就可能出现潜在的竞争对手。所以,企业在某一顾客市场上的营销努力总会遇到其他企业类似努力的包围或影响。这些和企业争夺同一目标顾客的力量就是企业的竞争者。企业要在激烈的市场竞争中获得营销的成功,就必须比其竞争对手更有效地满足目标顾客的需求。因此,除了发现并迎合消费者的需求外,识别自己的竞争对手,时刻关注他们,并随时对其行为做出及时的反应亦成为成败的关键。从消费需求的角度划分,企业的竞争可分为以下四个层次。

(1) 愿望竞争,即消费者想要满足的各种愿望之间的可替代性。当一个消费者休息时可能想看书、进行体育锻炼或吃东西,每一种愿望都可能意味着消费者将在某个行业进行消费。

(2) 类别竞争,即满足消费者某种愿望的产品类别之间的可替代性。假设前面那个消费者吃东西的愿望占了上风,他可以选择的食品很多:水果、冰淇淋、饮料、糖果或其他食品。

(3) 产品形式竞争,即在满足消费者某种愿望的特定产品类别中仍有不同的产品形式可以选择。假设消费者选中了糖果,则有巧克力、奶糖、水果糖等多种产品形式可满足他吃糖的欲望。

(4) 品牌竞争,即在满足消费者某种愿望的同种产品中不同品牌之间的竞争。或许那个消费者对奶糖感兴趣,并特别偏爱"大白兔"牌,于是,该品牌的产品在竞争中赢得了最后的胜利。

品牌竞争是这四个层次的竞争中最常见和最显在的,其他层次的竞争则比较隐蔽和深刻。有远见的企业并不仅仅满足于品牌层次的竞争,而且会关注市场的发展趋势,在恰当的时候积极维护和扩大基本需求。

6. 公众

公众是指对企业实现其市场营销目标的能力有着实际的或潜在影响力的群体。公众可能有助于增强一个企业实现目标的能力,也有可能妨碍这种能力。企业的主要公众包括以下七种。

(1) 金融界公众。它是指关心并可能影响企业获得资金的能力的团体,如银行、投资公司、证券交易所和保险公司等。"资金是企业的血液",在现代社会,金融对企业的作用尤为重要。

(2) 媒介公众。它是指报社、杂志社、广播电视台等大众传播媒介。这些组织对企业的声誉具有举足轻重的作用,它们的一条消息或一则报道可能使企业产品营销声名大振,也可能使企业产品营销一败涂地。因此,现代企业都十分重视媒介的作用。

(3) 政府公众。它是指有关的政府部门。营销管理者在制订营销计划时必须充分考虑政府的发展政策,企业还必须向律师咨询有关产品安全卫生、广告真实性、商人权利等方面可能出现的问题,以便同有关政府部门搞好关系。

(4) 群众团体。它是指消费者组织、环境保护组织及其他群众团体。如玩具公司可能遇到关心子女安全的家长关于产品安全的质询。1985年1月12日,我国国务院批准成立"中国消费者协会",目前,全国各地"消费者协会"发挥了越来越大的作用,消费者的自我保护意识逐渐增强。很多企业对"消费者协会"这个群众团体的作用越来越重视。

(5) 当地公众。它是指企业所在地附近的居民和社区组织。企业在它的营销活动中,要避免与周围公众的利益发生冲突,应指派专人负责处理这方面的问题,同时还应注意对公益事业做出贡献。

（6）一般公众，即普通消费者。一个企业需要了解一般公众对它的产品和活动的态度。企业的"公众形象"，即在一般公众心目中的形象，对企业的经营和发展是很重要的，要争取在一般公众心目中树立良好的企业形象。很多企业不惜花重金做广告，开展公益赞助活动，一个重要的原因就是要在消费者心目中树立良好的企业形象，从而间接促进产品的销售。

（7）内部公众。它是指企业内部股东、董事会的董事、经理、技术工人、普通工人等。内部公众的态度会影响到外部社会上的公众。在现代社会，企业越来越意识到内部公众的重要性。很多企业领导人认为：一切竞争归根到底就是人的竞争，如何调动职工的积极性、主动性和创造性，是企业领导人应首先关注的一个重要问题。一些公司提出的"领导心中有职工，职工心中有企业"和"以人为本，以效益为天"等口号都是关心职工、重视职工的很好例证。

案例1　入境还得先问俗

一、案例介绍

通用食品公司曾挥霍数百万美元，竭力向日本消费者兜售有包装的蛋糕糊。等到该公司发现只有30％的日本家庭有烤箱的事实时，公司的营销计划已实施大半，陷于骑虎难下的境地。克蕾丝牙膏在墨西哥使用美国式的广告进行推销，一开始就败下阵来。因为墨西哥人不相信或者根本不考虑预防龋齿的好处，哪怕是符合科学道理的广告宣传对他们也毫无吸引力。

豪马公司的贺卡设计精美，并配之以柔情蜜意的贺词，历年来风行世界各国。但豪马公司的贺卡在最为浪漫的国度——法国却难以打开局面，原因很简单，浪漫的法国人不喜欢贺卡上印有现成的贺词，他们喜欢自己动手在卡片上写自己的心里话。

通用食品公司的唐牌饮料一开始便在法国遭到失败。唐牌饮料是早餐橘子汁的替代产品，在美国市场，通用食品公司经过大肆促销后，唐牌饮料占领了相当部分的原来被橘子汁占领的市场，取得了巨大的成功。但是通用食品公司未考虑到：法国人很少喝橘子汁。作为橘子汁的替代产品，唐牌饮料在法国自然也就没有了市场。

凯洛格公司的泡波果馅饼曾在英国失利。因为在英国拥有烤面包电炉的家庭比美国要少得多，而且英国人觉得这种馅饼过于甜腻，不合他们的口味，也有的企业通过在国外营销失败后，针对当地的营销环境重新设计产品或通过改变广告策略来达到促销目的，从而取得了巨大的成功。

荷兰飞利浦公司发现日本人的厨房比较狭小，便设计了小尺寸的咖啡壶来打开市场，同时该公司发现日本人的手比西方人的手要小，于是缩小了剃须刀的尺寸，经过这些改进，该公司才开始在日本赢利。

可口可乐公司曾试图将两公升的大瓶可口可乐打入西班牙市场，但是销量甚微，美国可口可乐公司总部派员调查后认为，大瓶可口可乐滞销是因为在西班牙很少有人用大容量的冰箱。于是停止销售大瓶可口可乐的计划，改在西班牙境内销售小瓶可口可乐，结果大获成功。

麦当劳公司打入日本市场时进行促销，设计了"小白脸麦当劳"的滑稽形象进行广告，结果失败。原因是因为在日本白脸意味着死亡。于是改为采用其在香港促销时用的"麦当劳叔叔"的广告形象,结果当年该公司的营业额比去年翻了四倍,目前麦当劳公司在日本每天增设三家分店。

(资料来源:http://www.docin.com/p-674156781.html)

二、思考·讨论·训练

1. 从上述案例中你能得到什么启示?
2. 请根据你的观察举出企业有关民俗成功或失败的营销例子。

速派奇"战鹰行动"大起底

一、案例介绍

电动车行业发展到现在这个阶段,是打仗,尤其是打价格战的时候了,2009年只是一个开始。

而对于任何一个行业的人来说,关于价格战,可能没人猜到开始,但是都能猜到结局,这个结局并不是谁胜谁负,而是市场状况。

既然这个过程无法逃避,那就勇敢迎战,剩下的就只有和谁打、怎么打、拿什么打和打到怎样的程度的问题了。而这个过程注定了会痛苦、会无奈、会不安,这就是战争,"商场如战场"的意义即在于此。

在这个过程中,速派奇没有逃避,选择了出击,这就是2009年的"战鹰行动"。

其实电动车行业内其他品牌在2009年也在出击,而且声势并不算小,但是相对速派奇的"战鹰行动"来说,它们都缺乏一个统一的纲领、统一的旗帜、统一的口号和统一的行动,这无形之中让速派奇占了先机。而事实证明,"战鹰行动"的作用,对于速派奇来说毋庸多言,对于电动车行业来说,也具有示范作用,不然也就不会在同期出现那么多以"革命""宣言""计划""行动"命名的各种策划活动了。

其实"战鹰行动"并不神秘,只是经典竞争战略模型与营销理论在电动车行业的一次具体运用。如上所言,之所以有今天的成功,除了外界因素外,更多在于速派奇本身首先具备了足够的条件与基础,再加上速派奇与"营商电动车"项目组的紧密合作,各自发挥了应有的职能,所以取得了良好的效果。具体来看,速派奇在行业层次、品牌规模、产品开发与制造、渠道状况等方面都已经相当成熟,再加上当时的胆略和资源、策划时的如履薄冰、准备时的谨小慎微、执行时的雷厉风行和推进时的步步为营,这才使之周密而细致地向大家呈现出来。当然,这并不完美,也不代表结束,因为竞争还远没有结束,所以没有任何可以值得炫耀的地方,能做的只是总结和完善。

这个世界缺少真正的秘密,行业从最开始的不屑到现在的模仿,相信不少品牌、不少人已经研究过"战鹰行动",甚至从各种途径得到了与此相关的策划方案,所以,我们今天不妨揭开其神秘的面纱。

速派奇的"战鹰行动"应该是一套相对完整而细致的营销策划。其内容是多线条的,而成功也是多种因素综合的结果，是集体智慧的结晶，因此，单纯地将其任何一方面割裂开来看都是不完整的，同样也是不可复制的。

（一）外因——行业风起云涌，速派奇应势而发

2009年的电动车行业，无论行业内怎么风起云涌，但是"大店建设"和"价格战"无疑将是贯穿始终的两个关键词。"大店建设"代表企业的终端和渠道策略，"价格战"则代表了企业的市场策略。

从本质上来看，代表企业的终端和渠道策略的"大店建设"应该有着丰富的内涵，但可惜的是，作为展示企业实力和形象的一个方面，众多的厂家及经销商都仅仅把"大店建设"停留在加强店面的装修上，而忽略了对与店面装修同步跟进的软文化的提升。旗舰店的建设演变成一种豪华的"盛宴"，经销商与众多的厂家迎风而上，投入巨资进行店面新形象的全新打造，一线品牌以及一些电动车品牌纷纷加入进来。

而对企业市场策略追根溯源，要回到2009年3月。当时随着中国政府推进"家电下乡"政策的出台，比德文在电动车行业内掀起了一场声势浩大的"电动车下乡"活动，即对电动车购买进行补贴，以促销的形式打起"价格"的主意，从而引起了不少品牌的关注。

随后的四、五月份，电动车的一些品牌如爱玛、雅迪、绿源等都在一定程度上进行促销，他们的动作放大了以"价格"来做文章的效应，在相当大的程度上拉升了销量，也对市场中其他品牌产生了一定的冲击，导致消费潜能提前释放，使行业提前进入旺季，整个行业开始认识到"价格战"的魅力。6月份即将进入旺季，销量将自然回升。因为一些品牌对市场的抢占已经达到一定的程度，因此他们打算在旺季之后进行价格回归，以维系之前的价格基准，不希望长期打破价格基准，以保持旺季的盈利能力。

而速派奇经过两年的沉淀、积累，经过内部的系统整合，勤修内功，在不断完善内部组织结构和提高配件自制率的同时，也不断优化人员结构，对现有的队伍进行全面调整，随着制造、营销、管理队伍的陆续到位，加之天津工厂的顺利运营，速派奇蓄势待发已经在情理之中。

6月2日，随着速派奇战略合作伙伴"营商电动车"项目组的入驻，针对当时的电动车行业形势，双方经过系统的沟通与交流，在充分借鉴其他行业发展经验的基础上，针对现有市场的运作以及混沌局面的出现，认为必须旗帜鲜明地亮出招牌，瞄准市场留下的缝隙，积极主动出击，使行业明确方向，并解决速派奇面临的迫切问题

（二）内因——破"茧"重生势在必行，资源整合打造核心优势

但是，既然要出击，那就要扛起一面旗帜、亮出纲领，怎样的旗帜才能既让行业关注，又能解决速派奇当前的问题呢？这必须从速派奇内部的形势开始分析。

经过速派奇现有管理层与"营商"项目组的深入讨论与交流，认识到随着行业发展到当今阶段，速派奇经过16年的发展，从生产自行车到目前的电动车，已经在市场上占有了相当的份额，并且形成了自己稳定的客户消费群，有了相当多的市场保有量，品牌的知名度和美誉度也日益深入到消费者当中。

速派奇经过16年的发展，常州、天津两大生产基地的布局，以及将要筹建的华南工厂，不仅适应了市场需求，使产品结构能够满足南北方不同地区的需求，也在物流、市场开拓、

产业布局方面更具合理性和竞争力。

速派奇的规模优势及配件自制率高的特点,直接决定了其产品的高性价比,稳定性也较好,同时速派奇六横六纵的产品开发体系,决定了产品的多样性,产品能不断地适应不同地区的市场需求和不同消费群的个性特点,满足消费群对产品的全面需求,而这些条件使得速派奇采取总成本领先战略成为可能。

而经过这些年的沉淀和积累,速派奇的经销商们经过市场的千锤百炼,已经能够独立应付市场的纷繁复杂的局面,能够独自应对其他品牌的一些市场竞争策略,尤其是速派奇培养起来的一些大经销商,更是起到了样板市场的作用,其超前的服务意识、高瞻远瞩的竞争策略、良好的管理团队经验、深谙乡镇的布局之道和深度分销精髓的经营理念等方面,都为速派奇的进一步全面提升奠定了坚实的现实基础。

因此可以看出,速派奇在经销商及产品等方面的优势,直接决定了长期以来速派奇产品在市场的高盈利。但是2008年以后,行业内陆续开展"大店建设",投入巨资打造不同品牌的旗舰店,通过豪华的店面形象来取得先声夺人的效果,这使一些经销商开始迷茫;同时,愈演愈烈的"价格战"使一部分经销商措手不及,无力应对市场的突发状况。这个时候,经销商势必需要与厂家共同寻求一种行之有效的应对之法,协同打造新的盈利模式,其中厂家尤其应该发挥主导作用。

与此同时,电动车市场上的"价格战"愈演愈烈,使电动车行业整体的盈利水平下滑,盈利空间开始缩小,而速派奇虽然产品性价比高,但是价格也高,因此急需进行产品结构调整,使其更具有价格竞争优势。而速派奇配件自制率高的优势使这种调整有了可能。

速派奇长期以来积累的大客户,广阔的市场潜能和经销商蕴含的强大的潜力及盈利能力强的特点,使速派奇进行全面、系统、详尽的调整有了现实的基础。

经过系统分析整合,速派奇面对当前的形势,要保持可持续的盈利能力,力求从产品、价格、渠道、促销等多方面打造属于速派奇特有的核心优势。而上述的种种原因,则为速派奇的发展奠定了雄厚的物质、经济、理论以及"群众"基础。

(三) 目标——打造可持续盈利新模式:专业制造,精准营销

速派奇在年度营销方案策划之初就确立了要根据速派奇自身的特点进行系统的归纳整合,根据现有市场的格局和当前电动车行业所处的阶段,以及竞争对手的策略优缺点制定准确的营销策略,选定对手最薄弱的一到两项并将其做到完美,通过"整合营销"的方式开展营销及品牌推广。

速派奇现有的规模优势、配件自制率高达81%、产业布局优势、产品性价比优势、产品盈利高的优势,以及广大的经销商经过市场的千锤百炼,已经可以在当今市场的惊涛骇浪中独当一面的优势,都为速派奇的年度营销策略的有效实施提供了保障。

速派奇经过16年的自行车、电动车制造,积累了丰富的生产经验与技术优势,产品的结构和层次更加丰富,产业布局也更加趋向于合理与科学化,而在电动车产品方面,速派奇更加专业、专注、专一,具有强大的科技研发能力,产品的创新能力具有独特之处,这些使速派奇的电动车产品的品质更加卓越、性能更加优良、功能也更加优异。速派奇据此适时提出了"专业制造"的产品经营方针。

同时,速派奇经过16年的积累,已经培养了一批具有独立支撑能力的大经销商,他们

具备"单兵作战"能力。速派奇的大小经销商的成长年限、各地区的政策都存在一定的差异,速派奇由此提出了"量体裁衣"的策略,对广大经销商采取"定制化"的营销方略,针对不同地区、不同经销商所处的成长阶段、不同地区的政策采取精确的营销措施,提出"精准营销"的策略。

于是,速派奇的经营方针被确定下来。

根据"专业制造,精准营销"的经营理念,速派奇依据现有的产品优势及建立起的销售渠道,确立了以产品质量为基础、以品牌建设为起点的经营方针。通过产品的技术实力、功能配置、外观表现,与营销的定价、服务、促销方略,根据市场竞争的不同需求和市场品牌成长周期,精确组合,形成区域化的产品竞争定位、竞争模式定位和竞争策略定位。

在"精准营销"理念的指引下,从而使品牌营销的"五大力"(品牌力、产品力、终端力、渠道力、营销力)系统完整地组合在一起,最终形成具有综合竞争实力的速派奇产品。

结合"专业制造,精准营销"的经营理念与速派奇现有资源的系统整合,速派奇目前的处境与"鹰"的"重生"有着极其相似的环境,即"鹰"在35~40岁时,其又长又弯的喙、开始老化的爪子、长得又浓又厚的羽毛需要重新经过150天漫长的蜕变,重新长出新的喙、更为锐利的爪子和新的羽毛,自此,"鹰"将会迎来它接下来的30年精彩生活。而速派奇经过16年的发展,也急需蜕变,这不仅是行业发展的需要,更是速派奇更好适应新形势的必然要求。另外,速派奇的logo与"鹰"的"喙"极其相似。上述这些原因,使"鹰"的形象映入策划者的视野,于是,既符合实际又贴切的"鹰"的形象被纳入整个活动策划方案,同时结合对外广告宣传的需求,"战鹰行动"应运而生。近期根据三个时间点(南京展会—年终—2010年)的系列策划,中期三年的销售计划(80万—150万—300万辆)也随之产生。具有节奏性,可实现性,贴近实际又与当今企业的远景发展规划紧密相连的整体策划框架由此而确定。

于是,一系列的年度营销策略由此产生,与速派奇的现有特点结合得最为贴切、最形象、最具有震撼力的"战鹰行动"开启了速派奇2009年的一段行业佳话!

(资料来源:冯瑞林,顾友军,王志伟. http://www.docin.com/p—70390300.html)

二、思考·讨论·训练

1. 速派奇的"战鹰行动"为什么能够取得成功?
2. 环境威胁与机会分析对企业发展的意义何在?
3. 试对你身边的某一企业进行SWOT分析。

"90后"消费的十大特征

一、案例介绍

"我最大"——"90后"比前人更加强调独立性,个性张扬,与众不同。在所有社会成员中,"90后"在个性表达方面的要求最为突出,他们拥有不循规蹈矩的成长历程,独特的言行举止和另类的生活方式,成为环境的焦点。也正是这一代的成长,带动了社会较为强烈的自我表达的愿望。

"90后"成员完全敢于在任何时刻任何场所表达自己的意愿和观点。在团队或团体中，永远希望自己成为焦点，其他人都要以其为中心转悠。

"新关系"——强关系，弱接触；弱关系，常联系；一反家人最亲的传统社会关系，"90后"的天平向弱关系倾斜。"90后"为了追求全面的隐私，与父母据理力争，甚至使用离家出走等方式表现自己的立场。他们发明了"火星语"在同龄人之间交流，以保护隐私与秘密。那些传统的"强关系"在"90后"这代人身上显得较弱。而"90后"对于同学，社会上认识的朋友，以及通过网络虚拟空间结交的"网友"等"弱关系"群体却较为信任，愿意与其分享自己的感受和经历，认为能够得到较高的认同。

"重娱乐"——获取信息与娱乐自己是他们生活的核心诉求，宣称"我每天可以吃的有限，穿的有限，花的有限，但是开心必须无限"的"90后"，是娱乐能力超强的一代。在他们眼中，娱乐是天性的释放，及时行乐是让自己更开心的生活方式。相比任何一代人，他们都更加希望在娱乐中生活，也在娱乐中学习和成长。

"90后"热爱追星，热爱娱乐八卦，但在娱乐的背后，他们有着自己的目的。比如企业微博和名人微博对"90后"影响较大。

"懂责任"——"不逃避，不推卸"是"90后"对社会责任的宣言。

"90后"虽然个性前卫，但对于自己未来应该承担的责任却不会逃避和推卸。关键的时候，我们也可以看到"90后"的年轻人的社会责任感和强烈的爱国情怀。在"5·12"汶川大地震发生的时候，我们已经看到"90后"自发响应，积极捐款捐物，组织爱心祈祷与传递。

许多"90后"的大学生，他们以一技之长回馈社会，积极投身于"关爱特殊群体""投身生态环保""传承历史文化""关注民生问题"等各类公益服务活动，体现了"90后"有激情，有抱负，勇于接受挑战，同时也热心公益。

"松圈子"——"90后"对团体保持距离，既不亲近，也不疏离。这种"松圈子"一个很重要的特点是："我不是集体主义者，但也不是个人主义者。有圈子跟大家保持关系很重要，这样才能获得更多的资源。"但进入圈子以后不能当"孙子"，而是要有地位、有亮点、有话语权。"90后"意识到社会交往圈子的价值，懂得组建圈子，知道圈子越多对自己价值越多，但又不会隶属于某一个群体。

"宅娱乐"——宅文化，宅娱乐在"90后"身上发扬光大。网络依赖在"90后"身上逐渐演变成为一种生活习惯。在家里玩网游，聊QQ，看电视等娱乐几乎占据了他们大部分的时间。他们不仅享受着这种"宅文化"，而且还将其发扬光大，如玩自拍并把照片发到网上分享，为自己的博客赚人气，或者在家里从事网络销售，即能娱乐自己同时还可以赚钱。"生在电脑前，长在网络中"，互联网对于"90后"来说不是媒体而是生活。

"低权威"——亲身体会过的，圈子内的人体验后传播的才是可信的。成长在权威不断被挑战、被推翻的年代，专家学者、社会权威部门的信息和指导对"90后"无法达到理想的说服或教育效果。他们更多的是通过自己的体会去验证结果，或选择性追随有故事、有亲身体验的人的说法与做法；并且对于所了解到的信息进行自我分析，加入自己的思想和观点，从不盲目轻信。原始权威在"90后"的眼中越来越淡化，反之平民化的权威跃然凸显。

"小众化"——外形装扮独特，行为非主流，在大众潮流中发挥自己的特色。"90后"

不愿与人相同,不爱追潮流,喜欢成为人群中的异类,获得众人投去的目光。另类的服装打扮,色彩浓重的妆容,让人难以理解的行为,让人们觉得他们与现实的价值观格格不入;但是随着这些非主流文化的发展,"90后"不断地让这些非主流的文化光大,再逐步演变为主流。

"朦性别"——女生像李宇春一样帅气,男生如李俊基那么漂亮。家长出于社会竞争、家庭利益等多方面考虑,往往自觉或不自觉地采用中性化教育。家长要求女孩子能够独立自主,于是便向着男性化的方向去培养她们。同样,家长则会要求男孩子细腻细心,于是便多少朝着女性化的方向去教育他们。大街上中性打扮的"90后"也比比皆是,一些中性化的明星也赢得"90后"的追捧,如李宇春。"伪娘刘著"凭借女性化的打扮与声音在快男舞台上赢得媒体与观众的目光。

"玩文化"——行事风格和穿着打扮前卫,但并不妨碍他们对中国传统文化艺术的热爱。创新性是"90后"追求的,他们已经不能满足于念着"床前明月光",不屑于睁着眼睛听父母讲"唐宋元明清",他们要不枯燥的文化传承方式。同时"90后"也注重自己个性的张扬和亲身参与,就如同在宣传"汉文化"上,"90后"选择类似日本cosplay的方式——穿汉服上课,逛街,着汉服行"冠笄之礼"等。他们怀旧但不守旧,大胆但不做作,会表现也有思想。这些行为包含着这代年轻人独立自主个性化的思想,也为当代中国传统文化的传承注入了新的思考。

(资料来源:梁旭朗. http://www.docin.com/p-668104989.html)

二、思考·讨论·训练

1. 为什么在市场营销中要重视市场环境分析?
2. 你是怎样看待"90后"的消费特点的?
3. 针对"90后"的消费特点,你认为企业应该采取哪些营销对策?

湖南卫视的营销环境分析与策略

一、案例介绍

湖南卫视经过十年的探索和运作,成功地确立了国内首席娱乐频道的地位,成为唯一一个能与央视频道分庭抗礼的省级电视台。2007年,在"中国品牌五百强"排行榜中,湖南卫视排名第113位,成为各媒体学习的榜样。湖南卫视的成功,源自于对营销环境的准确分析把握和超前的创新意识及策划。

(一)湖南卫视营销环境分析

1. 政治因素

21世纪以来,整体社会局势向着开放、自由、个性的方向发展;国内政治体系不断完善,政局稳定,保证了整个社会能够理性地面对存在的弊端和问题,并能够合理引导社会发展的多样化趋势,媒体自由化成为发展的趋势。

2. 经济因素

随着经济的发展，人们的生活水平不断提高，消费层次、消费水平、消费能力都发生了变化。人们不再满足于枯燥乏味的单一电视新闻，而是期望更多的个性化的节目；同时，新型网络媒体显然已经远远走在电视媒体之前，其庞大的网络资源、实时的新闻效果及点播式的自助娱乐方式，成为彰显个性化、满足特定需求的重要基础资源。电视媒体传统的经营方式面临着新型网络媒体的冲击。

3. 社会因素

中国人有着强烈的家庭观念，而电视是聚集家庭成员的最佳工具。当老老少少难得齐聚一堂时，新闻电视节目的吸引力有限，娱乐性节目才是家庭媒体所关注的重点；快节奏、网络化的生活在不断吞噬着城市人群时间的同时，越来越多的农村家庭在辛苦劳作之余聚集到新买的电视机前，通过电视了解世界，而国内70%的农村人口是电视媒体的潜力市场，他们的需求将在一定程度上左右电视台的运营策略；在消费者的消费习惯顽固作用之下，央视牢牢占据着国内新闻的头把交椅，留给地方电台的只能是差异化的竞争方式，"娱乐"成为差异化最主要的工具。

4. 技术因素

技术的不断进步，造就了互联网，并催生了现今的新媒体时代，传统的电视节目受到新技术的不断挑战。但新技术同样也赋予电视节目以新生，IPTV、数字电视等技术的产生在一定程度上消除了被动的接收方式。与此同时，技术的进步实现了各媒体间的相互支持，造就了新型的综合媒体时代，并创造了前所未有的市场价值。电视媒体作为其中的核心媒体之一，有着显著的价值空间。

（二）湖南卫视的营销策略

根据上述分析，湖南卫视在全国所有电视媒体中率先对自身品牌进行了清晰的定位——"打造中国最具活力的电视娱乐品牌"。围绕这一定位，湖南卫视构建了整合营销模式。

第一，要求广告部、总编室、覆盖办、节目部四大部门密切合作、相互配合，从根本上改变过去广告部单一运作的传统营销模式。

第二，与各地方电视台合作，如超级女声在海选阶段与广州、长沙、郑州、成都、杭州等电视台合作，设立五个赛区进行选拔赛。

第三，充分利用网络、短信等现代传播手段，通过网络互动、短信互动将全国各地的歌迷召集到一起，在歌迷极力为推销歌手拉票的同时，超级女声的影响力也随之扩大。

第四，对赞助商的资源进行整合，在赞助商传播其品牌的同时，扩大超级女声的影响力。与蒙牛合作，拉开"2005快乐中国蒙牛酸酸乳超级女声"大幕。蒙牛不仅冠名湖南卫视"2005超级女声年度大选"活动，而且选用2004年超级女声季军作为代言人，所有的广告与推广全部与超级女声密切结合。这种将企业的一个产品完全与电视台举办的活动捆绑在一起的做法，是一个十分大胆的举动。

（资料来源：胡春. 市场营销案例评析. 北京：清华大学出版社，2008.）

二、思考·讨论·训练

1. 湖南卫视所面临的是什么样的市场环境？

2. 湖南卫视是如何有针对性地开展营销活动的？

实践训练

项目名称：创业项目环境分析

1. 训练项目

创业小组创业项目环境分析。

2. 训练目的

培养学生的就业和创业能力，学会环境分析，发现和寻找商机。

3. 训练内容

针对当地市场进行宏观和微观环境分析，结合创业项目分析该项目有哪些商机和存在哪些威胁。

4. 训练要求

（1）以小组为单位，拟订调查方案。

（2）手机创业项目所需的二手资料，并分析其可行性。

（3）对相关环境进行分析，并全班交流。

5. 训练考核

（1）小组成员团结敬业、注重团队合作。（30分）

（2）环境分析到位，有主见。（40分）

（3）创业点子新颖，选题较好。（20分）

（4）实践把握得较好。（10分）

（资料来源：熊云南，郑璁. 市场营销. 武汉：武汉大学出版社，2008.）

项目名称：市场营销环境分析综合训练

1. 实训目的

通过实地调研，使学生能够掌握市场营销环境分析的思路和方法，按要求完成市场营销环境调查报告。

2. 实训思路

以你所在学院"周边餐饮市场环境"为调查主题，展开调查。

3. 实训步骤

（1）根据教学班级学生人数来划分数个小组，每一小组以5～8人为宜，小组中要合理分工。

（2）在教师指导下统一认识，以小组为单位开展调查，分别采集不同的资料和数据。

（3）在调查的基础上，小组成员充分讨论，形成小组的课题报告和汇报的PPT文件。

（4）在全班进行交流，各小组逐一汇报。

（5）教师点评总结。

课后练习题

1. 国家有关部门发布信息，我国已经存在人口老龄化问题。请你结合当前我国的市场环境，列举我国还有哪些行业存在较大的市场机会。请你为某市大型零售企业提出相应的对策建议。
2. "长假"给企业营销环境带来什么样的变化？针对"长假"，还应采取什么更好的营销策略？
3. 假设你要说服你的上司（一家零售商店的老板）了解经营环境的重要性。写出一份备忘录，举例说明门店的环境对你的购物行为的影响。
4. 如果你准备在校园周边开办一家小型网吧，请分析一下面临哪些机会和威胁。
5. 请结合你身边感受最深的环境变化，说出它对企业市场营销的启示。
6. 请结合实际说明，在市场环境快速变化的今天，企业应该如何应对？

拓展阅读

市场营销环境的分析方法

随着社会经济总体水平的不断发展，市场变幻莫测，企业应当建立市场分析和评价系统关注市场环境的发展变化。对其营销策略进行调整，适应复杂多变的市场营销环境。

1. 营销环境的分析方法

营销环境分析的重点是市场机会和威胁的分析。企业进行环境分析的目的就是寻找机会，规避威胁。

（1）营销环境威胁的分析。所谓营销环境威胁，是指由于环境的变化形成的对企业营销的冲击和挑战。其中，有些冲击和影响是共性的，有些对不同的产业影响程度是不同的。即使是同处一个行业、同一环境中，由于不同的抗风险能力，所受的影响也不尽一致。

研究市场营销环境对企业的威胁，一般分析两方面的内容，一是分析威胁对企业影响的严重性，二是分析威胁出现的可能性。可用矩阵方法进行分析（见图2-1）。

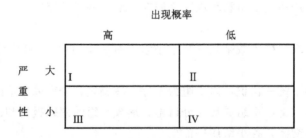

图2-1 市场营销环境对企业的威胁分析

第Ⅰ象限区内，环境威胁严重性高，出现的概率也高，表明企业面临着严重的环境危机，企业应高度重视，积极采取相应的对策，避免威胁造成的损失或将损失降到最小。

第Ⅱ象限区内，环境威胁严重性高，但出现的概率低，一旦出现，损失也是非常严重企业不可掉以轻心，必须密切注意其发展方向，制定相应的准备措施。

第Ⅲ象限区内，环境威胁严重性低，但出现的概率高，虽然企业面临的威胁不大，但是，由于出现的可能性大，企业也必须充分重视。

第Ⅳ象限区内，环境威胁严重性低，出现的概率也低，在这种情况下，企业可以暂时不予考虑，但应该注意其发展动向。

（2）营销环境机会的分析。所谓营销环境机会，是指由于环境变化形成的对企业营销管理富有吸引力的领域。在该市场领域里，企业将拥有竞争优势，可以将市场机会转为营销机会，利用营销机会获得营销成功。20世纪70年代末，印度政府宣布，只有可口可乐公布其配方，它才能在印度经销，结果双方无法达成一致，可口可乐撤出了印度。百事可乐因此乘机以建立粮食加工厂、增加农产品出口等作为交换条件，打入了这个重要的市场。研究营销环境机会应从潜在的吸引力和成功的可能性两方面进行分析（见图2-2）。

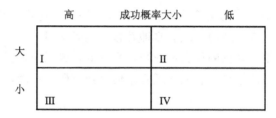

图2-2 营销环境机会分析

第Ⅰ象限，是企业所面临的最佳营销环境机会，其潜在的吸引力和成功的可能性都很大。企业抓住机会可以起到事半功倍的效果。

第Ⅱ象限，潜在的吸引力很大，但成功的概率低。企业应该找出成功的概率低的原因，设法扭转不利因素。

第Ⅲ象限，潜在吸引力小但是成功概率高。第Ⅱ、Ⅲ象限不能忽视，因为两者一旦转化，会给企业带来市场机会。

第Ⅳ象限，潜在吸引力小且成功概率低，可以不必考虑。

案例链接：美国罐头大王的发迹史

1875年，美国罐头大王亚默尔在报纸上看到一条"豆腐块新闻"，说是墨西哥畜群中发现了病疫。有些专家怀疑是一种传染性很强的瘟疫，亚默尔立即联想到，毗邻墨西哥的美国加利福尼亚州、德克萨斯州是全国肉类供应基地，如果瘟疫传染至此，政府必定会禁止那里的牲畜及肉类进入其他地区，造成全国牛肉供应紧张，价格上涨。于是，亚默尔马上派他的家庭医生调查，并证实了此消息，他果断决策，倾其所有，从加、德两州采购活畜和牛肉，迅速运至东部地区，结果一下子赚了900万美元。

问题：美国罐头大王是怎样发现市场机会的？

（资料来源：中华管理学习网）

（3）威胁—机会综合分析。营销环境带来的对企业的威胁和机会是并存的，威胁中有机会，机会中也有挑战。在一定条件下，两者可相互转化，从而增加了环境分析的复杂性。企业可以运用威胁—机会矩阵加以综合分析和评价（见图2-3）。

机会水平 威胁水平	高	低
高	Ⅰ	Ⅱ
低	Ⅲ	Ⅳ

图2-3 威胁—机会综合分析

第Ⅰ象限为冒险营销。营销机会水平和威胁水平均高。也就是说在环境中机会与挑战并存，成功与风险同在。冒险营销对企业有较大的吸引力，企业应该全面分析自身的优势与劣势，扬长避短，使之向理想营销转化。

第Ⅱ象限为理想营销。营销机会水平高，威胁水平低，说明企业有非常好的发展前景，企业应当抓住机会，迅速行动。

第Ⅲ象限为艰难营销。营销机会水平低，威胁水平高。这意味着企业营销活动出现危机，或者努力改变环境，减轻威胁；或者立即转移，摆脱困境。

第Ⅳ象限为保险营销。营销的机会和威胁水平均低，说明企业发展的机会已很少，自身发展潜力受限。保险营销能够维持企业的运营，但企业应研究环境，进一步开拓、营造新的营销机会。

相关链接：企业内外情况对照分析法（SWOT方格分析法）

下面介绍一种企业内外部分析方法，也称为SWOT方格分析法。它由"长处"（strong）、"弱点"（weak）、"机会"（opportunity）、"威胁"（threat）的第一个字母组成。企业内外情况是相互联系的，将外部环境所提供的有利条件（机会）和不利条件（威胁）与企业内部条件形成的优势与劣势结合起来分析，有利于制定出正确的经营战略。如图2-4所示。

企业内部因素 企业外部因素	长处 （S）	弱点 （W）
机会（O）	SO战略	WO战略
威胁（T）	ST战略	WT战略

图2-4 SWOT分析方法

"SWOT"方格分析法形成了四种可以选择的战略：
SO战略：利用企业内部的长处去抓住外部机会；
WO战略：利用外部机会来改进企业内部弱点；
ST战略：利用企业长处去避免或减轻外来的威胁；
WT战略：直接克服内部弱点来避免外来的威胁。

（资料来源：毕思勇. 市场营销. 北京：高等教育出版社，2007.）

2. 企业应对营销环境影响的对策

（1）应对市场机会的营销对策。

① 及时利用策略。当市场机会与企业的营销目标一致，企业又具备利用市场机会的资

源条件,并享有竞争中的差别利益时,企业应抓住时机,充分利用市场机会,抢先进入市场,争取主动,求得更大的发展。如从20世纪70年代的"石油危机"起,日本车就开始凭借着节油经济实用的优势,逐渐在美国站稳了脚跟。

② 待机利用策略。有些市场机会相对稳定,在短时间内不会发生变化,而企业暂时又不具备利用市场机会的必要条件,可以采取观望态度,等待时机成熟时,再加以利用。这比较适合中小企业。

③ 果断放弃策略。营销市场机会十分具有吸引力,但企业缺乏必要的条件,无法加以利用,此时企业应做出决策果断放弃。因为任何犹豫和拖延都可能导致错过利用其他有利机会的时机,从而一事无成。

(2) 应对环境威胁的营销对策。

① 转移策略。指当企业面临环境威胁时,通过改变自己受到威胁的产品现有市场,或者将投资方向转移来避免环境变化对企业的威胁。该策略包括三种不同的转移:一是产品转移,即将受到威胁的产品转移到其他市场;二是市场转移,即将企业的营销活动转移到新的细分市场上去;三是行业转移,即将企业的资源转移到有利的新行业中去。如军工企业在和平时期转而生产民用产品。

② 减轻策略。指当企业面临环境威胁时,力图通过调整、改变自己的营销组合策略,尽量降低环境威胁对企业的负面影响程度。

③ 对抗策略。指当企业面临环境威胁时,试图通过自己的努力限制或扭转环境中不利因素的发展。对抗策略通常被称为是积极主动的策略。

(资料来源:柴雨,杨金宏,熊衍红,等. 市场营销. 长沙:湖南师范大学出版社,2012.)

任务3
消费者行为分析

　　成功不是永恒的,很多作为开创者的公司,往往很快就在将要成功的时候消失了,这似乎难以置信,其实关键是忽略了顾客。
　　　　　　　　　　　　　　　　　　——[美]杰夫·贝索斯
　　在一个产品泛滥而客户短缺的世界里,以客户为中心是成功的关键。
　　　　　　　　　　　　　　　　　　——[美]菲利普·科特勒
　　在购买时,你可以用任何语言;但在销售时,你必须使用购买者的语言。
　　　　　　　　　　　　　　　　　　——[美]玛格丽特·斯佩林斯

> **学习目标**
>
> ● 掌握消费者行为模式的一般规律；
> ● 掌握影响消费者购买行为的主要因素；
> ● 掌握组织购买的决策方式和决策过程。

营│销│故│事│导│入

两家小店

有两家卖粥的小店，左边那个和右边那个每天的顾客相差不多，都是川流不息，人进人出的。然而晚上结算的时候，左边那个总是比右边那个多出百十来元。天天如此。于是，我走进了右边那个粥店。服务小姐微笑着把我迎进去，给我盛好一碗粥。问我："加不加鸡蛋？"我说加。于是她给我加了一个鸡蛋。每进来一个顾客，服务员都要问一句："加不加鸡蛋？"也有说加的，也有说不加的，大概各占一半。我又走进左边那个小店。服务小姐同样微笑着把我迎进去，给我盛好一碗粥。问我："加一个鸡蛋还是加两个鸡蛋？"我笑了，说："加一个。"再进来一个顾客，服务员又问一句："加一个鸡蛋还是加两个鸡蛋？"爱吃鸡蛋的就要求加两个，不爱吃鸡蛋的就要求加一个，也有要求不加的，但是很少。一天下来，左边这个小店就要比右边那个多卖出很多个鸡蛋。

给别人留有余地，更要为自己争取尽可能大的领域。只有这样，才会于不声不响中获胜。销售不仅仅是方法问题，更多的是对消费者心理的理解。

（资料来源：https://baijiahao.baidu.com/s?id=1565922208973245&wfr=spider&for=pc）

3.1 消费者市场分析

研究购买行为是企业制定营销决策的主要依据。只有了解消费者的购买动机，探索其购买规律，才能预测可能发生的购买行为，发现市场机会，把潜在需求转化为现实需求，以扩大销量和利润。购买者行为理论认为，企业在其营销活动中必须认真研究目标市场中消费者的购买行为规律及其特征。因为消费者的购买行为不仅受经济因素的影响，还会受到其他多种因素的影响，从而会产生很大的差异。即使具有同样类型需求的消费者，购买行为也会有所不同。所以，只有认真研究和分析了消费者的购买行为特征，才能有效地开展企业的营销活动，真正把握住企业的顾客群体，顺利实现同顾客之间的交换。

1. 消费者市场的特点

消费者市场是指为满足生活需要而购买货物或服务的一切个人和家庭，它是其他一切市场的基础，是商品的最终市场。

消费者由于不同的主观原因和客观因素，对商品服务有不同的需要，而且这些需要随时代的发展、物质文化生活水平的提高而日益多样化，但消费者需要仍有如下共同特征。

（1）消费者需要的多样性。消费者的收入水平、文化程度、职业、性别、年龄、民族和生活习惯不同，自然会有不同的爱好和兴趣，对消费品的需求也会千差万别。这种不拘一格的需求，就是消费需求的多样性。

（2）消费者需要的发展性。随着生产的发展和消费者个人收入的提高，人们对商品和服务的需要也在不断地发展。过去未曾消费过的高档商品进入了消费者视野；过去消费少的高档耐用品现在大量消费；过去消费讲求价廉、实惠，现在追求美观、舒适等。

（3）消费者需要的伸缩性。消费者购买商品，在数量、品级等方面均会随购买水平的变化而变化，随着商品价格的高低而转移。其中，基本的日常消费品需求的伸缩性比较小，而高中档商品、耐用消费品、穿着用品和装饰品等选择性强，消费需求的伸缩性就比较大。

（4）消费者需要的层次性。人们的需求是有层次的，各个层次之间虽然难以截然划分，但是大体上还是有次序的。一般来说，总是先满足最基本的生活需要，然后再满足社会交往需要和精神生活需要。也就是说，消费需求是逐层上升的，首先是满足低层次的需要，然后再满足较高层次的需要。随着生产的发展和消费水平的提高，以及社会活动的增多，人们消费需求的层次必然逐渐向上移动，由低层向高层倾斜，购买的商品越来越多地是为了满足社会性、精神性要求。

（5）消费者需要的时代性。消费需求常常受到时代精神、风尚、环境等的影响。时代不同，消费需求和爱好也会不同。例如，随着我国人民文化水平的提高，对文化用品的需要日益增多，这就是消费需求的时代性。

（6）消费者需要的可诱导性。消费需求是可以引导和调节的。这就是说通过企业营销活动的努力，人们的消费需求可以发生变化和转移。潜在的欲望可以变为明显的行动，未来的需求可以变成现实的消费。

（7）消费者需要的联系性和替代性。消费需求在有些商品上具有关联性，消费者往往顺带联系购买，如出售皮鞋时，可能附带售出鞋油、鞋带、鞋刷等。所以经营有联系的商品，不仅会给消费者带来方便，而且能扩大商品销售额。有些商品有替代性，即某种商品销售量增加，另一种商品销售量会减少。如食品中的肉、鱼、鸡、鸭等，其中某一类销售多了，其他商品就可能会减少；洗衣粉销量上升，肥皂销量下降等。

2. 购买决策过程

完整的购买决策过程一般包括五个阶段：确认问题、收集信息、评价选择、购买决策和购后评价。

(1) 确认问题。这里的问题是指消费者所追求的某种需要的满足。任何购买行为都是由动机支配的，而动机又是由需要激发的，所以需要是购买行为的起点。如饥思食、渴思饮、冷思衣等；再如广告的刺激、亲朋的影响等。

(2) 收集信息。消费者形成购买某种商品的动机后，必然会进一步收集与商品有关的各种信息。消费者一般会通过以下几种途径去获取所需要的信息。

个人来源：家庭、朋友、邻居、熟人。

商业来源：广告、推销员、经销商、包装、展览。

公共来源：大众传播媒体、消费者评价机构。

经验来源：产品的检查、比较和使用。

(3) 评价选择。消费者根据所掌握的信息，进行分析、对比、评价，最后做出选择。一般情况下，消费者首要考虑的问题是产品的性能，营销企业应修正产品的某些属性，使之接近消费者的理想产品。其次消费者既定的品牌信念与产品的实际性能可能有一定的差距，营销企业应通过各种宣传手段消除其不符合实际的偏见。同时，消费者对产品的各种性能重视程度有所不同，企业的营销活动要设法提高消费者对自己产品优势性能的重视程度，还要改变消费者心目中理想产品的标准。

(4) 购买决策。经过评价和比较，消费者对某种品牌的偏好和购买意向基本形成，但这期间各种因素都会对购买决策产生不同程度的影响。影响消费者进行最终购买决策的根本问题是消费者对购买风险的预期，如果消费者认为购买之后会给其带来某些不利的影响，而且难以挽回，消费者改变或推迟购买的可能性就比较大。所以企业必须设法降低消费者的预期购买风险，这样就可能促使消费者做出最终的购买决策。在消费者决定进行购买以后，他还会在执行购买的问题上进行一些决策，大体上包括以下五个方面。

商店决策：到哪里去购买。

数量决策：要购买多少。

时间决策：什么时候去购买。

品种决策：购买哪种款式、颜色和规格。

支付方式决策：现金、支票或分期付款。

(5) 购后评价。消费者购买了商品并不意味着购买行为过程的结束，因为其对于所购买的商品是否满意，以及会采取怎样的行为对于企业目前和以后的经营活动都会带来很大的影响，所以重视消费者买后的感觉和行为并采取相应的营销策略同样是很重要的。图3-1展示了消费者购买后的感觉及行为特征。

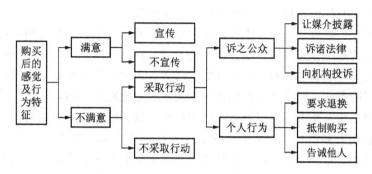

图 3-1　消费者购买后的感觉及行为特征

3.2　组织市场分析

同消费者市场相对应的是生产者市场。生产者市场亦称产业市场或工业市场，原指除商业以外的一切生产性行业。菲利普·科特勒认为一切商业转售者市场及其购买行为和生产者市场及其购买行为具有相同的特点。另外还包括一些非营利性组织和政府市场。我们把这些市场的集合总称为组织市场。

1．组织市场的特征

（1）购买者少，购买规模大。组织市场上的购买者比消费者市场上的购买者要少得多。例如，美国固特异轮胎公司的订单主要来自通用、福特、克莱斯勒三大汽车制造商，但当固特异公司出售更新的轮胎给消费者时，它就要面对全美 1.71 亿汽车用户组成的巨大市场了。

（2）购买者在地域上相对集中。由于资源和区位条件等原因，各种产业在地理位置的分布上都具有相对的集聚性，所以组织市场的购买者往往在地域上也是相对集中的。例如，中国的重工产业大多集中在东北地区，石油化工企业云集在东北、华北以及西北的一些油田附近，金融保险业在上海相对集中，而广东、江苏、浙江等沿海地区集聚着大量轻纺和电子产品的加工业。这种地理区域集中有助于降低产品的销售成本，这也使得组织市场在地域上形成了相对的集中。

（3）实行专业购买。相应地，组织机构通常比个人消费者更加系统地购买所需要的商品，其采购过程往往是由具有专门知识的专业人员负责。例如，采购代理商。这些代理商将其一生的工作时间都花在学习如何更好地采购方面。他们的专业方法和对技术信息评估能力导致他们的购买建立在对商品价格质量比、售后服务及交货期的逻辑分析基础之上的。

（4）衍生需求，需求波动大。对组织市场上的购买需求最终来源于对消费品的需求，企业之所以需要购买生产资料，归根到底是为了用来作为劳动对象和劳动资料以生产出消费资料。例如，由于消费者购买皮包、皮鞋，才导致生产企业需要购买皮革、钉子、切割刀具、缝纫机等生产资料。因此消费者市场需求的变化将直接影响组织市场的需求变化。有时消费品需求仅上升 10%，就可导致生产这些消费品的企业对有关生产资料的需求增长 200%。而若需求下降 10%，则可导致有关生产资料需求的全面暴跌。

（5）需求缺乏弹性。组织市场的需求受价格变化的影响不大。例如，皮鞋制造商在皮革价格下降时，不会打算采购大量皮革，同样，皮革价格上升时，他们也不会因此而大量减少对皮革的采购，除非他们发现了某些稳定的皮革替代品。

（6）互惠购买。在另外一种消费营销过程中不会发生，但在组织营销过程中常见的现象是互惠现象。也就是"你买我的产品，那么我也就买你的产品"。更通俗地讲，叫互相帮忙。由于生产资料的购买者本身总是某种产品的出售者，因此，当企业在采购时就会考虑为其自身产品的销售创造条件。但这种互惠购买的适用范围是比较狭窄的，一旦出现甲企业需要乙企业的产品，而乙企业并不想购买甲企业的产品时，就无法实现互惠购买了。这样互惠购买会演进三角互惠成为多角互惠。例如，甲企业向乙企业提出，如果乙企业购买丙企业的产品，则甲企业就购买乙企业的产品，因为丙企业以甲企业推销其产品作为购买甲企业的产品的条件，这就是三角互惠。虽然这类现象极为常见，但大多数经营者和代理商却反对互惠原则，并视其为不良习俗。

2. 影响组织市场购买行为的主要因素

（1）环境因素。环境因素包括需求水平、经济前景、货币成本、供给状况、技术革新速度、政治法律情况、市场竞争趋势。

市场营销环境和经济前景对企业的发展影响甚大，也必然影响到其采购计划。例如，在经济衰退时期组织购买者会减少对厂房设备的投资，并设法减少存货。组织营销人员在这种环境下刺激采购是无能为力的，他们只能在增加或维护其需求份额上做艰苦的努力。

（2）组织因素。组织因素包括营销目标、采购政策、工作程序、组织结构、管理体制。

每一采购组织都有其具体目标、政策、程序、组织结构及系统。营销人员必须尽量了解这些问题。例如，有的地方规定只许采购本地区的原材料；有的国家规定只许买本国货，不许买进口货，或者相反；有的购买金额超过一定限度就需要上级主管部门审批等。

（3）人际因素。人际因素包括职权、地位、感染力、说服力。

采购中心通常包括一些具有不同地位、职权、兴趣和说服诱导力的参与者。一些决策行为会在这些参与者中产生不同的反应，意见是否容易取得一致，参与者之间的关系是否融洽，是否会在某些决策中形成对抗，这些人际因素会对组织市场的营销活动产生很大影响。营销人员若能掌握这些情况并有的放矢地施加影响，将有助于消除各种不利因素，获得订单。

（4）个人因素。个人因素包括年龄、教育程度、职位、性格、风险态度等。

购买决策过程中每一个参与者都带有个人动机、直觉和偏好，这些因素取决于参与者的年龄、收入、教育程度、专业文化、个性以及对风险意识的态度，因此，供应商应了解客户采购决策人的个人特点，并处理好个人之间的关系，这将有利于营销业务的开展。

3. 购买决策过程

（1）确定总体需要。提出了某种需要之后，采购者便着手确定所需项目的总特征和需要的数量。如果是简单的采购任务，这不是大问题，由采购人员直接决定。而对复杂的任务而言，采购部门要会同其他部门人员，如工程师、使用者等共同来决定所需项目的总特征，并按照产品的可靠性、耐用性、价格及其他属性的重要程度来加以排列。

（2）详述产品规格。采购组织按照确定产品的技术规格，可能要专门组建一个产品价值分析技术组来完成这一工作。价值分析的目的在于降低成本。它主要是通过仔细研究一个部件，看是否需要重新设计，是否可以实行标准化，是否存在更廉价的生产方法。

（3）寻找供应商。采购者现在要开始寻找最佳供应商。为此，他们会从多个方面着手，可以咨询商业指导机构；查询网上信息；打电话给其他公司，要求推荐好的供应商；或者观看商业广告；参加展览会。供应商此时应大做广告，并到各种商业指导或宣传机构中登记自己公司的名字，争取在市场上树立起良好的信誉。

（4）征求供应信息。此时采购者会邀请合格的供应商提交申请书。有些供应商只寄送一份价目表或只派一名销售代表。但是，当所需产品复杂而昂贵时，采购者就会要求待选供应商提交内容详尽的申请书。

（5）供应商选择。采购者在做出最后选择之前，还可能与选中的供应商就价格或其他条款进行谈判。

（6）发出正式订单。采购者选定供应商之后，就会发出正式订单，写明所需产品的规格、数目、预期交货时间、退货政策、保修条件等项目。通常情况下，如果双方都有着良好信誉的话，一份长期有效的合同将建立一种长期的关系，而避免重复签约的麻烦。在这种合同关系下，供应商答应在一特定的时间之内根据需要按协议的价格条件继续供应产品给采购者。存货由供应商保存。

（7）绩效评估。在此阶段，采购者对各供应商的绩效进行评估。他们可以通过三种途径：直接接触最终用户，征求他们意见；或者应用不同的标准加权计算来评价供应商；或者把绩效不理想的开支加总，以修正包括价格在内的采购成本。通过绩效评价，采购者将决定延续、修正或停止向该供应商采购。供应商则应该密切关注采购者使用的相同变量，以便满足采购者的需求。

《富爸爸，穷爸爸》的营销之道

一、案例介绍

在《富爸爸，穷爸爸》整个营销过程的每一个环节都是与消费者沟通的过程。通过有力的产品和品牌设计，确立有吸引力的传播内容，应用有效的传播工具，密切与读者的接触，实施对"财商"概念和"富爸爸"品牌的传播和持续强化，建立读者的认知和兴趣，逐步刺激读者购买欲望，最终增加图书销售量。

读者对图书的购买决策有一个过程，因此需要持续有效的深度行销沟通。自选题确定开始，项目组通过书评等初步的市场宣传，建立初步的读者认知度；进而在全国书展、在"富爸爸"研讨会上通过媒体大力推广，形成读者的阅读期待心理；到图书销售旺季的时候进行深入推广，如请作者来国内演讲、在各媒体上进行讨论、参与电视节目，强化读者的购买需求；再到延伸出"财商"培训、"财商"话剧、玩具等系列产品，从而赢得销售佳绩、巩固和扩大图书本身营造的"财商"概念和"富爸爸"品牌的影响力。

1. 行销传播内容设计

在图书定位上，针对中国图书市场欠缺个人和家庭理财知识的图书，"富爸爸"项目组将《富爸爸，穷爸爸》定位于个人理财理念图书。市场目标是通过满足读者求财、求知的心理需求而销售《富爸爸，穷爸爸》系列图书。传播承诺点以个人理财概念为突破口，紧密围绕如何建立正确的金钱观念和个人理财观念展开行销传播。在行销传播中，以书展、书店和网上书店作为市场切入点，项目组在各个读者接触点通过不断强化"财商"概念和"富爸爸"品牌，增加读者的知晓度和认同感，从而刺激读者的购买欲望，引发购买行为。

2. 媒体行销助阵展会营销

图书展会是与经销商和读者接触的重要渠道，具有人流量大、信息传播迅速的特点。作为重要的非人员传播渠道，通过包装环境、营造气氛、增强视觉冲击力，可强化对经销商和读者的传播效果，进而产生和增强了图书经销商订货和读者购买的倾向。在北京国际书展和南京书市上，项目组通过设立醒目的展位、巨型《富爸爸，穷爸爸》的纸书，进行大量海报宣传，配以大幅喷绘对联，以及众多易读易记的口号，配合报纸和网站宣传，从各个方面吸引经销商和读者的注意力，将图书信息送达目标客户。在北京国际书展上，《富爸爸，穷爸爸》项目组在新华社举行了专门的新闻发布会，邀请了全国四十多家报纸、电视、网站等媒体，邀请社会各界的审书代表参加，并请权威人士评书造势。在南京书市之前，项目组也提前与南京及附近的一些媒体沟通。在《新民晚报》《江苏商报》《南京现代快报》《扬子晚报》等媒体上发表了关于"富爸爸"的系列文章。以媒体行销增加与经销商和读者的接触和影响，预热市场，有力地配合了展会行销，达到了成功增加订货量的效果。

3. 建立电子论坛，构筑与读者的网络交流与服务平台

网络的实时、迅捷和超越地域广泛传播的特点，使其日益成为重要的信息传播平台。"富爸爸"项目组自建立伊始，就建立了网址为"http://www.fubaba.com.cn/"的中文网站，提供了读者交流的平台。网站及时发布各种相关信息，回答读者提问，注重与读者的交流与互动，努力引导和推动读者的口碑传播。项目组还与贝塔斯曼在线、当当、卓越等网上书店达成良好的合作，实施网上售书，实现信息共享，实时与读者沟通。

4. 通过售后服务加强互动行销传播

项目组通过为顾客提供更快、更好的服务，及时进行抱怨处理，来增加读者满意度。项目组通过读者调查表、热线电话、读者有奖参与活动等方式密切与读者的互动与联系，增加读者忠诚度和重复购买。

按照麦肯锡公司的一项研究，口碑传播几乎影响到美国三分之二的经济领域。玩具、运动产品、电影、娱乐、时尚、休闲自然最受口碑影响，但金融机构、服务业、出版、电子、药品、农业、食品等众多领域也同样受口碑所左右。中国的文化传统，有一些"理性不足、感性有余"的特点。这种重视人情、信任亲友、信任权威和成功人士的特色文化，使口碑成为传播渠道中最有说服力而成本又很低的一种传播方式。因特网的出现，则增强了这种传播的可控性。

在"富爸爸"的行销传播中，口碑传播的几种方式发挥重要作用。① 以"财商"概念和"富爸爸"品牌传播为核心，在行销传播中反复强化。② 让有影响力的人传播信息。③ 征求来自读者的证人。上海《文汇报》整版报道的吉林省梨树县副县长田贵君为梨树县农村合作经济协会的农民朋友们订购该书1 000册的故事，真实可信，易于口口相传。④ 对读者讲述真实的故事。⑤ 项目方有较高谈论价值的广告与口号。一个醒目、易于传播的口号在口碑传播中至关重要，在"富爸爸"传播中，"智商、情商、财商"一个都不能少，"揭露富人的秘密""两个爸爸大战一个女孩"等类似口号通过传媒广为传播，从各个方面吸引了读者的注意力，加强了《富爸爸，穷爸爸》的销售。

(资料来源：程艳霞，马慧敏．市场营销学．武汉：武汉理工大学出版社，2008．)

二、思考·讨论·训练

1. 消费者在什么情况下会产生购买欲望？他们是怎样搜寻信息的？
2. 《富爸爸，穷爸爸》系列图书是怎样引导消费者做出购买决策的？
3. 阅读这则案例后，对我们研究消费者行为和购买决策有何启示？

案例2　阿雯选车

一、案例介绍

阿雯是上海购车潮中的一位普通的上班族，35岁，月收入万元。阿雯周边的朋友与同事纷纷加入了购车者的队伍，看他们在私家车里享受音乐而不必忍受公车的拥挤与嘈杂，阿雯不觉开始动心。另外，她工作地点离家较远，加上交通拥挤，来回花在路上的时间近3小时。她的购车动机越来越强烈，只是这时的阿雯对车一无所知。

"我拿到驾照，就去买一部1.4排量的波罗。"一位MBA同学对波罗情有独钟。虽然阿雯也蛮喜欢这一款车的外形，但她不想买，因为阿雯有体验。那一次是4个女同学上完课，一起坐一辆波罗出去吃中午饭，回校时车从徐家汇汇金广场的地下车库开出，上坡时不得不关闭了空调才爬上高高的坡，这阻碍了阿雯对波罗的热情。

"宝来是不错的车。"阿雯问周边人的用车体会，大都反馈这样的信息：在差不多的价位上，还是德国车不错，宝来好。阿雯的上司恰恰是宝来车主，阿雯尚无体验驾驶宝来的乐趣，但后排的拥挤却已先入为主了。想到自己的先生人高马大，宝来的后座不觉成了胸中的痛。不久后，一位与阿雯差不多年龄的女邻居，在海南马自达专卖店里买了一辆福美来，便自然地向阿雯做了"详细介绍"。阿雯很快去了那家专卖店，她被展厅里的车所吸引。此时的阿雯还不会在意动力、排量、油箱容量等抽象的数据，直觉上清清爽爽的配置，配合销售人员正中阿雯下怀的介绍，令阿雯在这一刻锁定了海南马自达。回家征求先生的意见：先生说，为什么放着那么多上海大众和通用公司的品牌不买，偏偏要买"海南货"？它在上海的维修和服务网点是否完善？两个问题马上动摇了阿雯当初的购买方案。

阿雯不死心，便想问问周边驾车的同事对福美来的看法。"福美来还可以，但是日系车的车壳太薄。"阿雯此时有一种无所适从的感觉。好在一介书生的直觉让阿雯关心起了的汽车杂志。通过阅读越来越多的试车报告，阿雯明确了自己的目标，8万~15万元价位的众多品牌车开始进入阿雯的视野。此时阿雯已对每个生产厂家生产的品牌、同一品牌不同的排量与配置、基本的价格等都如数家珍。上海通用的别克凯越与别克赛欧，上海大众的超越者，一汽大众的宝来，北京现代的伊兰特，广州本田的飞度，神龙汽车的爱丽舍，东风日产的尼桑阳光，海南马自达的福美来，天津丰田的威驰，等等。各款车携着各自的风情，向阿雯亮着自己的神采。阿雯的文件里开始附上各款车的排量、最大功率、最大扭矩、极速、市场参考价等一行行数据，甚至包括4S店的配件价格。经过反复比较，阿雯开始锁定别克凯越和广本飞度。

特别是别克凯越，简直是一款无懈可击的靓车啊！阿雯开始进入别克凯越的车友论坛。

随着对别克凯越论坛的熟悉，她很快发现，费油是别克凯越的最大缺陷，想着几乎是飞度两倍的油耗，在将来拥有车的时时刻刻要为这油耗花钱，阿雯的心思便又活了。飞度精巧，独特，省油，新推出 L5 VTEC 发动机的强劲动力，几乎让阿雯想说就是它了。阿雯精心地收集着有关广本飞度的每一个宣传文字，甚至于致电广本飞度的上海4S店，追问其配件价格。营销人员极耐心地回答令她对飞度的好印象又一次得到增强。

阿雯开始致电各款车的好友车主，询问用车体验：朋友C购了别克凯越，问及行车感受，得到的结论是这款车很好，值得购买；同学D选购的别克赛欧，是阿雯曾经心仪的SRV，有一种质朴而舒适的感觉，但是同学说空调开起后感觉动力不足；朋友E购买飞度1.3，说飞度轻巧、省油，但好像车身太薄，不小心用钥匙一划便是一道印痕，有一次去装了点东西感觉像"小人搬大东西"。

阿雯的梦中有一辆车，漂亮的白色，流畅的车型，大而亮的灯，安静地停在阿雯的面前，等着阿雯坐进去。究竟要买哪一辆车，这个"谜底"不再遥远……

（资料来源：http://3y.uu456.com/bp-40e6e67927284b73f242s0d6-1.html）

二、思考·讨论·训练

1. 影响阿雯选车的主要因素是什么？
2. 阅读这则案例后，对我们研究消费者行为和购买决策有何启示？

康尔寿减肥茶锁定目标消费人群

一、案例介绍

康尔寿减肥茶在中国是一个饱经市场考验的、最有效的减肥产品之一，是一个在中国知名度很高的产品。但是这个产品近几年在市场表现并不理想，为此企业采取了很多措施，包括请国际歌星李玟做代言人以及大力度广告投放，但效果都不尽如人意。

为了扭转被动局面，康尔寿提出了"减腰、减腹、减脂肪"的新诉求，并聘请国际歌星李玟做形象代言人。然而这个通用性的诉求，尽管投入了大力度的广告宣传，却没有得到消费者积极的反应，营销进一步陷入被动。在强势竞争品牌的大力度宣传面前，康尔寿给人的感觉是老了！

康尔寿如何在竞争激烈同时又很混乱的减肥品市场进行突破呢？谁又是康尔寿最适宜的人群呢？首先，第一战场是20～30岁的人群。她们年轻，求新求异，希望减肥快速见效，倾向偏瘦体态。只要能实现这个目标，她们并不很在乎减肥药品可能带来的副作用。其次，第二战场是30～40岁的女性消费人群，她们中大多数拥有家庭和子女。她们追求均衡的体态美，而不是骨感美。她们关注产品是否安全、是否有毒副作用。生活的经历教会她们：物极必反。她们并不认同以牺牲身体健康作为代价的减肥方法。同时，她们追求品牌的诚信。

康尔寿减肥茶是由名贵中草药配制而成，安全无副作用，它带来的是科学减肥效应。相对于一些采用腹泻减肥的西药而言，它的减肥效果要慢些，但安全可靠。对于求新求异、不太在乎副作用的20～30岁的年轻人群而言，康尔寿产品并不是她们最佳的选择。而康尔寿产品的安全、稳定起效等特点,恰恰正是30~40岁成熟女性减肥消费者最关注的。康尔寿最容易打动的消费人群为30~40岁的成熟女性减肥人群。

那么,第二战场是否具有足够的市场空间呢?调研结果显示:减肥品的消费群体中,30~40岁成熟女性占消费总人群的32%,市场空间足够大。在这个战场上,仅有"大印象"将其作为主攻市场,其他品牌产品仅将其作为辐射市场,市场竞争壁垒远远低于第一战场。康尔寿将自己定位于第二战场作战是可行而现实的。那么,如何在第二战场打动目标消费人群,有效获取市场份额呢?

调研发现,大多数30~40岁的女性随着年龄的增长,在家庭、工作、生活压力及生育等因素影响下,她们的体形开始发生变化,皮肤慢慢失去光泽,生理机能下降,她们最希望重新获得健康的活力。调研显示:绝大多数消费者认为减肥效果不理想且有明显副作用;腰、腹、臀部脂肪很难消除且容易反弹。

目标消费者对导致减肥效果不佳的现象有她们自己的理解:① 人体的脂肪活力会随着人体机能的不同而有所区别,运动量较多的人脂肪活力强,而运动量少的人,脂肪活力小,容易沉积;② 年龄的增长也会导致脂肪长期沉积,没有活力,顽固性增强;③ 腰、腹、臀部的脂肪与其他部位的脂肪有很大区别,脂肪活力小,容易沉积,较顽固,不好减;④ 成熟女性体内的脂肪,由于婚育生活的原因,与年轻女孩的脂肪有区别。这就是消费者的认知,她们对肥胖和减肥的理解均指向一个词——"沉积脂肪"。这个词是肥胖者心中一个敏感的"结",这就是打开消费者心扉的钥匙。只要将康尔寿产品与消费者心中这个敏感的"结"联结起来,就能获得目标消费者对康尔寿产品的快速认知。

但是,"沉积脂肪"这个概念太专业,而专业的东西总是给人望而生畏的距离感。"惰性脂",形象地传达出脂肪的属性及肥胖的顽固性,突出了产品的专业性。从消费者角度看,"惰性脂"的概念会引起人们对产品功效的进一步确认,加深信任度。这样,康尔寿微妙地占据了划分后的"惰性脂"市场。市场上其他再强势的减肥产品,无论其有怎样的诉求,产品属性都决定其不是针对"惰性脂"的,而是针对活性脂肪的。而活性脂肪是提供身体能量的载体,会不断循环制造出来,减了还会反弹。这样就巧妙地将康尔寿塑造成市场上独一无二的、权威的减肥专家。这样,就巧妙地将对手逼向了墙角,使他们的营销措施失效。"惰性脂"这个支点顺利地导出了有力的产品诉求:"祛除惰性脂肪,重塑均衡体态。"康尔寿在减肥品市场上立刻鹤立鸡群。

2004年的春节刚过,整合后的康尔寿减肥茶以全新理念、全新概念再度出击市场。2004年3月即传出捷报:销量达到2003年同期的4倍。消费者终于再次接受了这个用中国传统中药制成的安全高效的减肥产品,不再为减肥去承受腹泻、节食、替食之苦。

(资料来源:http://www.emkt.com.cn/article/56/5608-2.html)

二、思考·讨论·训练

1. 分析讨论康尔寿主要从哪几方面来锁定其目标消费人群。
2. 康尔寿的目标消费人群具有哪些消费特征和消费心理?
3. 分析讨论康尔寿强化产品流动性的具体措施。

案例4　动感地带：年轻的选择

一、案例介绍

中国移动将动感地带的目标人群定位为年轻人群。尽管这一部分人群喜欢追新求异，见异思迁，忠诚度不高，并且由于没有收入来源，购买力也有限。但从长远来看，中国父母对独生子女的"补贴收入"递增使得年轻人群成为不可小觑的消费力量，并且恰恰是这部分人群的追新求异，才会让他们勇于尝试新业务，更重要的是，年轻人群是未来主力消费者的生力军，在长期潜移默化的熏陶中培养他们对中国移动的品牌情感，也大有裨益。

（一）标新立异的传播

不管是打包业务还是个别业务，在推广中都不能沿用传统的技术术语，这样会加大沟通的障碍，一种有效可行的方式是，根据品牌的总体特性，给这些业务设计出既符合品牌整体特性大局，又能体现产品业务特色的卖点。

短信业务——"从传纸条到发短信，我们做了N年同学。"
彩信业务——"发个鬼脸，给他点颜色看看。"
WAP无线上网——"早上晚上路上床上，我的手机都在网上。"
语音杂志——"一本用耳朵倾听的杂志。"
……

（二）有效的传播武器

1. 大众/分众媒体传播组合

动感地带上市时，其媒体轰炸可以用"铺天盖地"来形容。在很短时间内，包括电视、广播、报纸、杂志等传统媒体，以及一些户外路牌静态广告和车体流动广告等，甚至一些新兴的楼宇电视广告，只要可能与15～25岁的年轻人群有所关联，并且有效到达率可观，都一一被动感地带所波及。

2. 事件和公关等活动营销

中国移动聘请周杰伦为动感地带品牌形象代言人，既是对硬广告投放的主题造势，也是一次非常经典的事件营销，它以悬念的形式将周杰伦出场前后的新闻舆论一度推至最高潮，并且在后续的周杰伦演唱会和主题活动策划中，动感地带的舆论衔接都非常有效果。除此之外，动感地带的事件营销策划和简单的活动营销可谓是一波连着一波，如赞助华语音乐榜和在年轻人中享有盛誉的时代广告金犊奖，开展寻找"M-Zone人"系列活动及最近的万名大学生街舞表演等，都有效地将舆论氛围推至最高潮。

3. 促销活动的设计和终端布置生动化

中国移动的终端体系是由营业厅、动感地带品牌店、自助服务店、加盟店、授权销售点和标准卡类直供零售点等直控和他控的体系构成的，但不管是直控还是他控，中国移动对动感地带品牌形象输出信息的统一和各终端生动化营造上都有严格的监控和评估标准。它的促销活动的设计，绝对应服从体系内动感地带整体品牌发布主题统一的大局，不允许有任何冲突。

4. 直效营销

电话和网站既是用户购买的渠道，也是用户了解品牌信息的直接窗口。为了推广动感地带品牌，中国移动专门开通了动感地带专线，并针对年轻人的特点重新设计和规划了相应的服务流程和操作接待方式。动感地带的网站并非传统的单项发布性网站，而是一个互动娱乐的年轻人交流和沟通的社区，里面丰富多彩的主题讨论、游戏空间以及定期的会员活动，吸引了很大一批线下用户长期驻足。当然，以有限直投为主的《动感地带》杂志无疑是 DM (digital marketing) 行销的一个亮点。《动感地带》杂志采用半商业媒体的运作方式，除了不接纳联盟外产品发布之外，其他的诸如稿件征用、编辑等，与商业杂志的操作并无差异，这在很大程度上也吸引了一批年轻"好笔"人士的青睐。

5. "体验式"参与

动感地带启用周杰伦作为品牌形象代言人，因为周杰伦本身就是一个极具代表性的人物。动感地带又将品牌的传播与周杰伦本人的一些个唱等商业活动结合起来，让动感地带人能够最先听到周杰伦的歌声，以最优惠的价格买到周杰伦演唱会的门票，并亲身参与与周杰伦的互动。而且，它还将周杰伦本身的举止和装束加以"动感地带化"的形象设计，并让这些在年轻人群中扩散传播，将周杰伦的"星光"利用到了极致。

代言人的体验性传播，不过是动感地带整体"体验"氛围中一个小小的缩影，动感地带举办的每一个大型的事件、公关活动哪怕是一次毫不起眼、司空见惯的降价优惠促销，其间对业务优势和品牌利益的"体验性"展示也是淋漓尽致。比如动感地带的万名大学生街舞表演、动感地带的动漫展和寻找 M-Zone 人等，都是动感地带"体验性"展示的最好表现。

6. 忠诚计划

动感地带为了让用户对其有一种难以舍弃的信赖，在用户享受业务的黏着性上加大了投入。它与麦当劳基于品牌文化的契合和目标对象的一致结成了战略联盟，双方合作的"动感套餐"无疑让年轻人在麦当劳有了一份真正"自己做主"的感觉。

动感地带还开辟了一个会员俱乐部。在会员俱乐部里，有专题性的会员聚会/茶聚（时事政治类、新业务体验类、漫画卡通类、彩信制作类等）；有"为未来打算"系列介绍会（行业介绍类、留学信息类）；有 M-Zone 专场演唱会，电影观摩，参与性强的游戏大赛和球类比赛等；有组织/赞助适合年轻人的学习/交流计划（M-Zone 商务夏令营、海外文化交流会）；也有针对 M-Zone 客户的积分计划，积分越多，回报越多。一系列的价值卷入活动，让客户在其中欲罢不能。

7. 因地制宜

动感地带虽然是一个全国性品牌，但在针对各个地区的品牌推广和价值设置策略上，却是各有不同。由于每个地区年轻人群的结构比例和营销推广的深入发展程度有所差别，动感地带在整体品牌推广上也因地制宜，依照地域的情况区别对待。在一些年轻人群结构比例高，也就是在高校密集的地区，品牌推广以学生为主，在高校稀少的地区，则以社会青年为主。动感地带在北京、上海、武汉等高校聚集区，针对大学生的营销策略比比皆是。比如，在北京的高校中很容易见到"动感地带"的营业厅，不少学校的物业管理部门或后勤部门都成为中国移动的合作伙伴；至于不少地区都纷纷上演的"街舞大赛"，当然就更不必说了；

在武汉，湖北移动为了维系动感地带用户忠诚度，其武汉市营销中心在学生返校的高峰期，租用了10辆旅游车，在武昌和汉口火车站免费接送"动感地带"的返校学生，从早上8点到晚上8点不间断地往返于火车站和各大高校之间，这就是比较典型的维系用户的策略。

（资料来源：吴飞美. 市场营销. 北京：对外经济贸易大学出版社，2007.）

二、思考·讨论·训练

1. 根据上面的资料，请你概括中国移动"动感地带"根据消费者特点来设计营销传播策略的主要做法。
2. 结合你对"动感地带"的了解，请你评价一下"动感地带"消费群个体的特点。
3. 你对"动感地带"的营销传播有何意见或建议？

案例5　苹果智能手机产品的体验式营销

一、案例介绍

苹果公司在其苹果智能手机的体验式营销上获得了巨大成功。在中国手机市场上一直处于领导地位。2013年，在中国消费者拥有手机品牌榜位于前三，销量也位于前三。苹果完全是从消费者的角度来衡量体验的需求，不论是在门店的体验上，还是在在线应用商店的体验上，都处于行业领先水平。苹果给消费者提供了值得回忆的体验感受，使苹果公司在中国的智能手机市场上，获得了成功。

（一）感受体验

感受体验就是通过消费者的五大感觉器官来体验产品所带来的快乐。苹果手机有着时尚感十足的外观、简单大气的设计风格。苹果手机整个操作界面只有一个"home"键为手动操作，其他都是触屏控制，整个机身的外形透露出一种时尚的现代感。不同年龄段的消费者在操作体验过程中，都有温暖和亲切的心理感受。

（二）情感体验

情感体验是对消费者内在感情和情绪的诉求。如果一个产品的属性中有能释放消费者潜在情感的某种属性，它就会吸引消费者，引导消费者的购买倾向，受消费者的欢迎。苹果公司在其苹果手机的产品设计上面往往加入了情感因素。苹果公司的设计专家在设计产品时，选择经典白色作为其主要色彩。白色虽然色彩感没有其他颜色炫目，但是却具有产品语意的含义。它象征着放松、干净、自由、享受、贴近等美妙感受。这些都可以让消费者喜欢，这也是消费者的情感追求。

（三）关联体验

关联体验就是在体验营销过程当中，通过情感、思维把社会文化结合起来，培养消费者的忠诚度。产品的"关联"就是将产品的价值属性与其他文化、社会元素结合起来，形成某种关联。苹果手机的关联不再只限于时尚界，它还发展到了更广阔的地域，如美国的慈善、宗教等。

（四）思考体验

思考体验吸引消费者的兴趣和爱好，引导消费者对目前存在问题进行思考。苹果手机的思考体验的重要手段之一就是其新产品发布会。当年，在介绍和推广新产品时，乔布斯都会亲临发布会，与世界分享苹果的新创造。

（五）行动体验

行动体验就要让消费者在其主动参与的过程当中，获得其以往没有的一种全新的体验感受，让消费者对其获得好的感知，有助于引导消费者对一种新的生活方式或者一种新的使用方式的体验。

（资料来源：张艳菊，李欢．智能手机产品的体验式营销研究：以苹果手机为例．理论前沿，2013（10）.）

二、思考·讨论·训练

1. 苹果智能手机产品的体验式营销给消费者怎样的心理感受？
2. 请根据苹果手机体验式营销的成功案例，结合对中国智能手机市场的分析，以及对目标市场和消费者的分析，构建一个智能手机体验式营销的模型。

项目名称：消费者行为分析

1. 实训目的

通过实训，了解消费者的购买过程；学会分析消费者购买心理和购买行为；了解商家如何把握消费者的购买心理、引导消费者购买行为。

2. 实训步骤

（1）将班级分为若干学习小组。
（2）每个学习小组以当地沃尔玛超市为对象，观察3～4名顾客的购物过程，并做好记录。
（3）根据顾客购物行为分析顾客心理活动。
（4）对所观察的顾客进行访问，了解他们购物时的想法。
（5）将访问情况与分析结果进行对比。
（6）观察分析沃尔玛是如何把握消费者的购买心理，引导消费者的购买行为的。
（7）撰写一份调查分析报告，制作PPT文件，并推选一名同学在课堂上演示。
（8）同学互评，教师点评。

项目名称：消费者行为分析实训

消费者购买不同产品反映了不同的消费心理，下面列举的消费者行为，分别满足了消费者哪方面的心理,并分析生产这些产品的企业是如何进行营销的(见表3-1)?

表 3-1 消费者行为分析

消费者行为列举	满足消费者心理类型	企业营销做法
购买打折商品		
中小学生课外辅导		
购买名车		
集邮		
去"知青之家"就餐		
消费高档化妆品		
投资黄金		
到东北买人参鹿茸产品		

(资料来源:李叔宁. 市场营销实训. 北京:高等教育出版社,2011.)

课后练习题

1. 在汽车的购买决策过程中,有哪些参与者?
2. 降价对于高端市场定位的品牌有何影响?
3. 以青岛啤酒为例,试述产品定位的步骤及消费者行为研究的意义。
4. 列举两个主要根据消费者体验做出购买决策的例子,并描述你从中获得的体验。
5. 列举一个主要依据理性思考做出购买决定的例子,并描述当时的情境和购买决策的过程。
6. 列举两个你仅仅因为营销的刺激而直接采取了购买行动的例子,总结一下这种购买行为通常在什么情形下发生。

拓展阅读

消费者购买行为模式

1. 消费者市场"70s"模型

消费者行为是指消费者在寻求、购买、使用、评价和处理预期能满足其需要的商品或服务时所表现出来的行为。对于消费者行为的研究,就是要研究消费者是如何用有限的可支配的资源,比如时间、精力、金钱等,来更高效率地满足自身需要。消费者市场购买行为的研究可以概括为7个主要问题,又被称为"70s"研究法:

消费者市场由谁构成?   购买者
消费者购买什么?   购买对象
消费者为何购买?   购买目的

消费者市场的购买活动有谁参加？	购买组织
消费者怎样购买？	购买方式
消费者在何时购买？	购买时间
消费者在何地购买？	购买地点

2. 刺激—反应模式

在"70s"模型中，有些问题我们可以较为直观地去了解，诸如：消费者购买什么产品，什么时候、在什么地方及用什么方式购买等。然而，人们为什么购买则是一个非常复杂，难以轻易回答的问题。购买者所表现出来的购买行为，不过是对来自各方面影响的反应，是购买者复杂的心理作用的结果。可以看到，在社会环境及企业等因素的刺激下，不同的消费者会表现出不同的购买行为。通常把消费者在接受外界各种刺激后，内心的反应过程形象地称作"消费者黑箱"，如图 3-2 所示，研究和了解消费者内心的感受，将有助于企业采取正确和行之有效的营销决策。

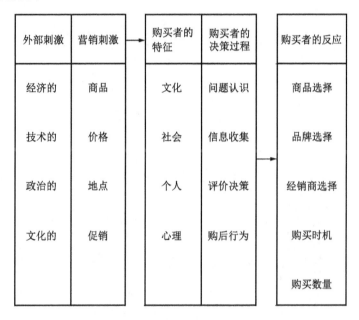

图 3-2 "消费者黑箱"——消费者购买行为模式

人的内在心理，即使在科学高度发展的今天，仍是不能完全认知的领域。但导致不同购买行为的购买心理过程，却是企业营销人员力求了解的问题。尽管消费者心理复杂，难以琢磨，但我们仍可以从其心理反应中，看到某些普遍性的规律，总结出购买过程的行为模式。

（资料来源：熊云南，郑瑰. 市场营销. 武汉：武汉大学出版社，2008.）

任务4
市场营销调研

我们每天都要测量顾客的体温。

——[日]松下幸之助

最重要的事情是预测顾客的行踪,并且能走在他们的前面。

——[美]菲利普·科特勒

知彼知己,百战不殆。

——〔春秋〕孙武

学习目标

- 掌握市场营销调研的含义和作用;
- 掌握市场营销调研的类型和内容;
- 掌握市场营销调研的程序和方法;
- 具备进行市场营销调研操作的能力。

营|销|故|事|导|入

两个推销员

这是营销界尽人皆知的一个寓言故事。

两家鞋业制造公司分别派出了一个业务员去开拓市场,一个叫杰克逊,一个叫板井。

在同一天,他们两个人来到南太平洋的一个岛国,到达当日,他们就发现当地人全都赤足,不穿鞋!从国王到贫民、从僧侣到贵妇,竟然无人穿鞋子。

当晚,杰克逊给国内总部老板拍了一封电报:"上帝呀,这里的人从不穿鞋子,有谁还会买鞋子?我明天就回去。"

板井也向国内公司总部拍了一封电报:"太好了!这里的人都不穿鞋。我决定把家搬来,在此长期驻扎下去!"

两年后,这里的人都穿上了鞋子……

许多人常常抱怨难以开拓新市场,事实是新市场就在你的面前,只不过在于你是不是善于进行市场调研,发现这个市场而已。

(资料来源:http://www.shichangbu.com/article-24341-1.html)

4.1 市场营销调研的程序

在社会已进入知识经济时代这种背景下，信息是衡量市场供求关系的"温度表"；是开辟市场的"指南针"；是企业长远发展的"望远镜"。置身于激烈市场竞争环境中的企业，若想立足、发展、成功，就必须努力开展市场营销调研，获取情报信息，了解市场的过去，掌握市场的现在，并能预测市场的未来。

市场信息是企业在市场上取得竞争优势的举足轻重的砝码。掌握及时、准确、可靠的市场信息并对信息进行科学有效的处理和运用，是现代企业的一项重要任务。市场营销调研是现代企业一项不可缺少的工作，是取得、分析和运用市场信息的过程。

实践证明，要提高营销决策的正确性，企业只能立足于充分了解市场，确切掌握相关营销信息的基础上。而现代科学技术的发展，也为企业建立科学的营销信息系统提供了良好的条件。

市场营销调研要取得成功，并能够及时、准确、经济地提供市场营销信息及其分析，必须遵守合理的调研程序。市场营销调研一般要经过五个步骤，即确立问题、编写调研项目建议书、收集信息、分析信息、提出调研结论。

1. 确立问题

营销调研的内容十分广泛，首先要求调研人员认真地确定要研究的问题，从而商定调研的目标。在企业的营销活动中，任何一个问题都会存在许多可以调研的方面，必须善于找出实质性的内容，否则收集信息的成本可能会远远超过调研结果的价值。不仅如此，错误的研究方向会产生错误的结论，而错误的结论所导致的错误措施，必然会给企业带来巨大的损失。因此确定问题是营销调研过程中最困难的环节，要求调研人员对所研究的问题及所涉及的领域必须十分熟悉。一般而言，营销调研的问题有以下六个方面。

（1）市场研究。包括商业趋势研究。区域市场、国内市场和国际市场的潜在需求量研究，地区分布及特性、市场占有率分析等。

（2）消费者研究。包括消费者的购买动机、购买行为研究；消费者对产品的满意程度、对品牌的偏好程度及细分市场的分析等。

（3）产品研究。包括现有产品的改良，竞争产品的对比研究；新产品的开发、品牌名称的设计、包装设计研究等。

（4）价格研究。包括价格弹性、竞争产品价格研究；成本、利润分析及需求分析等。

（5）分销渠道研究。包括工厂和货源仓储研究；现有分销渠道的业绩分析；营销辐射区域研究及最佳分销渠道建设研究等。

（6）促销研究。包括促销手段研究；媒体选择、促销效果分析；企业形象研究；竞争对手的促销手段分析；销售人员报酬、销售配额及地区结构研究等。

2. 编写调研项目建议书

当调研问题及目标确定后，营销调研部门一般还需向上级领导递交"调研项目建议书"。

下面以一次实地调研为例，拟定一个"调研项目建议书"。项目建议书的内容包括：问题和情况、方法和步骤、目的和要求、资金和时间等。它与调研计划是不同的，它要求简单明了，而调研计划是十分详细的。

> **北京市某电器公司调查项目建议书**
>
> 项目：如何疏通电视机下乡渠道和扩大推销
> 申请单位：公司销售科　　　　　负责人：
> 日期：2009年7月15日—10月14日
> 1. 问题和情况
> 2009年上半年电视机销售额比上年同期上升10%，比计划上升12%，经分析，主要是对农村销售大幅度上升，但目前电视机下乡渠道不畅。
> 2. 有关决定
> 经公司经理室研究决定，由销售科负责组织12人小组，去河北、山东两省做调查，时间定为三个月。
> 3. 方法及步骤
> 选择五个县对电器商店进行全面调查了解，摸清存在的问题，然后选择两个县为重点，根据提出的解决办法，进行试点。
> 4. 目的要求
> 通过调查和试点，拟订一个电视机下乡渠道和扩大推销的计划，经经理室批准后全面实施。
> 5. 经费预算
> （1）车旅费4 560元，城外车费每人250元，城内交通费每人130元；
> （2）文印费600元，调查用表格印刷费及纸张；
> （3）出差值勤补贴3 240元，每人每天3元，按12人90天计算；
> （4）杂费250元；
> 合计8 750元。
> 经理审批意见：　　　　　　　　　　　　　　申请人　　（签名）
> 财会科长审核意见：　　　　　　　　　　　　2009年6月20日

3. 收集信息

所谓的营销信息属于经济信息的范畴，指的是在一定时间和条件下，同营销活动有关的各种消息、情报、数据和资料的总称。一般可以把营销信息分成两大部分。一是外部环境的信息，即来自企业外部反映客观环境变化的各种同营销活动有关的信息。外部信息的范围十分广泛，企业可以根据自身条件和需要，在不同时期内选择一些对营销活动影响最大的因素作为调研的重点。二是内部管理的信息，即通过企业内部管理的各项经济指标反映营销情况的信息。内部资料可以帮助研究人员迅速而经济地取得企业积累的各种数据、资料，从中可以明确存在的机会与问题，比较预期和实际完成水平，是取得营销信息的一个重要来源。收集信息应遵循如下步骤。

（1）确定资料的来源。明确收集第一手资料的来源；明确收集第二手资料的来源。

（2）确定收集资料的方法。收集第一手资料应明确是采用访问法、观察法或实验法，还是多种方法并举。收集第二手资料时也应明确采用何种方法，如直接查阅、购买、交换、索取或通过情报网委托收集。

（3）设计调查表或问卷。收集第一手资料时，需要设计调查问卷进行资料收集。

（4）抽样调查设计。资料收集普遍采用抽样调查，即从被调查的总体中选择部分作为样本进行调查，再用样本特性推断总体特性。必须设计出合适的抽样方法和样本容量。

（5）现场实地调研。采用各种方式到现场获取资料，必须由经过严格挑选并加以培训的调查人员按规定进度和方法收集所需资料。

4. 分析信息

营销信息的收集是为营销决策服务，能否恰当地、综合地分析所收集的营销信息，是实现其价值的保证。信息分析是从数据中提炼出恰当的调查结果，已经有许多规范和科学的分析方法。一般而言，营销信息的分析有以下四种情况。

（1）探测性分析。即借助一些初步的数据资料，更好地阐明某个营销问题的性质和可能提出的某些问题。如对企业区域销售情况信息的分析。

（2）描述性分析。即借助某个营销问题的一些影响因素，分析它们的关联性。如对市场规模、产品形象、消费者购买行为、竞争对手特点、经销方式、分销渠道等情况信息的分析。

（3）因果性分析。即借助企业营销环境变化信息，分析它们与企业营销活动关系。如对政府的方针、竞争对手的行动、消费者爱好变化所引起的企业销售量变化、市场占有率变化及企业营销策略调整引起的市场变化进行分析。

（4）预测性分析。即通过市场过去、现在的数据资料及对市场未来的预测，对企业营销活动进行市场发展趋势的分析。如通过目标市场大小、顾客兴趣、促销预算、产品价格、边际利润、投资金额、目标退货率、重复购买率等信息分析某项新产品的开发前途。

5. 提出调研结论

营销调研的最后步骤是对营销调研结果做出准确的解释和结论，形成调研报告。调研报告是对问题的集中分析和总结，也是调研成果的反映。报告可以分为专门性报告和一般性报告两类。

（1）专门性报告书纲要。这类调查报告技术性比较强，报告的内容要尽可能详尽。包括研究结果纲要、研究目的、研究方法、资料分析、结论与建议、附录（附表、统计公式、测量方法说明等）。

（2）一般性报告书纲要。这类调查报告主要提供给业务主管使用，他们比较关注的是研究发现和结果，所以报告要求生动和重点突出。包括研究发现与结果、行动建设、研究目的、研究方法、研究结果、附录。

调研报告没有一定的规定格式，但无论哪一类调研报告，都必须注意突出调研目的，内容要简明、客观、完整。

4.2 市场营销调研的方法

4.2.1 实地调查法

实地调查法是调查人员直接向被访问者搜集第一手资料的相互往来过程。又可分为观察法和询问法。

1. 询问法

询问法是通过向被调查者提出问题，以获得所需信息的调查方法。它是企业常用的调查方法。按调查者与被调查者之间的接触方式的不同，可分为走访调查、信函调查和电话调查三种形式。

(1) 走访调查。走访调查即调查者走访被调查者，当面向被调查者提出有关问题，以获得所需资料。走访调查根据调查者和被调查者人数的多少，可分为个别走访和小组座谈等形式。优点是具有真实性、灵活性、直观性、激励性；缺点是调查费用较高，被调查者有时受调查者态度、语气等影响而产生偏见等。

(2) 信函调查。调查者将所拟定的调查表通过邮局寄给被调查者，要求被调查者填妥后寄回。优点是调查范围较广泛；被调查者可以不受调查者的影响；调查费用较低；被调查者可以有充分的时间考虑作答。缺点是回收率低；时间花费较长；填表者可能不是目标被调查者，致使真实性差；回答问题较肤浅。

(3) 电话调查。调查者根据抽样要求，在样本范围内，用电话按调查问卷内容询问被调查者意见的一种方法。优点是迅速及时；资料统一程度高；对有些不便面谈的问题，在电话调查中可能得到回答。缺点主要是对问题不能深入进行讨论分析；调查受到限制。

2. 观察法

观察法是调查人员直接到调查现场，通过实地观察收集资料的方法。在观察的同时，可以使用机器进行现场摄影和录音等。这种方法不直接向被调查者提出问题，而是从侧面观察、旁听、记录现场发生的事实，了解被调查对象的态度、行为和习惯。如调查者亲临顾客购买现场，观察顾客的购买行为，了解顾客关心哪种产品、哪种品牌、哪些指标，做出记录后可以为企业分析产品质量、性能、适用范围等营销活动提供原始资料。

此方法的特点在于被调查者并不感到他正在被调查。优点是被调查者的一切动作极其自然，所收集的资料准确性较高。缺点是不能了解被调查者的心理和内在感受，有时需要做较长时间的观察才能得到结果。主要有以下形式：① 顾客动作观察；② 店铺观察；③ 实际痕迹测量。

3. 实验法

实验法是从影响调查问题的若干因素中，选择一两个因素，将它们置于一定的条件下进行小规模试验，然后对实验结果做出分析得到结论的一种调查方法。优点是通过实验能直接检验营销策略的效果，这是其他方法所不能提供的。不足是费用较高，适用于商品在改变品种、包装、价格、商标、广告策略时的效果测定。主要方法如下。① 新产品销售实验。在试销中听取反映、改进设计、提高质量、定型生产经营。② 产品展销会实验。调查人员可通过分析展出产品的销售情况，并实地观察顾客的反映意见，来预测新产品的市场前景，预测产品的销售量。实验法所得的资料来源于实践，原始资料可靠、方法科学，缺点是不易选择与社会经济相类似的实验市场，且实验时间较长，成本较高。

4. 问卷调查法

问卷调查法是用书面提问方式直接了解被调查对象的反应和看法，并以此获得信息资料的调查方法。一般预先根据调查内容设计好问卷，然后当场请调查对象自填，或者由调查者口问笔录，也可以用通信的方法请被调查者填好寄回问卷，最后根据集中后的问卷资料进行定量分析。调查问卷的设计是营销调研的一项基础性工作，其设计是否科学，直接影响到调查的成功与否。

(1) 调查问卷设计的原则。这主要包括以下内容。

① 问卷前面一定要有前导说明，主要包括介绍调研人员所代表的机构、调研的性质和目的、请求被调查对象，以及向被调查者做出的承诺，如保密、不公布个人选择情况等。卷

首语写作的好坏,从某种意义上说,就决定了被调查对象的合作态度,所以必须慎重对待。

② 紧扣主题,重点突出。根据调查的目的,确定主题,要求问题目的明确、重点突出,没有可有可无的问题。

③ 结构合理,排列有序。结构布局要合理,并且问题的排列应有一定的逻辑顺序,符合被调查者的思维程序。

④ 简明通俗,易懂易答。调查问卷应使被调查者一目了然,并愿意合作,如实回答。所以调查问卷中的语气要亲切,避免使用专业术语,对敏感性问题采取一定的技巧,使调查问卷具有合理性和可答性。通常为了便于汇总统计,在设计问卷时,应采用事前编码技术,问题设计与编码同步进行,这样可方便事后的整理和统计工作。对问题的陈述尽量呈封闭性,限定被调查者在给定的答案中选择。

⑤ 长度适宜,内容紧凑。调查问卷的长度要适宜,内容要紧凑。所提出的问题不要过繁、过多,回答调查问卷的时间不应太长,一般以不多于30分钟为宜。

(2) 调查问卷的提问形式。有封闭式提问和开放式提问两种。

封闭式提问是指在对问题所有可能的回答中,被调查对象只能从中选择一个答案。这种提问方式便于统计,但回答的伸缩性较小。

开放式提问是指对所提出的问题,回答没有限制,被调查对象可以根据自己的情况自由回答。此种提问方式,答案不唯一,不易统计,不易分析。

5. 资料调查法

资料调查法也称文案调查法,它是针对第二手资料,即对现成的市场信息资料的收集和研究。

实地调查法虽有利于企业获得客观性、准确性较高的资料,但其周期往往较长,花费往往较大。而资料调查法则可以较快的速度和较低的费用得到二手资料,主要不足就是适时性差。

资料调查是对第二手资料进行收集,其来源主要有内部资料和外部资料。内部资料主要是企业内部的市场营销信息系统所经常收集的资料;外部资料是企业外部的单位所持有或提供的资料。收集二手资料时,应明确资料是来源于企业内部的报表资料、销售数据、客户访问报告、销售发票、库存记录,还是来源于国家机关、金融机构、行业组织、市场调研或咨询机构发表的统计数字,或院校研究所的研究报告、图书馆藏书,或报纸杂志。

6. 抽样调查法

抽样调查法是指在众多调研对象中抽取部分样本调研,然后根据统计推断原理,用样本提供的信息推论总体的方法。此法由于随机抽样,客观性强,而且样本比较少,一般不会超过总体1/3的比例,所以费用相对比较低,同时便于设计多种复杂的调研项目,获得的信息量大,并且准确程度高。

(1) 任意抽样。这是最简单的抽样方法,调研者不考虑标准,任意抽取样本。比如在街头、市场、展览会等场合,向遇到的行人、观众进行调研就属此法。

(2) 单纯随机抽样。在预先知道调研总体数目的前提下,把调研总体按1、2、3……编号,然后从中随机抽出所需调研样本,如抽签、随机数表等。

任意抽样和单纯随机抽样虽然基本是用偶然方式选取调研样本,但是偶然中又包含必然,因为被抽取的样本总体的每一个组成部分都享有被抽中的机会,这种的抽样方法是不带有任何个人偏见的。

(3) 机械抽样。把调研总体逐一编号，用公式 $R=N/n$（R 表示组距，N 表示总体个数，n 表示要抽取的样本数），计算样本区间。然后在 $1\sim N/n$ 号中随机抽取一个号码作为第一个样本单位，该号加上组距即为第二个样本单位，以此类推，直到样本个数抽满为止。如对 10 000 名用户进行产品质量征询，拟定样本为 250 个。组距 $R=N/n=10\ 000/250=40$，若 $1\sim40$ 号中随机抽取的起点号码是 10，则样本号依次为 10、50、90、130、170……，直到 250 个样本抽满为止。

机械抽样对调研对象总体的各个组成部分都能在一定程度上被包括到样本中去，比较能保证抽取样本在总体中的均匀分布，从而提高样本的代表性。但是当调研对象总体出现周期性的分布态势时，调研样本就会缺乏代表性，导致调研结果产生比较大的误差。

(4) 配额抽样。先按一定标准将调研总体分成不同的群体，然后依照各群体的大小分配不同的抽取比例，最后由调研人员在不同群体内按确定的配额自由选取样本或按随机原则抽取样本。

4.3 市场营销调研报告撰写

4.3.1 导言部分

导言部分主要包括标题页、目录和前言等。

1. 标题页

标题页点明报告的主题。包括委托客户的单位名称、市场调研的单位名称和报告日期。调研报告的题目应尽可能贴切、醒目，具有吸引力，简明准确地表达调研报告的主要内容，如《关于大连市家电市场现状的调研报告》。有的调研报告还采用正、副标题形式，一般正标题表达调查的主题，副标题则具体表明调查的单位和问题，如《消费者眼中的〈大连晚报〉——〈大连晚报〉读者群研究》。

标题和报告日期、委托方、调查方，一般应打印在扉页上。标题页部分应该包括以下内容：

(1) 该项调研的标题和主题；
(2) 副标题即该项调研报告提供的具体资料；
(3) 准备写作调研报告的人员；
(4) 接受报告的部门等。

2. 目录

如果调查报告的内容、页数较多，为了方便读者阅读，应当使用目录或索引形式列出报告所分的主要章节和附录，并注明标题、有关章节号码及页码。一般来说，目录的篇幅不宜超过一页。

3. 前言

前言是对该项调研项目的简明介绍，内容要简短、切中要害，使阅读者既可以从中大致了解调查的结果，又可从后面的本文中获取更多的信息。一般包括必要的背景信息、重要发现和结论，有时可以提出一些合理化建议。主要包括三方面内容。

(1) 简要说明调查目的。即简要地说明调查的由来和委托调查的原因。

(2) 简要介绍调查对象和调查内容。包括调查时间、地点、对象、范围、调查要点及所要解答的问题。

(3) 简要介绍调查研究的方法。介绍调查研究的方法，有助于使人确信调查结果的可靠性，因此对所用方法要进行简短叙述，并说明选用方法的原因。例如，是用抽样调查法还是用典型调查法，是用实地调查法还是其他调查法。另外，在分析中使用的方法，如指数平滑分析、回归分析、聚类分析等方法都应做简要说明。如果部分内容很多，应有详细的工作技术报告加以说明补充，附在市场调查报告的附件中。

4.3.2 报告的主体

报告的主体包括整个市场调研的详细内容，含调研方法、程序、结果。对调研方法的描述要尽量讲清是使用何种方法，并提供选择此种方法的原因。在正文中相当一部分内容应该是数字、表格，以及对这些内容的解释、分析，要用最准确、恰当的语句对分析做出描述，结构要严谨，推理要有一定的逻辑性。一般还要对自己在调研中存在的不足之处说明清楚，不能含糊其词。必要的情况下，还需将不足之处对调研报告的准确性有多大程度的影响分析清楚，以提高整个市场调研活动的可信度。

(1) 调研的详细目的。在报告主体的开头，调研人员首先应简明扼要地指出该项调研活动的目的和范围，以便阅读者准确把握调研报告所叙述的内容。

(2) 调研方法说明。

① 资料来源。说明资料的来源，搜集资料所采用的方法及采用这些方法的原因。

② 调查步骤。说明采用哪些调研方法，如果采用抽样调查方法，应当简明指出选择什么样本进行调查。同时，应说明采用的调研步骤，并且说明材料采用了哪些统计方法。

③ 访问员的选择和培训过程，提供选择访问员及其培训过程，并附上访问员名单及其资历说明，以及培训计划的提纲。

(3) 调查结果的描述与说明。要使用严谨和有效的方法呈报调研结果，如果其中采用较多的形象化的方式，如表格和图形，就必须清楚有效地加以分析，以便保证这些形象化的方式能够有效地说明问题。

(4) 调研结果与结论的摘要。准备概括性的摘要，以便读者能够尽快地了解该项调研的结果。同时，将所做结论同研究目的密切联系起来，这样阅读者可以实现查阅研究的目的，然后进一步思考与特定目的有关的结论。调研结果的结论要简短。

4.3.3 结论与建议

调研是为了解决一定的问题而进行的，不是为了调研而调研，因此要根据调查结果总结结论，并结合企业或客户的具体情况，指出其所面临的优势与困难，提出解决方法及建议。结论与建议是撰写综合分析报告的主要目的。这部分包括对引言和正文部分所提出的主要内容的总结，提出如何利用已证明为有效的措施和解决某一具体问题可供选择的方案与建议。结论和建议与正文部分的论述要紧密对应，不可以提出无证据的结论，也不要没有结论性意见的论证。对建议要做出简要说明，使读者可以参考本文中的信息对建议进行判断、评价。建议应该以调研结果为基础，不受个人感情所支配，针对调查获得的结果提出可以采取哪些措施、方案或具体的行动步骤。

4.3.4 附件

附件是调研报告的附加部分,是对正文的补充或更为详细的专题性说明。附件内容包括数据汇总表及原始资料背景材料和必要的工作技术报告。例如,为调研选定样本的有关细节资料及调查期间所使用的文件副本等。通常将调查问卷、抽样名单、地址表、地图、统计检验计算结果、表格、制图等作为附件内容,每一内容均需编号,以便查阅。

案例1 美国航空公司的一次市场调查

一、案例介绍

(一)提出调查问题,确定研究目标

美国航空公司经常注意探索为航空旅行者提供服务的好方法。一次,几位经理组织了一个头脑风暴式(德菲尔法)的小组会,并且产生了一些构思,如有位经理提出了在9144米的高空为乘客提供电话通信的想法。其他的经理认为这是一个激动人心的想法,并同意对此做进一步研究。经初步研究,波音747飞机从东海岸到西海岸的飞行途中,每航次电话成本为1 000美元,如果每次电话的收费为25美元,则每航次中至少有40人通话才能保本,公司要求部门调研使用这种新服务的航空旅行者会有多少。

在实际研究过程中,如果经理对研究人员说:"探索你能够发现的旅客所需要的一切。"结果,这位经理将会得到许多不需要的信息,而实际需要的信息却可能得不到。如果经理说:"调研是否有足够多的乘客在飞机中愿意付足电话费,而使公司能够保本提供这项服务。"这样的问题却又太狭窄了。

美国航空公司的市场研究人员,经过研究做出下列特定的内容作为调研的目标:

(1) 航空公司的乘客在空中通电话的原因?
(2) 哪些乘客可能在空中通话?
(3) 有多少乘客可能会打电话?价格对他们有何影响?收取的最好价格是多少?
(4) 这项服务会增加多少乘客?
(5) 这项服务对公司的形象将会产生什么影响?
(6) 其他因素诸如航班次数、食物和行李自理等与电话服务相比,影响公司做出选择的相关因素是什么?

(二)制订计划实施调查

市场研究人员根据需要,成立了调研小组,制订出调查计划,并从以往顾客中随机抽出2 000人作为调查样本,分派了40名调查人员奔赴各地收集资料。两星期后调研小组收集到近2 000份资料,接着对资料进行了统计整理。

（三）得出结论

经汇总调查结果得出了如下结论。

（1）使用飞行电话服务的主要原因是有紧急的业务、飞行时间的变化等；用电话来消磨时间的现象几乎不会发生；绝大多数的电话是商人打的。

（2）每 200 人中，大约有 5 位乘客愿意花 25 美元做一次通话；约有 12 人希望每次通话费为 15 美元。因此每次收 15 美元（12×15＝180 美元）比收 25 美元（5×25＝125 美元）有更多的收入。然而，这些收入都大大低于飞行通话的保本点。

（3）推行飞行通话服务，公司每次航班能增加两位乘客，从而能获得 620 美元的纯收入。但是，这不足以抵付保本点成本。

（4）提供飞行通话服务树立了公司作为创新的进步的航空公司的公众形象。但是，创建这一信誉使公司在每次飞行中付出了约 200 美元的代价。

营销经理根据调研人员提出的主要研究结果进行决策。由于飞行电话服务的成本大于长期收入，出现收不抵支，那么在目前的情况下，也就没有实施的必要了。

（资料来源：任会福，李娜．市场营销理论与实务．北京：人民邮电出版社，2011．）

二、思考·讨论·训练

1. 分析案例提出的问题，能从中得到什么启示？还应该包括哪些内容？
2. 根据案例试着设计一次市场调查。

案例2　西班牙白叶橄榄油制胜北京市场

一、案例介绍

作为北京春节食用油市场一枝独秀的橄榄油领导品牌，白叶牌初榨橄榄油从默默无闻到广为人知，销量同比增加 900%，仅仅历时两个多月，其成长速度令人吃惊。作为一种保健食用油，橄榄油出色的保健功效有益于国民健康，如何将这种有益于国民健康的食用油在国内市场推广，这就需要了解当前的市场状况。因此，公司设定的市场调研目标，是通过定性及定量的研究，掌握白叶品牌和主要竞争对手的销售形势及市场占有率情况，了解消费者对白叶品牌和竞争品牌的认知度和评价以及消费人群状况、行为特点、媒介接触偏好、对价格的承受能力，从而为确定市场和产品的定位以及进入市场的渠道和手段，制定具有针对性的市场推广策略提供依据，使白叶橄榄油成为中国市场同类产品的领导品牌。

具体操作是：首先收集大量的行业资料，对食用植物油市场进行定性分析。从数据上看，进口食用植物油的价值增幅远远超过数量增幅，说明进口食用植物油中，高价值食用油所占比例越来越大，进口量也越来越多，食用植物油的消费需求日趋多样化、细分化、高档化。

同时也发现，现阶段食用植物油的市场特点主要是：城市以食用精制油、农村以消费二级油为主；食用植物油的品种丰富，因油料和加工工艺的不同而分为 20 多个品种，但大豆油的消费量最大，占 40% 以上；不同种类食用植物油的消费表现出明显的地域特征；目前市场上的食用植物油品牌众多,除"金龙鱼""福临门"的市场分布较广泛之外,其他品牌的分布也呈现明显的地域特征。这说明中小食用植物油品牌的知名度也具有显著的区域性特征。在问卷调查中,为了更好地实现调查目标,先确定了要研究的目标和内容,然后对问卷问题进行了缜密设计,内容包括消费者对橄榄油的认知程度、对白叶品牌及其竞争对手的了解程度、购买橄榄油的动机、考虑因素、使用习惯、价格承受能力、主要接触媒体等,力求客观、真实地反映市场情况。在调查问卷里创造性地增添了参与座谈会赠送橄榄油的活动,从而达到"一箭三雕"的目的:一是成功邀请消费者参加座谈会,二是可以通过赠品本身试探消费者对橄榄油的接受程度,三是通过座谈会能发现更深层次的市场问题。结果发现消费者对橄榄油十分感兴趣,报名参与座谈会十分踊跃。在历时一个多小时的座谈会上,气氛热烈,很多消费者发言都很积极,对橄榄油表现出强烈的求知欲望。通过座谈会,我们看到了橄榄油对消费者的吸引力,但是也发现很多人对橄榄油的用法、功能缺乏了解。因此,在制订未来的市场营销方案时,将重点放在这一点,以橄榄油的功能、用法作为主要诉求点,采用各种生动有趣的形式,将橄榄油知识的普及教育与白叶品牌紧紧相连,在消费者接受、熟悉橄榄油的同时,在消费者心中树立了白叶的品牌形象。可以说,企业的成败,市场研究是关键。

(资料来源:http://www.em-cn.com/article/2007/1 14465_3.html)

二、思考·讨论·训练

1. 白叶橄榄油制胜北京市场的秘诀是什么?
2. 你认为市场营销调研应包括哪些内容?
3. 结合案例谈谈市场营销调研的重要作用。
4. 列出一张本月你所购买的商品的清单,并分析自己的消费特点。

案例3 ××大学食堂顾客信息调查问卷

一、案例介绍

档案编号:_____ 访问日期:_____年_____月_____日 星期:_____
访问时间:_____

我们正在进行一项调查,希望借这次调查能给您提供更好、更完善、更全面、更具体的服务,借用几分钟的时间请教您几个问题,请您认真填写,您将有机会得到意外的奖励!

1. 您多久来我们这个食堂一次?
   □每天来 □一周两次 □每周三次 □每周四次 □每周五次 □第一次来
2. 和您一起来的一般有(多少)_____人。
3. 您来就餐的主要原因及您最在意的是什么?
   □服务质量 □饭菜多样化 □方便 □食物质量 □味道 □用餐器皿 □气氛
   □快速 □环境 □价格 □每份餐点分量足 □干净 □其他

4. 您的平均消费是？
　　□3元以下　　□3～5元　　□5～10元　　□10元以上
5. 您认为我们的饭菜质量如何？
　　□很好　　□一般　　□较差　　□很差
6. 您认为我们的饭菜价格如何？
　　□很高　　□较高但能接受　　□较高但物有所值　　□一般
7. 您上课地点在哪里？_____　　您是几年级的学生？_____
8. 您的宿舍在校园什么方位（几号楼）？_____
9. 您的宿舍有多少位舍友？_____
10. 您认为本食堂的整体环境如何？
　　□很好　　□一般　　□较差　　□很差
11. 您在就餐时最喜欢收看的电视频道有哪些？_____
12. 您认为本食堂的经营户服务态度如何？
　　□很好　　□一般　　□较差　　□很差
13. 您最满意的窗口是：_____　　您最不满意的窗口是：_____
　　您最喜欢的饭菜口味（菜系）是_____
14. 您还希望在本食堂吃到什么美食（现在没有的）？
15. 您认为我们有哪些需要改进的地方？
16. 您经常在外面用餐的地方有哪些？
17. 本食堂将在本学期增设早餐，您认为营业时间定在什么时间段最合适？
18. 您认为早餐的品种应该有哪些（您比较喜欢的早餐品种）？

我们真诚感谢您的参与，谢谢您今天接受我们的调查问卷！请您在交回调查问卷表时到主席台免费领取精美礼品一份！

（资料来源：赵柳村，胡志权．市场营销核心技能强化训练．广州：暨南大学出版社，2011．）

二、思考·讨论·训练

1. 该问卷设计有什么问题，需要怎样改进？请予以改进。
2. 采用本问卷进行调查应采用什么调查方法？
3. 问卷中哪些数据可以得到有用的营销信息？应该如何进行分析？

案例4　贝佳人引领功能型内衣行业全新蝶变

一、案例介绍

（一）源起篇：抢占先机，战略转型

2008年的中国功能型内衣市场——商家众多，知名品牌很少；概念众多，却缺少标准；

尚未满足消费者的全部需求，诉求集中偏向物理层面。

国内调整型内衣市场尚未成熟，行业亟待规范！

此时，功能型内衣市场不仅存在着同属"功能类"的众多厂家之间的竞争，还面临着国内国外一线服装品牌准备进攻功能型内衣市场的威胁。

未来的功能型内衣市场必须：

（1）从行业内的竞争走向行业内的竞合，只有将整个市场做大做强，才能使参与竞合的任何一方都得到更多的市场份额，才能最终获得利益；

（2）从无序、混乱走向规范、有序，要想整个行业进入一个良好的发展阶段，必须建立起行业协会，通过行业协会的力量来重新洗牌；

（3）从群雄混战到领导品牌的带头示范，必须有一个占据市场主导地位的领导品牌，通过自己的先锋带头作用帮助整个行业做大做强。

此环境下，作为中国最早进入调整型内衣市场的企业之一，在行业内享有盛誉的贝佳人，需要采用"抢先战略"——抢先成为功能型内衣行业的领导者，从市场补充者转型为功能型内衣行业领导者，建立标准，引领众多功能型内衣行业小厂家为行业的规范化迈出第一步。

（二）策略篇：破译行业本质密码，重塑品牌价值体系

要成为功能型内衣行业领导者，首先要了解行业本质。行业本质是一个企业成功的先决条件。任何一个违背行业本质的企业或品牌，都无法成为行业领导者，甚至无法在业内立足。

虽然内衣存在了千百年，行业内的品牌多如过江之鲫，然而却从未有一家内衣企业成功破译出内衣行业本质密码。

1. 贝佳人领导者第一步：破译行业本质密码

内衣业的行业本质是什么？要回答此问题必须从消费者的角度思考——女性为什么要穿内衣？

采纳品牌营销顾问有限公司的咨询师们最后归纳出三个原因：保护的需要、塑形的需要、联系时尚魅力的需要。

（1）保护的需要。这是指女性在平时的生活工作中，穿着内衣的基本需要，保护性需要是贯穿幼女时期到老年的实际需要。

（2）塑形的需要。女性身体在地心引力、年龄等众多因素影响下，慢慢地发生改变。只有正确穿着合适的内衣才能保持身材。这里，要特别说明：内衣按照功能分为时尚装饰性内衣和功能型（调整、矫形、美体）内衣，而两者都能满足不同人群塑形的需要。时尚装饰性内衣满足身材比例较好的女性维护身材的需要，而功能型内衣针对身材欠佳的女性加强塑形功能。女性对身体曲线美的追求，使得塑形的需要成为女性穿着内衣的第二重要原因。

（3）联系时尚魅力的需要。时尚是指特定时段内率先由少数人实验、而后为社会大众所崇尚和仿效的生活样式。也就是说时尚涉及生活的各个方面，如衣着打扮、饮食、行为、居住，甚至情感表达与思考方式等。这一点很好理解。例如，在内衣的发展史中，16世纪英国女皇伊丽莎白一世将紧身胸衣提升到了一个前所未有的"政治高度"，从此紧身胸衣风靡全国。广大的女性就是通过这些意见领袖所倡导的产品、观念，甚至思考方式，在心理上获得极大满足，满足精神层面需求。

内衣行业的终极本质就是——联系时尚魅力。哪个企业或品牌将"联系时尚魅力"做到极致,就能创造出属于自己的独一无二的绝对的差异化营销优势,最终脱颖而出。

但是,"联系时尚魅力"是一个非常虚幻的概念。没有哪个内衣品牌能马上做到"联系时尚魅力"。结合女性穿着内衣的三种需求,我们认为,内衣品牌要依次进行以下三步的打造:"起保护作用的产品实物","提升女性外在曲线魅力",最终做到"联系时尚魅力"(见图4-1)。

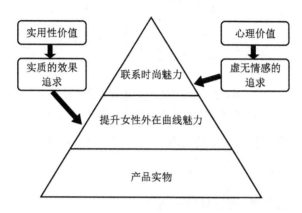

图4-1 打造内衣品牌的三个步骤

产品实物指的是内衣企业要生产一件最基本的产品。即内衣要能满足穿内衣的最基本要求(保护或者塑形)。这一层是基础,因为没有这个实物就无法演进到提升女性外在魅力和实现行业本质的层面。

提升女性外在曲线魅力指的是内衣制造商要在内衣的保护功能之上附加其他的功能和作用,如塑形、装饰,使女性穿着之后,能提升其外部曲线的魅力。

值得注意的是,一件能提升女性外在曲线魅力的内衣不能完全让内衣品牌进化到高级阶段,因为,内衣塑形、装饰的技术和设计很容易被人模仿乃至超越。要想在林林总总的品牌中脱颖而出,必须更进一步让内衣联系时尚魅力,也就是我们说的内衣行业的行业本质。

内衣的基本功能和外在实际效果不可能帮助企业将品牌进化到与其他品牌有明显差异的阶段。我们必须从女性穿着内衣的心理出发,女性穿着内衣的第三个原因就是她们希望把社会意见领袖所倡导的时尚魅力联系到自己身上。

2. 贝佳人行业领导者第二步:遵循行业本质,重塑品牌价值体系

(1)"女人魅力密码",品牌主张彰显核心价值。经过调查发现,77%购买调整型内衣的顾客,其购买的主要原因在于对自己的身材不满意。具体数据如图4-2所示。

身材瘦削的女性担心"没有胸和屁股,一点女人味都没有"。

略显肥胖的女性最怕听到"胖得像个水桶一样,一点女人味都没有"。

刚生完孩子的妈妈最怕听到老公说:"你看你现在,整个一个老大妈,一点女人味都没有。"

总的来说,购买调整型内衣的顾客最担心自己缺乏"女人味"!

贝佳人调整型内衣恰好能帮助她们改善形体,唤醒她们沉睡的"女人味"。而"女人味"恰恰又符合"提升女性外在曲线魅力"的行业本质。

于是贝佳人品牌核心价值就定为"女人味"。

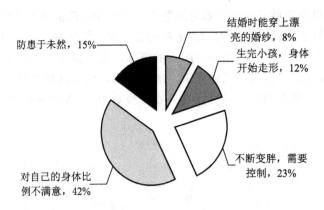

图 4-2　购买调整型内衣顾客的构成

（数据来源：女性内衣市场消费者座谈会）

女人味，是一个抽象的概念，对消费者而言它究竟是什么呢？是漂亮的脸蛋？还是 S 形的魔鬼身材？

是，又好像不是。

女人味，无数女人的梦想，它到底是什么？

我们想到了《飘》的作者玛格丽特·米切尔在开篇时对郝思嘉的赞美："她并不美丽，但十分迷人。"

迷人，是的。

如果说美丽是一种表象，魅力则是由内而外散发的迷人。

那是一种让人感受到的美，不明确但绝对无法否定，这就是所谓的魅力。

贝佳人调整型内衣恰恰解开了无数女性"魅力"的密码。

于是，贝佳人品牌价值就此诞生——女人魅力密码。

（2）品牌定位突破购买障碍，扩大消费群，升级行业标准。为什么调整型内衣这么好，市场份额却只占整个内衣行业市场的极小份额呢？

通过调查发现，"调整型"概念使消费者产生心理障碍，阻碍了功能型内衣市场的进一步扩张。

在前期调研中，我们发现，虽然调整型内衣对女性形体的改善和提升有着非常明显的帮助，但众多的女性对"调整型内衣"有一定的排斥心理，认为只有身材走形、年龄偏大的女性才会买。具体数据如图 4-3 所示。

如何才能突破障碍，引领功能型内衣进一步发展？

通过研究发现，消费者真正想要的是实实在在能改变并能维持其良好身形的内衣，而不是穿上后改变身形，但脱下后又打回原形的"矫形"内衣。

同时，消费需求进一步升级，要求功能型内衣不仅能改变身形，还要穿着舒适，且对皮肤或胸部有进一步的滋养、呵护功能。

鉴于此，我们提出了"养护"的概念，贝佳人不能与市场上其他强调"调整""矫形"这些生硬刻板的功能型内衣一样，而要在具备调整功能的基础上，应对升级的消费需求，突破造成购买障碍的品牌定位。

这就是"女性形体专业养护"。

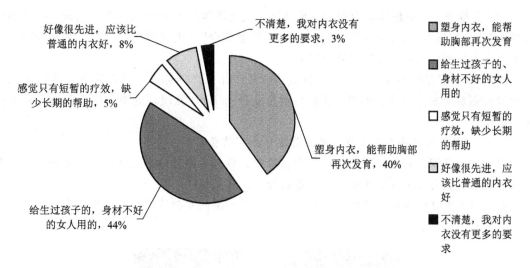

图 4-3 顾客购买调整型内衣的心理障碍构成

这一品牌定位不仅能够帮助贝佳人与竞争品牌形成明显区别,更有助于消除购买障碍,增加初次购买的人数,同时为品牌的未来预留更大的发展空间。

我们对"养护"一词进行了测试,结果发现"养护"一词联想正面,多数受访者表示一听就有滋养、护理的意思。

由于贝佳人仅在功能型内衣领域拥有较高知名度,而在整个内衣行业里并未拥有强大的影响力与高价值感,因此贝佳人品牌还须要借助强有力的高价值品牌背书。

通过对企业资源的深挖与整理,采纳品牌营销顾问有限公司的咨询师寻找到了两大价值背书:

- 与女性形体养护研究中心联合研发;
- 中华内衣网唯一永久战略合作伙伴。

贝佳人产品是与女性形体养护研究中心联合研发的,并且两者共同提出了"6S 全程养护"系统(见图 4-4),为功能型内衣行业统一了品类概念,使行业标准更规范。

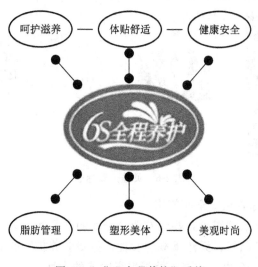

图 4-4 "6S 全程养护"系统

"6S全程养护"系统针对影响女性形体变化及女性购买内衣的六大关键因素——"脂肪管理""体贴舒适""塑形美体""呵护滋养""健康安全""美观时尚"进行了初步构建,奠定了未来养扩型内衣行业标准的理论基础。

而"6S全程养护系统1.0版"不仅成为衡量产品好坏的标准,更能够帮助功能型内衣企业进行新品研发、设计、生产,还能协助企业进行ERP管理,更能为终端营销说词提供标准范本。

3. 贝佳人行业领导者第三步:品牌价值体系下的营销蝶变

(1)呼应品牌,提升价值感,标志全新蝶变。贝佳人原有标志无法反映出品牌唤醒顾客沉睡的魅力、提升女人味的价值,需要重新设计。

在众多的设计创意中,我们挑选出了象征着爱与美的女神维纳斯的诞生作为新标志的创意源点(见图4-5)。

图4-5 维纳斯的诞生

传说维纳斯诞生于贝壳之中,出世刹那,世间便有了美与爱。

美丽的女人犹如含苞待放的花蕊,而娇弱的胸部更如名贵的花朵般需要呵护。

通过"养护",她们亦可如维纳斯般焕发出魅力。

象征维纳斯诞生的贝佳人新标志如图4-6所示。

图4-6 贝佳人新标志

2009年,贝佳人新标志正式全面使用。

(2)围绕品牌,细化消费需求,构建专业、全面的产品线。原有两大目标群仅仅以年龄为标准,粗略地构建起产品线,无法承载"女性形体专业养护"的品牌定位。

• 幼女、少女:13~20岁,胸部正处于发育阶段的女性。

• 成熟女性:25~45岁,随着年龄增长形体逐渐呈下滑状况的女性。

我们需要帮助贝佳人细化目标消费群需求，结合目标群不同的身形、年龄、脂肪程度，以及她们对内衣的要求，打造出专业、全面的贝佳人产品线架构，如图4-7所示。

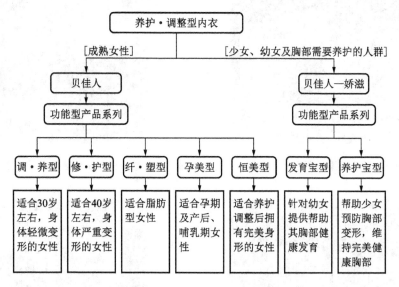

图4-7 专业、全面的贝佳人产品线

通过一个多月的市场调研，对20多个主要竞争对手品牌产品在不同渠道的价格分析，同时通过消费者座谈会、问卷调研形式探测消费者心理价位，最终制定出200~300元的主流价位区间。

① 主要竞争对手价位空隙。莱特妮丝产品单件在300元以上，往往以整套形式出售，价位在1 000元左右；茜施尔单件产品在300元左右；黄金身段等潮汕品牌价位大多位于几十元到一百多元之间。存在价位空隙：200~300元。

② 消费者心理价位。对于低端品牌几十元到一百多元的产品，消费者往往存在极大的怀疑，认为"便宜没好货"；对于300元以上价位，又觉得太贵。200~300元，目标群感觉"既有质量保证，又能消费得起"（目标群购买"养护·调整型内衣"周期大多为两个月购买一次，一次最少一件，一般为两件）。200~300元恰好符合消费者心理价位。

同时，在渠道选择上，根据目标群购买场所习惯，适合快速复制以利于加盟连锁，准入门槛不宜过高。复合店是内衣行业比较普遍采用的形式之一，选择商圈及街道上的专卖店及复合店形式。

依据不同面积、作用及意义、所处位置，再次将终端店分为"旗舰店""标准店"与"复合店"三种基本形态，对不同形态渠道分别进行统一风格设计包装、不同产品组合陈列和销售。

通过以上产品梳理、产品定价与渠道选择后，从2008年10月至2009年3月，贝佳人单店数量稳步增加，单店盈利能力平均提高30％。

③ 新鲜营销"维纳斯"活化终端。通过新鲜营销，使得原本沉闷、充满销售气氛的终端店，在"专业、艺术、体验"为核心，以奢华简约风格诠释的高贵、低调的英伦风格的创意下，蜕变成引人注目的体验中心，"女性形体专业养护"的门头设计更是打破了消费者的购买心理障碍，大大提升了进店率。图4-8为贝佳人店外一览图，图4-9至图4-13为贝佳人

店内陈设效果图。

图 4-8　贝佳人维纳斯店外一览图

图 4-9　魅力密码长廊区与维纳斯雕塑小品休闲区

图 4-10　艺术化陈列产品

图 4-11　开放式收银台强调与顾客的互动性

图 4-12　贝佳人维纳斯店内闺房式形体养护辅导室

④ 营销升级，终端人员职业角色转型。在新鲜营销的指导思想下，我们希望企业在营销过程中，不仅仅关注广告、推销，还要注重消费者对品牌的体验。

于是我们建议贝佳人终端销售人员进行职业转型——从销售人员转型为"专业形体养护师"。

这一转型不仅能通过最能影响消费者对品牌印象的终端营销人员加强消费者对品牌"亲切、专业"的体验，同时也使贝佳人品牌与其他品牌"冰冷""生硬"的专业形象区别开来。

为更好地帮助企业终端营销人员进行角色转型，采纳品牌营销顾问有限公司不仅为贝佳人提供了"贝佳人专业形体养护师培训"，更设计出帮助形体养护师工作的《形体养护师读

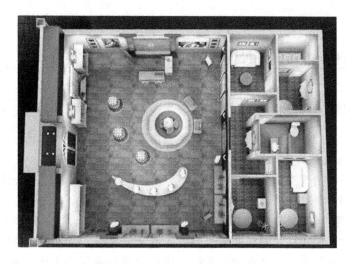

图 4-13　贝佳人维纳斯店效果图

本》。图 4-14 为《形体养护师读本》的部分设计。

图 4-14　《形体养护师读本》的部分设计

（三）成效篇：遵循行业本质，塑造差异化品牌

通过全新规划，贝佳人品牌形象迅速提升，特别是通过维纳斯旗舰店形象的塑造，55%消费者反映感觉贝佳人养护型内衣是"品牌货"了。

同时，消费者感觉贝佳人维纳斯店和普通店不同，它除了是一个销售店外，更像是女性朋友之间休闲放松、娱乐与交流的会所。

（资料来源：深圳市采纳品牌营销顾问有限公司）

二、思考·讨论·训练

1. 通过阅读案例，分析"贝佳人引领功能型内衣行业全新蜕变"的成功点何在，以及其对今后营销工作的启示。

2. 本案例对企业品牌建设有何启示？

案例5 有机蔬菜市场调研报告

（一）行业现状

根据市场调研公司分析，目前国内有机蔬菜市场的现状及特点如下。

1. 购买有机蔬菜的消费者组成

购买有机蔬菜的消费者中教师、科研人员、企事业单位干部、国家公务员和私企职员占了86%，证明文化水平的高低与对有机食品的认同呈正比关系。

对"有机""绿色""无公害"三种安全食品的区别，了解、很了解和不太了解的消费者各占五分之一左右，而比较了解和基本了解的各占三分之一。说明盲目购买有机蔬菜的消费者很少，这与一年前报道的在北京和上海的有机蔬菜市场调研中大部分购买者都不太了解，甚至根本不了解的结果相比，已经有了极为明显的进步。当然，必须强调的是，即使在这些认为自己很了解和比较了解三种安全食品区别的消费者中，实际上有很大一部分并不能真正说出三者的区别来，他们最通常的回答是：有机食品不使用农药和化肥，对于有机食品关于转基因、转换期、缓冲带、轮作、跟踪体系、加工、储存、运输、认证、销售证等方面的知识几乎还是空白。

2. 购买有机蔬菜的频率

只要消费者有需求，价格能接受，产品信得过，有机蔬菜是很容易形成一个固定的消费人群的。

3. 对品种的选择和对品种多样性的需求

虽然几乎所有的消费者都只关心价格和需要，并没有对某些品种提出特别的要求，但对品种的多样性方面则要求比较高。他们的心理是，凡是普通菜场上供应的蔬菜品种，有机蔬菜也应该有，这样的反应应该说是有机蔬菜市场发展初期的特定情况。

（二）发展趋势

根据调查和分析，调研公司得出如下结论和建议。

（1）在国内有机食品市场发展的初期，采取专卖店的形式销售有机食品是一种正确的选择。这样做可以减少销售的中间环节，降低有机食品的成本，提高消费者对有机食品的兴趣和购买力。

（2）有机食品的专卖店应当首先开设在知识层次和消费层次相对较高的居民区，这样做有利于对有机食品的宣传，也有利于吸引消费者。但有机食品不是"贵族食品"，收入水平比较低的消费者也对有机食品产生了浓厚的兴趣，只要有机食品发展到一定程度，价格渐趋合理，有机食品专卖店就可以逐渐向其他居民区扩展，吸引和服务更多的消费者。

（3）目前对有机食品的宣传力度相当弱，相当一部分消费者是在看到专卖店或看到货架上的有机产品后才知道有这样安全的食品。而且多数人并不了解有机食品与绿色食品和无公害食品的区别。因此有机食品的从业者应当努力做好广告和宣传工作，各级政府也应当投入更多的注意力，积极鼓励和支持有机食品的发展，为有机食品的生产、加工和贸易者提供各种优惠政策。

（4）从消费者对有机蔬菜品种的需求上看，消费者普遍反映品种不够，因此，有机食品的生产者和贸易者应当尽量扩大他们的生产和贸易品种，以满足不同层次和不同要求的消费者的需求。

（5）各类有机食品专卖店（包括有机食品的其他类型的销售单位）都应当配备具有一定有机农业和有机食品知识，可以向顾客解释和宣传有机农业和有机食品的营业员和经理。有机食品作为一种新生事物，很多消费者需要在了解了产品的特点和功能后才会购买。

（6）多数消费者表示，有机蔬菜的口感明显比常规蔬菜好，这对有机蔬菜的生产者和贸易者来说是一种很积极的鼓励因素，建议有机农业的专家就此现象展开研究，找出口感变好的理论基础，使有机蔬菜的生产更具目的性，从而生产出更受广大消费者欢迎的有机蔬菜来。而且有机蔬菜口感的改善，对其他有机食品也有借鉴意义，只要掌握了原理，积极实践，其他有机食品也同样应该能够比常规食品的口感好。

（7）获得适当的利润应该只是从事有机食品事业的目的之一，而不是唯一。有机食品的生产者，尤其是贸易者一定要处理好生产、消费与价格的关系，从消费者的实际结构和消费者的消费水平考虑，结合生产和运行成本，合理定价。还要对有机食品价格在本地区的长期发展趋势和最终定位有正确的估计和充分的思想准备，才能确保有机食品市场持久、稳定和健康地发展。达到经营者和消费者"双赢"的效果。

（8）在国民经济不断向上发展，国内对安全食品的需求日益增加的形势下，有机食品是一种很有发展前途的安全食品，只要生产者、加工者、贸易者、消费者、政府相关部门和社会各方面共同努力、积极支持，以有机蔬菜为先锋食品的有机食品事业必定能够快速、稳健地发展。

（资料来源：http://www.njliaohua.com/lhd_94i1u3f2nl2mdyw42w5k_3.html）

二、思考·讨论·训练

1. 分析本市场调研报告的可取之处。
2. 撰写市场调研报告应注意哪些方面？

实践训练

项目名称：大学生消费水平及消费结构调研

1. 训练项目
大学生消费水平及消费结构调研。
2. 训练目的
训练、培养学生的理财意识和能力，培养学生的信息收集与分析能力。
3. 训练内容
明确调研目的，设计调查问卷，对调查表进行统计分析，并撰写调研报告。
4. 训练要求
（1）在校内选定调研班级，每班随机抽取16～20名同学进行访谈。
（2）以创业小组为单位，利用课余时间组织市场营销调研。
（3）全班交流、总结。

5. 训练考核

(1) 针对给定的调研项目设计有效的方案并实施。(30 分)

(2) 问卷设计规范,并对收集的数据进行整理和分析。(30 分)

(3) 撰写完整的调研报告。(30 分)

(4) 精彩的口头汇报。(10 分)

(资料来源:熊云南,郑瓅. 市场营销. 武汉:武汉大学出版社,2008.)

项目名称:校内手机卡需求调查

1. 实训项目

校内手机卡需求调查。

2. 实训目的

检验学生对于市场调查的掌握情况。

3. 实训任务

针对在校学生设计一份对手机卡(移动、联通、电信)的需求调查,为当地某电信部门提供市场调查资料。

4. 实训步骤

(1) 对校园内学生手机卡消费情况进行调查。

(2) 以小组为单位对调查情况进行分析、讨论、实训。

(3) 课堂评析各小组实训报告。

5. 考核评价

由任课老师负责指导与考核评价,其中预习准备 10%,实际调查符合要求 20%,初始记录完整 20%,实训分析报告完整清晰 40%,团队合作 10%。

(资料来源:任会福,李娜. 市场营销理论与实务. 北京:人民邮电出版社,2011.)

课后练习题

1. 谈谈中国市场与全球市场的关系。

2. 分析营销信息对企业营销的重要意义。

3. 以本班同学为对象,调查大学生日常消费情况。

4. 大众汽车公司和其他汽车制造厂商正在努力预测和影响消费者的购买行为,为了实现这一目的,你认为他们需要了解哪些知识或信息?

网络调查法

1. 方法简评

网络调查是基于互联网技术而对指定产品的市场状况进行调查的一种方法。随着计算机技术和网络技术的普及,越来越多的人开始喜欢上计算机了。商家绝对不会错过这样的机会。该种方法借助网络平台，让所有对该产品具有消费经历的人都可以参与评价，由于评价人群基数大，所以调查的结果相对更加客观。调查中不需要占用消费者多少时间，消费者只需要在设计好的程序界面上点一下鼠标即可，往往不会超过1分钟时间。此方法操作起来简便易行。虽然这种方法看上去比较公平，但是也有些潜在问题，主要表现在：很多消费过该种产品的人并不具备上网的条件，所以其意见并不能体现在统计结果中。喜欢上网并表达意见的往往都是年轻人，这些人的意见并不能代表中老年消费者的意愿，所以网上呈现的调查结果与实际情况之间往往存在一定程度上的偏差。网络调查需要商家在网上开设属于公司的网页，并安排相应的人员对网页进行定期维护，让消费者能够通过非常简单的方式表达自己的意见。这需要商家在调查之前，将调查问卷进行技术处理，以适合消费者操作的方式呈现在网页上。商家在调查之前需要做大量比较烦琐的技术工作。

2. 实施步骤

网络调查的一般步骤包括：确定网络调查目标；合理设计问卷；将调查问卷经过计算机程序处理后形成网页上的选择项目；撰写调查报告。网络调查可以由企业自己操作，也可以委托给专业的调查公司。商家自己操作可以节省不少费用，而委托专业的调查公司调查则需要支付较高的费用，但调查结果相对比较权威，分析报告也相对比较专业。选择调查公司也应该成为网络调查的一个重要实施步骤。商家需要将调查目的比较详细地告知调查公司，调查公司按照商家的需要设计调查问卷，在调查问卷设计出来后，交由商家审阅，看看其中是否遗漏了所要调查的内容。经过商家认可后，调查问卷就可以使用了。调查公司将调查问卷用计算机程序处理后形成网上的选择题，被调查者只需要点一下鼠标即可完成，不会消耗他们多少时间。网络公司在完成调查后，呈交给商家一份完整的调查报告。商家通过阅读调查报告知晓产品的优势或者不足，以便采取相应的措施。在调查中，调查公司的诚信是非常重要的，只有调查公司认真完成整个调查过程，才能够保障调查结论是准确和科学的。

3. 运作技巧

网络调查只要先期将网页做好，后期投入就相对较低了。为了使后期工作量尽量减少，就应该使网页制作尽量到位。

(1) 问题尽量细致明确。在设计问题的时候务求细致明确，不应该存在模棱两可的问题。为了将一个问题调查清楚，应该从不同侧面对该主题进行提问。例如，对于产品的喜好情况，也要分不同年龄层、不同职业进行设问，这样就可以让企业合理定位目标受众。

(2) 实行有偿调查。一般的网上问卷都需要占用答题者25分钟左右的时间，没有责任心的消费者是不会认真完成这样长时间的调查的。所以调查方一定要明确"有偿调查"，在问卷填写被工作人员鉴定合格后，就要按照答题者提供的通信地址将相应的报酬汇寄给答题者，这样可以强化答题者的积极性。

(3) 避免无效问卷发生。无效问卷会增加工作人员的后期工作量，为了避免这样的事情发生，就需要在问卷的开始设置相应的问题，诸如被调查者的职业以及是否消费过某种产品等问题。如果消费者的背景不在被调查者范围内，则其填写的问卷可以被淘汰掉。

(4) 对各选项赋分。在被调查者选择了某个选项后，数据库自动进行计分并在对问题进行分类的基础上自行得出统计结果。通过计算机技术将这些工作自行完成，不仅可以增加工作效率，而且可以大幅度减少工作人员的工作强度。这是一举两得的事情。

(资料来源：孟祥林. 市场营销学：理论与案例. 北京：机械工业出版社，2013.)

任务5
市场营销战略

  一个企业不是由它的名字、章程和公司条例来定义，而是由它的任务来定义的。企业只有具备了明确的任务和目的，才可能制定明确和现实的企业目标。

——［美］彼得·德鲁克

逆水行舟，不进则退。

——中国谚语

没有战略的企业就像一艘没有舵的船，只会在原地转圈。

——［美］乔尔·罗斯

学习目标

- 理解市场营销战略的概念、特点；
- 熟悉市场营销竞争策略和市场发展策略的相关内容；
- 掌握企业常用营销战略；
- 正确认识市场营销在企业中的地位。

营|销|故|事|导|入

汉朝定都

汉朝完成统一后，打算定都洛阳。

当时，娄敬作为齐国的戍卒经过咸阳，面见汉高祖刘邦，直言道："洛阳虽处天下之中，但是今天与当年周定都洛邑已有所不同了。陛下起丰沛，卷蜀汉，定三秦，然后楚汉逐鹿中原，大战70次，小战40次，疮痍满目。在这样一片无险可守、荒芜贫瘠的土地上，能建立起一座坚不可摧的都城吗？相反，请陛下想想，关中之地，负山带河，野沃民富，凭险可守，所以三秦大地素称天府，号为雄国。陛下莫如移都关中，如果山东有乱，可立即筹兵百万，出关东击，背靠关中，无后顾之忧，就可以免于身陷重围了。"

这时有不愿入关的朝臣反驳说："那位戍卒说什么洛阳无险可守，纯属一派胡言！洛阳背靠河水，南向洛水，并且西有崤邑，东有成皋，背靠敖仓，四周都有天然屏障，还有充足的粮食，这难道不是个定都的好地方吗？"

刘邦有所犹豫，便向张良问计。张良综合双方的观点后认为："洛阳虽然也有大家所说的险阻，但它周围的地方太狭小，只不过数百里，土地又十分瘠薄，尤其是四面受敌，不是用武之地！而关中左有崤函，右有陇蜀，再加上沃野千里，南有富饶的巴蜀，北有养育肥马的胡地，靠着300里的险阻可以固守，独以一面向东控制着诸侯。如果诸侯安定，就可以由河水与渭水调集天下的物资供给京师。正是金城千里，天府之国，娄敬确实说得很有道理呀！"

于是刘邦最终决定建都长安。

这里，众人所说的洛阳险阻，仅仅是就洛阳一地形势而言，而娄敬与张良的分析，则远远超越了仅仅以中原地带为出发点的观察角度，而是以天下政治、经济大势为基础的，因而最终被证明是正确的，为后来刘邦战胜英布等谋反的诸侯预先布好了大局。同样的道理，好的营销者的目光不能只集中在一个区域或者国内市场，而是要事先做出战略性计划和安排，放眼全球，妥善进行市场布局。只有这样，才能获得更为广阔的发展空间。

（资料来源：胡德华. 市场营销理论与实务. 北京：电子工业出版社，2005.）

5.1 市场营销战略的含义

在完成市场环境分析和购买能力分析之后,市场营销者就可以着手市场营销战略决策。

战略是企业为之奋斗的一些终点(目标)与企业为达到它们而寻求的方法(政策)的结合物。这个定义强调:① 战略是瞄向一定的目标的活动,因此首先要有目标,即目标决策;② 要有实现目标的途径和方法,这就需要进行战略途径选择决策;③ 战略是目标、途径与方法有机结合的体系,是一个整体。

市场营销战略在公司战略体系中的地位,是由作为影响企业活动的核心因素——顾客而联系起来的。在此理念下,市场营销作为面向顾客和竞争者的最前沿,它在企业中担当先锋大将军的职能。相应地,市场营销战略就成为企业战略体系的核心。

在概念上,市场营销战略与 R&D 战略、生产战略、人力资源战略和财务战略等同为职能战略,但地位与作用各不相同,市场营销战略具有引导其他职能战略的意义。例如,市场营销战略中提出"通过向顾客提供更为满意的产品和服务提高公司销售额、扩大市场占有率",相应地,R&D 战略就要具体规划如何开发更为优秀的产品;生产战略则要规划如何提高产量和质量;人力资源战略则要考虑与此相配合的人员招聘、培训和激励政策;最后,财务战略则要为完成这样的营销战略目标而筹划资金来源和使用方式。

市场营销战略作为一个职能战略,必须服从和服务于公司战略。服从于公司战略,要求营销战略必须要遵循公司的使命宗旨,高效地完成公司的营销目标,还要坚决贯彻公司的战略意图。

5.2 市场营销战略的类型

市场营销战略一般包括增长战略和竞争战略。

1. 增长战略

增长战略包括密集增长、多元化增长和一体化增长三种主要战略途径。它们主要是关于市场和业务扩张的战略。

(1) 密集增长战略,是指在企业现有业务中寻找迅速提高销售额的发展机会的增长战略。企业的经营者在寻求新的发展机会时,首先应该考虑现有产品是否还能得到更多的市场份额,然后,应该考虑是否能为其现有产品开发一些新市场,最后,考虑是否能为其现有的市场开发若干有潜在利益的新产品。此外,还应考虑为新市场开发新产品的种种机会。

(2) 多元化增长战略,也被称为多样化经营、多角经营和多样化增长战略,是指企业同时生产或提供两种以上基本用途不同的产品或业务的一种经营战略。根据现有业务领域和新业务领域之间的关联程度,企业多元化战略可分为相关多元化战略和不相关多元化战略。根据现有业务和新业务之间关联内容的不同,相关多元化战略又可分为同心多元化战略和水平多元化战略。同心多元化战略即企业利用原有的技术、特长、经验等开发新产品,增加产品种类,从同一圆心向外扩大业务经营范围。水平多元化战略指企业利用原有市场,采用不同的技术来开发新产品。不相关多元化战略也称为集团多元化战略,这种战略是实力雄厚的大企业集团采用的一种经营战略。

（3）一体化增长战略，它分为纵向一体化战略和横向一体化战略。纵向一体化战略也称垂直一体化战略，是指生产或经营过程相互衔接、紧密联系的企业之间实现一体化的战略形式。它包括前向一体化和后向一体化。前向一体化是指生产企业与用户企业之间的联合，目的是促进和控制产品的需求，搞好产品营销。后向一体化是指生产企业与供应企业之间的联合，目的是确保产品或服务所需的全部或部分原材料的供应，加强对所需原材料的质量控制。后向一体化是以企业初始生产经营的产品（业务）项目为基准，企业生产经营范围的扩展沿其生产经营链条向后延伸，发展企业原来生产经营业务的配套供应项目，即发展企业原有业务生产经营所需的原料、配件、能源及包装服务业务的生产经营。横向一体化也称为水平一体化，是指与处于相同行业、生产同类产品或工艺详尽的企业实现联合。

2. 竞争战略

在选定业务方向以后，还必须为每项业务开发竞争战略。简单地说，竞争战略就是如何取得竞争优势的战略途径。由哈佛大学教授迈克尔·波特系统论述了竞争缘由和分析方法，并提出了三种基本竞争战略。主要有：总成本领先战略、差别化战略和集中战略。

（1）总成本领先战略。总成本领先战略是通过对成本控制的不懈努力，使本企业的产品成本成为同行业中最低者。总成本领先战略并不是只顾成本，不及其余。总成本领先战略也是顾客导向的，侧重于通过降低顾客成本来提高顾客价值。

从行业分析模型来看，某行业内存在着激烈的竞争，但具有低成本的企业却可以获得高于行业平均水平的收益。它的低成本地位使其能够抗衡来自竞争对手的竞争，因为当其对手通过削价同它竞争时，它仍然能在较低的价格水平上获利，直到将对手逼至边际利润为零或为负数。当对手弹粮殆尽之时，它就可以吹响全面横扫的冲锋号了。低成本就像一堵高墙，使潜在的加入者望而生畏，为之却步。

同样地，低成本可以强有力地抵御买方和供应方力量的威胁。买方和供应方的讨价还价能力使得行业内企业的利润减少，正如低成本企业可以抵御竞争对手的威胁一样，当由于行业内利润下降使得其他竞争对手都无利可图时，低成本企业仍然可以有相当的利润维持生存和发展。

最后，低成本也可以抵御来自替代品的威胁。人们购买替代品无非是看好替代品的性能或价格。替代品若是革命性的，那么整个行业被替代都在所难免，但若不是这样，而只是从价格上考虑，那么总成本领先的企业就可以在行业中蜗居到最后一个，而且它还可以同替代品展开成本和价格上的竞争。

（2）差别化战略。差别化战略是提高竞争力的另一种思想，是设法向顾客提供具有独特性的东西（包括产品、服务和企业形象），并且同其他竞争对手区分开来，这种战略称之为差别化战略。

差别化的核心是向顾客提供独特价值，而这些独特价值的来源则存在于企业价值链的构成之中。然而，要提高差别化优势也要付出成本，因此权衡差别化所得与成本所失就成了差别化战略中的重要问题。

（3）集中战略。集中战略就是在细分市场的基础上，选择恰当的目标市场，倾其所能为目标市场服务。其核心是集中资源于目标市场，取得在局部区域上的竞争优势。至于目标市场的大小、范围，既取决于企业的资源，也取决于目标市场中各个方面内在联系的紧密程度。如产品的接近性、顾客的接近性、销售渠道的接近性和地理位置的接近性。

案例1 德克士的三大竞争战略

一、案例介绍

作为一个后起的快餐品牌,德克士在短短十年内成长为中国西式快餐前三名,在国际快餐连锁巨头麦当劳、肯德基的夹缝中"疯狂"成长,关键在于它制定的三大竞争战略。

(一)选址战略:农村包围城市

地域的选择对连锁经营企业来说是战略性的选择,它意味着连锁经营企业进入什么样的地域市场,在什么样的地域与什么样的对手进行竞争。

实际上,德克士在1996年到1998年,曾一腔热血与麦当劳、肯德基在一线城市进行正面对抗,短短两年间就在13个大城市建立了54家直营店。但由于品牌影响力太小、运营成本居高不下,德克士持续亏损。在这种情况下德克士不得不忍痛断腕,关闭北京、上海、广州等地区的分店。

随后德克士吸取教训,采取"农村包围城市"的战略,向麦当劳、肯德基无暇顾及的国内二、三线城市进军,主攻西北市场。在进入城市的选择上,德克士只选择那些非农业人口在15万人以上、居民年平均收入在4 500元以上的地级市和那些非农业人口在10万人以上、居民年人均收入在6 000元以上的县级市;在商圈选择上,除了秉承选址在"城市内最繁华地段或人流量最大的大型超市或商场"这一基本的选址原则外,德克士主要选择在主商圈、社区以及学校周围等商圈进行其不同规格店铺的选址。

德克士的选址战略避实就虚,避免了和肯德基、麦当劳的正面对抗,使德克士在几乎是西式快餐空白的市场得到了快速发展。在很多城市,由于最先进入,德克士成为该城市的西式快餐第一品牌,即使后来肯德基或麦当劳也进入了该市场,但不论是品牌影响力还是单店的营业额,德克士也都处在领先地位。

(二)连锁战略:以特许加盟为主

在连锁模式上,相对于麦当劳、肯德基在特许加盟上的谨慎做法,德克士采取了"加盟连锁为主,直营连锁为辅"的战略。其中在加盟连锁方式上,德克士以特许加盟为主、以合作加盟为辅。特许加盟是为愿意全额投资并全心经营的加盟者提供的合作模式;而合作加盟则是针对投资型加盟者,由加盟者与德克士共同投资,德克士以设备资本作为投资,加盟者以场地、装修等资本作为投资,德克士负责餐厅经营并承担经营风险,加盟者提取固定利润。

正是因这两种加盟方式充分考虑到了国内中小投资者的不同处境和经营理念,再加上德克士根据不同地点、不同面积推出的不同店型并设计合理的加盟费用,使德克士很快吸引了大批投资者。

另外在投资额上,相比肯德基、麦当劳上千万元的投资额,德克士的普遍投资额仅为一两百万元,并且营运成本也被严格限定在适当范围内,以使每个德克士餐厅的成本远低于肯德基、麦当劳,从而大大增强了其生存和竞争力。根据德克士总部对多个与麦当劳、肯德基发生直接竞争的案例进行的测算,德克士的运营成本平均比麦当劳、肯德基低10%到15%,而物业租金由于品牌、进入时间先后等因素的影响更低。因而,在同一城市,如果麦当劳、肯德基亏损的话,德克士很可能还会活得不错。

德克士灵活的特许加盟模式以及低成本扩张策略使德克士迅速壮大,其品牌影响力也不断增强。到2005年肯德基新开店铺达300家,总店数超过1 500家;紧随其后的麦当劳新开店约70家,总店数约700家;排名第三的德克士新开店160家,总店数超过500家。就店数而言,德克士与位于第二名的麦当劳的差距在逐渐缩小。

(三) 营销战略:差异化营销

"农村包围城市""以特许加盟为主"本身就是德克士与麦当劳、肯德基进行差异化竞争的重要策略。除此之外,德克士在产品开发、促销方式等方面相比麦当劳、肯德基等洋快餐严格执行的"千店一面"的策略更具有个性化特色。

在产品开发上,虽然德克士的主打产品和肯德基一样都是炸鸡,但德克士在口味选择上非常注意与后者形成区别。德克士炸鸡采用开口锅炸制,因而鸡块具有金黄酥脆、鲜美多汁的特点,并以此与肯德基炸鸡形成差异。另外,在德克士开发的产品中,有很多是具有东方口味的美食,比如玉米浓汤、米汉堡、鲜肉芙蓉堡、咖喱鸡饭等。近年来,德克士还推出了红烧鸡肉饭、红烩牛肉饭等饭类食品。

在促销方式上,德克士有别于麦当劳、肯德基自上而下的全国性或区域性促销体系,采取了自下而上与自上而下相结合的促销策略。德克士的每个加盟店都可以根据自身情况随时提出新的促销措施,在与德克士公司讨论通过后,第二天就可以实施。而麦当劳要搞促销的话,一个签呈就可能要在内部走半年。正是凭借这种贴近市场和消费者需求的灵活而快捷的促销方式,德克士能以更低的成本和更有效的方案吸引越来越多的回头客。

德克士的差异化营销使其具有强大的竞争能力,加上德克士的投资额及运营成本相对麦当劳、肯德基低,其加盟商具有更大的盈利空间,因而很多德克士的加盟商在开办了第一家加盟店后,往往又在几年内开办第二家、第三家加盟店。

(资料来源:熊云南,郑璁.市场营销.武汉:武汉大学出版社,2012.)

二、思考·讨论·训练

1. 德克士在短短十年内成长为中国西式快餐前三名的秘诀是什么?
2. 德克士的成功对你有哪些启示?

英特尔公司的市场营销战略

一、案例介绍

1968年,戈登·摩尔和鲍勃·诺宜斯在硅谷组建了自己的公司NM(由两人姓氏的第一个字母构成)。公司成立后不久改名为英特尔公司(Intel),专门生产存储器芯片。1971年安德鲁·格鲁夫的加盟使得公司的生产成本降低,产量大增,利润直线上升,并推出全球第一个微处理器4004。其后,公司又依次推出了8008、8080、8086、8088等专门用于个人计算机的微处理器。体积越来越小,速度越来越快。1980年"蓝色巨人"IBM选择了英特尔的8088微处理器作为其个人计算机零件,从而使其成为产业标准。1986年10月,英特尔推出了耗资1亿美元的386微处理器,接着是486(1988年)、奔腾(1993年)、奔腾Ⅱ、奔腾Ⅲ。2000年,英特尔又推出了当时最高性能的台式机处理器——奔腾Ⅳ,并于2000年11月21日由北京—英特尔公司在中国推出上市。

1998年3月,克罗格·巴雷特(Craig Barret)被任命为英特尔公司的首席执行官,这对英特尔公司来说无疑是关键一步,因为巴雷特决定将公司的业务从提供单纯的微处理器转变为提供多样化的信息产品。显而易见,英特尔正在经历其发展历程上的第二次历史性转折。第一次发生在1985年,当时的首席执行官安德鲁·格鲁夫毅然放弃了早期的存储器业务,从一个多种芯片制造商改变为只生产用于个人计算机的微处理器的企业,这一集中策略使英特尔在短短几年内成为全球最大的微处理器供应商,"Inter Inside"的标识使全世界的计算机用户感受到了这一品牌的力量及其提供的质量保证,英特尔在微处理器市场取得了骄人的成绩和无可否认的"大哥大"地位,那么,如今英特尔要往何处去?

(一)战略改变

巴雷特决心改变格鲁夫时代英特尔的战略。他认为,微处理器业务在英特尔占据太大的比重,使其他业务根本无法开展。巴雷特正在努力把英特尔打造成一个提供包括网络引擎、信息用品,当然还有个人计算机所需的各种半导体的大型企业。更让人吃惊不已的是,他将英特尔这艘巨轮驶入了一片完全陌生的海域,诸如电子商务、消费类电子用品、因特网服务和无绳电话。为了在这些陌生领域大显身手,巴雷特大肆收购有关公司以丰富英特尔的产品线。仅在1999年一年内,英特尔就斥资60亿美元收购了60家公司。前任CEO、现任董事长格鲁夫面对如此大的手笔总结说:"我们力图建立一种新的形象,而在过去那样看起来像一只吞噬世界的芯片猛兽。15年来我们第一次需要改写公司的宗旨,英特尔希望为整个网络经济的建设贡献力量。"

这样做无疑意味着格鲁夫的许多做法要被更新。事实上,在巴雷特接手的几周内,他就废止了前任留下的僵化的集中管理方式,并最终将英特尔分成5个部分,经理直接向他报告。他同时放松了英特尔保守的资金管理政策,将其120亿美元的现金流量用于收购、资产投资和内部启动项目。巴雷特说:"我们需要改变公司的文化和我们做生意的方式。"公司元老、负责新业务集团的格哈特·帕克科说,员工对新业务抱有极大热情,劲头很大,管理者与员工的关系也变得十分融洽,这在以前是不可能的。

巴雷特坚信新的战略举措将使英特尔实现每年15%~20%的增长,现在华尔街对此反应积极:英特尔的股票自2000年1月份以来上升了40%。事实上,个人计算机芯片仍然是其主业。营业收入的90%和利润的100%来自于此,在这一领域的市场份额仍然高达84%。虽然看起来巴雷特的计划一定会成功,但他必须得保证英特尔的金牛产品——微处理器业务继续盈利,从而为那些新的赌博项目输血(关于英特尔的业务组合,请参看附录)。巴雷特在接受《商业周刊》记者采访时也说,我们仍然把处理器作为公司的核心业务,这一点不会改变。英特尔只是试图用一些新的可能增长点来补充核心业务。这很令人兴奋。我们正在收购公司、招募人才并为芯片巨人创造新的形象。但是,分析家们担心英特尔急急忙忙进入的新领域太多,而且没有重点,竞争对手也在嘲笑英特尔并不具备在网络和数据服务方面的专业技术。因此,英特尔将不得不又抓又挠地抢夺竞争者的份额,这一点与其在微处理器领域近乎垄断的情形截然不同。巴雷特对此认识很清楚。他说:"如果说个人计算机是20世纪90年代计算机的核心,那么下个10年将是因特网的时代。在这样的时代,你必须寻找新的增长机会。这正是我们在做的。"

巴雷特没有其他选择。自1981年IBM首次将个人计算机以雷霆般的气势推向市场以来,个人计算机正在逐渐丧失笼罩其上的光环。价格下跌、公司合并、竞争加剧等因素使得1998年英特尔的年度营业增长率下降至5%,盈利10多年来第一次出现负增长。个人计算机风采不再。人们现在需要便宜的计算机用来上网,因此廉价微处理器芯片成为市场新的宠儿。1997年2月康柏公司推出了价格仅为999美元的个人计算机,配有英特尔的竞争对手Cyrix公司提供的芯片。从此刻起,英特尔的执行官们开始担忧廉价计算机的出现将遏制英特尔的发展速度。果不其然,到1997年夏天的中期,英特尔的对手AMD和Cyrix已经占据了美国国内微处理器芯片零售市场的20%,创造了半个世纪以来其市场份额的最高纪录。

(二) 竞争应对

面对来自Cyrix和AMD的竞争威胁,英特尔于1997年决定在微处理器领域将其奔腾系列拆分为几个价格和性能各不相同的产品线,以用来满足不同目标顾客的需求。赛扬(Celeron)系列服务于价格便宜的台式和笔记本个人计算机,而Xeon系列用于高性能的服务器和工作站,保持其旗舰产品的奔腾Ⅲ服务于整个市场(包括计算机、服务器和工作站)上的中间用户。2000年下半年,英特尔又推出第一个名为"Itanium"的64比特处理器,准备攫取大型公司数据系统上更大的份额。赛扬的初期市场反应尽管冷淡,但却帮助英特尔在1 000美元以下个人计算机市场上的份额重新攀升到62%,而一年前这一数字仅为30%。分析家预计服务器芯片的营业收入有望在2001年从1999年的34亿美元上升到67亿美元。细分策略强调了在高档市场和低档市场上的平衡,从而帮助英特尔保持了高达60%的利润。据格鲁夫所说,"今天我们若失去低端市场,明天我们就可能失去高端市场。"因此,即使冒着侵蚀较高价格产品份额的风险,英特尔还是下大力气宣传赛扬系列。

但是,巴雷特明白,仅凭细分策略难以使英特尔重现往日的增长。投资人希望回报能不断增加,因此要求英特尔开拓新的业务,也就是把企业做大。1997年7月,巴雷特为英特尔的400名管理者组织了一系列由3位战略大师主讲的主题研讨会,主要目的就在于为新时代确定新的经营宗旨、提出新思路和发展新业务做出决策。第一天的研讨会由斯坦福商学院的教授罗伯特·伯格曼主持。他擅长于帮助公司发展并培育企业家精神,他督促参会者将英特尔的业务分为两类:"蓝色"产品(老的利润丰厚的芯片业务)和"绿色"产品(所有新产品)。第二天的讲座由哈佛商学院的教授克莱顿·克里斯蒂森教授主持。管理者了解到所谓的扰乱性技术带来的威胁,这些技术被工业巨头认为微不足道,但正是它们使得公司的进一步发展遇到障碍,正像大型主机计算机给个人计算机带来的威胁一样。第三天,某咨询集团的总裁谈到建立企业生态系统的问题。他指出,英特尔要想超越大家熟悉的个人计算机领域,必须重新建立关系网和有利的企业生态。

显然,巴雷特在使英特尔以一种前所未有的步伐前进。英特尔要在网络时代证明它的能力,新的首席执行官以一种近乎赌博的做法迎接新时代的挑战。

附录：英特尔的业务组合 http://www.docin.com/p-5760297.html. 计算机处理器：奔腾Ⅲ、赛扬和Xeon，总计市场份额为84％。

网络芯片：用于调制解调器、网络界面卡、交换器、路由器的芯片，目前还是市场上的小角色，但增长迅速。

通信产品：家庭网络、宽带调制解调器、IP电话、服务器，主要竞争对手是3Com、北电（Nortel）、思科（Cisco）、摩托罗拉（Motorola）、阿尔泰（Alteon）等。业务量很大，但增长缓慢。

新业务：第一个Web-hosting中心现在克利夫市场圣克拉拉成立，Exodus和IBM占据了30％的市场份额。英特尔尚不见影子，这是信息技术产业增长最为迅速的市场之一。

信息产品：目前还没有产品。可能包括可视电话、电子邮件终端等。

(资料来源：http://jpkc.hnu.cn/scyxx/kcms-2.html.)

二、思考·讨论·分析

1. 英特尔公司在20世纪90年代末采取了什么战略更新措施？其意图是什么？
2. 对微处理器芯片采取的细分方法对战略的整体成功具有什么意义？
3. 如何评价英特尔公司的战略业务组合？

项目名称：企业营销战略分析

1．实训目的

（1）了解战略的类别。

（2）形成现代市场营销观念。

（3）试初步应用市场营销战略的思想分析实际问题。

2．实训主题

对当地某一企业的市场营销战略进行调查，并应用市场营销战略思想对其市场经营活动进行分析，并对该企业提出市场营销活动的发展建议。

3．实训步骤

（1）分组。将教学班级按小组人数以5～8人分为不同的学习小组。

（2）选题。学生进行选题，通过因特网、实地考察等方式收集相关资料。

（3）研讨。以学习小组为单位组织研讨，在充分讨论基础上，形成小组的课题报告，并制作PPT进行汇报。

（4）点评。同学互评，教师点评。

项目名称：市场领导者战略的实施

1．训练项目

市场领导者战略的实施。

2．训练目的

激发思维，开拓创意，学会应对竞争对手。

3. 训练内容

假设各小组已选定的创业项目是该行业中的龙头老大,但竞争对手纷纷加入,且非常激烈,各小组根据各自的创业项目分别制定企业发展战略规划和应对竞争对手的措施及其实施步骤。

4. 训练要求

(1) 有新的企业发展战略规划。

(2) 有当前的企业发展计划。

(3) 写出应对竞争对手的具体措施和实施步骤。

5. 训练考核

(1) 思路清晰,具体。(30分)

(2) 措施到位、有创意。(50分)

(3) 实施步骤具体,团队意识强。(20分)

(资料来源:熊云南,郑璁. 市场营销. 武汉:武汉大学出版社,2008.)

课后练习题

1. 有人说,总成本领先战略就是要以降低成本为企业管理的主要任务,这话对吗?为什么?

2. 差别化战略,按字面理解,就是努力使本企业与众不同。按此理解,争取价格比竞争对手低也是一种差别化,这是差别化战略的含义吗?为什么?

3. 集中战略强调集中资源于某个或少数几个细分市场的竞争。这是否意味着总成本领先战略和差别化战略就不要这样思考问题了呢?

不同竞争者的战略

企业在了解了竞争者,分析了竞争者的优势和劣势,评估了竞争者的反应模式以后,就应针对不同的竞争者,采取不同的对策。根据企业在市场上的竞争地位,把企业分为四种类型:市场领导者、市场挑战者、市场跟随者和市场补缺者,下面探讨它们各自的市场竞争战略。

1. 市场领导者战略

大多数行业都有一个被公认的市场领导者。这个企业在相关的产品市场中占有最大的市场份额。它通常在价格制定、新产品开发、分销覆盖和促销强度上,对其他公司起着领导作用。公司要想继续保持第一位的优势,就应采取三种战略:一是扩大市场总需求;二是保护现有市场份额;三是扩大市场份额。

(1) 扩大市场总需求。处于领导地位的企业通常在总需求扩大时得益最多,一个领导者应该寻找其产品的新用户、新用途以及使顾客更多地使用该产品。

① 发现新用户。许多产品都具有继续吸引新的使用者、增加消费量的潜力,只是由于

某种原因而没有达到应有的消费量。如因产品的知名度不高；产品定价不合理；产品性能存在缺陷。克服了这些不足之处，便可以发现新的消费者，为此可以采用下列措施。

• 市场渗透。诱导原来不使用者改变态度转为使用者，把潜在的顾客变为现实的顾客。如联想集团派出宣传车和电脑专家到大学、机关、医院、研究所和企业普及电脑知识，使潜在顾客产生购买欲望。

• 开辟新市场。寻求新的顾客群。如青年时装制造公司可通过营销宣传说服中老年人购买年轻人的时装，实现心理上的年轻。

• 地理扩张。向从未销售过的地区大量销售产品，开发新的地理市场。如轿车和摩托车在发达国家已经趋于饱和，可向发展中国家和不发达国家转移。

② 开辟新用途。对一种产品开拓一种新的用途，其意义几乎可以和推出一种新产品同日而语，可以延缓产品的生命周期曲线，扩大需求量。如小苏打被发现可用来做电冰箱除臭剂，通过大力宣传，该产品的销售量大增。

③ 增加使用量。人类需求具有可伸缩性。现今许多人不是因缺少而购买，而是因激发去购买，这就为广告宣传，刺激消费，扩大销售量提供了基础。如宝洁公司劝告消费者在使用海飞丝时，每次将使用量增加一倍效果更佳。

（2）保护现有市场份额。在努力扩大市场总需求的同时，处于领导地位的企业还必须时刻注意保护自己的现有业务不受对手侵犯。因此，市场领导者任何时候也不能满足于现状，必须在产品的创新、服务水平的提高、分销渠道的畅通和降低成本等方面，真正处于该行业的领先地位。市场领导者如果不发动进攻，就应集中使用防御力量，减少受攻击的可能性。可供市场领导者选择的防御战略如下。

① 阵地防御。指建立强大的品牌威力，使其坚不可摧。如海尔集团没有局限于冰箱市场，而是积极从事多元化经营，开发了空调、洗衣机、彩电、电脑、微波炉、干洗机等一系列产品，成为我国电器行业的著名品牌。

② 侧翼防御。指市场领导者应建立一些前哨阵地，以保护一条薄弱的前线或作为在必要时可进行反攻的出击阵地。如20世纪90年代，固特异轮胎橡胶公司面临激烈竞争，为了保持竞争优势，公司开发了创新性产品——阿考奇和延伸性移动轮胎。

③ 先发制人的防御。一个企业采用先发制人的防御策略有多种方法，它可以在市场中开展游击活动，在这里打击一个竞争对手，在那里打击另一个竞争对手，使每一个对手惴惴不安；或者，这种进攻性防御可以确定一个宏大的市场范围；或者，它发出市场信号，劝告竞争对手们不要进攻。如20世纪90年代，克莱斯勒拥有微型汽车的最大市场份额，其微型汽车属于高获利产品，该公司知道竞争者会以更低的价格进入该市场，因此在《今日美国》访谈时，公司主席表明公司正考虑推出新款的更低价位的微型车。这一信号是为了告诉那些自认为可以靠低价进入市场获胜的潜在竞争者不要有这种打算。

④ 反击式防御。反击式防御中，一个领导者的战略选择可以是正面反击进攻者的矛头，也可以是向进攻者的侧翼包抄，或者是开展一个钳形运动。一种有效的反击方法是侵入攻击者的主要地区，迫使其撤回某些部队以保卫他的领地。另一个反击式防御方法是用经济或政治手段打击进攻者。领导者压倒竞争者的方法是对脆弱的产品实行低价策略，或预先宣告该产品将升级，或游说立法者采用行政活动以禁止或削弱竞争。如康佳电视机在四川市场向长虹电视机发动进攻的时候，长虹电视机也在广东市场向康佳电视机发动进攻，还以颜色。

⑤ 运动防御。这种战略是，不仅防御目前的阵地，而且还要拓展到新的市场阵地，作为未来防御和进攻的中心。其方法是市场拓宽和市场多样化。市场拓宽要求一个企业将其注意焦点从现行产品转移到主要的基本需要和对与该需要相关联的整套技术进行研发上。但不应走得太远，应遵循"目标原则"和"密集原则"。市场多样化就是进入不相关的行业，实行多样化经营。如在1998年，沃尔玛公司宣布在阿肯色经营名为"邻居市场"的三个杂货店，平衡了公司的分销和购买能力，用其天天低价来打击其他的杂货商店。

⑥ 收缩防御。有计划地收缩不是放弃市场，而是放弃较弱的领域和将力量重新分配到较强的领域，在关键领域集中优势力量，增强竞争力。如亨氏、通用磨坊、通用电气等公司，近年来都在大量削减它们的产品线。

(3) 扩大市场份额。市场领导者设法扩大市场份额，是增加收益、保持领先地位的一个重要途径。但切不可认为市场份额提高就会自动增加利润，还应考虑如下因素。

① 反垄断法。许多国家有反垄断法，当企业的市场份额超过一定限度时，就有可能受到指控和制裁。

② 经营成本。当市场份额达到一定水平时，再进一步提高份额需要付出很大代价，因此，有时为了保持领先地位，在较疲软的市场上应主动放弃一些份额。

③ 营销组合。有些市场营销手段对扩大市场份额很有效，但不一定能增加收益。如过分地降低商品的价格、过高地支付广告费等。

2. 市场挑战者战略

市场挑战者指在行业中占据第二位及以后位次，有能力对市场领导者和其他竞争者采取攻击行动，希望夺取市场领导者地位的企业。市场挑战者要取得成功，首先必须确定自己的战略目标和挑战对象，其次还要选择适当的进攻战略。

(1) 确定战略目标和竞争对手。一个市场挑战者首先必须确定它的目标，大多数市场挑战者的战略目标是增加它们的市场份额，这些进攻决策必然涉及向谁进攻，其进攻对象可分为如下三类。

① 攻击市场领导者。向市场领导者挑战是首选目标，这一战略的风险和潜在利益都大。当市场领导者在其目标市场的服务效果较差或对某个较大的细分市场未给予足够的重视的时候，采用这一战略带来的利益更为显著。如施乐公司通过开发出一个较好的复印方法，从而从3M公司那里夺走了复印机市场。

② 攻击规模相同但经营不佳、资金不足的公司，把这类企业当作挑战对象风险要小得多，因为他们的反击力量有限，取胜的把握更大些，重要的是选择好挑战的时机。

③ 攻击小企业。向小企业挑战是指向小企业特有的强势，如在超过自己的产品和服务等有关方面展开的市场争夺。把原本属于小企业的顾客拉过来，甚至夺取小企业本身。如美国几家主要的啤酒公司能成长到目前的规模，就是靠夺取一些小企业的顾客来达到的。

(2) 选择进攻战略。企业在确定了对手和目标后，选择何种手段进攻对手呢？我们区分出如下五种可能的进攻。

① 正面进攻。是指针对对手的产品、广告、价格等发起的进攻，决定其胜负的是"实力原则"，即享有较大资源的一方将取得胜利。降低价格是一种有效的正面进攻战略，如果让顾客相信进攻者的产品与竞争对手的产品相同但价格更低，这种进攻就会取得成功。要使降价进攻得以取胜，必须大量投资于降低生产成本的研究。军事中的"实力原则"认为，当

对方占有防御优势时，战斗火力的优势至少为 3∶1。

② 侧翼进攻。是指寻找和攻击对手的弱点。一个侧翼进攻可以沿着两个战略角度（地理的和细分的）来指向同一个竞争者。一个是地理上的进攻，它是指在对手忽略或绩效较差的区域设点，寻找未被市场领导者覆盖的市场需求；另一个是分析细分市场转移，就是制造有潜力的缺口，冲入和填补这些缺口，及时把它们发展成大细分市场。侧翼进攻在营销上具有十分重要的意义，特别是对那些拥有的资源少于对手的攻击者具有较大的吸引力，侧翼进攻成功的概率高于正面进攻。如日本汽车制造商面对日益增多的需要节油汽车的消费者市场，就是采用的这种策略。

③ 包围进攻。是指试图通过多方面的"闪电"进攻，深入敌人的领域中去，以壮大自己的实力。比如向市场提供竞争对手所能提供的一切产品和服务，并且质优价廉，以配合大规模的促销。如为了准备对微软这个强大的竞争对手发起进攻，太阳微系统公司已经将其 Java 软件在各种客户服务机构注册，Java 软件开始在小型产品领域中显山露水。这种战略的适用条件如下。

- 通过市场细分未能发现对手忽视或尚未覆盖的细分市场，补缺空档不存在，无法采用侧翼进攻。
- 与对手相比有绝对的资源优势，制订了周密的可行性计划，并相信包围进攻将可完全和足够快地击破对手的抵抗意志。如日本精工表公司以其品种繁多、不断更新的款式使竞争者和消费者瞠目结舌，其在手表销售市场上取得了巨大的成功。

④ 迂回进攻。是指最间接的进攻战略，它意味着绕过敌方并攻击较容易进入的市场，以扩大自己的资源基础。实施这种战略主要有以下三种方法。

- 多样化地经营无关联产品。
- 用现有产品进入新的市场。如 2000 年，百事可乐在竞拍中击败可口可乐和丹浓，从而以 140 亿美元的价格收购了佳得乐品牌的拥有者桂格公司，成了运动饮料行业的领导者。
- 用竞争对手尚未涉足的高新技术制造的产品取代现有产品。在高新技术领域实现技术飞跃是最有效的迂回进攻战略，可以避免单纯地模仿竞争者的产品和正面进攻所造成的重大损失。如 SCA 是宝洁在瑞典的竞争者，它实施了一项创新性的互联网战略，在婴儿一次性尿布市场上以较少的投入胜过了宝洁。

⑤ 游击进攻。是指对对手的不同领域进行小的、断断续续的攻击，其目的是骚扰对方和使它士气低落，并最终获得永久的据点。游击战常常是由小公司向较大公司发起的，较小的公司会发动针对大公司的一系列进攻，而攻击的领域则是大公司所在的任意一个市场，其目的是逐步削弱对手的市场力量。虽然它比正面进攻、包围进攻和侧翼进攻花费要少，但推行一连串游击战役的成本可能是高昂的，游击战更重要的是战争的准备而不是战争本身。

3. 市场追随者战略

市场追随者指那些在产品、技术、价格、渠道和促销等大多数营销战略上模仿或跟随市场领导者的公司。在这些行业中，产品差异化和形象差异化的机会很少，服务质量经常相仿，价格敏感性很高，价格战随时都可能爆发。这些行业的基调是反对攫取短期市场份额，因为这种战略只会招来报复。大多数的公司决心不互相拉走顾客，市场份额显示出高度的稳定性。

但这并不等于说市场跟随者是没有战略的。一个市场跟随者必须知道如何保持现有的顾客和争取新顾客,以便占有一个令人满意的市场份额。每一个跟随者都要努力给它的目标市场带来有特色的优势,跟随者是挑战者攻击的主要目标,因此,市场跟随者必须保持其低制造成本和高产品质量和服务。跟随战略可分为如下三类。

(1)紧密跟随战略。指在各个细分市场和产品、价格、广告及营销组合战略方面模仿市场领导者,完全不进行任何创新的公司。它们复制领导者的产品和包装,在黑市上销售或卖给信誉不好的经销商。国内外许多著名的公司都受到赝品的困扰,应寻找行之有效的办法进行打击。

(2)距离跟随战略。指在基本方面模仿领导者,但是在包装、广告和价格上又保持一定差异的公司。由于这种战略只是在若干主要方面,如在市场目标、产品创新、价格水平、分销渠道等方面跟随市场领导者,但在另外若干方面保持经营的灵活性,与市场领导者有所不同,它基本上也不会同领导者发生竞争,不会改变自己作为追随者的市场地位。

(3)选择性跟随战略。指在某些认为合适的方面跟随市场领导者,而在另外许多方面则自行其是。从战略意识来说,不愿意盲目跟随,它采取择优跟随,在跟随领导者的同时积极发挥自己的创造性。采取选择性跟随战略的企业很可能在适当时机做出战略转换。

虽然跟随战略不冒风险,但是也存在明显缺陷。研究表明,市场份额处于第二、第三和以后位次的公司与第一位的公司在投资。报率方面有巨大的差距。

4.市场补缺者战略

娃哈哈的非常可乐在中小城市及农村饮料市场中占有相当大的市场份额,但在大城市中,仍赶不上可口可乐强力的广告攻势。一位饮料业资深人士指出,非常可乐的成功,除了市场定位正确,采用科学分析方法模仿可口可乐的口味,引进国外最新设备外,还有一个最重要的因素是娃哈哈公司在市场裂缝中寻找到了商机。

瑞士有一家"美寿多"修鞋配钥匙公司,它以修理皮鞋与配钥匙为经营业务,经过苦心经营,这么一种不起眼的小生意,竟然成为世界性的行业。现在它在全世界27个国家建立了3 200个修鞋配钥匙中心,年营业额达数十亿美元。美寿多公司之所以能够使小行业做出大生意,主要是其独创的经营途径。它设在世界各国的3 000多个子公司,都是安置在当地的大百货公司中,因为大百货公司是面对各阶层消费者的。当然,美寿多公司经营的成功,最主要还是他们重视修理质量和服务质量。为了保证修理质量,他们使用的材料都要经过公司认真检验后才送到各中心使用。正因为有如此严格的要求和精心的管理,做法上也不随波逐流,所以该公司大获成功。

"勿以善小而不为"这句老话,已为众多企业所接受,特别是在商业竞争愈演愈烈的形势下,选择"微型市场"进行开发,其潜力的发挥不可小觑。在现代市场经济条件下,每个行业几乎都有些小企业,它们关注市场上被大企业忽视的某些细小环节,在这些市场上通过专业化经营获得最大化的收益,这些小企业就是市场补缺者。它们常常避免与大公司竞争,其目标是小市场或大公司不感兴趣的市场。市场补缺者的作用是拾遗补阙,虽然在整体市场上只占很小的份额,但是比其他公司更充分地了解和满足某一细分市场的需求,能够通过提供高附加值的产品或服务而得到高利润和快速增长。

(1)理想的补缺市场应具备的条件:有足够的市场潜力和购买力;具备发展潜力;强大的公司对这一市场不感兴趣;本公司具备向这一市场提供优质的产品和服务的资源和能力;企业既有的信誉足以对抗竞争者。

（2）市场补缺者的战略选择。市场补缺者选择的主要战略是专业化的市场营销，企业可以在市场、顾客、产品或渠道等方面实行专业化。下面是几种可供选择的方案。

① 最终用户专家。公司专门为某一类型的最终使用用户服务，并在该过程中获得溢价。如定制特殊的计算机软硬件以满足目标顾客群的需要。

② 垂直专家。公司专注于某种垂直的生产——分配周期。如一家铜公司可能集中于生产原铜、铜制零件或铜制成品。

③ 顾客规模专家。公司可集中力量，向小型、中型或大型的客户销售。如许多补缺者专门为小客户服务，因为它们往往为大公司所忽视。

④ 特定顾客专家。公司把销售对象限定于一个或少数几个顾客。许多公司把它们的全部产品出售给一家公司。如西尔斯公司、通用汽车公司。

⑤ 地理区域专家。公司把销售只集中在某个地方、地区或世界的某一区域。

⑥ 产品或产品线专家。公司只生产一种产品或只有一种产品线。如一家公司专门为显微镜生产镜片；一家零售店只销售衬衣。

⑦ 产品特色专家。公司专注于生产某一种产品或特色产品。如加利福尼亚的汽车出租代理商中有一个破损车出租行，它只出租"残破"的汽车。

⑧ 定制专家。公司按照每个客户的订单定制产品。

⑨ 质量（价格）专家。公司选择在低档或高档的市场经营。如惠普公司在袖珍计算器市场专门生产高质量、高价格的产品。

⑩ 服务专家。公司提供一种或多种其他公司所没有的服务。如银行进行电话贷款和亲自把钱递交给顾客。

⑪ 渠道专家。公司指定一种分销渠道服务。如一家饮料公司决定只生产超大容量的软饮料，并只在加油站出售。

由于补钙者往往是弱小者，所以公司必须连续不断地创新补钙市场，想要进入市场的公司一开始就应瞄准补钙机会，而不是整个市场。

（资料来源：熊云南，郑璁. 市场营销. 武汉：武汉大学出版社，2012.）

任务6
目标市场营销战略

营销本质上不是"卖"而是"买"。

——张瑞敏

不要去考察产品的生命周期,而应该考察市场的生命周期。

——[美]菲利普·科特勒

想称霸市场,首先要让顾客的心跟着你走,然后让顾客的腰包跟着你走。

——[美]佛莱德·史密斯

学习目标

- 掌握市场细分的方法，能够对某个特定的企业进行市场细分；
- 掌握在市场细分的基础上确定企业的目标市场策略；
- 能够正确地进行企业市场定位。

营｜销｜故｜事｜导｜入

恽南田改画花卉

清朝初年，画家恽南田从小师从伯父学习画山水，其作品在当时获得很高的评价，被认为是摹古派的经典之作。当他30岁时，遇到了常熟画家王石谷。两人在同席挥毫时，恽南田发现石谷的笔意与自己十分相似，而意境则更高一些，他想，石谷的山水画如此出众，将来一定能名闻天下，而自己的山水画与他笔意相仿，何必要与他一争长短呢？

于是，恽南田开始学习北宋画家徐崇嗣没骨画法，改画牡丹花卉，由于他在花卉写生方面别开生面，终于成为一代花卉写生画家，开创了历史上有名的"恽派花卉"，或称"常州派花卉"。由于他本人特别擅长画牡丹，也获得了"恽牡丹"的美称。同时，由于恽南田也深知石谷山水画的笔意，石谷的山水画完成以后，经常主动请南田在画上题跋。他们二人合作的作品，人称"恽王合璧"，成为画坛的稀世珍品。

恽南田改画花卉，是其艺术人生的一次重新定位，这次定位非同小可，使他成为一代宗师，开创了一个新的画派。

企业的市场营销同样离不开定位，要在市场细分、确定目标市场的基础上找准自己的位置，确定企业前进的方略，这样才能使自身立于不败之地。

（资料来源：http://www.docin.com/p—314686063.html）

6.1 市场细分

市场细分（segmenting 或 market segmentation），就是把整体性的市场划分为有意义的、具有较强相似性的、可以识别的较小的顾客群的过程。每一个这样的顾客群称为一个细分的市场。

1. 市场细分的目的

市场细分具有三个主要目的：

（1）当企业研制开发一种新产品时，为产品设计提供依据；

（2）当企业准备把某种已在经营的产品打入新产品市场时，为选择新市场和制定相应的策略提供依据；

（3）当企业现有市场出现竞争或经营出现问题时，为探察市场变化，为制定新策略提供依据。

2. 市场细分的原则

实际上，每一个顾客与另一个顾客都有所不同，因此，每个市场都可以无限地细分下去，直到把每一个顾客都看作是一个细分市场为止。显然，把市场看作是一个无差异的整体，或是把市场细分为每一个个体，都是对待市场的极端态度。市场细分的任务就是要在两种极端之间寻找一种折中。它应遵循以下五个原则。

（1）可度量性。经过市场细分后，每一个市场的规模、购买潜力等是可以度量的。例如，在家电产品中，彩电销售量每年 2 000 万台，年增长率为 12%。

（2）可营利性。相对企业规模来说，细分市场应有一定的规模，有足够的利润吸引企业在这个市场上经营，值得企业为该市场制定专门的战略、策略和为此投入资源。如果每个细分市场中的收入都不足以弥补未开发这个市场所付出的成本，也不能在多个细分市场经营中获得联合优势，那么这个细分过程就没有意义。

（3）可进入性。发现一个细分市场，但并不能为这个市场提供有效的服务，那么这种细分就没有太大的意义。例如，在每个居民区中，都有睡得很晚的人，但由于这些人并不是经常晚睡，而且人数很少，因此，为这些人提供夜宵，虽然是一个好的想法，但较难操作。在南方，由于晚睡是一种习惯，所以直到凌晨，大排档还在营业，7—ELEVEN 更是 24 小时不间断营业。

（4）可识别性。各个细分市场在概念上应当是可以区分的，并且应当对市场营销者的营销策略具有不同的反应，这样才能使营销者和细分市场建立起有效的联系。

（5）可行动性。市场细分工作应当是有管理意义的。在理论上，可以按地理范围把世界市场分为亚洲市场、北美市场和欧洲市场等。但对一家刚刚起步的酒店企业，这种细分并没有意义，因为这家酒店企业远远没有达到要进入国际市场的程度。

3. 市场细分的程序

实际上，每个人都有市场细分的经验，买西装要到大商场，买袜子则随便哪家小百货都可以。所以，谈及市场细分都比较容易理解，但真正要大家为某种产品如彩电进行市场细分，可就不像想象的那么容易。有些产品市场比较容易细分，有些产品市场则要困难得多。一般地，市场细分应遵循如下五个步骤。

（1）选择准备研究的市场或产品范畴。市场细分可能是企业已经为其提供产品和服务的，也可能包括企业正准备开发的；产品可能是企业已在营销的，也可能是正在开发准备投入市场的，还可能包括更为广泛的相关产品。范畴的确定视企业市场细分的目的而定。

（2）探察确定市场细分原则。这个阶段也称为尝试性调查阶段，目的是探察可能影响顾客购买决策的因素。调查方法主要是开放性地面谈。将所有的可能的影响因素收集起来后，市场研究人员根据直觉、创造力和市场认识，从中选择较为重要的因素作为进一步深入、定量调查的变量。

（3）正式调查。根据已确定的变量设计正式的调查问卷，设计抽样样本，开展正式调查。

（4）统计与预测分析。对正式调查的问卷进行分析。一方面要找出各个细分市场之间的差别，主要方法是因子分析和聚类分析；另一方面要预测各个细分市场的潜力。

（5）描绘细分市场轮廓。应当包括细分市场的规模、增长潜力、品牌状况、潜在利润等，还应当包括各种变量，如个性变量、心理变量、社会变量、文化变量、顾客决策行为等在各个细分市场中的重要性和影响方式。之后，要为每个细分市场用最显著的差异进行命名。

实际上，最显著的差异就是一级细分，次显著的差异就是二级细分，以此类推。彩电等大件耐用消费品，品牌经常是一级细分变量（或标准），功能是二级细分变量；而工业设备，功能则常常是一级细分变量，价格则是二级细分变量，品牌再次之。

4. 市场细分的主要变量

从市场细分的程序中可以看出，确定细分变量是非常重要的一环。细分变量使用得较多，会增加访问调查的时间和难度，在统计分析时也会淹没主要变量的差异，降低市场细分的效度和信度。细分变量使用过少，虽然可以避免上述问题，但也会造成遗失主要变量的大错。所以正确选择细分变量无论对消费者市场细分还是经营者市场细分都非常重要。消费者市场细分变量的选择与使用，基本分为两种方法。

（1）个性特征细分法。即以消费者个性特征来细分，如地理、年龄、职业等个人特征，知觉、动机、价值观念等心理特征，相关群体、家庭等社会特征，亚文化、社会阶层等文化特征。然后再进一步考察用这些个性特征细分后的各个细分市场中的消费者购买决策行为（反应）是否有所不同。例如，教师、工人、商务人士等在购买某种产品时是否或选择不同的商场、不同的数量以及不同的品牌等。

（2）消费者的决策行为细分法。即首先以消费者的决策行为（反应）来细分，然后再考察各个细分市场消费者个人的特征方面的异同。例如，研究人员可能会对那些在购买摩托车时比较看重"质量"的消费者进行研究，看他们在地理分布、人口统计分布和心理特征方面是否具有共性或差异。

6.2 目标市场选择

1. 目标市场的概念

目标市场，就是市场营销者准备通过为之提供产品和服务满足其需要和欲望的细分市场。目标市场选择就是在诸多市场中选择最为合适的细分市场作为目标市场的过程。

市场营销者之所以要选择目标市场,主要有以下三个原因。

(1) 市场无限而企业能力有限,企业只能将有限的能力服务于无限的市场。这是之所以要进行目标市场选择的根本前提。

(2) 由顾客所有需求所构成的总体市场的确可以根据需要、购买力、产品、地理、购买行为方式等细分为各具特点的细分市场。这是目标市场选择决策的基础。

(3) 顾客对满意的要求越来越高,而竞争的压力也越来越大,企业不得不集中资源在有限的目标市场中作战。这是顾客和竞争者对企业目标市场选择决策的最新挑战。

2. 目标市场选择决策的影响因素

(1) 细分市场的规模和潜力。作为目标市场的细分市场必须是规模适当和有开发潜力的。因此,必须首先要对各个细分市场的规模和潜力进行评估。

为此,要在描绘各个细分市场轮廓(细分市场中顾客的特征)的基础上,运用市场调查与预测的方法,测算细分市场目前的规模(如购买数量、购买金额)和未来战略规划期内的增长潜力。

细分市场的规模要适当,即应当与企业的实力相匹配。大企业可能对小的细分市场不屑一顾,而小企业则不宜进入较大的细分市场,以避免同大企业正面冲突。

理想的细分市场应当具有潜力,即它是可以开发的,这样就为选择这一细分市场的企业提供了长远的发展机会而且其增长最好能与企业对该市场的控制能力同步增长,这样企业才能在该目标市场上保持持久的竞争力。但同时,有潜力的市场也会吸引更多的企业,使得竞争加剧。如苹果公司意识到存在一个个人计算机(PC)市场时,其他公司还主要集中在大型机市场上竞争。但很快地发生了转变,就连计算机巨人——开始对这一事物持否定态度的 IBM 公司也加入了这个细分市场的竞争,使得这一市场的开拓者——苹果公司蒙受了重大的挫折。

(2) 企业在细分市场中的竞争能力。市场细分是对顾客的细分,选择具有适当规模和发展潜力的细分市场,并不足以确定为目标市场。主要原因是你所看好的市场,可能也正是众目睽睽之地,甚至不乏虎视眈眈之辈。因此,必须要结合细分市场对行业进行分析细分,并考察可能的行业结构演变过程,据此判断这个细分市场的吸引力。

(3) 企业的目标资源。在评估细分市场的规模、潜力及竞争程度以后,还要对这些细分市场与企业目标和资源的一致性进行检验。企业的目标有长远目标和短期目标两种。在评估细分市场时,先要看本企业的各种资源(包括人才、技术、资金、营销与管理能力等)是否可以在这个细分市场中建立持久的竞争优势。20 世纪 80 年代后期,我国的家电市场极具诱惑力,大批企业在不具备必要的资源的情况下蜂拥而至。经过激烈角逐,其结果是以绝大多数企业的巨额亏损和转产而告终。目前,我国的许多企业仍然没有从中汲取足够的经验教训,"流寇主义""机会主义"还时常作祟,重大失误与失败仍在连接不断地发生,浪费了国家和社会资源,而没能很好地形成民族产业竞争力。

6.3 市场定位

所谓目标市场定位,是指企业决定把自己放在目标市场的什么位置上。这种定位并非能随心所欲,必须对竞争者所处的市场位置、消费者的实际需求和企业经营商品的特性做出正确的评估，然后确定适合自己的市场位置。

企业进行目标市场定位，是通过创造鲜明的产品营销特色和个性，从而塑造出独特的市场形象来实现的。这种特色可表现在产品范围上和产品价格上，也可表现在营销方式等其他方面。科学而准确的市场定位是建立在对竞争对手所经营的产品具有何种特色，顾客对该产品各种属性重视程度等进行全面分析的基础上的。为此，需掌握以下几种信息：① 目标市场上的竞争者提供何种产品给顾客；② 顾客确实需要什么；③ 目标市场上的新顾客是谁。企业根据所掌握的信息，结合本企业的条件，适应顾客一定的需求和偏好，在目标顾客的心目中为本企业的营销产品创造一定的特色，赋予一定的形象，从而建立一种竞争优势，以便在该细分市场吸引更多的顾客。

目标市场定位实质是一种竞争策略，它显示了一种商品或一家企业同类似的商品或企业之间的竞争关系。定位方式不同，竞争态势也不同。下面分析四种主要定位策略。

1. 市场率先者定位策略

这是指企业选择的目标市场尚未被竞争者所发现，而率先进入市场，抢先占领市场的策略。企业采用这种定位策略，必须符合以下几个条件：

（1）该市场符合消费发展趋势，具有强大的市场潜力；

（2）本企业具备率先进入的条件和能力；

（3）进入的市场必须有利于创造企业的营销特色；

（4）提高市场占有率，使本企业的销售额在未来的市场份额中占40％左右。

2. 市场挑战者定位策略

这是指企业把市场位置定在竞争者的附近，与在市场上占据支配地位的，亦即与最强的竞争对手"对着干"，并最终把对方赶出现居的市场位置，让本企业取而代之的市场定位策略。企业采取这种市场定位策略，必须具备以下条件：

（1）要有足够的市场潜量；

（2）本企业具有比竞争对手更丰富的资源和更强的营销能力；

（3）本企业能够向目标市场提供更好的产品和服务。

3. 跟随竞争者市场定位策略

这是指企业发现目标市场竞争者充斥，已座无虚席，而该市场需求潜力又很大，企业跟随竞争者挤入市场，与竞争者处在一个位置上的策略。企业采用这种策略，必须具备下列条件：

（1）目标市场还有很大的需求潜力；

（2）目标市场未被竞争者完全垄断；

（3）企业具备挤入市场的条件和与竞争对手"平分秋色"的能力。

4. 市场补缺者定位策略

这是企业把自己的市场位置定在竞争者没有注意和占领的市场位置上的策略。当企业对竞争者的市场位置、消费者的实际需求和自己经营的产品属性进行评估分析后，如果发现企业所面临的目标市场并非竞争者充斥，存在一定的市场缝隙或空间，而且自身所经营的商品又难以以正面抗衡，这时企业就应该把自己的位置定在目标市场的空当位置，与竞争者成鼎足之势。采用这种市场定位策略，必须具备以下条件：

（1）本企业有满足这个市场所需要的资源；

(2) 该市场有足够数量的潜在购买者；
(3) 企业具有进入该市场的特殊条件和技能；
(4) 经营必须盈利。

5. 重新定位策略

当然，企业的市场定位并不是一劳永逸的，而是随着目标市场竞争者状况和企业内部条件的变化而变化的。当目标市场发生下列变化时，就需要考虑重新定位的方向：

(1) 当竞争者的销售额上升，使企业的市场占有率下降，企业出现困境时；
(2) 企业经营的商品意外地扩大了销售范围，在新的市场上可以获得更大的市场占有率和较高的销售额时；
(3) 新的消费趋势出现和消费者群的形成，使本企业销售的商品失去吸引力时；
(4) 本企业的经营战略和策略作重大调整时等。

总之，当企业和市场情况发生变化时，都需要对目标市场的定位方向进行调整，使企业的市场定位策略符合创立企业特色，发挥企业优势的原则，从而取得良好的营销利润。

案例1 在中国多品牌市场细分的宝洁公司

一、案例介绍

美国宝洁（Procter&Gamble，简称P&G）公司，是世界上最大的日用消费品制造商之一。它的总部设在美国俄亥俄州，拥有员工近11万人，是美国最大的跨国公司，也是全世界最大的日用消费品公司之一。该公司于1837年由普罗克特和甘布尔共同创办，因此宝洁公司又叫普罗克特·甘布尔公司。

刚开始，宝洁公司只是一家生产肥皂和蜡烛的公司，经过160多年的奋斗，它已成长为一个家喻户晓的跨国公司。P&G成长的过程，既充满传奇，又伴随着梦魇般的噩运。这一切令P&G的名字更耐人寻味。

到目前为止，宝洁在全球已拥有超过300多个品牌，产品覆盖洗涤用品、保健品、药品、食品、饮料、妇女用品等多个领域。

20世纪80年代，宝洁公司在中国广州成立了第一家合资公司，从此宝洁正式进军中国这个大市场。十几年来宝洁在中国日化行业占据了半壁江山，其品种之多之细，让人叹为观止。从香皂、牙膏、漱口水、洗发精、护发素、柔软剂、洗涤剂，到咖啡、橙汁、烘焙油、蛋糕粉、土豆片，到卫生纸、化妆纸、卫生棉、感冒药、胃药横跨了清洁用品、食品、纸制品、药品等多种行业。

在世界公认的市场法则中，有这样一种说法：产品市场占有率达到40%的为领先者，达到30%的为挑战者，达到20%的为跟随者，达到10%以下的为补缺者。这样算起来，飘柔、海飞丝、潘婷的市场占有率总额已经达到了66.7%，实质上已经达到了垄断者的地位。

一家公司拥有如此多的成功品牌，这在全球企业里也并不多见。宝洁公司同时拥有数量如此之众的品牌，在很大程度上得益于公司制定了一个高品质的品牌战略。

品牌代表企业的信誉、产品质量及风格特点，通过品牌可以显示出自己产品与竞争者的差异。商品的品牌,亦可称为商品的品名,它好比是一篇文章的题目,一个贴切生动的题目,会让整篇文章增色不少。对于商品来说,品名是否贴切和恰当,对突出商品的特色和加强对顾客的吸引力都有密切的关系。

宝洁公司一直都很注重创造自己的品牌,无论是在国内市场的开发,还是在国外市场的开发,宝洁一直都把自己的品牌视作是公司宝贵的无形资产,当作其进攻市场的有力武器。

有很多公司是因为有某一个响亮的品牌而闻名的,这种单一品牌延伸策略便于企业形象的统一,资金、技术的集中,减少营销成本,易于被顾客接受,但也有其劣势,那就是单一品牌不利于产品的延伸和扩大,且单一品牌一荣俱荣,一损俱损。比较而言,多品牌虽营运成本高、风险大,但灵活,也利于市场细分。

宝洁公司进军中国之初就制定了多品牌战略,宝洁没有把"P&G"作为任何一种产品的商标,而是根据市场细分为洗发、护肤、口腔护理等几大类,各以品牌为中心运作。在中国市场上,其香皂用的是"舒肤佳"、牙膏用的是"佳洁士",卫生巾用的是"护舒宝",洗发液就有"飘柔""潘婷""海飞丝"等5种品牌。洗衣粉有"汰渍""洗好""欧喜朵""波特""世纪"等9种品牌。要问世界上哪个公司的牌子最多,恐怕非宝洁公司莫属了。多品牌的频频出击,使公司在顾客心目中树立起实力雄厚的形象。

宝洁的原则是:如果某一个种类的市场还有空间,最好那些"其他品牌"也是宝洁公司的产品。因此不仅在不同种类产品设立品牌,在相同的产品类型中,也大打品牌战。洗发水在中国销售的就有"海飞丝""飘柔""潘婷""沙宣""润妍"等。这几种洗发水占据了中国洗发水市场一半以上的份额。

虽然同是宝洁的产品,这几种洗发水的定位人群也各不相同。

"海飞丝"品牌承载的利益分配信息:去头屑。满足人群:有头屑的消费者。以"就是没有头屑;头屑去无踪,秀发更干净"为主要利益诉求。为了能在去屑的细分化市场里成为领导品牌,"海飞丝"又在去屑的利益基础之上进行更为深入的细分,不断推出不同的配方、不同的香型、不同的包装来满足不同层次的消费者,从而在去屑的细分化市场里面,控制更多的可利用品牌资源,争取更多的忠诚消费者,不断提升"海飞丝"这一主体品牌在去屑细分化市场里的品牌权力。这是宝洁公司根据市场的变化和需求,中国人的生活习俗和文化背景等而深斟细酌,最后才敲定的,意欲领导消费潮流。"海飞丝"以其洗头清洁并去头屑为特点,一经推出就给人以全新的感觉。推出仅三个月,产品知名度就迅速提高。

"飘柔"品牌承载的利益分配信息:二合一洗发水,令头发柔顺。满足人群:需简单柔顺秀发的消费者。以"含丝质润发素,洗发护发一次完成,令头发飘逸柔顺"为主要承载的利益信息的"飘柔"洗发水,同样推出了不同包装、不同配方、不同香型的洗发水,如红飘、绿飘等,来提升细分化市场的品牌权力。其少女甩动如丝般秀发的画面,征服了很多消费者,从而对"飘柔"的利益承诺更加依赖。

"潘婷"品牌承载的利益分配信息:富含维生素B_5,可有效地护发。满足人群中想保养头发的消费者。三千烦恼丝,健康新开始。以营养与健康为主要诉求的"潘婷"洗发水,吸引了注重品质与健康的众多消费者。而其利益承诺所传递的主要信息"瑞士维生素研究院认可,含有丰富的维生素原B_5,能由发根渗透至发梢,补充养分,使头发健康、亮泽",提升了"潘婷"在细分化市场里的品牌权力,得到了消费者的认可。

"沙宣"品牌承载的利益分配信息:专业用洗发用品。满足消费者中对美发要求更高的专业人士。"沙宣"要的就是专业，要的就是个性，要的就是绝对有型，要的就是够酷，对追求个性的消费者来说，具有很大的吸引力。

"润妍"品牌承载的利益分配信息：乌黑亮泽。满足追求自然健康的消费者。乌发亮泽，对于追求神秘美的东方女性来说，无疑具有一定的吸引力。

宝洁公司经营的多种品牌策略不是把一种产品简单地贴上几种商标，而是追求同类产品不同品牌之间的差异，包括功能、包装、宣传等许多方面，从而形成每个品牌的鲜明个性。这样，每个品牌都有自己的发展空间，市场就不会重叠。不同的顾客希望从产品中获得不同的利益组合，有些人认为洗涤和漂洗能力最重要，有些人认为使织物柔软最重要，有人希望洗衣粉具有气味芬芳、碱性温和的特征。于是宝洁就利用洗衣粉的9个细分市场，设计了9种不同的品牌。利用一品多牌从功能、价格、包装等各方面划分出多个市场，满足不同层次、不同需要的各类顾客的需求，从而培养消费者对本企业某个品牌的偏好，提高其忠诚度。

宝洁的品牌细分经验在于不管是哪一个品牌，都会在品牌主体利益承载信息的基础之上，不断地推出新配方、新包装，对品牌利益不断地进行细分、细分再细分，以不断地在细分市场里提升品牌的权力，这是宝洁公司品牌战略长期不变的原则。同时，宝洁公司在宣传过程中始终避免宣扬购买某一件产品可以"包治百病"。如果宣扬产品可以"包治百病"，显然利益分配信息传达得过于分散，就变成了如同放在暗室里的一杯水与一杯羹，如果没有足够的光线让消费者看到这是一杯水还是一杯羹，或者无法用其他的方式告诉消费者哪一杯是水，哪一杯是羹，那么消费者在进行需求性消费时，就会产生困惑，水羹不分。同样道理，如果没有将分配的利益表达得足够清楚，就不会被消费者认知、理解与消费，从而失去对品牌资源的控制权力，进而失去品牌的权力。当然，从消费者利益需求多样性的角度来看，也同样需要在进行品牌建设时，对利益分配信息进行综合处理，即使有时只是一个概念，但只要是消费者的真正需求，也可以进行尝试。宝洁公司在洗发水的宣传中提出了几个全新的洗发概念：去屑、滋润、护发、黑发等，并以此为基础推出了相应的品牌，大获成功。

市场细分的关键是了解消费者的特点，找出其需求上的差异性。因为需求的差异性是进行市场细分的基础。引起需求差异的因素很多，而且对不同的商品，其具体的因素又不尽相同。例如，地理环境、消费者的年龄、性别、受教育程度、家庭收入、心理因素等都会对消费者的需求产生影响，从而造成需求的差异。市场细分就是要根据这些差异将市场划分为若干个子市场。就洗发水市场而言，由于洗发水消费者人数众多、分布广泛，而他们的购买要求又有很大不同。洗发水厂商尤其是实力较弱、研发能力也较弱的国产品牌不可能为这一市场的全体顾客服务，大而全不如小而精，与其笼统地生产一种大众化的洗发水不如仔细去研究市场，分辨出它能有效为之服务的最具吸引力的细分市场，集中资金和技术，生产出针对某一目标人群的产品，只有这样，才能扬长避短。

（资料来源：李志敏．跟大师学营销．北京：中国经济出版社，2004．）

二、思考·讨论·训练

1. 宝洁用多品牌市场细分策略成功进入中国市场的基础是什么？
2. 宝洁的多品牌市场细分策略的具体内容是什么？
3. 洗发水市场为什么适合应用多品牌市场细分策略？

案例2 星巴克的目标市场战略

一、案例介绍

100多年前,星巴克是美国一本家喻户晓的小说里主人公的名字。1971年,3个美国人开始把它变成一家咖啡店的招牌。1987年,霍华德·舒尔茨和他的律师,也就是比尔·盖茨的父亲以380万美元买下星巴克公司,开始了其正意义上的"星巴克之旅"。如今,星巴克咖啡已经成为世界连锁咖啡的第一品牌。星巴克咖啡已经在全球38个国家开设了近21 300家店。

星巴克是在20世纪90年代中后期登陆中国大陆市场,其目标市场依然是"稀少"的中高端消费人群,虽然起初"曲高和寡",但后来星巴克还是在中国市场获得了前所未有的"高歌猛进"。它的成功之处,就在于它是"面对"着消费者,而不是"背对"着消费者。1999年1月11日,北京国贸中心一层开设了一家星巴克咖啡店,这意味着星巴克开始了美妙的中国之旅。那么,星巴克在中国是怎样选择目标市场的呢?在网络社区、博客或是文学作品的随笔中,不少人记下了诸如"星巴克的下午""哈根达斯的女人"这样的生活片断,似乎在这些地方每天发生着可能影响着人们生活质量与幸福指数的难忘故事:"我奋斗了五年,今天终于和你一样坐在星巴克里喝咖啡了!"此时的星巴克还是咖啡吗?不!它承载了一个年轻人奋斗的梦想。我们不得不承认,星巴克的成功与其准确的目标市场选择不无关系。

关于人们的生存空间,星巴克似乎很有研究。霍华德·舒尔茨曾这样表达星巴克对应的空间:人们的滞留空间分为家庭、办公室和除此以外的其他场所。第一空间是家,第二空间是办公地点。星巴克位于这两者之间,是让大家感到放松、安全的地方,是让你有归属感的地方。20世纪90年代兴起的网络浪潮也推动了星巴克"第三空间"的成长。于是星巴克在店内设置了无线上网的区域,为旅游者、商务移动办公人士提供服务。其实我们不难看出,星巴克选择了一种"非家、非办公"的中间状态。舒尔茨指出,星巴克不是提供服务的咖啡公司,而是提供咖啡的服务公司。因此,作为"第三空间"的有机组成部分,音乐在星巴克已经上升到了仅次于咖啡的位置,因为星巴克的音乐已经不单单只是"咖啡伴侣",它本身已经成了星巴克的一个很重要的商品。星巴克播放的大多数是自己开发的有自主知识产权的音乐。迷上星巴克咖啡的人很多也迷恋星巴克音乐。这些音乐正好合了那些时尚、新潮、追求前卫的白领阶层的需要。他们每天面临着强大的生存压力,十分需要精神安慰,星巴克的音乐正好起到了这种作用,确确实实让人感受到在消费一种文化,催醒人们内心某种也许已经快要消失的怀旧情节。虽然因为一些限制,星巴克在中国的店铺中并没有像其他全球星巴克连锁店那样销售星巴克音乐碟片。但星巴克利用自己独特的消费环境与目标人群,为顾客提供精美的商品和礼品。商品种类从各种咖啡的冲泡器具,到多种式样的咖啡杯。虽然这些副产品的销售在星巴克整体营业额中所占比例还比较小,但是近年来一直呈上升趋势。在中秋节等中国特色的节庆时,还推出"星巴克月饼"等。

所以,"我不在星巴克,就在去星巴克的路上",传递的是一种令人羡慕的"小资生活",而这样的生活也许有人无法天天拥有,但没有人不希望"曾经拥有"。这就是星巴克目标市场策略的魅力!

(资料来源:黄江伟,http://www.cu-market.com.cn/alfx/2010-8-5/101818.html.)

二、思考·讨论·训练

1. 星巴克的目标市场是什么?它是如何制定其目标市场策略的?
2. 星巴克采用了哪种市场定位策略将企业形象传递给了目标顾客?

案例3 "万宝路"的市场重新定位

一、案例介绍

20世纪20年代的美国,被称为"迷惘的时代"。经过第一次世界大战的冲击,许多青年都自认为受到了战争的创伤,并且认为只有拼命享乐才能将这种创伤冲淡。他们或在爵士乐的包围中尖声大叫,或沉浸在香烟的烟雾缭绕当中。无论男女,他(她)们嘴上都会异常悠闲雅致地衔着一支香烟。妇女们愈加注意起自己的红唇,她们精心地化妆,挑剔衣饰颜色,感慨红颜易老,时光匆匆。妇女是爱美的天使,社会的宠儿,她们抱怨白色的香烟嘴常沾染了她们的唇膏。于是"MARLBORO(万宝路)"出世了。"万宝路"这个名字也是针对当时的社会风气而定的。 "MARLBORO"其实是"Man Always Remember Lovely Because Of Romantic Only"的缩写,意为"男人们总是忘不了女人的爱"。其广告词为"像五月的天气一样温和",用意在于争当女性烟民的红颜知己。

为了表示对女烟民的关怀,莫里斯公司把"万宝路"香烟的烟嘴染成红色,以期广大爱靓女士为这种无微不至的关怀所感动,从而打开销路。然而几个星期过去,几个月过去,几年过去了,莫里斯心中期待的销售热潮始终没有出现。热烈的期待不得不面对现实中尴尬的冷场。

"万宝路"香烟品牌从1924年问世,一直至20世纪50年代,始终默默无闻。它的温柔气质的广告形象似乎也未给广大淑女们留下多少利益的考虑,因为它缺乏以长远的经营、销售目标为引导的带有主动性的广告意识。莫里斯的广告口号"像五月的天气一样温和"显得过于文雅,而且是对妇女身上原有的脂粉气的附和,致使广大男性烟民对其望而却步。这样的一种广告定位虽然突出了自己的品牌个性,也提出了对某一类消费者(这里是妇女)特殊的偏爱,但却为其未来的发展设置了障碍,导致它的消费者范围难以扩大。女性对烟的嗜好远不及对服装的热情,而且一旦她们变成贤妻良母,她们并不鼓励自己的女儿抽烟!香烟是一种特殊商品,它必须形成坚固的消费群,重复消费的次数越多,消费群给制造商带来的销售收入就越多。而女性往往由于其爱美之心,担心过度抽烟会使牙变黄,面色受到影响,在抽烟时较男性烟民要节制得多。"万宝路"的命运在上述原因的作用下,也趋于暗淡。

在20世纪30年代,"万宝路"同其他消费品一起,度过由于经济危机带来的大萧条岁月。这时它的名字鲜为人知。第二次世界大战爆发以后,烟民数量上升,随着香烟过滤嘴出现(承诺消费者,过滤嘴可以过滤有害的尼古丁),烟民们更是可以放心大胆地抽自己喜欢的香烟。菲利普·莫里斯公司也忙着给"万宝路"配上过滤嘴,希望以此获得转机。然而令人失望的是，烟民对"万宝路"的反应始终很冷淡。

带着不甘的心情，菲利普·莫里斯公司开始考虑重塑万宝路形象。公司派专人请利奥—伯内特广告公司为"万宝路"做广告策划，以期打出"万宝路"的名气和销路。"让我们忘掉那个脂粉气的女士香烟，重新创造一个富有男子汉气概的男子汉香烟！"利奥—伯内特广告公司的创始人对一筹莫展的求援者说。一个崭新大胆的改造"万宝路"香烟形象的计划产生了：变淡烟为重口味香烟，增加香味含量，并大胆改变万宝路形象，包装采用当时首创的平开式盒盖技术，并将名称的标准字（MARLBORO）尖角化，使之更富有男性的刚强，并以红色作为外包装盒主要色彩。

广告的重大变化是："万宝路"的广告不再以妇女为主要诉求对象，而是用硬铮铮的男子汉形象。在广告中强调"万宝路"的男子气概，以吸引所有爱好追求这种气概的顾客。菲利普公司开始用马车夫、潜水员、农夫等做具有男子汉气概的广告男主角，最终这个理想中的男子汉塑造为美国牛仔这个形象上：一个目光深沉、皮肤粗糙、浑身散发着粗犷、豪气的英雄男子汉，在广告中袖管高高卷起，露出多毛的手臂，手指间夹着一支冉冉冒烟的"万宝路"香烟。广告词 Where there is a man, there is a Marlboro（哪里有男士，哪里就有万宝路），令人难忘。这种洗尽女人脂粉味的广告于1954年问世，它给"万宝路"带来了巨大的财富。仅1954—1955年间，"万宝路"销售量提高了3倍，一跃成为全美第十大香烟品牌，1968年其市场占有率上升到全美同行第二位。

现在，"万宝路"每年在世界上销售香烟3 000亿支，用5 000架波音707飞机才能装完。世界上每抽掉4支烟，其中就有一支是"万宝路"。是什么使名不见经传的"万宝路"变得如此令人青睐了呢？美国金融权威杂志《富比世》专栏作家布洛尼克1987年与助手们调查了1 546个"万宝路"爱好者。调查表明：许多被调查者明白无误地说他喜欢这个牌子是因为它的味道好，烟味浓烈，使他们感到身心愉快。可是布洛尼克却怀疑真正使人着迷的不是"万宝路"与其他香烟之间微乎其微的味道上的差异，而是"万宝路"广告给香烟所带来的感觉上的优越感。布洛尼克做了个试验，他向每个自称热爱"万宝路"味道品质的"万宝路"瘾君子以半价提供"万宝路"香烟，这些香烟虽然外表看不出牌号，但厂方可以证明这些香烟确为真货，并保证质量同商店出售的"万宝路"香烟一样，结果只有21%的人愿意购买。布洛尼克解释这种现象说："烟民们真正需要的是'万宝路'包装带给他们的满足感，简装的'万宝路'口味质量同正规包装的'万宝路'一样，但不能给烟民带来这种满足感"。调查中，布洛尼克还注意到这些"万宝路"爱好者每天要将所抽的"万宝路"烟拿出口袋20~25次。"万宝路"已经像服装、首饰等装饰物一样成为人们形象的标志。而"万宝路"的真正口味在很大程度上是依附于这种产品所创造的美国牛仔形象之上的一种附加因素。这才是人们购买"万宝路"的真正动机。

从"万宝路"两种风格的广告戏剧性的效果转变中，可以看到采用"集中"的策略定位目标市场，使"万宝路"香烟风行全球。

（资料来源：王维，龚福麒.市场营销学.北京：中国经济出版社，2002.）

二、思考·讨论·训练

1．"万宝路"香烟品牌从1924年问世，一直至20世纪50年代，始终默默无闻，其原因是什么？

2. "万宝路"的市场重新定位为什么能够成功？
3. 为什么说"万宝路"采用的是"集中"策略？
4. 选择你身边的一种产品对其进行市场定位。

案例4　奔驰的高品质定位

一、案例介绍

在对世界近万名消费者的抽样调查中，奔驰车得分仅次于可口可乐和索尼，位列"世界名牌第一车"。作为许多国家元首和知名人士的重要交通工具，"奔驰600"高级轿车一诺万金："如果发现奔驰车发生故障，中途抛锚，将获赠1万美元。"面对日本车的强大压力，奔驰车竟能增加对日本的出口，并能始终在日本市场上保持一块地盘，从1990年始连续四年勇夺日本进口车销售冠军！奔驰车的年产量一直控制在70万辆左右，仅为美国通用车的1/9左右。

（一）中国人心目中的奔驰

随着经济的发展，中国居民的收入水平及消费品位在日益提高，人们的购物欲望已从几元发展到几万元，其谈论的话题也从手表、自行车、家用电器发展到私人汽车。汽车已成为时下的热门话题，汽车的型号、质量、款式、价格都成为人们讨论的焦点。

在最近一次的"消费者心目中的名牌车"调查中，结果显示中国居民对名牌车的心理及情感占有率都在80%以上。奔驰车以其优美的形象，优良的服务质量，深得消费者的推崇。拥有一辆奔驰车，被视为财力和地位的象征，成为显示身份及资信的最好凭证。

（二）全球汽车大战

100年的汽车业发展史，汽车已由几个人的业余爱好发展成为人人都想拥有的现代化交通工具。全球汽车的销量很快达到惊人的每年上万亿美元。汽车工业是世界经济的支柱产业之一，汽车已成为最大的高档消费品市场。

半个多世纪以来，世界经济危机此起彼伏，汽车业市场竞争愈演愈烈，汽车厂家死死生生层出不穷。光是高档轿车市场就涌现出了美国的克莱斯勒，英国的劳斯莱斯，德国的宝马、奔驰，意大利的菲亚特等品牌。汽车市场呈现出品牌林立的局面。为了建立和巩固品牌形象，汽车厂商不惜重金，制作大量的品牌广告和企业形象广告。1993年全美200大广告品牌前10位中有4个是汽车品牌。

世界汽车市场一直处于不断的变化发展之中，众多的影响因素，如供求关系，政府的关税政策，环保法规，经济形势，原材料和能源的价格……更是加大了汽车市场的复杂性与不确定性。目前汽车厂商所采取的市场策略主要从竞争态势、消费者、环保问题三个视角着手分析。

不同的汽车品牌占据着不同的细分市场，在技术标准、全面质量和设计上互相进行着激烈的竞争，这使得生产者想生产出区别于竞争对手的各方面都很出色的产品变得越发的困难。为了巩固品牌的地位，必须引进领导潮流的创新技术，并保持价格优势，所以各汽车厂商为了刺激业绩成长，不断推出新车款，并尝试开拓新的市场。

20世纪90年代的消费者比任何时期的消费者都复杂多变。人们拥有一辆汽车不仅仅想拥有一种可以有效、舒适、安全地把人们从一个地方运到另一个地方的代步工具,还想满足自身对于舒适、方便、力量、风格、冒险、时髦等的需求。为了满足顾客的不同需要,生产商设计出各式各样的车种,家庭车,越野车,跑车,旅行车……并把汽车视为一种个人主义生活方式的象征。假如忽视了顾客的心声,将会失去市场。

汽车厂商在帮助公众认知环境问题的重要性方面扮演着越来越重要的角色。保持空气、水源与泥土的清洁,处理废物垃圾,保护气候,原材料的循环再利用,节约能源,造福子孙等环保问题的呼声越来越大。汽车厂商必须协调消费者的需求与环保问题之间的冲突,争取在经济利益与生态目标上统一起来,表明对环保问题的关切成为各汽车的诉求重点。

(三)奔驰的定位:元首座驾

在汽车行业众多的品牌中,定位观点是各不相同的。宝马车强调的是"驾驶的乐趣",富豪强调"耐久安全",马自达强调"可靠",SAAB强调"飞行科技",TOYOTA强调"跑车外形",菲亚特强调"精力充沛",而奔驰的定位则是"高贵、王者、显赫、至尊",奔驰的TV广告中较出名的系列是"世界元首使用最多的车"。

奔驰公司一向将高品质看成是取得用户信任和加强竞争能力的最重要的一环,讲究精工细作,强调"质量先于数量",要"为做得更好,最好而斗争",除了由计算机控制的质检系统检查外,还有一个占地8.4公顷的试验场,场里有各种不同路面的车道、障碍物等。每年要用100辆崭新的汽车,作各种破坏性试验测试,如以时速35英里去冲撞坚固的混凝土厚墙等。

高品质、信赖性、安全性、先进技术、环境适应性是奔驰造车的基本理念,凡是公司所推出的汽车均需达到这五项理念的标准,缺少其中任何一项或未达标准者均被视为缺陷品。

奔驰公司追求品质精益求精,在价格定位上,也选取了高价位,与日本车的价格相比,一辆奔驰车的价格可以买两辆日本车。价值定价成为奔驰公司最重要的制胜武器。无怪乎消费者为了得到身份与地位的心理满足感不惜重金。

1. 奔驰产品定位之一:大打"安全"牌

据统计,每年全球因交通事故死伤的人数高达25万人,汽车的安全问题尤其突出。奔驰公司一向重视交通安全问题,它首创的吸收冲击式车身、SRS安全气囊等安全设计被汽车工业界引为标杆,并导致各汽车大厂竞相投入研究开发的行列。

翻开奔驰公司的历史,从20世纪50年代开始它就致力于安全问题的研究。1953年,奔驰公司发明的框形底盘上的承载式焊接结构使得衡量车身制造的标准朝着既美观又安全的方向迈出了第一步。在600型的基础上,奔驰公司又研制出"安全客舱":载客的内舱在发生交通事故时不会被挤瘪,承受冲击力的是发动机箱和行李箱这两个"缓冲区",为了不让方向盘挤坏驾驶员,转向柱是套管式的,可以推拢到一起;每一部小轿车上,从车身到驾驶室,共有136个零部件是为安全服务的。

2. 奔驰产品定位之二:环保至上

尽管汽车给人们带来很多的好处,遗憾的是,汽车加速了环境的污染。汽车马达的发动增加了城市的噪声;汽车排出的废气污染了人们呼吸的空气……环境污染成为汽车的两大克星之一(另一是能源危机)。行家们预言,未来的汽车是环保汽车,比如利用电能的电车,石油、太阳能、煤、核能、水力、风力都可以用来发电,这就使得汽车能源不局限于某一种能源，又可彻底地消除噪声与废气的污染。

奔驰公司把对环保问题的关切作为其诉求重点，长期以来重视环保技术的研究，研制节能和保护环境方面的新型汽车。石油危机发生后，奔驰公司着力研究汽车代用能源，例如，乙烷、甲烷、电子发动或混合燃料发动装置。

奔驰公司每年定期推出强化企业形象的广告，对环境问题的高度关注是其重要内容。一般汽车公司是以美国环保法规为最终标准，多数的商品开发也以满足美国的标准为前提，但奔驰公司除了这些之外，另外制定了一套比美国标准还严格的品管规定。"使你加入节约能源及环境保护工作"就是奔驰广告的口号。

3. 奔驰定位之三：无处不在的售后服务

奔驰600型汽车的广告词就是："如果发现奔驰车发生故障，中途抛锚，将获赠1万美元。"这充分体现出奔驰公司对品质和服务质量的追求。如果车辆在途中发生意外故障，开车的人只要就近向维修站打个电话，维修站就会派人来修理或把车辆拉到附近不远处的维修站去修理。无处不在的售后服务，使奔驰车主绝无半点烦恼。

顾客满意（之一）：从生产车间开始。在以消费者为中心的营销时代，顾客满意促销方兴未艾。它是指从顾客的需要出发，从产品结构、产品质量、销售方式、服务项目、服务水平等方面为顾客服务，满足顾客各种不同的需要，使顾客完全满意。

奔驰公司"让顾客满意"从生产车间就已经开始。厂里在未成型的汽车上挂有一块块的牌子，写着顾客的姓名、车辆型号、式样、色彩、规格和特殊要求等。不同色彩，不同规格，乃至在汽车里安装什么样的收录机等千差万别的要求，奔驰公司都能一一给予满足。据统计，奔驰车共有3 700种型号，任何不同的需要都能得到满足。

顾客满意（之二）：服务人员和生产人员一样多。奔驰公司的售后服务无处不在，使奔驰车主没有任何后顾之忧。在德国本土，奔驰公司设有1 700多个维修站，雇有5.6万人作保养和修理工作，在公路上平均不到25公里就可以找到一家奔驰车维修站。德国本土之外的维修站点也很多，据统计，它的轿车与商业用车在世界范围内共有5 800个服务网点，提供保修、租赁和信用卡等服务。国内外搞服务工作的人数竟然与生产车间的职工人数大体相等！

奔驰车一般每行驶7 500公里需要换机油一次，行驶1.5万公里需检修一次，这些服务都可以在当天完成。从急送零件到以电子计算机开展的咨询服务，奔驰公司的服务效率令顾客满意、放心。

奔驰公司还十分重视争取潜在的客户。它瞄准未来，心理争夺战竟从娃娃开始做起。每个来取货的顾客驱车离去时，"奔驰"都赠送一辆可作孩子玩具的小小奔驰车，使车主的下一代也能对奔驰车产生浓厚的兴趣，争取下一代成为奔驰车的客户，从小喜爱奔驰车的幼童渐渐地被培养为终生喜爱奔驰车的客户。这样客户对奔驰品牌的忠诚就世代地继承下来。

到1993年止，奔驰车在各种世界性汽车比赛中76次获胜，17次打破世界纪录，1973年"梅塞德斯450SEL619"以其尖端的技术，被世界汽车制造业选为"本年度最佳汽车"。

近年来，德国奔驰集团在中国市场上投放了大量的广告以争夺中国的客户，它在日本市场上所面临的竞争也越发的激烈，让我们期待着这个百年的老厂始终吉星高照，位居汽车业界的领导地位。

（资料来源：http://hi.baidu.com/8812160/blog/item/a829d325b505556235a80f69.html；封展旗，黄保海. 市场营销案例分析. 北京：中国电力出版社，2008.）

二、思考·讨论·训练

1. 奔驰的定位策略是怎样的，请予以分析。
2. 对奔驰的定位策略，你还有何建议？

实践训练

项目名称：编制市场定位策划书训练

1. 实训目的

假定自己是某产品的市场营销经理，针对你所经营的产品，分析研究"谁是你的客户"，找准你的目标市场，实施市场定位策略。

2. 实训要求

（1）以实地调查为主，配合在图书馆查阅、在因特网上搜索等手段收集相关资料；

（2）用市场细分、定位技术，分析某产品的市场优势，并对这一优势进行深入说明，总结分析在这一优势下如何开展营销活动。

3. 实训步骤

（1）根据班级学生人数来确定小组划分，每一小组以5～8人为宜，小组中要合理分工。

（2）在教师指导下统一认识，以小组为单位制定市场定位书。

（3）在全班进行交流，师生共同评价。

项目名称：市场细分、市场定位训练

1. 实训项目

（1）请为以下产品确定市场细分的变量，并对其市场进行细分：冰激凌、计算机、服装、手机。

（2）请就我国目前市场上的电视机、饮料、汽车这三类产品的定位工作进行评价与分析。

2. 实训目的

通过上述分析，加强学生对市场定位策略的理解。

3. 实训任务

（1）掌握市场细分的变量以及不同产品的市场细分方法。

（2）掌握市场定位的策略。

4. 考核评价

由任课教师负责实训指导与制定考核评价标准，其中预习准备占10%，实际操作符合要求占30%，实训记录完整占20%，实训分析报告完整清晰占30%，团队合作占10%。

（资料来源：任会福，李娜．市场营销理论与实务．北京：人民邮电出版社，2011．）

课后练习题

1. 某企业拟开发儿童用品，请你帮助该企业选择目标市场。
2. 在学校附近选择三家比较大的综合百货商场，了解各个商场经营商品的类别、层次，

分析其定位上的差异。

3. 据对啤酒市场的调查发现：根据对啤酒饮用程度的不同，可将消费人群分为两类：一类是轻度饮用者，另一类是重度饮用者。重度饮用者的饮用量是轻度饮用者的8倍。重度饮用者以中低收入水平的蓝领人群为主。请运用市场细分理论进行分析，并提出相应的产品及市场定位方案。

4. 与两到三名同学组成一个小组，为一个新产品提出创意。描述你要定位的细分市场，并解释你选择该定位策略的原因。

5. 以小轿车为例，至少列出三种不同的品牌，并能指出它们各自的定位策略。每一种定位是怎么传达给目标市场的消费者的？

6. 假设你是某新建服装公司总裁，现在要根据市场需求状况进行市场细分。如果你可以根据下列细分变量进行市场细分，那么请说明公司应该生产哪些服装。

市场细分变量：性别、年龄、职业、爱好、居住地（城市、乡村）、收入状况。

人口差异与消费倾向

人口差异包括年龄、性别、收入、信仰等方面的差别，这种差异会让消费者在消费倾向方面表现出不同。细分市场并将自己的"靶心"定位在目标市场上，才能博得消费者的喝彩。不同状况的消费者，会自觉将自己归入某个消费群体中去，在其中找到与其他个体的共同的语言，大家在相互交流中形成相似的消费倾向。商家就是要不断辨识这些消费倾向，准确捕捉消费者的差异。

按照年龄可以将消费者分为儿童、少年、青年、壮年、老年等，不同年龄的消费者的需求状态是不同的。儿童需要的是玩具、动画片、泡泡糖。成年人很多时候并不能读懂小孩眼中的世界，一个积木就能够让小孩坐在一个地方半天时间不动弹。小孩对很多东西都非常好奇，小孩对某一件事情得出的答案是成年人很不容易想到的。儿童天真无邪，无忧无虑，没有贪念，每一句话都发自肺腑。少年时期的人们开始逐渐有了自私心理，虽然真善美与假恶丑的判别标准还并不是非常正确，但已经开始有自己的思想，竞争的思想开始形成，除了学习之外开始有自己的喜好，在条件允许的情况下逐渐将这种喜好强化。这个年龄的人没有生活负担，没有思想禁忌，对社会充满向往，消费完全服从父母，但自己的喜好就是父母的购买方向。青年时期的消费者开始逐渐有了自己的购买力，刚刚步入社会的这些人还很迷茫，在较大的需求愿望与不足的购买力之间形成较大的反差，虽然已经有了自己相对独立的购买力，但在很大程度上还不能脱离父母。青年人的购买欲很旺盛，是社会经济发展的拉动力。这个年龄段的消费者喜欢追求时尚，并不喜欢存款，消费完全由着自己的性子来，并不是非常理性。壮年时期的消费者是家庭的顶梁柱，这个年龄段的消费者负担较为沉重，赡养父母和教育子女的责任全部集中在自己的身上，为了维持家庭生活需要奔波劳碌。该年龄段的人大多已经不再追求前卫和时尚，而是显得老成持重，在消费问题上也会更加理性，在经济上已经完全独立，不但要维持即期生活质量，而且要有长远打算。商家的"甜言蜜语"对这个年龄段的人基本不能奏效，消费者看重的不仅是商品的外表，更重要的是在后续消费中带来的实惠程度。老年消费者虽然收入已经开始降低，但一生中的积蓄还算不少。到了晚年的时候，他们已经有足够的时间"享清福"了，除了肩负起对孙辈人的抚养责任外，还有重要的一点就是非常注重自身保健，这个年龄段的消费者，分辨是非的能力开始下降，非常容易受到他人的迷惑，在消费过程中的控制力下降，往往会上当受骗。商家为了持续地打开老年消费市场，还需要从青年及壮年消费者入手考虑，从"孝"这个传统文化入手，让青壮年消费者欣然打开自己的钱包，慷慨地为老年消费者购物。

除了年龄外，信仰、性别、收入等都是影响不同人群购买力的重要因素。不同信仰的人群，在产品消费方面迥然不同。信奉伊斯兰教的人不吃猪肉，印度人不食用牛肉。有的民族将文身作为一种必需的消费。随着社会经济的发展，人们的消费观念也在发生变化。在生活水平普遍不高的年代，人们普遍将"缝缝补补又三年"当成一种美德，人们将有限的收入全部用在了油、盐、酱、醋等日常生活消费品上面，"吃"是人们的主要话题。现在人们的生活条件变好了，虽然吃这个话题还是很重要的，但谈论的重点已经由吃的数量转变为吃的质量。人们要吃出美丽、吃出健康。这就为厨师们做饭增加了难度，色、香、味、形、养俱佳的食品是最受消费者欢迎的。除了吃之外，人们有更多的心情关注住、用、行等各个方面。人们在所有的花费中，用于生活基本消费的支出所占的比重越来越小。在穿的方面，花色、款式更加丰富多样，人们可以根据自己的喜好选择能够张扬自己个性的服装。在住的方面，房子的面积越来越大，人们可按自己喜欢的风格装修房子，居住环境越来越舒适。在用的方面，各种各样的能够展示个人魅力的消费品见诸市场。在行方面，人们逐渐告别自行车，购买了私家车，人们到野外郊游更加方便了。多样化的需求为商业的繁荣提供了环境。当然人们现在的生活条件虽然已经发生了很大改善，但曾经有过的那种生活场景在人们的脑海中还是留有深深的印记。人们以批评的态度审视有些年轻人过于奢华的生活方式。就性别对消费的影响看，也是存在很大的差异的。一般而言女性在选择商品的时候会更加注重外表，而男性则更加看重内在品质，女性相对于男性更加看重前卫和时尚，女性更追求消费的心情。在挑选商品的过程中女性消费者会更加注重细节，所以商家在应对女性消费者的这种特性时要有更多的招数。收入对消费者行为的影响自然会更加明显。高收入的消费者会出入高档酒店、购物中心，身着华丽的服饰，喝高档酒、吃高档营养品，这些消费者交往的社会阶层也与一般人有很大的差别。在旁人并不认为是必需消费的产品，在这些人看来是必需的。他们家中的厅堂中一定要摆设名贵的花草，只有这样才能够与自己的收入状况相匹配。

（资料来源：孟祥林. 市场营销学：理论与案例. 北京：机械工业出版社，2013.）

任务7
产品策略

企业的出路在于产品更新换代。
——[日]土光敏夫

拥有市场比拥有工厂更重要,拥有市场的唯一办法是拥有品牌。
——[美]莱利·莱特

伟大的设计在实验室产生,而伟大的产品在营销部门产生。
——[美]威廉·H.达维多

> **学习目标**
>
> - 能够制定产品组合策略；
> - 运用产品生命周期策略；
> - 运用品牌策略；
> - 运用包装策略；
> - 运用服务策略；
> - 运用新产品策略。

营│销│故│事│导│入

"婴儿手足印"纪念框

许许多多的父母都希望自己的子女出世之后，能留下美好而完整的记录。于是，有拍相片的，有留下婴儿小撮胎毛的，有填写宝宝日记的，凡此种种，不一而足。

日本的一家公司推出了令人耳目一新的产品——"婴儿手足印"纪念框，以年轻父母为销售对象。

年轻的父母替小宝宝印下手印或足印后，该公司据此用黏土做成模型，并且注入特殊的树脂原料，等其凝固后，便成为一个立体的手印或足印。继而在其表面镀上一层金色、银色或棕色，再将手印或足印镶入木框之中，再铸上格言、感想或人名等合适的字样。

这样，一件带有纪念意义的艺术性装饰品便完工了。

这新生的小宝宝的手印或脚印，常常可以让父母回想起孩子出生时的情形。而孩子长大后，看到自己小手小脚的模样，更是感到惊奇而有趣。

这种产品在日本一上市，即呈现畅销的势头。

产品是市场营销组合中的一个重要因素。产品策略直接影响和决定其他市场营销组合策略，对企业市场营销的成败关系重大。

（资料来源：http://www.doc88.com/p-395360682058.html）

7.1 产品组合策略

1. 产品组合概念

产品组合是指一个企业生产或经营的全部产品线和产品项目的结合方式,也即全部产品的结构。在这里,产品线是指同一产品种类中密切相关的一组产品,又称产品系列或产品类别。所谓密切相关,是指这些产品或者能满足同类需求(即这些产品以类似的方式发挥功能),或者售予相同的顾客,或者通过统一的销售渠道出售,或者属于同一价格范畴等。产品项目是指在同一产品线或产品系列下不同型号、规格、款式、质地、颜色的产品。例如,海尔集团生产冰箱、彩电、空调、洗衣机等,这就是产品组合;而其中冰箱或彩电等大类就是产品线,每一大类里包括的具体的型号、规格、颜色的产品,就是产品项目。

产品组合包括四个变数:产品组合的宽度、长度、深度和关联度。产品组合的宽度又称产品组合的广度,是指产品组合中所拥有的产品线的数目。产品组合的长度是指一个企业的产品组合中,产品项目的总数。产品组合的深度是指每一产品线中包括的不同品种规格的产品项目数量。如果以产品项目总数除以产品线数(即长度除以宽度),就可以得到产品线的平均长度。产品组合的关联度是指各条产品线在最终用途、生产条件、分销渠道或其他方面关联的程度。

产品组合的宽度越大,说明企业的产品线越多;反之,宽度越窄,则产品线越少。同样,产品组合的深度越大,企业产品的规格、品种就越多;反之,深度浅,则产品的规格、品种就越少。

合理的产品组合对市场营销活动具有重要意义。企业可以增加新产品线,从而拓宽产品组合宽度,扩大业务范围,分散企业投资风险;加强产品组合的深度,占领同类产品的更多细分市场,增强行业竞争力;加强产品组合的关联度,使企业在某一特定的市场领域内加强竞争,赢得良好的声誉。

2. 产品组合策略

产品组合策略是指企业根据市场状况、自身资源条件和竞争态势对产品组合的宽度、广度、深度和关联度进行不同的组合。主要包括产品项目的增加、调整或剔除;产品线的增加、扩展和淘汰;以及产品线之间关联度的加强和简化等。一个企业产品组合的决策并不是任意确定的,而应遵循有利于销售和增强企业利润总额的原则,根据企业的资源条件和市场状况进行灵活选择。一般可供选择的产品组合策略有如下两种。

(1) 扩大产品组合策略。扩大产品组合策略是指扩大产品组合的宽度或深度,增加产品系列或项目,扩大经营范围,生产经营更多的产品以满足市场的需要。对生产企业而言,扩大产品组合策略的方式主要有如下三种。

① 平行式扩展,指生产企业在生产设备、技术力量允许的条件下,充分发挥生产潜能,向专业化和综合性方向扩展,增加产品系列,在产品线层次上平行延伸。

② 系列式扩展,指生产企业向产品的多规格、多型号、多款式发展,增加产品项目,在产品项目层次上向纵深扩展。

③ 综合利用式扩展,指生产企业生产与原有产品系列不相关的异类产品,通常与综合利用原材料、处理废料、防止环境污染等结合进行。

（2）缩减产品组合策略。缩减产品组合策略是指降低产品组合的宽度或深度，删除一些产品系列或产品项目，集中力量生产经营一个系列的产品或少数产品项目，提高专业化水平，力图从生产经营较少的产品中获得较多的利润。具体又可以采用以下几种方式。

① 保持原有产品的广度和深度，增加产品产量，降低成本，改变经营方式，加强促销。
② 集中发挥企业的优势，减少生产的产品系列，只经营一个或少数几个产品的系列。
③ 减少产品系列中不同品种、规格、款式、花色产品的生产和经营，淘汰低利产品，尽量生产适销对路、利润较高的产品。

3. 高档产品策略

高档产品策略是指在同一产品线内增加生产档次高、价格高的产品项目，以提高企业和现有产品的声望。

4. 低档产品策略

低档产品策略是指在同一产品线内增加生产中低档次、价格低廉的产品项目，以利用高档名牌产品的声誉，吸引因经济条件所限，购买不起高档产品，但又羡慕和向往高档名牌的顾客。

应该指出：无论采用高档产品策略还是低档产品策略，都存在着一定的风险。因为，在中低档产品线中推出高档产品，难以树立高档产品的独特形象；而在高档产品线中推出低档产品，容易损坏高档产品甚至企业的形象。

7.2 产品生命周期策略

所谓产品生命周期，是指产品从研制成功投入市场到最后退出市场所经历的全部时间。任何产品在市场上都不是万寿无疆的，有其诞生的时候就有其衰亡的时候。总想让某一产品保持永不衰退的销售势头，这种营销思想必将把企业引入困境。只有不断开发新产品，及时实现产品更新换代，才能保持企业活力。

产品生命周期不是产品的使用生命周期。产品的使用周期是指产品的耐用程度。而产品生命周期是指产品的社会经济周期。决定经济寿命的不是使用强度、自然磨损和维修保养等因素，而是科学技术的发展和社会需求的变化。

产品生命周期也不是指某一种类的产品。而是指某一种类中的具体产品。就某一种类产品而言，如煤炭、钢材、车辆、食品等，其市场生命会长久延续下去。而其中的某一品种产品在市场上的生命都是有限的。

1. 产品生命周期阶段划分

按照产品销售量在不同时期的变化情况，产品生命周期可分为四个阶段，从产品开始投入市场到销售量渐渐增加为介绍期，这是产品的初销阶段。产品开始盈利，随之销售量迅速增长，产品进入成长期，这是产品的畅销阶段。当产品的销售量增长速度缓慢下来，稳定在一定水平上，产品进入成熟期，是产品的稳销阶段。当产品销售量迅速下降，就开始了产品的衰退期，这时就到了产品的淘汰阶段，需要有换代产品或新开发的产品来替代。

2. 介绍期的市场营销策略

在介绍期，产品刚刚进入市场，消费者对产品不甚了解，往往对产品持保守态度，购买不够踊跃，产生对产品的拒绝性。这时，产品的性能还处于完善过程，需要通过用户反馈意见不断改进。由于生产不够熟练,废品较多,成本较高。从财务上看,在盈亏平衡点以下,存在着一定程度的亏损。消费者的拒绝性会引发企业经营的风险,营销措施跟不上,会使产品进入市场的努力失败。在产品介绍期企业需注意的问题如下。

(1) 努力开发市场。介绍期实际上是企业新产品的市场开发阶段,它需要企业投入一定的资金、人力和物力。许多企业新产品研制成功后,推向市场缺少营销经费,结果搁置。

企业必须明确认识到,开发市场是一项独立的创造性活动。不能只注意开发产品不注意开发市场。开发市场也不仅是一般性的宣传,而是要特别注意研究和开发产品用途。这里所说的用途主要不是指一般意义上的产品性能与作用,而是指具体能满足消费者什么需要,能解决消费者什么困难和问题。这同样也是企业重要的科研项目。

(2) 加强广告宣传。在研究用途的基础上,应有针对性地开展宣传攻势。这时企业会出现亏损,主要是广告费用大。广告宣传要集中力量,连续不断地重复进行,在市场上造成强烈影响。切不可东做一点,西做一点,钱花得不少,产生的效果不大。这一时期的宣传,重点在于产品的性能和用途,激发消费者的购买欲望。

(3) 从多方寻找机会,这时要注意社会重大活动和能造成广泛影响的事件,适时推出产品以引起社会的轰动效应。寻找机会同样是一项创造性的活动。

(4) 注意控制产量。在产品还没有在市场上推开之前,要适当控制产量。由于产品还需改进,生产线不要固定死,应留有可调整余地。

3. 成长期的市场营销策略

在成长期,产品逐渐为用户熟悉,销售量迅速增长,盈利增加。这一阶段所遇到的问题是会引来竞争者。企业要保持住自己在市场上的优势,必须尽快提高产品质量,突出产品特色,多方面满足消费者需求。此时投资成为突出问题。应采用一些专用设备,迅速形成较大的生产能力。成长期企业营销需要做的主要工作如下。

(1) 宣传厂牌商标。此时仍要重视广告宣传,但宣传的重点应转为厂牌商标,要提醒消费者注意本企业产品的特点。各种公关活动也要跟上,努力塑造企业在社会上的良好形象。如果企业不能及时地转变宣传策略,那么就等于前一段是在给竞争对手开辟市场。

(2) 提高和保持市场占有率。要根据自己的实力开辟市场,采取必要的措施稳定基本用户。这时企业不能把注意力都放在盈利目标上,只有保住市场,以后才会有长远稳定的利润。但也要注意不要将市场面铺得太大,否则顾不过来就会失去信誉,从而会影响未来的营销工作。这一阶段最重要的工作是追求形成自己的稳定市场。

(3) 努力创名牌。这一阶段是企业创名牌的最佳时机。优秀的企业都懂得,要在产品好卖的时候创名牌,这时产品的鲜明特征能使消费者在对比中留下深刻印象。当产品不好卖的时候,消费者的心目中已经有了明显倾向性,再创名牌就变得十分艰难。同类产品后进入市场的企业也有不少成功的先例,那就必须使产品有新的特色,或者营销策略上采取与众不同的措施,使消费者明确感到其有优于其他产品的地方。

4. 成熟期市场营销策略

此时,产品的生产量与销售量扩大到相当规模,竞争厂家增多,社会需求量稳定下来,市场已趋于饱和。一般来讲,这一阶段是产品经历的最长时期。在成熟期还应宣传品牌商标,但更应当注意保持市场占有率。因为市场规模已经稳定下来,市场需求量虽然不小,但不再增长。因而竞争具有你死我活的特征。如果本企业市场占有率有所提高,表明竞争对手的市场占有率降低；相反则说明自己的市场并入了竞争对手的势力范围。创名牌工作也不能放松。除此之外，还要做好以下工作：

（1）尽量回收资金。产品处于这一阶段一定要少投资，特别不要再重复上新的生产线，最多搞一些填平补齐的工作，要尽量发挥该产品的效益。很多企业在产品处于成熟期时决策上很容易出问题。因为这时存在着对企业的一种诱惑。在成熟期，虽然销售量不再增长，但销售量还是很高的。由于生产的时间长了，生产效率在提高。产品质量也稳定下来，废品率则在下降，管理上也积累了经验，生产成本能控制在较低的水平。时间一长，设备也折旧得差不多了。综合以上的各种因素，会使产品利润率提高，这就给人好销又赚钱的感觉。如果仅凭感觉就进行决策，就会贷款重复上一条新的生产线。产品产量成倍提高，而市场需求已经饱和，新增加的产量没有销路，而贷款却要付利息，该赚钱的时候反而出现亏损。许多企业都是在该阶段出了同样的问题，因而要特别引起注意。

（2）开发新产品。回收的资金不要再投向老产品，而是用来开发新产品，准备实行产品更新换代。开发新产品要特别注意提高其中的科技含量，如能掌握其中的某种专用技术，不但能提高产品的附加值，而且能使产品长期保持市场竞争优势。新产品与老产品保持良好的衔接关系，企业才有生命力。

（3）延长成熟期。这一阶段是产品效益最高的时期，延长得越久对企业越有利。这就要改进产品性能，加强服务，调整营销策略，提高竞争力，使稳定销售势头尽量保持下去。

在这一阶段，社会需求量达到最高峰之后，就会逐渐下滑。这时，有些实力较弱或竞争力不强的企业，效益下降较快。有可能转产退出竞争领域。这时，如能采取有力的营销措施，使消费者更多地受益，完全可以形成新的销售高潮，并使自己企业产品的成熟期延长。

能够延长成熟期的另一重要措施就是转移生产场地，将产品转移到劳动力较便宜的地区去生产。由于生产成本下降，在价格上可以保持竞争力，因而可使稳销状况多保持一段时期。

5. 衰退期市场营销策略

在这一阶段，产品已经没有生命力，到了淘汰阶段。这时，销售量迅速下降。维持下去将会使企业处于极其被动的局面。衰退期到来会有一些迹象，但到来时还是较突然。因此，衰退期的到来是一个重要的预测点，根据预测要及时采取措施。当察觉产品已进入了衰退期时，就要毫不犹豫地撤退。果断地将产品处理掉。千万不要有舍不得的想法，越拖拉损失就越大。要迅速实现产品更新换代，否则会失去原有市场。

7.3　品牌策略

品牌俗称牌子，是用以识别企业产品的某一名词、术语、标记、符号、设计或它们的组合。其基本功能是把不同企业之间的同类产品区别开来，使竞争者之间的产品不致发生混淆。品牌是一个集合概念，包括品牌名称、品牌标志、商标。品牌实质上代表着卖主对买主的产品特征、利益和服务的一贯性的承诺。品牌可以帮助消费者识别产品的来源或产品的生产者，从而有利于保护消费者利益。品牌一旦拥有一定的知名度和美誉度后，企业就可利用品牌优势扩大市场，形成消费者的品牌忠诚，保护本企业的利益不受侵犯。同时还有利于企业进行市场细分，可以在不同的细节市场上推出不同品牌，以适应消费者的个性差异，更好地满足消费者需要。另外，还有助于塑造和宣传企业文化，提高员工的凝聚力；好的品牌是企业宝贵的无形资产，具有极高的价值。品牌策略包括如下方面：

1. 品牌有无策略

一般说来，使用品牌对大部分商品可以起到很好的促销和保护作用，但并非所有的商品都必须使用品牌。一般在下列情况下可以考虑不使用品牌。

（1）大多数未经加工的原料产品，如棉花、大豆、矿砂等。

（2）不会因生产商不同而形成不同特色的商品，如钢材、大米等。

（3）某些生产比较简单，选择性不大的小商品或一次性生产的商品。

无品牌营销的目的是节省广告和包装费用，以降低成本和售价，加强竞争力，扩大销售。尽管品牌化是市场发展的大趋势，但对个别企业而言，是否使用品牌还必须考虑产品的实际情况。

2. 品牌归属策略

企业决定使用品牌以后，就要涉及采用何种品牌。一般有三种选择。

（1）采用本企业的品牌。这种品牌叫企业品牌、生产者品牌、全国性品牌。

（2）中间商品牌，也叫私人品牌，也就是说企业可以决定将其产品大批量地卖给中间商，中间商再用自己的品牌将货物转卖出去。

（3）一部分产品使用生产者品牌，另一部分使用中间商品牌。

企业究竟应该使用自己的品牌还是中间商的品牌，必须全面地权衡利弊。如果制造商具有良好的市场信誉，拥有较大市场份额，产品技术复杂，要求有完善的售后服务等条件时，大多使用制造商品牌。相反，在制造商资金实力薄弱，市场开拓能力较弱，或者在市场上的信誉远不及中间商的情况下，则适宜采用中间商品牌。尤其是新进入某市场的中小企业，无力用自己的品牌将产品推向市场，而中间商在这一市场领域中却拥有良好的品牌信誉和完善的销售体系，在这种情况下利用中间商品牌往往是有利的。近年来，西方国家许多享有盛誉的百货公司、超级市场、服装商店等都使用自己的品牌，这样可以增强对价格、供货时间等方面的控制能力。

3. 品牌统分策略

（1）个别品牌名称。即企业的每一种产品分别使用不同的品牌名称。这种品牌策略的优点是：企业不会因某一品牌信誉下降而承担较大的风险；个别品牌为新产品寻求最佳市场提供了条件，有利于新产品和优质产品的推广；新产品在市场上销路不畅时，不至影响原有品牌信誉；可以发展多种产品线和产品项目，开拓更广泛的市场。个别品牌策略的最大缺点是加大了产品的促销费用，使企业在竞争中处于不利地位。同时，品牌过于繁多，也不利于企业创立名牌。

（2）统一的家族品牌名称。即企业将所生产的全部产品都用统一的品牌名称。单一的家族品牌一般运用在价格和目标市场大致相同的产品上。运用家族品牌策略有以下优点：建立一个品牌信誉，可以带动许多产品，并可以显示企业的实力，提高企业的威望，在消费者心目中更好地树立企业形象；有助于新产品进入目标市场，因为已有的品牌信誉有利于解除顾客对新产品的不信任感；家族品牌有许多产品，因而可以运用各种广告媒体，集中宣传一个品牌的形象，节约广告费用，收到更大的推销效果。在一个家族品牌下的各种产品可以互相声援，扩大销售。但企业采用家族品牌策略是有条件的，这种品牌必须在市场上已获得了一定的信誉；采用统一家族品牌的各种产品应具有相同的质量水平。如果各类产品的质量水平不同，使用统一家族品牌就会影响品牌信誉，特别是有损较高质量产品的信誉。

（3）分类家族品牌名称。企业经营的不同种类的产品分别使用不同的品牌。分类家族品牌名称可以使需求具有显著差异的产品区别开来（如化妆品与农药），以免相互混淆，造成误解。

（4）企业名称与个别品牌并用。即在每一种个别品牌前面冠以公司名称。好处是既可以使新产品享受企业的声誉，节省广告促销费用，又可以使品牌保持自己的特色和相对独立性。

4. 品牌延伸策略

品牌延伸策略是将一个现有的品牌名称使用到一个新类别的产品上，即品牌延伸策略是将现有成功的品牌，用于新产品或修正过的产品上的一种策略。品牌延伸的优势为：可以加快新产品的定位，保证新产品投资决策的快捷准确；有助于减少新产品市场风险；品牌延伸有助于强化品牌效应，增加品牌这一无形资产的经济价值；品牌延伸能够增强核心品牌的形象，能够提高整体品牌组合的投资效益。品牌延伸策略的缺点为：如果某一产品出现问题就会损害原有品牌形象，一损俱损，有悖消费心理，实行延伸会影响原有强势品牌在消费者心目中的特定心理定位；容易形成此消彼长的"跷跷板"现象。

5. 品牌重新定位策略

某一个品牌在市场上的最初定位即使很好，随着时间的推移也必须重新定位。这主要是因为以下情况发生了变化：① 竞争者推出一个品牌，把它定位于本企业的品牌，侵占了本企业品牌的一部分市场，使本企业品牌的市场占有率下降，面对这种情况要求企业进行品牌重新定位；② 有些消费者的偏好发生了变化，他们原来喜欢本企业的品牌，现在喜欢其他企业的品牌，因而市场对本企业的品牌的需求减少，这种市场情况变化也要求企业进行品牌重新定位。企业在作品牌重新定位策略时，要全面考虑两方面的因素。一方面，要全面考虑把自己的品牌从一个市场部分转移到另一个市场部分的成本费用。一般来讲，重新定位距离越远，其成本费用就越高。另一方面，还要考虑把自己的品牌定在新的位置上收入了多少。

6. 多品牌策略

多品牌策略是指企业为同一种产品设计两种或两种以上相互竞争的品牌。例如，宝洁公司为洗发水设计了多个品牌：飘柔、潘婷、海飞丝、沙宣等。这种策略有助于壮大企业声势，适应消费者不同的需求，挤压竞争者产品；有利于提高市场占有率，分散企业风险。企业实施多品牌策略要考虑企业的盈利水平，因为品牌建立需要一定的资源投入，若不能获得相应的市场份额，就会影响企业的经济效益。同时，还要注意协调好多品牌之间的矛盾。

7.4 包装策略

在现代企业的市场营销中，包装必须作为产品的一项重要内容加以考虑。它不但对促进产品销售有着重大作用，而且在一定程度上体现着企业的经营管理水平。除少数产品之外，绝大多数商品都需要进行包装。随着包装材料和包装技术的日新月异，包装已成为一种专门技术，形成了一种新的学科和事业。包装具有保护商品、便于运输、美化商品、有利消费、传递信息等作用。人们在市场上购买产品，首先是从包装上产生对产品的最初印象，从看包装来确定产品的高低贵贱。包装赋予了产品个性，充实了产品的生命，进而直接地影响着消费者对产品的评价和购买行为。包装的设计对产品销售量的增长具有至关重要的作用。

制定包装策略的目的在于更有效地满足消费者的需要从而产生促销效果。在产品刚投入市场时，包装重点应放在与消费者沟通和突出宣传厂牌商标上。一旦产品进入成长期，开拓市场就成为一项重要任务，就要推出差异化策略，以适应不同层次的消费者。而当产品发展到成熟期，为保住市场占有率，实现稳定销售，要着重在方便顾客使用上下功夫。到后期，应努力降低成本，包装以保护产品为主，以使产品在市场上保持竞争力。经常采用的包装策略有以下几种。

1. 类似包装

企业所生产的各种产品采用统一的外形进行包装。由于图案相同，色彩近似，使顾客很容易联想起是同一厂家所生产的产品。采用这种包装策略有利于降低包装成本，扩大企业的声势，特别是对促进新产品迅速打开销路，有着明显的作用。

2. 多种包装

这是指各种有关联的产品放在同一容器中，使顾客在一次购买中可以满足多种消费，或者能为顾客提供较多的方便。例如，家用小型工具箱、家庭常备卫生箱，还有将许多产品组合起来的"旅行包装""礼品包装""配套包装"等都属于多种包装。采用这种包装策略可以起到促进销售的作用。有的将新产品与老产品包装在一起，有利于新产品推广。多种包装策略除了从实用性方面考虑之外，还可以从趣味性设计上吸引消费者。

3. 再使用包装

这是指产品使用之后，包装还有其他用途。如包装蜂蜜的瓶子，蜂蜜用完了可以作茶杯，酒瓶可以用来当花瓶，有的在布料的包装纸上印有服装的式样和剪裁说明。这样做一方面可以引起消费者重复购买的欲望，同时由于包装上印有商标，还可以起到广告宣传的效果。

4. 附赠品包装

这是指包装中附加一些赠品以引起消费者的购买兴趣。某企业生产的"芭蕾牌"珍珠霜，每盒附赠一颗珍珠别针，如果购买50盒以上，可以穿成一条珍珠项链，在市场上很受欢迎。

7.5 服务策略

服务是产品功能的延伸，有服务的销售才能充分地满足消费者的需要，缺乏服务的产品不过是半成品。未来的市场竞争日趋集中在非价格竞争上，非价格竞争的主要内容就是服务，因此服务的竞争也可称为二次竞争。

销售服务按照服务过程可分为售前、售中和售后服务；按照服务性质可分为技术服务与业务服务；按照技术服务的特征可分为固定服务与流动服务。此外按照保修情况可分为免费服务与收费服务。

服务作为市场营销活动的组成部分，服从于营销战略。从短期看，服务是一种投入，而从长期看，服务将给企业带来巨大效益，而且服务本身就能使企业获得巨大收益，服务甚至可以成为企业收益的主要来源。

销售服务的主要策略包括：建立健全服务的网点和体制、帮助用户安装、调试、检修设备、保证零配件供应、搞好对用户的技术培训、帮助用户提高竞争能力、保证和缩短交货期、编好使用说明书、做好用户咨询工作、尽量接受一些特殊订货、为用户开展代办业务等。

7.6 新产品策略

企业在市场营销活动中要不断地推出新产品。新产品开发是满足需求,改善消费结构,提高人民生活素质的物质基础,也是企业具有活力和竞争力的表现。

市场营销学中的新产品概念,是从市场和企业两个角度认识的,不仅包括科学技术上的新产品,还包括对市场来说第一次出现的产品和对企业来说第一次销售的产品。因此,市场营销学中的新产品有四种类型:全新产品——应用新的技术、新的材料研制出的具有全新功能的产品;换代产品——在原有产品基础上,采用或部分采用新技术、新材料、新工艺研制出来的新产品;改进产品——对老产品的性能、结构、功能加以改进,使其与老产品有较显著的差别;仿制产品——对国内或国际市场上已经出现的产品进行引进或模仿,研制生产出的产品。

新产品开发的过程比较复杂,包括开发新产品的设想、形成产品概念、制定市场营销战略、描述目标市场的规模、估算新产品的价格、计算目标利润和不同时间的市场营销组合、营业分析,对销售额、成本及利润额进行估计等步骤。

新产品上市能否被消费者接受主要看其接受新产品的心理过程。消费者因其接受新产品快慢程度不同可分为五种类型:创新采用者、早期采用者、早期大众、晚期大众和落后使用者。这五种消费者在采用新产品的时间上有先有后,但其心理过程大体相同。营销人员要根据购买者的个人因素、社会因素和沟通行为因素等使其认识新产品,然后进入说服阶段,使其对新产品的相对优越性、适用性、复杂性等方面有所认识,其后通过对产品特性的分析和认识,促成购买者做出购买决定。

案例1 吉列感应式剃须刀开发纪实

一、案例介绍

在安全刀片推出之前的几个世纪,男士们一直使用缺少舒适和安全性的无保护装置刀片,后来一次性剃须刀推出之后取得了极大成功,其销售量占据全部湿性修面市场的52%。

虽然当时一次性刀片市场的领导者仍然是吉列,但消费者增加一次性剃须刀的使用威胁到了吉列的市场定位和公司形象。一直以来吉列产品的定位是生产高素质的男士修面产品,但吉列的一次性剃须刀却把吉列品牌同便捷、塑料、低价修面工具联系起来了。面对这一状况,吉列公司决定为其品牌创造一种新的视角,巩固吉列产品作为"男士梳理首选品牌"的地位,将质量和价值带回修面产品中来。使用便宜的一次性剃须刀的趋势对于公司保持作为高等级、高质量生产者的名声帮助甚微。公司需要返回到产品革新的根本点上来。

吉列感应剃须刀系列产品的开发耗时13年,总花销约为3.1亿美元。

(一)感应刀片的构思

感应刀片的构思是在1977年吉列艾卓剃须刀推出后出现的。吉列公司在英格兰的研发机构的设计工程师约翰·弗朗西斯设想将两片非常薄的刀片粘在弹簧上使之具有弹性，这种构思是弹簧可以使刀片在脸部移动，与脸部轮廓吻合，进行更为细致的修面。他做出一个粗糙的原型，造出剃须刀片第一个悬置系统。

弗朗西斯的最初设计是一个由充满液体，可压缩的管子构成的系统，刀片在其中可以独立行动。这种装置对于大规模生产来说过于复杂和昂贵。而且，产品设计的其他方面同管子的概念也不十分匹配。例如，在刀片刮去胡子之前接触皮肤的一种皮肤保护装置就不能同管子很好配合。于是吉列公司着手开发满足所有约束条件，尤其是批量生产时所需条件的产品。

（二）产品设计和制造

通过充分调动公司人员制造和设计专长，感应刀片的设计者们能够设计出真正具有突破性的产品。为消减最初悬置设计的相关费用，工程师们开发了一种能嵌入刀库的悬臂弹簧系统。可是持续的测试显示用于大多数其他刀片上的苯乙烯经过长时间的使用会失去弹性。经过不同树脂进行试验，工程师们选择了一种更耐久、更适合这种用途的树脂材料。

到1983年，他们已拥有一个经过500人测试的原型。吉列公司视自己为修理面部汗毛方面的专家能手，它采用一系列产品使用检测方法。例如，除通过审视消费者测试外，每天还挑选一名没有修面就上班的雇员来做修面测试。剃须刀和修面过程的每一环节都被仔细分析过。

有了令人满意的原型，吉列公司就可以着手处理制造方面的问题了。产品设计需要适合成批生产，这样，规模效应才会带来成本的降低。然而浮动刀片的复杂性及整体设计带来了主要的生产问题。例如，刀库的设计要求钢制支托同刀片相连。这些支托需确保刀片本身的完全可靠性，在以足够快的速度跟上其他高速转动的部件操作的同时，不损伤易坏的刀刃。

为解决这一问题，工程师们开发了一种激光焊接系统，以确保微小复杂的刀库部件所必需的精确性。采用这一体系，15处必需的焊接可以在不损坏周围结构的条件下完成。一旦焊接完成后，刀片就以每2秒5片的速度被送下生产线，并由高分辨率的摄像机检查每一焊接处是否同计算机存储的精确焊接点相符。每一刀库生产线需经过大约100道电子或机械检查。

（三）管理和细化"感应"刀片的开发

然而，随着设计和营销计划的进展，在新式剃须刀的战略方向上出现了另一类矛盾：到底是开发兼具一次性和刀库体系的感应剃须刀还是开发只具有刀库体系的感应剃须刀。在决定这场未来感应剃须刀开发路线的重组中，吉列公司的首席执行官科尔曼·默克勒任命西蒙为修面研究小组的执行副主席。这一举措为项目指明了方向：重点将放在修面系列产品而不是一次性产品上。

由产品设计者、工程师和研发人员组成的多功能紧急小组采用不间断的产品测试来持续改进新式剃须刀。感应剃须刀被5 000名以上的人员试用过，试用者认为感应剃须刀是当时市场上最好的产品。这次测试结果证明感应剃须刀更好地展现了修面体系所标示的每一特点。

（四）产品推出

感应剃须刀帮助吉列公司彻底回到修面体系概念上来。最终产品反映出吉列公司设计小组试图给感应系列剃须刀一种很男子气的外观和感觉的努力。手柄由不锈钢材料制成，带有黑色塑料边和夹。这一设计使人回想起过去高质量的面部修面系列产品，完全不同于轻质的一次性塑料剃须刀。采用人类工程学原理设计的手柄装置和重量使男士可以舒服地握住它。

塑料刮脸匣用来装新式感应剃须刀和一包 5 片的刀片盒，提供了方便的旅行盒，便利了零售展示。最初包装零售价被定为 3.75 美元，低于艾卓和 Tran，这是为了鼓励消费者试用和接受新系列产品。然而，装有 5 片刀片的套盒价格为 3.79 美元，比其他吉列刀片的价格高 25%，每盒刀片多赚了约 8 美分的毛利润！这种定价表明坚定地回到经典的"刀片与剃须刀"的策略上来。

吉列公司决心不让感应剃须刀因缺乏认知度而失败，吉列公司的全球推出计划预算为 1.1 亿美元，而当时公司全部产品的广告预算是 2.84 美元。在产品被正式推出之前，吉列公司设计了一个口号："吉列：男士们能够得到的最佳用品"。这一主题既强调了吉列产品所提供的高素质的修面经历，又突出了吉列品牌在广泛的男士梳理用品中的整体品牌形象。

1989 年 9 月，感应剃须刀正式开始促销，在世界 19 个国家同时销售并举行新闻发布会；吉列公司觉得应在 1990 年 1 月底举行的超级杯赛期间推出新产品，它在 1 月初就开始在电视体育节目中开始播放"含蓄而令人好奇"的广告。台词为"吉列将永远改变每位男士的剃须方式。"最后，感应刀片在超级杯赛期间在三个地点正式推出，并继续采用"男士能够得到的最佳用品"这一主题。

公司紧接着又推出了电视短剧广告和印刷广告，印刷广告在《今日美国》《时代》《新闻周刊》等媒体上刊登。3 月份在重要体育赛事（尤其是篮球赛）和黄金时段展开的强大电视攻势继续了这一势头。为了激发分销感应剃须刀的行业，吉列公司使用了行业杂志和选择性电视广告。

为了在推出产品的这一年中尽快将新式剃须刀送到使用者手中，吉列公司还邮寄了 500 万张价值 2 美元或 3 美元的代金券，在各种媒体广告中附有 5 000 万张等值的免费赠品。该公司最大胆的促销是向 40 万其他竞争对手的忠实使用者们邮寄 1 把剃须刀、3 片替换刀片和 1 美元代金券。

吉列感应剃须刀的推出简直可以说是获得了极大的成功。感应剃须刀第一年的销量额就超过 1.5 亿美元，超过最乐观估计的 30%。在国际上，该产品在 59 个以上国家都取得了类似的销售成绩，销售额达到 3 亿美元。

（资料来源：北京吉利大学商学院课题组. 市场营销习题集；刘洋，乐为，王晓萍. 市场营销习题、案例与实训. 北京：科学出版社，2008.）

二、思考·讨论·训练

1. 吉列公司感应剃须刀的推出对我们有哪些启示？
2. 如果要将吉列公司感应剃须刀推向中国市场，你准备怎样开展营销工作？

案例2　"无声小狗"便鞋的产品生命周期策略

一、案例介绍

20世纪60年代的美国，"无声小狗"猪皮便鞋风行一时。回顾"无声小狗"便鞋从投入一直到衰退的整个生命周期各阶段采用的营销策略，会使我们获益匪浅。

（一）投入期的营销策略

美国澳尔费林环球股份有限公司（以下简称澳尔费林公司）根据潜在顾客的需求，决定生产防汗、不怕潮湿、不会变质、穿起来舒适的猪皮皮鞋，代替马皮皮鞋。1957年，试销了男工便鞋3万双，每种款式有11种颜色，向农村和小镇出售。到了1958年，试销成功后，即给鞋子起名为"无声小狗"，同时还设计了一个带着忧郁眼睛、耷拉着耳朵的矮脚狗作为广告标志。

一般来说，产品在投入期主要遇到的困难是知名度不高、市场占有率和销售增长率都很低，"无声小狗"也遇到了这一困难。同时，它还面临着销售市场和渠道转变的困难。该公司原来的产品是马皮皮鞋，卖给农民，鞋子的主要特点是结实和抗酸，而"无声小狗"则强调舒适，消费对象是城市郊区的人们，因而原先的销售点、销售网及推销员都不能适应新产品推广。

针对上述两大困难，公司首先加强了广告宣传，在发往35个城市的《本周》杂志上大做广告，并通知销售经理，假如在6周以内，在35个城市设立600个新零售点，公司即批准拿出销售额的17％用作广告费用。其次，在1958年8月，该公司调回分散在各地的推销人员，集训一个多月后，再将他们派往35个城市，经过所有推销人员忘我的工作，销路终于打开了。

（二）成长期的营销策略

这一时期，该公司进一步扩大了广告的范围，广告预算是制鞋业平均广告费的4倍。与此同时，它又不断开发新款式男便鞋，销售额成倍地增长，到1961年，"无声小狗"便鞋在美国已成为名牌。

这一时期，生产远远赶不上需求，该公司将每双鞋由原来的7.05美元/双提高到9.95美元/双，同时确定重点经销商，发展新款式。这一时期，销售量猛增，工人一天三班倒着干活，仍供不应求，管理人员忙着采购更多的猪皮。这时，谁也无暇考虑是什么原因和主要有哪些人来购买公司的便鞋。

（三）成熟期的营销策略

1963年，销售额的增长率开始放慢，该公司开始有时间调查消费者购买"无声小狗"便鞋的一些资料了，该公司了解到购买者多数是属于高收入、高教育水平的阶层，购买原因主要是穿起来舒服、轻便和耐用。

于是公司首先继续扩大广告范围，开始使用电视广告，同时还增加了 13 种广告杂志的广告，将影响进一步扩大到新的目标市场。其次强调"无声小狗"便鞋的特点是走路舒适，喊出"穿上无声小狗鞋，使人行走变得更柔软"的宣传主题口号。再次继续延伸它的销售渠道，发展它的零售点，这时它拥有 1.5 万个零售点。在这一时期后期，由于成本提高，使产品价格涨到 11.95 美元/双，但由于公司便鞋质量好，相对于竞争对手成本低，总销售量仍然上升，利润在 1965 年达到了顶峰。

（四）衰退期的营销策略

从 1966 年开始，"无声小狗"便鞋的总销售量和利润开始逐年下降，到了 1968 年，形势非常严峻，除了竞争更加激烈、原料成本上涨的因素外，更主要的是消费者很少重新购买，原因是消费者不喜欢它的款式；同时，由于鞋子质量好，不易穿坏，因而影响了再购买。

该公司的经理们为销量的下降伤透了脑筋，他们认为"无声小狗"便鞋的卖点似乎应该仍是舒适，但款式一定要更新了，他们是否能重新唤起人们的购买欲望呢？

（资料来源：陈水芳. 现代市场营销学. 杭州：浙江大学出版社，2001.）

二、思考·讨论·训练

1. "无声小狗"便鞋生命周期的划分依据是什么？
2. 为延缓"无声小狗"便鞋的生命周期，你认为应该采取什么样的营销策略？

案例3 3M 公司的产品创新战略

一、案例介绍

3M 公司营销 60 000 多种产品。公司的目标是：每年销售量的 30% 从前 4 年研制的产品中取得（公司长期以来的目标都是 5 年内 25%，最近又前进了一步），这是令人吃惊的。但是更令人吃惊的是，它通常能够成功。每年 3M 公司都要开发 200 多种新产品。它那传奇般的注重革新的精神已使 3M 公司连年成为美国最受人羡慕的公司之一。

新产品并不是自然诞生的。3M 公司努力创造一个有助于革新的环境。它通常要投资 7% 的年销售额，用于产品研究和开发，这相当于一般公司投资研究和开发费用比例的两倍。

3M 公司鼓励每一个人开发新产品。公司有名的 15% 规则，即允许每个技术人员至少可用 15% 的时间来"干私活"，即搞个人感兴趣的工作方案，不管这些方案是否直接有利于公司。当产生一个有希望的构思时，3M 公司会组织一个由该构思的开发者及来自生产、销售和法律部门的志愿者组成的冒险队。该队培育产品，并保护它免受公司苛刻的调查。队员始终与产品待在一起直到它成功或失败，然后回到原先的岗位上或者继续和新产品待在一起。有些冒险队在一个构思成功之前尝试了 3 次或 4 次。每年 3M 公司都会把"进步奖"授予那些新产品开发后三年内在美国销售量达 200 多万美元或在全世界销售达 400 多万美元的冒险队。

在执着追求新产品的过程中，3M 公司始终与其顾客保持紧密联系。在新产品开发的每一时期，都对顾客偏好进行重新估价。市场营销人员和科技人员在开发新产品的过程中紧密合作，并且研究和开发人员也都积极地参与开发整个市场营销战略。

3M公司知道为了获得最大成功，它必须尝试成千上万种新产品的构思。它把错误和失败当作是创造和革新的正常组成部分。事实上，它的哲学似乎成了"如果你不犯错，你可能不再做任何事情。"但正如后来的事实所表明的，许多"大错误"都成就了3M公司最成功的一些产品。

比如，关于3M公司科学家西尔维的故事。他想开发一种超强黏合剂，但是他研制出的黏合剂却不很黏。他把这种显然没什么用处的黏合剂给3M公司的其他科学家，看看他们能找到什么方法使用它。过了几年一直没有进展。接着，3M公司另一个科学家遇到一个问题，因此也就有了一个主意。这位科学家是当地教堂的唱诗班成员，他发现很难在赞美诗书中做记号，因为他夹在其中的小纸条经常掉出来。有一次，他尝试在一张纸条上涂了西尔维的弱黏胶，结果这张纸条很好地粘在书上了，并且后来撕下来时也没有弄坏书。于是便诞生了3M公司的可粘便条纸，该产品现已成为全世界办公设备畅销产品之一。

（资料来源：费朗.营销一点通.北京：中国商业出版社，2002.）

二、思考·讨论·训练

1. 3M公司在新产品开发上有何独到之处？
2. 3M公司的新产品开发为企业带来了什么？

361°的品牌崛起之路

一、案例介绍

2008年发源于美国的金融危机对中国体育用品行业的不利影响正逐步显现出来，国内大多数企业有意地在压减宣传费用或者减少开支，降低运营成本以度过这场"寒冬"。然而与此形成鲜明对比的是361°（中国）体育用品有限公司（以下简称361°公司）的逆势扩张：2008年11月，361°公司签约广州2010年亚运会，正式成为广州2010年亚运会的高级合作伙伴；11月28日，361°公司中标"中央电视台2009年体育频道服装指定供应商"，自2009年1月1日起CCTV-5所有主持人及出镜记者穿着361°公司提供的服装；2009年3月12日，361°公司顺利签约亚奥理事会，正式成为亚奥理事会全球官方赞助商；2009年4月23—26日，在中国体育用品界的行业峰会——2009年（第24届）中国国际体育用品博览会上，361°公司携六大资源、五大系列，分4个展区闪耀亮相。在800多平方米的展厅上，跑步、乒乓球、篮球等专业产品的系列化展示，让各界人士注目；361°公司在经历了奥运会的精彩营销后，正在借此东风快速启动"后奥运时代"的体育营销战略。

正如361°公司总裁丁伍号所述："北京奥运的圣火刚刚熄灭，361°公司已经将眼光投向了后奥运时代的更广阔机遇，在强大的竞争格局中一飞冲天，这得益于361°公司在奥运商机中胜出而积累下的雄厚资源。"

361°的品牌崛起之路，正如其广告语一样：勇敢做自己，走出了一条独特的品牌塑造之路。

（一）鲜明的品牌定位

一个企业不论它的规模有多大，其所拥有的资源相对于消费者需求的多样性和可变性总是有限的，因此它不可能去满足市场上的所有需求，它必须针对自己拥有竞争优势的目标市场进行营销。

361°公司运动用品的目标客户群，锁定在14～23岁的中学生、大学生和大学毕业生，这部分群体占据了运动用品70%左右的市场。2008年北京奥运会对体育用品产业的助推作用，极大地刺激了年轻人休闲和健身的需要，而且越来越多的职业装也偏向轻松舒适的休闲风格。

选准了目标市场，并不意味着你的产品就能够被目标市场接受，更为关键的是要让目标市场的消费者能够认可你，接受你，喜欢你，真正在他们心中占据一定的位置。国际著名广告人凯文·罗伯茨曾提出过"至爱品牌"的概念。他认为，一个好的品牌，关键是要让消费者觉得这种商品有个性，在个性的纽带下让人与品牌之间产生一种爱，从而在情感上产生长期的认同与依赖。因此品牌的名称和品牌理念能否真正迎合目标消费群体的心声就显得尤为关键。

纵观国内外运动品牌，以数字作为商标的的确稀少，因而361°非常独特，很新颖。361°品牌名称的立意也很有意思——在大家传统的意识里，只有360°，他们却来了一个361°，不遵循传统，勇于变革求新。

别具一格的名称，容易引起消费者的关注，获得消费者的认同。运动用品的主要消费群体是年轻一族，他们对产品新颖性、别致的要求更高。361°变更，由"别克"到"361°"，或许更符合这种升级的品牌精神内涵。

361°公司在对青少年消费者心理的研究中发现，中国青少年的独立问题一直广受关注，与西方相比，当代中国青少年独立较晚，在成年之后很多孩子还继续生活在父母的庇护下，甚至被冠之以"代鼠宝宝"的称号。但其实大多数青少年并非所谓的"袋鼠宝宝"，他们崇尚个性，从心底渴望较早独立，渴望拥有自由追求理想的权利，也有强烈的参与社会实践的愿望。但是由于两代人缺少有效的沟通，加之父辈过度保护孩子的心理，青年人这些愿望和想法很难得到表达和理解。

当代的青年更多地注重个性，喜欢用自己的方式和理解来对事物做出诠释。而361°的"勇敢做自己"正切中了这一要害。相较于耐克和阿迪达斯的品牌主张，361°的品牌语"勇敢做自己"并没有用一种教条理念锁住消费者的情感，除了宣扬勇敢和坚韧的体育精神外，更多的是鼓励消费者勇敢张扬个性，用自己的方式来诠释体育精神。这种创新无疑使361°品牌的定位准确地落在了目标消费者的心里。

（二）差异化的营销传播模式

面对"首位崛起"的安踏，"当红巨星娱乐营销"的特步，"精耕细作、精于生产"的爱乐，"专注篮球鞋"的乔丹，"第一家上市"的鸿星尔克以及长久经营的耐克、阿迪达斯，要想在此市场中占有一席之地，作为后来者，361°公司必须寻找一条差异化的营销传播模式，否则只能是亦步亦趋地跟在这些巨头后面，永远难以获得较快的成长。而361°公司选择的是"营销＋娱乐＋媒体"的新模式。

将体育营销与娱乐相结合，并非"CCTV-5-361°娱乐篮球全国大赛"的原创。早在1999年，百事可乐就开始在中国开展球王争霸赛活动，这项针对青少年推出的全国范围的足球比赛活动,为其培养了几十万名忠实的消费者。2004年,肯德基也开始在中国举办三人篮球赛,2009年参赛人数已达10万之众。这种模式不但克服了明星代言过程中边际效益递减的缺点,同时也加强了与消费者的互动。

遗憾的是,直到2005年超级女声成为国内最火爆的娱乐节目时,国际巨头们才意识到在"营销+娱乐"中注入媒体要素的重要性,而在一年前几乎是悄无声息地赞助超级女声的蒙牛,在当年已经取得了108亿元的销售收入。

"CCTV-5-361°娱乐篮球全国大赛"显然和超级女声有异曲同工之妙,同样采用选秀的方式、同样借助媒体平台,而且361°公司选择了影响更大、覆盖面更广的中央电视台。通过中央电视台这个平台,361°公司搭起了一座与消费者进行感情交流的桥梁。作为一个运动品牌,361°最大的消费群体是追求时尚、个性张扬的青少年,而娱乐篮球大赛的主要参与者也正是这个群体,二者完美的契合,使361°得以名声大噪。

在与中央电视台的成功合作之后,361°公司牢牢地抓住了这个平台,宣布将连续3年与CCTV-5联手打造"CCTV-5-361°娱乐篮球全国大赛";在一个月后的中央电视台一年一度的广告招标会上361°公司竞标价为1.25亿元人民币,以超出NIKE 500万元的绝对优势胜出,夺得中央电视台"2007—2008年体育赛事直播"节目合作伙伴赞助权;同时携手中国知名度最高的综艺节目——中央电视台《同一首歌》,将体育与艺术有机地融合;2009年11月28日,361°公司中标"中央电视台2009年体育频道服装指定供应商"。

此外,361°公司携手腾讯QQ,对网络互动进行了初步尝试,利用线上丰富的媒体资源——从体育频道冠名到客户端和QQ.COM的广告投放,再到游戏平台的互动,并结合线下精彩的赛事——"娱乐篮球"等活动吸引了大众对361°品牌的广泛关注。2007年361°公司宣布与腾讯QQ的战略合作实现突破性升级,腾讯QQ与361°公司的合作将从赛事资源共享、增值互动业务、线上线下网络"赢"销、强势广告投放四个方面入手,这为361°公司的奥运战略和品牌推广活动开辟了新的战线。

无论是中央电视台垄断性的传播平台还是腾讯QQ的广大年轻用户群,361°公司都是从差异化的营销角度,很好地利用了这些资源,实现了361°品牌的快速成长,同时也实现了对目标群体的有效营销。通过优秀的媒体资源持续曝光和放大361°品牌与赛事活动的内外关联性,同时通过事件营销、娱乐营销、公益营销、体验营销把赞助行为事件化、活动化、娱乐化,将在消费者心中潜移默化地植入361°的品牌态度和运动文化,使361°成为他们生活中不可或缺的一部分。

(三) 持续的品牌塑造

品牌资产给企业带来的附加利益,归根到底来源于品牌对于消费者的吸引力和感召力。它实质上反映的是品牌与顾客之间的某种关系。这种关系不是一种短期关系,而是一种长期的动态关系。因此在品牌的塑造过程中,必须持续地增加消费者的记忆、体验和印象,长久保持品牌的吸引力。361°公司深谙此道,从成立之初,就不断利用事件营销、体验营销、情感营销等手段,持续地向目标市场塑造品牌的核心价值与理念。

1. 持续的营销传播

为了与年轻的目标消费者保持相同的话语体系,361°公司在网络营销上下了一番工夫。从2003年开始,361°公司买下整年的腾讯QQ谈话框的图片广告位,并在公司的网站上建立了361°运动社区。现在361°公司每年在网络方面的推广活动要投入上百万元，网络会员已经超过10万人。

2005年8月，361°入选"中国500最具价值品牌"，排名居国内体育用品行业首位，是继荣登《福布斯》中文版"2005年中国潜力100榜"榜首后361°公司获得的又一殊荣。这见证了361°公司在中国的品牌建设卓有成效。

2005年，361°公司荣获中国体育用品行业顶级荣誉，被国家工商行政管理总局认定为"中国驰名商标"，成为中国为数不多的集"国家免检产品""中国名牌""中国驰名商标"三项国家级荣誉于一身的行业领跑企业。

2006年，361°公司成为拥有全球最美丽赛道的厦门国际马拉松赛唯一指定运动鞋赞助商，与该赛事组委会一道将具有2000多年历史的马拉松运动精神在中国发扬光大。

2007年年初，在元旦、圣诞两大节日之际，针对青年人，361°公司联合北京、上海、广州等全国11个大中城市共同发起了"361°成年礼"活动，不仅为青年人送出了恭贺成年的特别礼物，而且发起了"做件公益事，得份成年礼"的倡议，号召青年人踊跃承担社会责任，以做公益事件的方式让自己的成年礼更有意义。这项活动启动后，不仅点燃了众多青年的热情，而且也让361°品牌广受追捧。

2. 持续的品牌内涵塑造与丰富

2008年，361°公司厚积薄发，积聚了几年的力量瞬间爆发，决战2008年。2008年是奥运年，361°公司从成立之初，就把2008年奥运会作为一个决胜战场，通过斥巨资制作的广告，它的名气传遍中国。

2008年，361°公司以民族性为基调，以中国情感为2008年的战略主元素，奏响了2008年的最强音——中国勇敢做自己！

"一千年前我们一度领先，一百年前我们一度落后。现在，我们再度起飞。中国勇敢做自己的361°。"这句广告词出发点很高，把中国与361°的形象紧密联系在一起，结合民族使命，361°的形象无疑提升了很多。

361°品牌的核心主张是：不屈服天生的高度，不甘于平凡的态度，不重复自己的角度，不满足昨天的高度，有勇气你就可以挑战每一度。

"灾难面前，中国勇敢做自己！"这是361°公司在四川汶川大地震以后打出的口号，和它平时的广告语"勇敢做自己"非常地契合，对这样的广告，消费者不但没有反感而且觉得做得非常好，这增强了品牌的美誉度。灾难过后他们就举行了"多一度热爱，献一份爱心"——众志成城抗震救灾361°在行动等活动，从而进一步增强了消费者对361°品牌的认知与好感。

2009年，在体验过激情的奥运精神之后，361°品牌进入后奥运时代，361°公司把更多的精力花在了进一步诠释361°品牌的内涵上，为品牌注入了新的活力，以迎接更大的发展。挖掘361°品牌与众不同的"一度"，从全新的视角对品牌进行诠释，全面启动"多一度热爱"品牌战略。通过高度的、多频的传播，丰富和深化"多一度热爱"，让"多一度热爱"不仅是一个品牌的口号，更是一种生活态度；让"多一度热爱"，成为361°公司后奥运时代新征程的全新态度；这是361°公司进一步丰富自身品牌资源，全面启动品牌升级战略，加速品牌国际化进程的关键一步。这种持续的品牌内涵塑造与丰富，在目标消费者心中必将产生深刻的影响与共鸣。

总之，对现代企业来说，品牌日益成为生存和发展的核心要素之一。强势品牌意味着市场地位和利润。从某种程度上说，未来的营销就是品牌的竞争。361°公司作为后起之秀，在品牌的塑造之路上勇敢探索与成功实践，是对品牌资产价值的最好诠释。

（四）361°公司发展的步伐

1994年，361°公司的前身——别克（福建）鞋业有限公司成立，经过数年的风雨征程，凭借领先的工艺技术和严格缜密的品质管理，逐渐获得了国内外消费者和销售商的肯定和信任。随着中国加入WTO与全球经济一体化的形成，该公司的运动鞋通过OEM外销到欧洲、亚洲、非洲的30多个国家和地区，该公司2000年被国际鞋业权威 Footwear News 杂志评选为"最佳公司"；2001—2004年连续四年蝉联中国运动鞋销售量三甲；2003年该公司在欧洲成立了匈牙利销售中心和第一家专卖店，将销售通路与国际正式接轨，将品牌推向了世界。自1997—2005年，该公司与中国国家羽毛球队携手胜利征战世界长达8年，品牌美誉传达全球。

2003年7月，361°公司正式成立后，开始了全球化品牌运营，采用新品牌标志361°作为全球品牌统一标志，开始了品牌拓展和延伸的步伐，相继开发了羽毛球运动、网球运动、篮球运动、排球运动、休闲服装、背包、帽子等多元化系列产品，逐步向综合型运动品牌发展。2003年12月，361°公司的产品被国家质量监督检验检疫总局评选为"国家免检产品"，这为361°公司一直以质量取胜的品牌战略戴上了一顶有着特殊意义的桂冠。

2004年，361°公司终端销售网点突破4 000家，成为中国运动品牌行业网络最多、最广的企业之一。

2004年，361°公司成为中国十运会辽宁省体育代表团领奖装备唯一指定赞助商。这代表着361°公司专业的权威性及对中国赛事推广力度的增加。

2005年1月，361°公司荣登《福布斯》中文版"2005中国潜力100榜"排名榜首，成为中国最具潜力的企业之一。

2005年初，361°公司成为中国十运会湖北省体育代表团领奖装备唯一指定赞助商。

2005年，361°公司在沈阳、哈尔滨、北京、南京、武汉、石家庄、海南、昆明等15省市的市场表现遥遥领先，市场综合占有率稳居第一，成为"2005年度中国市场表现最佳品牌"之一。

2005年8月，361°入选"中国500最具价值品牌"，排名居国内体育用品行业首位，是继荣登世界《福布斯》中文版"2005中国潜力100榜"榜首后361°公司获得的又一殊荣。

2005年，361°公司荣获中国体育用品行业顶级荣誉，被国家工商行政管理总局认定为"中国驰名商标"，成为中国为数不多的集"国家免检产品""中国名牌""中国驰名商标"三项国家级荣誉于一身的行业领跑企业。

2006年，361°公司成为拥有全球最美丽赛道的厦门国际马拉松赛唯一指定运动鞋赞助，与该赛事组委会一道将具有2000多年历史的马拉松运动精神在中国发扬光大。

2006年，361°公司与中国第一体育传媒CCTV-5联手打造了"CCTV-5-361°娱乐篮球全国大赛"，掀起了全民篮球文化的狂欢。

2006年，361°公司成为A1世界杯方程式赛车中国国家车队战略合作伙伴，全力推动361°品牌与中国赛车运动进一步融入世界。

2007年，361°公司成为2007厦门国际马拉松赛全球顶级合作伙伴，与CCTV-5联手打造"CCTV-5-361°娱乐篮球全国大赛"。

2008北京奥运前期，361°公司通过6大品牌资源（CCTV-5娱乐篮球、厦门国际马拉松赛全球顶级合作伙伴、国家羽毛球队顶级合作伙伴等）和媒体资源（CCTV 2007－2008体育赛事节目直播合作伙伴、中央电视台《同一首歌》公益战略合作伙伴、腾讯网战略合作伙伴等）以及国家羽毛球总教练李永波、优秀羽毛球选手——霸气十足、永不言败的林丹，超越年龄、超越自我的张宁，来诠释361°勇敢做自己的核心品牌值。

2008年11月，361°公司签约广州亚运会，正式成为广州2010年亚运会高级合作伙伴；11月28日，361°公司中标"中央电视台2009体育频道服装指定供应商"，自2009年1月1日起CCTV-5所有主持人及出镜记者都穿着361°公司提供的服装。

2009年3月12日，361°公司顺利签约亚奥理事会，正式成为亚奥理事会全球官方赞助商，启动新的品牌广告——多一度热爱！

（资料来源：http://www.emkt.com.cn）

二、思考·讨论·训练

1. 361°公司为什么能够实现品牌崛起？
2. 请运用所学市场营销知识，系统、全面地分析、评价361°公司所实施的整体营销战略，并提出你在品牌创建方面的看法和新的创意。

案例5　罗林洛克啤酒的包装策略

一、案例介绍

随着竞争的加剧和消费的下降，美国啤酒市场的竞争变得越来越残酷。像安毫斯·布希公司和米勒公司这样的啤酒业巨人正在占据越来越大的市场份额，从而把一些小的地区性啤酒商排挤出了市场。

出产于宾夕法尼亚州西部小镇的罗林洛克啤酒在20世纪80年代后期勇敢地进行了反击。营销专家约翰·夏佩尔通过他神奇的经营活动使罗林洛克啤酒摆脱了困境，走向了飞速发展之路。而在夏佩尔的营销策略中，包装策略发挥了关键作用。

包装在重新树立罗林洛克啤酒的形象时，扮演了重要角色。夏佩尔为了克服广告预算的不足，决定让包装发挥更大的作用。他解释道："我们不得不把包装变成牌子的广告。"

该公司为罗林洛克啤酒设计了一种绿色长颈瓶，并漆上显眼的艺术装饰，使包装在众多的啤酒中很引人注目。夏佩尔说："有些人以为瓶子是手绘的，它跟别的瓶子都不一样，独特而有趣。人们愿意把它摆在桌子上。"事实上，许多消费者坚持装在这种瓶子里的啤酒更好喝。公司也重新设计了啤酒的包装箱。"我们想突出它的绿色长颈瓶与罗林洛克啤酒是用山区泉水酿制的这个事实。"夏佩尔解释道："包装上印有放在山泉里的这些瓶子。照片的质量很高，色彩鲜艳、图像清晰。消费者很容易从30英尺外认出罗林洛克啤酒。"

夏佩尔喜欢用魅力这个词来形容罗林洛克啤酒的新形象。"魅力，这意味着什么呢？我们认为，瓶子和包装造就了这种讨人喜欢的感觉。看上去它不像大众化的产品，而是有一种高贵的品质感。而且这种形象在很大程度上也适合啤酒本身。罗林洛克啤酒出自于宾州西部的小镇。它只有一个酿造厂，一个水源。这和安豪斯·布希啤酒或库尔斯啤酒完全不同，我们知道，并非所有的库尔斯啤酒都是在科罗拉多州的峡谷中酿造的。"

包装对增加罗林洛克啤酒的销量有多大作用呢？夏佩尔说："极为重要，那个绿瓶子是确立我们竞争优势的关键。"

二、思考·讨论·训练

1. 罗林洛克啤酒的包装发挥了什么作用？
2. 罗林洛克啤酒的包装策略符合什么设计原则？有哪些好处？

案例6　华龙面产品组合策略分析

一、案例介绍

2003年，在中国内地市场上，位于河北省邢台市隆尧县的华龙集团以超过60亿包的方便面产销量排在方便面行业第二位，仅次于"康师傅"。同时与"康师傅""统一"形成了三足鼎立的市场格局。"华龙"真正地由一个地方方便面品牌转变为全国性品牌。

从市场角度而言，华龙的成功与它的市场定位、渠道策略、产品策略、品牌战略、广告策略等都不无关系，而其中产品策略中的产品市场定位和产品组合的作用更是居功至伟。下面就来分析华龙是如何运用产品组合策略的。

（一）发展初期的产品市场定位：针对农村市场高中低的产品组合

在20世纪90年代初期，大的方便面厂家大多将其目标市场定位于中国的城市市场，如"康师傅"和"统一"的销售目标主要依靠城市市场的消费来实现。而广大的农村市场则被一些质量不稳定、无品牌可言的地方小型方便面生产厂家占领，并且销量极小。中国的农村方便面市场蕴藏着巨大的市场潜力。

1994年，华龙在创业之初便把产品准确定位在8亿农民和3亿工薪阶层的消费群上。同时，华龙依托当地优质的小麦和廉价的劳动力资源，将一袋方便面的零售价定在0.6元以下，比一般名牌产品低0.8元左右，售价低廉。

2000年以前，主推的大众面有"108""甲一麦""华龙小仔"；中档面有"小康家庭""大众三代"；高档面有"红红红""煮着吃"。凭借正确的目标市场定位策略，华龙迅速在北方广大的农村打开市场。

2002年，从销量上看，华龙地市级以上经销商（含地级市）的销售量只占总销售量的7%，县城乡镇占73%，农村市场支撑了华龙的发展。

（二）发展中期的区域产品策略：针对不同区域市场高中低档的产品组合

作为一个后起挑战者，华龙推行区域营销策略。它创建了一条研究区域市场、了解区域文化、推行区域营销、运作区域品牌、创作区域广告的思路,在当地市场获得消费者的青睐。从 2001 年开始,华龙推行区域品牌战略,针对不同地域的消费者推出不同口味和不同品牌、不同档次的系列新品。

(三)华龙方便面组合策略分析

华龙拥有方便面、调味品、饼业、面粉、彩页、纸品六大产品线,也就是其产品组合的宽度为 6。方便面是华龙的主要产品线,在这里,主要研究方便面的产品组合。

华龙的方便面产品组合非常丰富,其产品线的长度、深度和密度都达到了比较合理的水平。它共有 17 种产品系列,十几种口味的产品,上百种产品规格。其合理的产品组合,使企业充分利用了现有资源,发掘现有生产潜力,更广泛地满足了市场的各种需求,占有了更宽的市场面。华龙丰富的产品组合有力地推动了其产品的销售,有力地促进了华龙成为方便面行业老二局面的形成。

华龙面在产品组合上的成功经验如下。

1. 阶段产品策略

根据企业不同的发展阶段,适时地推出适合市场的产品。

(1) 在发展初期将目标市场定位于河北省及周边几个省的农村市场。农村市场本身受经济发展水平的制约,不可能接受高价位的产品。华龙非常清楚这一点,一开始就推出适合农村市场的大众面系列,该系列产品由于其超低的价位,一下子为华龙打开了进入农村市场的大门。随后大众面系列红遍大江南北,抢占了大部分低端市场。

(2) 在企业发展几年后,华龙积聚了更大的资本和更丰富的市场经验,又推出了面向全国其他市场的大众面的中高档系列:如中档的"小康家庭""大众三代",高档的"红红红"等。华龙由此打开了北方各大农村市场,1999 年,华龙产值达到 9 亿元人民币。

这是华龙根据市场发展需要和企业自身状况而推出的又一阶段性产品策略,同样取得了成功。

(3) 从 2000 年开始,华龙的发展更为迅速,它也开始逐渐丰富自己的产品系列,面向全国不同市场又开发出了十几个产品品种、几十种产品规格。2001 年,华龙的销售额猛增到 19 亿元。这个时候,华龙主要抢占的仍然是中低端方便面市场。

(4) 2002 年起,华龙开始走高档方便面路线,开发出第一个高档方便面品牌——"今麦郎"。同时,华龙开始大力开发城市市场中的高价位市场,此举在北京、上海等大城市大获成功。

2. 区域产品策略

华龙从 2001 年开始推行区域品牌战略,针对不同地域的消费者推出不同口味和不同品牌的系列新品。

(1) 华龙的产品策略和品牌战略是:不同区域推广不同产品;少做全国品牌,多做区域品牌。

(2) 作为一个后起的挑战者,华龙在开始时选择了中低端大众市场,考虑到中国市场营销环境的差异性很大。地域不同,则市场不同,文化不同,价值观不同,生活形态也不同。因此,华龙想最大限度地挖掘区域市场,制定了区域产品策略,因地制宜,各个击破,最大限度地分割当地市场。如华龙针对河南省开发的产品有"六丁目",针对东三省开发的产品有"东三福",针对山东省开发的产品有"金华龙"等。

(3) 华龙推行区域产品策略,实际上创建了一条研究区域市场、了解区域文化、推行区域营销、运作区域品牌、创作区域广告的思路。

(4) 之后,华龙又开始推行区域品牌战略,针对不同地域的消费者推出不同口味和不同品牌的系列新品,如针对回族的"清真"系列,针对东三省的"可劲造"系列等。

3. 市场细分的产品策略

市场细分是企业常用的一种市场营销方法。通过市场细分,企业可确定顾客群对产品差异或对市场营销组合变量的不同反应,其最终目的是确定为企业提供最大潜在利润的消费群体,从而推出相应的产品。华龙是进行市场细分的高手,并且取得了巨大成功。

(1) 华龙根据行政区域推出不同产品,如在河南推出"六丁目",在山东推出"金华龙",在东北推出"可劲造"。

(2) 华龙根据地理属性推出不同档次的产品,如在城市和农村推出的产品有别。

(3) 华龙根据地区经济发达程度推出不同产品,如在经济发达的北京推广最高档的"今麦郎"桶面。

(4) 华龙根据消费者年龄层推出适合少年儿童的"干脆面"系列,适合中老年人的"煮着吃"系列。

(5) 华龙为感谢消费者推出"甲一麦"系列,为回报农民兄弟推出"农家兄弟"系列。

华龙十分注重市场细分,它尝试各种不同的细分变量或变量组合,找到了同对手竞争、扩大消费群体、促进销售的新渠道。

4. 高中低的产品组合策略

华龙面的产品组合是一个高中低相结合的产品组合形式,而低档面仍占据着其市场销量的大部分份额。

(1) 全国市场整体上的高中低档产品组合策略,既有低档的"大众面"系列,又有中档的"甲一麦",也有高档的"今麦郎"。

(2) 不同区域的高中低档产品策略,如在方便面竞争非常激烈的河南市场一直主推超低价的"六丁目"系列。"六丁目"主打口号就是"不脆(贵)"。这是华龙为了与河南市场众多方便面产品竞争而开发出来的一种产品,它的零售价只有0.4元/包(给经销商0.24元/包)。同时,华龙将工厂设在河南许昌,让河南的很多方便面厂家日子非常难过。而在全国其他市场,如东北,在继"东三福"之后投放中档的"可劲造"系列,在大城市投放"今麦郎"系列。

(3) 同一区域的高中低档产品结合,开发不同消费层次的市场。如在东北、山东等地都推出高中低三个不同档次、三种不同价位的产品,以满足不同消费者对产品的需要。

5. 创新产品策略

每一个产品都有其生命发展的周期,华龙是新产品开发的专家,它十分注重开发新的产品和发展新的产品系列,从而满足市场不断发展变化的需要。

(1) 华龙在产品规格和口味上不断进行创新。华龙在10年的时间里总共开发了几十种产品规格,还开发出了如翡翠鲜虾、香辣牛肉、烤肉味道等十余种新型口味。

(2) 华龙在产品形状和包装上进行大胆创新。如推出面饼为圆形的"大圆面"系列,"弹得好,弹得妙,弹得味道呱呱叫"的弹面系列,包装上体现新潮、时尚、炫酷的"A小孩"系列等。

（3）产品概念上的创新，如华龙创造出适合老年人的"煮着吃"的概念，煮着吃就是非油炸方便面，只能煮着吃，非常适合中老年人。

6．产品延伸策略

（1）产品延伸策略是华龙重要的产品策略，每一个系列产品都有其跟进的"后代"产品。如在推出"六丁目"之后，又推出"六丁目108""六丁目120""超级六丁目"；在推出"金华龙"之后，又推出"东三福120""东三福130"。

（2）不仅有产品本身的延伸，而且在同一市场也注重对产品品牌进行延伸，在东北三省推出"东三福"系列之后，又推出"可劲造"系列。

总之，华龙面的产品组合策略是比较成功的，值得我们认真分析和思考，有些方面也许还值得借鉴、推广和运用。

（资料来源：张立森．http://www.emkt.com.cn/article/176/17621.html．）

二、思考·讨论·训练

1．从产品整体概念的角度分析华龙面与"康师傅""统一"品牌竞争需注意的问题。

2．你认为华龙面应采取何种产品组合策略？为什么？

案例7 SWATCH：唯一不变的是我们一直在改变

一、案例介绍

瑞士机械表一向以精美华贵而君临天下，然而20世纪70年代，日本的精工、西铁城、卡西欧等品牌突然刮起电子表和石英表的强旋风，一下子占领了世界钟表市场，强烈地冲击着传统的瑞士机械表在世界表坛的霸主地位。在不到10年的时间里，瑞士钟表在世界市场的份额，从1974年的43%降至1983年的不足15%。

1984年，面对日本同行的兴起，两家瑞士钟表制造商，拥有欧米茄的SSAH公司和拥有雷达、浪琴的ASUAG公司合并为SMH集团。1985年，德国企业家赫雅克和投资者收购了上述两家公司全部资产的51%，开始了缔造品牌神话的过程。1991年，SMH集团生产了8 000万只手表和其他计时产品，到1992年，数量增至差不多1亿，并成功地将瑞士在世界钟表市场的占有率提升到53%，而且还在继续提升。可以说，SMH集团依靠SWATCH，在20世纪80年代初推出全塑料电子手表，打了一场漂亮的翻身仗，那么SWATCH的产品开发历程又有什么独到之处呢？

当时，瑞士钟表业为保住霸主地位，经过多年的不断攻关和改进，一种完全不同于传统概念的新型手表终于在1981年定型问世。新型手表的外壳全部采用合成材料，机芯直接从手表正面装入而不再需要保留后盖，这两项改革不仅使手表变得既薄又轻，并且还可进入流水线批量生产，从而降低了生产成本，确保了销售的低价位。赫雅克认为，瑞士表尽管在产品成本上与日本表存在差距，但手表除了简单的计时功能外，还可以像时装一样成为时尚艺术品。在他的带领下，瑞士钟表业大胆创新，不断改进新型电子手表，将手表的外壳变成了一件件色彩绚丽的艺术品。他还委托国际著名的商标设计所，将这一手表新品定名"SWATCH"，名字中的"S"不仅代表它的产地瑞士，而且含有"second-watch"即第二块表之意，表示人们可以像拥有时装一样，同时拥有两块或两块以上的手表。这正如赫雅克所倡导的，SWATCH不仅是一种新型的优质手表，同时还将带给人们一种全新的观念：手表不再只是一件昂贵的奢侈品和单纯的计时工具，而且是一件"戴在手腕上的时装"。

SWATCH在价格上始终奉行低端策略，因为通过市场调查，SMH发现消费者可以接受瑞士表相对日本产品更贵一些的价格，瑞士手表这种产品上的差别优势，使得即使日本劳动力成本为零，瑞士手表仍会有市场。因此，赫雅克大胆提出进入低价市场。随后，为实现这一目标，SMH对生产制造工艺进行改进，并实现了一系列突破。例如，把手表零件从155个减少到51个，减少转动部分，也就降低了损坏概率，并且组装手表所需人手也少多了；新建自动装配线，每天能生产3.5万块SWATCH手表和上百万的零部件，劳动力成本从30%降到10%；保证质量，手表的返修率一般不到3%，而SWATCH表的返修率不到1%。

产品质量是企业生存和发展的根本，价廉物美的产品才是受欢迎的产品。SWATCH价格虽然只有40美元到100美元不等，但它质量优良，重量轻，能防水防震，电子模拟，表带是多种颜色的塑料带，充满了青春活力，可以和任何高档手表相媲美，从而打破了人们"便宜没好货"的传统观念。据说，一名瑞士游客去希腊海滨度假，不小心把一块SWATCH表丢在海滩。一年后，他旧地重游，居然在海边又找到丢失的手表，虽然经过一年的日晒雨淋，但走时依然准确。

SMH集团同样也在低端市场上寻求产品的差异性，对低端市场进行细分。他们将新产品定位为时装表，以吸引活跃的追求潮流的年轻人。赫雅克认为，要在这个市场上取得成功，必须能够感知消费者口味的变化，这比掌握新的生产技术更重要。年轻人没有很多钱购买高档表，但需要一种时尚来满足个性化的需求。

于是，为了强调SWATCH手表可作为配饰不断换新而在潮流变迁中永不衰落的特点，SMH做出了一个惊人的举动：设计了一个巨大的SWATCH手表，长达152米，悬挂在法兰克福最高的一幢摩天大厦——德国商业银行总部大楼上，并传达了简单的信息："SWATCH—瑞士—60德国马克"。该举动立刻引起了轰动，德国新闻界为SWATCH免费做了许多广告。在接下来的两个星期内，每个德国人都知道了SWATCH。第二个巨型SWATCH手表条幅悬挂在东京的银座，同样取得了轰动性的效果。

SWATCH通过充满活力的广告攻势迅速将SWATCH的讯息传递至它的目标对象：关心时装潮流的年轻人。从1984开始，新推出的每一款SWATCH都有一个别出心裁的名字，在款式上或标新立异或保守，或是方格或是条子，表带上刻有坑槽或是穿个洞，个性化色彩非常浓烈，市场反应更加热烈。由于每年都会推出新的式样，以至于人们都焦急地期待新产品的出现。许多人拥有的SWATCH手表不止一块，因为他们希望在不同的时间、不同的场合佩戴不同颜色的手表。最初SWATCH被定位为"第二只表"，但结果它却变成第二只、第三只、第四只……并最终成为收藏家的手表。并且由于每款推出5个月后就停止生产，因此即使最便宜的手表都是有收藏价值的。

同时，公司建立了SWATCH会员俱乐部，向会员消费者出售特制手表，邀请他们参加俱乐部的活动。俱乐部会员还会收到漂亮的SWATCH手表杂志，这是一份按季度出版的全彩色杂志，上面刊登关于 SWATCH 手表的全部信息；鼓励经销商创立 SWATCH 手表博物馆，为 SWATCH 手表收集者举办活动，并特制有纪念意义的手表。而且，公司每年分两次推出数目极为有限的时髦手表设计版本，SWATCH 手表的收藏家有特权参与投标，购买其中的一种设计版本。虽然 SWATCH 手表只有 12 年的历史，但它已取得了"现代古董"的地位。在里斯本博物馆，专门设有数目有限的 SWATCH 手表的陈列台，并有防弹玻璃的保护。而公司自身拥有几百万美元的"SWATCH 情感经历"展览，在全世界周游展出。

为了在手表市场上站稳脚跟，SWATCH 始终保持与时俱进的风格。最关键的是，SWATCH 的设计师并不是坐等灵感，跟随潮流，而是洞悉先机，预先估计即将出现的潮流。事实上，整个创作过程于一年前已经开始：首先产生基本的意念，然后按照大家共识的工作原则加以发展。这种由生产上的要求主导的创作动力，是 SWATCH 享有"潮流先锋"美誉的原因之一。正如 SWATCH 一直强调的风格："我们唯一不变的是，我们一直在改变。"公司每年都要向社会公开征集钟表设计图，根据选中的图案生产不同的手表系列，其中包括儿童表、少年表、少女表、男表、坤表、春天表、夏天表、秋天表、冬天表，后来又推出了每周套装，从星期一到星期天，每天一块，表面图案各不相同。由于公司的产品不断翻新，迎合了社会不同层次、不同年龄、不同爱好、不同品位的人的需要，因此深受广大消费者的欢迎和喜爱，销售量年年攀升，市场份额不断扩大，公司的效益自然也越来越好。

在新品推广上，SWATCH 同样显示了它的独到之处，其新产品发布会简直是一场无比精彩的"腕上时装秀"。优美的音乐、绚丽的灯光、美轮美奂的场面、千挑万选的模特、精心设计的时装……所有这一切都是为了衬托 SWATCH 的风采——青春、时尚、与众不同。例如，1998 年 4 月 SWATCH 在上海几大著名商厦举行的"SWATCH 1998"春夏新款展示，就像一次艺术品的展览，运用高科技的成果，显示了丰富的艺术想象力。

据一项消费者调查表明，在手表的满意度方面，劳力士第一名，占 30%；SWATCH 第二名，占 23%。撇开劳力士高品质高价位不谈，这份调查显示了 SWATCH 品牌战略的成功。SWATCH 手表目前在 150 多个国家和地区销售。如今，SWATCH 手表已经成为世界各国青少年的腕上宠物，它早已不再是简单地发挥计时作用，而是代表了一种观念、一种时尚、一种艺术和一种文化。正如赫雅克所说："SWATCH 最叫人心悦诚服的，是它使瑞士的制表工业一直凌驾于先进的欧洲及北美洲等地，同时又保留了瑞士传统的制表技艺。凭借着想象力、创造力及誓要成功的意志，SWATCH 制造出了优秀而实惠的产品，现在，SWATCH 肩负了明确的使命，将继续发展和推出更多有意思的产品。"

（上海财经大学现代市场营销研究中心．http://dept.shufe.edu.cn/jpkc/marketing/1111.htm．）

二、思考·讨论·训练

1．"手表不再只是一件昂贵的奢侈品和单纯的计时工具，而是一件'戴在手腕上的时装'。"SWATCH 是如何改变消费者对手表的看法和使用习惯的？

2．"我们唯一不变的是，我们一直在改变。"这句话对市场营销有何意义？

3．"持续的产品创新是企业保持活力的关键"，从本案例中你得到什么启示？

案例 8　服务营销成就顺丰快递

一、案例介绍

20世纪末，国内快递市场已经是鱼龙混杂、群雄纷争，外部竞争的不充分带给每个品牌的机会都是均等的，成功就在于谁最先理解行业特性，最快去执行。大部分企业开始注重渠道拓展，大量发展加盟，短短几年间，各品牌已在市场上建立起自己的网络资源，如宅急送目前在全国有3 000多个经营网点，网络覆盖2 000多个城市和地区。对于快递行业而言，掌握网络资源无异于拥有一个"取水源"，所谓"得渠道者得天下"，这一特点在快递行业中表现得尤为明显。

快递行业是一个供不应求的市场，对于已经拥有网络的企业来说，问题不在于如何开拓新市场，而是如何维护现有市场和提升服务。有位业内人士作了一个形象的描述，"快递市场就好比一个人在自家碗里的肉都吃不完的时候，是不会算计着抢别人碗里的菜的"。正是在这种竞争局面下，快递行业制造了一个个品牌神话，其中最为另类的当属顺丰公司。

快递行业几乎没有什么技术含量，但是对服务质量的要求却很高，重视服务营销者就能取胜。这其中顺丰形成了自身独特的营销模式，赢得了众多忠实的顾客，令中国邮政EMS这个国字号以及DHL等"跨国军"也不得不"顺"眼相看。

（一）顺丰速度——不只快一点

快递公司中谁的速度最快？打开网页，我们会发现90％左右的网民首推顺丰。目前，顺丰是国内第一家也是唯一一家使用全货运专机的民营快递企业，这让顺丰在服务时效性方面获得了压倒性的优势。依靠空中航线，顺丰实现了全天候、全年365天无节假日派送，而且价格对一般消费者来说也是适中。凭借一流的服务效率、卓越的服务质量和标准的客户服务流程，自2003年开始，顺丰快件量的增速每年都在50％左右，规模优势凸显，抵销了包机增加的成本。几乎不需要任何媒介的宣传推广，低调的顺丰顺利实现了"快速"这一独特的品牌诉求（USP）。

（二）顺丰服务——不只多一点

服务质量的高低无法准确界定，因为服务产品本身具有以下特点。

1. 无形性

服务是一种摸不着、看不见的产品，客户在购买之前只能通过口碑和自身感受完成。

2. 不可分割性

客户感知服务和服务提供者是同步进行的，具有双向性。

3. 服务标准可变不易控

在实际操作中，服务标准与服务者本身的素质、状态等因素有着很强的关联性，所以，提供的服务质量存在明显的差异。

服务营销能够真正执行到位是有难度的，对于快递行业而言更是如此。投递人员长期在外工作，缺乏现场管理，虽然总部提供了标准的作业流程，却不能保证一线员工提供的服务都是统一的。

首先，高薪规范业务人员的行为。据一位内部员工透露，和业内其他快递公司相比，他们的工资要高出很多。一些创业之初的有功之臣跟不上发展了，顺丰会为他们提供高薪并奉养起来，因为这种感恩，使顺丰留住了更多优秀人才。

其次，推行严格的管理和激励制度。顺丰对员工的个人形象高度重视，做到了人员着装规范统一，工具统一以及服务口径的统一。写字楼里常常能看到忙碌的"SF EXPRESS"小伙在走动，他们始终坚持维护顺丰的形象，无论着装还是行为举止，无不渗透着顺丰高效、规范的服务管理理念。

当客户收到快件并签字确认后，顺丰员工仅用5分钟又多做了一点——第一时间记录收件的时间和收件人，并迅速以短信平台的方式发送给寄件人。这一点使顺丰在顾客心中的服务口碑遥遥领先。

（三）顺丰价格——不只贵一点

提到快递价格，没有哪家快递公司比顺丰更高了，1 kg内即起步价20元，而且，从不还价。面对市场竞争的日益严峻，当同行纷纷以低价策略获取更多市场份额的时候，唯有顺丰不打价格战，坚持走高端精品路线。

为了获得更高的利润率，企业都希望占领高端市场，但当一个行业的市场细分趋势尚不明朗时，高端消费群体往往也意味着"小众市场"，运营这个市场对企业的核心竞争力是极大的考验。此时，顺丰采取了撇脂定价策略，这一策略在市场竞争激烈化、信息化的今天已经难以实现，要想达到预期利润，只能在两种竞争环境中实现。

1. 产业处于市场导入期

由于竞争少，技术、产品等各方面条件均不成熟，市场认知阶段的产品和行业往往能够最大限度地保持较高利润，但随着技术工艺的革新、成本的降低以及竞争者的加入，利润空间会逐渐缩小。

2. 产品和服务存在差异化

迈克尔·波特在产业竞争学中提到的三大竞争策略，第一点即是差异化原则。什么产品和服务最好卖？利润最高？那就是人无我有的产品。

顺丰之所以能够实施撇脂定价策略，是其服务差异化的结果。在大方向确定的前提下，顺丰按细分市场制定产品价格体系，中端客户被其锁定为目标消费群。同时，顺丰服务产品的设计也非常简单：上门送货，全国联网，36小时到达。除了收费标准逐步调高、取送件时间逐渐缩短，直到今天，顺丰的产品定位始终没有改变。

快速发展的中国市场，已经进入向第三产业跨进的阶段，而第三产业主要集中在服务行业，谁能在未来市场中领先，决定于谁率先重视服务营销。

顺丰速运正是凭借这点建立了自己独特的运营模式，其服务"小众市场"的撇脂定价策略也非常值得国内企业学习和借鉴。

谁掌握趋势，谁赢得未来！谁重视服务，谁就是下一个领导者！

（资料来源：杨峰. 服务营销成就顺丰快递. 销售与市场：管理版，2010（11））

二、思考·讨论·训练

1. 顺丰模式是如何运作的？顺丰的服务有何特色？
2. 在由服务制胜到培育品牌的发展过程中，顺丰还应做出哪些努力？

实践训练

项目名称：产品策略应用实训

1. 实训目的

熟悉产品的整体概念、产品市场生命周期、产品组合、新产品开发、品牌与包装等策略的原理与应用。

2. 实训组织

在教师指导下，由学生自由组合成 4~6 人为一组的研究性学习项目小组，并确定负责人。经教师确认选择 2~3 个类型的产品作为研究的样本。

3. 实训要求

由小组组织市场调研，针对样本产品的整体概念、市场生命周期等问题收集市场信息、确定所研究产品的整体概念和市场生命周期阶段。根据研究结论，针对该产品的竞争和营销现状提出改进方案。

（1）该产品整体概念可以怎样表达？
（2）该产品处于生命周期的什么阶段？
（3）该产品有何进一步开发的机会？
（4）该产品的品牌能否延伸？
（5）该产品的包装可否进一步调整？

项目名称：品牌制作训练

1. 实训目的

能制作品牌，掌握品牌制作的原则。

2. 实训内容

根据产品的目标顾客特性和定位来设计产品的品牌，品牌能反映产品定位，并且符合制作原则。

3. 实训组织

全班分组制作，小组成员共同设计制作，然后再全班举办一个小型的企业品牌展示会，师生共同评价，选出最佳的设计。

4. 实训提示

品牌制作原则包括：要与产品密切联系，暗示产品效用或质量；要力求简洁明快，易于认读、识别和记忆；反映企业或产品与众不同的特色，或寓意深刻，引人注目；要符合传统习俗，造型美观大方。商标名称和标志要特别注意各地区、各民族的风俗习惯、心理特征，尊重当地传统文化，切勿触犯禁忌。

项目名称：包装设计和 PPT 制作

1. 实训目的

运用包装设计策略，赢得消费者对产品的青睐。

2. 实训内容

根据产品的目标顾客特性和定位来设计产品的包装，要求包装符合制作原则。

3. 实训组织

全班分组制作，小组成员共同设计制作，把包装设计成果反映在 PPT 中，然后在全班展示，师生共同评价，选出最佳的设计。

4. 实训提示

包装制作原则包括：包装要符合产品实际；包装材料要节约，减少浪费；注意安全性要求；包装的设计要与其他营销组合策略相配合，反映产品的定位。

课后练习题

1. 春天到了，某服装公司库存一批款式仍然新颖的羽绒服装，请你帮助公司制订这批服装的营销处置方案。

2. 一家当地的超市要推销他们自有品牌的纸质产品（如纸巾、擦面纸等），这些产品将与其他库存商品一起销售。公司聘请你给出一份报告，说明这样做的好处和坏处，请你给出一份报告。

3. 在家里找出一件包装比较有特色的产品，写一份关于该产品包装的评价。

4. 你的个人计算机处在产品生命周期的哪个阶段，并给出你的理由。

5. 美国施乐公司在 1959 年推出了世界上第一部普通纸复印机，当佳能公司意识到复印机的巨大盈利前景后，马上组织力量研究施乐复印机的内部结构和功能原理等。佳能公司对施乐复印机进行了模仿和进一步开发，使机器变得更加紧凑、小巧，特别是价格要便宜许多。在 20 世纪 80 年代，佳能复印机曾一度在美国市场的排行榜上超过施乐公司。请问：施乐公司和佳能公司各采取了什么新产品开发策略？各自有何优缺点？

6. 成功的品牌战略不止一种，但颇有异曲同工之妙：佳能公司生产的照相机、传真机、复印机等所有产品均统一使用"Canon"品牌。与之不同，全球闻名的宝洁公司则为其洗发水产品注册了不同的商标，如海飞丝、潘婷、飘柔、沙宣等。

请问：佳能公司和宝洁公司各采取了何种品牌策略？它们的优缺点何在？

拓展阅读

产品组合的优化方法

由于市场需求和竞争形势的不断变化，企业无论采用何种类型的产品组合策略，都不可能是一成不变的。企业需要经常分析各个产品系列的利润率、销售增长率和市场占有率，判断各种产品的需求发展趋势，以便采取恰当的营销策略。因此，产品组合的优化方法，实质上是一个如何有效分配企业现有资源和合理确定营销方向、调整产品结构、确定企业营销重点的方法问题。四象限评价法就是产品组合的优化方法之一。

四象限评价法又称波士顿矩阵法，是根据产品的市场占有率与销售增长率的对比关系来描绘企业各种产品的特点和前景，分析确定企业产品所处市场地位的一种形象的评价方法。其具体步骤如下。

1. 以横轴表示市场占有率、以纵轴表示销售增长率来做图

所谓市场占有率，是指一定时期内企业某种产品的销售量占同一市场同类产品销售总量中的比重。其计算公式如下：

市场占有率＝（企业某种产品的销售量/市场上该产品的销售总量）×100%

在其他条件不变的情况下，市场占有率越高，企业销售量就越大，可能实现的利润就会越多，投资收益率也相应提高。此外，市场占有率的高低还影响着企业的形象和知名度。因此，提高市场占有率，是企业的重要战略目标之一。

所谓销售增长率，是指计划期产品销售增加额与基期产品销售额的比率。其计算公式如下：

销售增长率＝[（计划期产品销售额－基期产品销售额）/基期产品销售额]×100%

如果产品的价格、生产成本、营销费用等条件不变，计划期销售额增加了，则企业的利润也会增加。但是，有时销售额的增加是以降低价格或提高营销费用为代价的，从而导致利润无法增加。所以，企业不能片面地追求高销售增长率，应全面考虑使企业有利可图的销售增长率。

2. 确定评价标准

企业可根据以往产品销售统计资料确定市场占有率和销售增长率的一个百分比，作为区分高低的评价标准，将坐标图划分为四个象限。例如，以市场占有率 10%，销售增长率 10% 为界就可划分为四个象限，如图 7-1 波士顿矩阵所示。

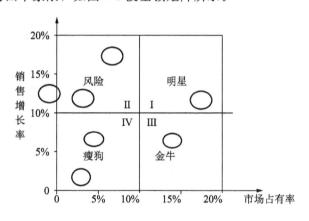

图 7-1 波士顿矩阵

3. 根据每种产品的不同数据在图上描点

处于第Ⅰ象限的产品，不仅销售增长率高，而且市场占有率也高，这类产品代表着企业的希望，所以称之为明星产品。处于第Ⅱ象限的产品，销售增长率高，但市场占有率低，意味着这是新产品，企业在扩大市场过程中，必然要冒一定的风险，所以称之为风险产品。处于第Ⅲ象限的产品销售增长率不高，但市场占有率很高，产品销售快，资金周转快，给企业

带来了丰厚的利润，所以称之为金牛产品。处于第Ⅳ象限的产品，销售增长率不高，市场占有率也很低，这类产品往往是进入衰退期的亏本或仅能保本的产品，所以称之为瘦狗产品。

4．观察分析

（1）各象限中的产品位置并不是固定不变的，会因各种原因不断向其他象限转移。例如，风险产品就有两种转移可能：一是通过大力扶持转为明星产品；二是条件太差或经扶持但成效不显著转变为瘦狗产品。就明星产品而言，也有两种转移可能：一是转为金牛产品；二是由于某种特殊原因（技术改进不及时，营销决策失误等）而转为瘦狗产品。对于金牛产品，一般力求维持现状。

（2）分析资金来源与投向。金牛产品是企业的支柱，可为企业提供大量资金；而风险产品则需要大力扶持，才有可能变为明星产品。如果企业的全部产品都分布在Ⅰ、Ⅲ、Ⅳ象限内，表明没有资金来源，长此下去，企业可能陷入破产的境地。如果企业的全部产品都分布在Ⅰ、Ⅱ、Ⅳ象限内，表面看盈利很高，资金充足，但由于缺少后继产品，企业的长期生存将受到威胁。如果企业全部产品都分布在Ⅱ、Ⅲ、Ⅳ象限内，很明显缺少明星产品，说明企业在市场上的地位和名誉不佳，长期利益堪忧。上述三种产品组合，都存在Ⅳ象限产品，这是仅能保本或亏本的产品。合理的产品组合不能有Ⅳ象限产品，也就是说，企业的全部产品必须都分布在Ⅰ、Ⅱ、Ⅲ象限，产品组合才最为合理。

5．决策

企业应采取的决策主要是：① 确定需要大力支持的风险产品；② 金牛产品销售提供的资金，主要应流向风险产品中极有前途且需要大力扶持的产品；③ 对已衰退的金牛产品和没有前途的风险产品采取收缩措施；④ 对瘦狗产品一般采取淘汰策略。

（资料来源：彭石普．市场营销理论与实训．北京：北京师范大学出版社，2011．）

任务8
定价策略

没有降价两分钱抵消不了的品牌忠诚。
——[美]菲利普·科特勒
定价是真理的时刻——定价是所有营销活动的焦点。
——[美]雷蒙德·科里

学习目标

- 运用心理定价策略进行定价；
- 运用折扣定价策略进行定价；
- 运用差别定价策略进行定价；
- 运用组合定价策略进行定价。

营|销|故|事|导|入

卖马鞭

宋朝时，开封的市场上来了个卖马鞭的人。他的马鞭看上去似乎并不出众。有个人问他："喂，卖马鞭的，你这根鞭子卖多少钱呀？"

他开口就把人家吓了一跳："5万钱。"

买马鞭的人说道："你是不是疯了，这种马鞭人家那里才卖50钱，你怎么要卖这么贵呢？50钱卖不卖？"

卖马鞭的人忽然笑了起来，理也不理他。这个人又试探道："那500钱呢？"

卖马鞭的人大怒道："你不想买就走，不用啰唆，我是一定要5万钱才卖的！"

这时，有个有钱的少爷来买鞭子，见这卖鞭子的态度如此坚决，以为这鞭子真的有什么独到之处，就出了5万钱买了下来。

然后，他拿着这根昂贵的马鞭，到处去给人看，炫耀着说："瞧，我这根马鞭，值5万钱呢！"

（资料来源：http://www.doc88.com/p—491278568221.html）

卖马鞭的人使用的是一种心理定价策略，利用购买者"求名""求奇"的心理动机，巧妙地跳出降价销售的寻常思维，巧妙制定价格，从而获得超额利润。在营销实践中，产品定价策略很多，不仅仅是一种心理定价，我们一定要将多种方法结合起来运用。

企业将产品投入市场时必须给其制定合适的价格，以使其利于顾客接受，实现企业取得效益、扩大再生产的目的。新产品首次投入市场、市场供求关系发生变化、出于竞争的需要和本企业相关产品销售的需要都是企业需要考虑定价的时候。

价格构成是指商品价格的各个要素及其构成情况。价值是价格形成的基础，价格构成是价值构成的反映，两者之间是相互对应的关系。产品价格是由产品成本、税金和利润三大要素构成。产品定价策略包括如下几个方面。

8.1 心理定价策略

心理定价是指企业在定价时，利用消费者心理因素，有意识地将产品的价格定得高一些或低一些，以满足消费者心理的、物质的和精神等方面的需求，达到扩大市场销售、获得最大效益的目的。常用的心理定价策略有声望定价、尾数定价和招徕定价三种。

1. 声望定价

声望定价是指企业利用产品在消费者心目中的声望、信任度和社会地位来确定价格的一种定价策略。通常企业故意把产品价格定成整数或高价，以此来满足消费者的特殊欲望。质量不易鉴别的商品最适合采用这种方法，因为消费者有崇尚名牌的心理，往往以价格判断质量，认为高价代表高质量，降价或低价反而无人购买。使用声望定价，需要适当控制产品的市场拥有量。但是，使用声望定价必须谨慎，要充分考虑市场竞争状况和消费者的价格接受水平，否则，过高的价格可能会因为顾客流失太多而从总体上影响企业的收益。

2. 尾数定价

尾数定价又称"奇数定价"或"非整数定价"，即利用消费者对数字认识的某种特殊心理制定尾数价格。如有的零售商常用9作为价格尾数，宁可定99元也不定100元，宁可定0.99元而不定1元。这是根据消费者的心理，尽可能在价格上不进位，可以在直观上给消费者一种便宜的感觉，从而提高消费者的购买欲望，促进产品销售。使用尾数定价，可以使消费者产生便宜、精确、吉利三种心理效应，以达成促进产品销售的目的。当然，企业要想真正打开销路，占有市场，还是应依靠优质的产品，过分看重数字的心理功能，流于文字游戏，只能是取宠一时，从长远来看于事无补。

3. 招徕定价

招徕定价是指利用部分消费者求廉的心理，特意将几种商品的价格定得较低以吸引顾客。在消费者挑选或购买廉价商品的同时，也带动其他正常价格商品的销售。一些大型的零售商场、百货商店通常采用这种定价策略。还有的零售商利用节假日或换季时机举行"换季大减价""节日大酬宾"等活动，把部分商品降价出售，以吸引顾客。

8.2 折扣定价策略

折扣定价是指对价格做出一定的让步，直接或间接降低价格，扩大产品销量。

1. 现金折扣

现金折扣是指对在规定的时间内或提前付清账款者的一种价格折扣。如在西方国家，典型的付款期限折扣表示为"2/10，n/30"。意思是：应在30天内付清货款，但如果在成交后10天内付款，照价给予2％的现金折扣。现金折扣的目的是鼓励顾客尽早付款，改善卖主的资金周转，减少财务风险。现金折扣一般要考虑好折扣比例、时间限制。现金折扣等于降低价格，所以企业在运用这种手段时要考虑商品是否有足够的需求弹性，保证通过需求量的增加使企业获得足够的利润。

2. 数量折扣

数量折扣是指当买方购买商品达到一定数量时，卖方在原价的基础上给予买方一定减让的优待。数量折扣提供了一种诱发因素，促使顾客向特定的卖主购买，而不是向多个供应源购买。数量折扣包括累计数量折扣和一次性数量折扣两种形式。累计数量折扣是指顾客在一定时间内，购买商品若达到一定数量或金额，则按其总量给予一定折扣，其目的是鼓励顾客经常向本企业购买，成为企业的长期客户。一次性数量折扣是指顾客一次购买某种产品达到一定数量或购买多种产品达到一定金额，则给予折扣优惠。

3. 功能折扣

功能折扣也称贸易折扣。由于中间商承担了本应由生产商承担的部分销售功能，如运输、储藏、广告等，因此生产商给予这些中间商一定的价格优待。功能折扣的比例，主要考虑中间商在分销渠道中的地位、对生产企业产品销量的重要性、购买批量、完成的促销功能、承担的风险、服务水平及履行的商业责任等。功能折扣的结果是形成购销差价和批零差价。功能折扣的主要目的是鼓励中间商大批量订货、扩大销售，同时也是对中间商经营有关产品的成本和费用进行补偿，让中间商有一定的盈利。

4. 季节折扣

有些商品的生产是连续的，而其消费却具有明显的季节性。季节折扣是指企业为了保持均衡生产，加速资金周转，节省业务费用而鼓励买主在销售淡季购买的一种折扣形式。季节折扣策略可以减少季节差别对企业生产经营活动的不利影响，充分利用企业的设备、人力等资源，减轻企业的仓储压力，加速资金周转、调节淡旺季之间的销售不均衡。

5. 回扣和津贴

回扣是间接折扣的一种形式，它是指购买者将商品的全部货款付清后，销售者再按一定比例将货款的一部分返还给购买者。津贴是企业为特殊目的、对特殊顾客以一定形式所给予的价格补贴或其他补贴。如当中间商为企业产品刊登地方性广告、设置样品展示窗等促销活动时，生产企业给予中间商一定数额的资助或补贴等。

8.3 差别定价策略

差别定价是指企业以两种或两种以上不反映成本比例差异的价格来销售一种产品或提供一种服务。

1. 顾客定价

顾客定价是对同样的商品或服务，不同的顾客支付不同的价格，如博物馆对学生和老年人收取较低的门票价格，有些商家对一般顾客与会员也采取不同的销售价格策略。

2. 产品定价

产品定价就是产品式样定价,根据产品的式样不同,制定的价格也不同。这个价格对于它们各自的成本是不成比例的。如同一成本和质量的服装因款式的差异而使销售价格不同。

3. 位置定价

位置定价是根据不同位置或地点制定不同的价格,即使产品的成本完全相同。如一个戏院按不同的座位收取不同的座位价格;同一头猪的肉,不同部位价格不同。

4. 时间定价

时间定价是指不同日期,甚至不同钟点或时段,同一种产品的销售价格不同。这是服务业经常采用的定价策略。如长途电话工作日与周末、白天与夜间的话费标准不同。

实行差别定价,必须具备一定的条件:一是市场必须能够细分,而且这些细分市场要显示不同的需求程度;二是商品不能由低价市场向高价市场流动;三是在高价的细分市场中,竞争者无法以低于本企业产品价格出售;四是差别定价不会引起顾客的反感和抵制。另外还需要注意,差别定价的形式不能违反法律或有关规定。

8.4 组合定价策略

当某种产品成为产品组合的一部分时,企业必须对定价的方法进行调整。在这种情况下,企业要寻找一组在整个产品组合方面能获得最大利润的共同价格。因为各种各样的产品在需求和成本之间有内在的相互关系并受到不同程度竞争的影响,所以定价比较困难。产品组合定价有以下几种。

1. 产品线定价法

多数企业通常宁愿发展产品线而不愿搞单件产品。在许多商业行业中,卖主为自己行业的产品使用众所周知的价格点。如男子服装店可以将男式西装的价格定在三种价格水平上,即300元、500元、1 000元。有了这三个价格"点",顾客就会联想到这是低质量、中等质量和高质量的西装。即使三种价格都被适当调高了,男人通常仍会以他们更喜爱的价格点来选购套装。卖方的任务就是建立能向价格差异提供证据的认知质量差异。

2. 两段定价法

服务性企业常常收取固定费用,另加一笔可变的使用费。如电话用户每个月至少要付一笔钱,如果使用次数超过规定还要增收另一笔费用;游乐园先收入场券的费用,如果增加游玩项目,还要再收费。服务性企业面临着与相关产品定价相似的问题,即基本服务收费多少?可变使用收费多少?固定费用应该较低,以便吸引顾客使用该服务项目,并通过可变使用费获取利润。

3. 副产品定价法

在生产加工食用肉类、石油产品和其他化学产品中,常常有副产品。如果这些副产品对某些顾客群具有价值,必须根据其价值定价。副产品的收入多,将使企业更易于为其主要产品制定较低价格,以便在市场上增加竞争力。

4. 成组产品定价法

销售商常常将一组产品组合在一起,降价销售。如汽车生产商可将一整套任选品一揽子销售,售价比分别购买这些产品要低;剧场企业可出售季度预订票,票价可低于分别购买每一场演出的费用。由于顾客本来无意购买全部产品，在这个价格数上节约的金额必须相当可观，才能吸引顾客购买。

案例1　家乐福低价策略

一、案例介绍

家乐福集团 2005 年营业额为 903.82 亿美元，其低价格策略是赖以成功的法宝之一。首先，规模效应转化为公司的低成本采购优势。其次，与供应商签订的合同付款条件为"月结 60 天数"，利用供应商的资金周转，家乐福的自有流动资金占用较少，大大节约了家乐福的资金成本。同时，加快了家乐福的商品周转速度。

与传统零售企业的思路不同，家乐福的盈利模式是"不赚消费者的钱，而是赚厂家的钱"。除了控制供应价格，家乐福还向供应商收取一定数额的进场费。一家供应商进入家乐福，通常需要交纳六大门类的费用，如进店费、条码费、货架费、促销费、节庆费、信息系统使用费等。

近年来，家乐福的进场费已经成为零售行业内的公认模式，众多国内零售商纷纷效仿，供应商也逐渐接受。湖南步步高连锁超市曾经在 2002 年末挑战这一模式，宣布不再收进场费，而是根据实际销量收取服务费，采用实销结算付款方式，账期也相应缩短了。结果是"费力不讨好"，半年过去后，步步高一算账，损失 500 多万元的利润，不得不恢复进场费的惯例。步步高这一次失败的尝试，再次验证了家乐福模式的适应性。

来家乐福购物的大都是城市中低消费人群，对于这些消费者来说，低价可能是最有效的经营策略，这也正是家乐福打开中国市场的关键所在。当然，家乐福的低价并非是所有商品，在定价策略上它们灵活地采取了不同的定价方法。

对于大众日常消费品，诸如米、油、盐、酱、醋等，由于购买率高，消费者对其价格水平记忆深刻，易于比较，十分敏感，并能迅速形成价格便宜的口碑。因此，家乐福采用低价策略。如福临门 5 升装调和油，沃尔玛卖 44.8 元，家乐福只卖 43.7 元。

对于那些消费者并不敏感、同类品牌较多、短期内很难做出价格比较的商品，家乐福一般采用正常经营成本加适当毛利定价，但以不高于市价为原则。毛利率均控制在 10%～15%之间，而国内超市加价在 15%～20%之间，况且，家乐福还有进货多的优势，以超规模、大流量向厂家争取到最低的进价，从而增强价格竞争实力。

而像保健品、护肤品、礼品、休闲娱乐品等这类商品，消费文化色彩浓，以追求时尚、新潮的年轻人为主要消费对象，往往是随机购买率较高。利用消费者这种心理，家乐福通常将商品价格定得较高，但并不影响其低价形象。

另外，为了获取更大的市场占有率，提高知名度，逢年过节大规模的主题促销活动中，家乐福还通常以低价格来刺激消费者购物的兴奋点，一般做法是在本来就比较低的价格基础上，厂商双方共同让利，如各让 5%的水平，但是要限定时间。

在郑州北环店开张以前，家乐福就对郑州的生活、饮食习惯做过仔细的调查。因此正式营业的时候，卖场内专门准备了适合河南人口味的面粉、大米等。家乐福在上海的每家分店甚至都有所不同。在古北店，因为周围的高收入群体和外国侨民比较多，其中外国侨民占到了家乐福消费群体的40%，所以这里的外国商品特别多，如各类葡萄酒、各类泥肠、奶酪和橄榄油等，而这都是家乐福为了这些特殊的消费群体特意从国外进口的。在家乐福南方商城店，由于周围居住小区比较分散，干脆开了一个迷你 Shopping Mall，并在商场里开设了一家电影院和麦当劳，以吸引远处的顾客群来此购物。青岛的家乐福做得更到位，因为有15%的顾客是韩国人，干脆就为许多商品做了韩文招牌。

通过这种针对式营销，家乐福不仅对消费者的一次性购物量产生较大影响，使门店营业额得以提升，同时也获得了消费者的好感。在所有的零售商排行榜中，家乐福的顾客忠诚度是最高的。

（资料来源：http://www.linkshop.com.cn/web/Article_Jygl.aspx? ArticleId=12736.）

二、思考·讨论·训练

1. 家乐福通过哪些措施实现零售价格的最低？
2. 请对家乐福的价格策略做出评价。

  Silverado 珠宝店：一个定价的悖论

一、案例介绍

位于亚利桑那州滕比的 Silverado 珠宝店，专门经营由印第安人手工制成的珠宝首饰。Silverado 的店主希拉·贝克尔正同珠宝店的副经理玛丽·梅德尔聊起一个有趣的定价现象。

几个月前，珠宝店进了一批由珍珠质宝石和银制成的手镯、耳环和项链的精选品。与典型的绿松石造型中的青绿色调不同的是，珍珠质宝石是粉红色略带大理石花纹的颜色。就大小和样式而言，这一系列珠宝中包括了很多种类。有的珠宝小而圆，式样很简单，有的珠宝则要大一些，式样别致、大胆。不仅如此，该系列还包括了各种传统样式的由珠宝点缀的丝制领带。

希拉以合理的进价购入了这批珍珠质宝石制成的首饰。她十分满意这批独特的珠宝，认为对普通消费者来说，这批珠宝特别适合用来替代他们在滕比地区珠宝店中买到的绿松石首饰。为了让顾客能够觉得物超所值，她为这些珠宝定了合理的价格。当然，这其中已经包括了足以收回成本的加价和平均水平的利润。

这些珠宝在店中摆了一个月之后，希拉对它们的销售情况十分失望。于是，她决定试试她在内华达州大学里学到的几种销售策略。比如，令店中某种商品的位置有形化往往可使顾客产生更浓厚的兴趣。因此，她把这些珍珠质宝石装入玻璃展示箱，并将其摆放在该店入口的右手侧。

可是，当她发现位置改变之后，这些珠宝的销售情况仍然没有什么起色时，她认为应该在一周一次的见面会上与职员好好谈谈了。她建议职员们花更多的精力来推销这一独特的系列产品。她不仅给职员们详尽描述了珍珠质宝石，还给他们发了一篇简短的介绍性文章以便他们能记住并讲给顾客。

不幸的是，这个方法也失败了。就在此时，希拉正准备外出选购产品。因对珍珠质宝石首饰销售下降感到十分失望，她急于减少库存以便给更新的首饰腾出地方来存放。她决心采取一项重大行动：选择将这一系列珠宝半价出售。在店的出口处，她匆忙地给玛丽·梅德尔留下了一张字条。

当她回来的时候，希拉惊喜地发现该系列所有的珠宝已销售一空。"我真不明白，这是为什么，"她对玛丽·梅德尔说，"这种珍珠质宝石首饰并不合顾客的胃口。下次我在新添宝石品种的时候一定要慎之又慎。"而玛丽对希拉说，她虽然不懂希拉为什么要对滞销商品进行提价，但她惊诧于高价之下商品出售的惊人速度。希拉不解地问："什么高价？我留的字条上是说价格减半啊。"

"减半？"玛丽吃惊地问，"我认为你的字条上写的是这一系列的所有商品的价格一律按双倍计。"结果，玛丽将价格增加了一倍而不是减半。

（资料来源：http://scyx.ribs.cn/content.asp?id=261.）

二、思考·讨论·训练

1. 为什么珠宝以原价2倍的价格出售会卖得这么快？
2. 心理定价法的观念对希拉·贝克尔有什么帮助？
3. 在定价决策方面，你还想给希拉提出什么更好的建议？

案例3　iPhone产品定价的教训

一、案例介绍

制定更好的定价策略不只有助于企业提升销售收入，更让公司有更多的时间专注于与客户构建良好的商务关系。

iPhone刚刚上市两个月之后价格就降低了1/3，即使是最忠实的消费者也变得怨声载道，首席执行官史蒂夫·乔布斯不得不尴尬地道歉，承诺部分退还差价款。

沃顿商学院的教授和分析家认为，iPhone现象揭示了定价策略失当的危险。"产品的生命周期很短，市场环境变化迅速。"营销学教授张忠说，"你没有多少从错误中汲取教训的时间，你必须从一开始就给产品确定恰当的价格。"

市场营销学教授杰戈莫汉·雷朱认为，苹果公司对iPhone的降价行为是"时间性的差别定价"（也称为"暂时价格歧视"）策略的典型代表。更典型的是航空业的价格策略。比起数月前通过因特网订机票的那些节俭旅行者来，"最后一分钟"旅行者要为同样航班上的同样座位支付高得多的价钱。

企业要增加收入，过去一直把注意力放在裁员和削减成本上，如今管理层更多地开始关注产品定价。"定价策略是最后一个要塞。"埃森哲公司定价和利润优化业务管理合伙人格雷格·卡达依说，那些引入定价战略并密切监督相关数据的公司，每年的收入可提升1%～2%。"单就企业的收入而言，这可是个不小的变化。"

"定价策略不只是试图让购物者多掏钱。"卡达依说，"定价策略还能当作发现消费者真正需求的检验机制。它是表明供需关系的根本，是弄清消费者是否愿意以某个价格购买自己需要的产品的最有效方式。"

尽管定价策略至关重要，但实施起来困难重重。公司经理对全新的定价策略唯恐避之不及，这不只是因为定价策略很复杂，而且还因为这些策略非同小可。"如果你的决策影响巨大，那么，你就不会去想尝试全新的方式。如果你对定价策略没有非常丰富的学识，那么，你就没有信心做出这类决策。万全之策就是遵从传统，无论传统是什么。"张忠说。通常公司定价会考虑到产品的生产成本，之后再加上一定比例的利润。

对于新产品，尤其是精巧的技术产品定价的另一个障碍在于，公司无法不牺牲产品秘密而进行大范围的市场测试，产品保密对防范产品被人抄袭、模仿是必不可少的。

苹果公司iPhone的价格变化所引发的抗议之所以如此具有戏剧性，是因为公司在市场中已经将自己定位于消费者友好型企业。如果产品承载着附加的情感或者已经成为产品所有者自我感觉的象征时，产品的定价策略往往有悖于传统定价模式。

"人们对苹果公司怀有强烈的归属感，他们认为，自己就是苹果公司大家庭的一员。当史蒂夫·乔布斯宣布其产品降价时，人们觉得自己被出卖了。我不知道他们是不是应该有这种感觉，他们的反应似乎是首次遭遇技术公司降低产品售价。"营销学教授斯蒂芬·霍奇说。

但苹果公司并没有遇到销量低于预期的压力。iPhone在两个月多一点儿的时间内卖出了100万部，提前一个月完成了预定目标。与此形成对照的是，公司售出100万个iPod音乐播放器则用了整整两年的时间。尽管iPod在市场自成体系，不过，iPhone在市场发育完善、竞争激烈的手机市场却是"新兵"。

针对iPhone定价策略的争论表明，即使是像苹果公司这类市场营销经验老到的公司，也可能在定价决策的复杂性和隐形效应面前摔倒。世界营销评论："苹果公司似乎犯了一个错误，很多人认为苹果公司确实犯了一个错误，但是这个事情里面有许多不确定因素。"价格咨询顾问公司SKP（Simon-Kucher & Partners）波士顿机构合伙人弗兰克·鲁比说，他希望苹果的批评者能够制定一个模型用来评估这些不确定因素并制定出正确的价格。"我希望看到他们评论背后的逻辑。"据技术市场研究机构Isuppli的估算，苹果公司iPhone手机的成本是265.83美元。

（资料来源：永林．http://www.cnepaper.com/jrjs/html/2015－04/15/content_2_7.htm）

二、思考·讨论·训练

1. iPhone的价格制定犯了什么错误？造成错误的原因是什么？
2. iPhone如何执行降价策略才恰当？

案例4　阿兰·埃德蒙公司的高价策略

一、案例介绍

如果你曾梦想过有朝一日穿上总统们穿的鞋,那你也许会想要一双阿兰·埃德蒙公司出品的鞋。比尔·克林顿和乔治·布什都曾穿着阿兰·埃德蒙的鞋在椭圆办公室里踱步。这种售价200～1 600美元一双的鞋被许多人认为是世界上最好的。鞋的高价格策略是公司成功的关键。

在过去的10多年里,美国的制鞋业经历了一场革命。以耐克公司、利波公司、吉尔公司为代表的一些运动鞋制造商在市场上掀起了一场风暴,把数以百计的传统制鞋商挤出市场。

阿兰·埃德蒙公司在20世纪70年代后期也面临着同样的命运。与此同时,以约翰·斯托伦沃克为首的投资集团从阿兰家族手中接管了这家正在困境中挣扎的公司。当时公司销售不断下降,亏损也在成倍增加。

当约翰·斯托伦沃克于1978年接管公司后,他确立的市场营销目标是:在细分市场基础上,将产品定位于高档次、高价格,为少数消费的顾客群服务。他说:"首先,公司的经营要面向市场,以市场需求为中心。我们对顾客的信息有足够的了解,找出谁是我们的顾客,然后告诉他们阿兰·埃德蒙。其次,我们要成为世界上最好的男鞋制造商。我们将不只是生产高质量的鞋,而且要生产世界第一的鞋。"

约翰·斯托伦沃克坚持他的目标并得到了意想不到的结果。当其他制鞋公司逐步退出这一行业时,阿兰·埃德蒙公司的利润却每年达到创纪录的高水平。总收益在过去的10年里翻了两番。现在阿兰·埃德蒙公司每年能卖出35万双鞋,收入将近5 000万美元。

(资料来源:王瑶. 市场营销基础实训与指导. 北京:中国经济出版社,2009.)

二、思考·讨论·训练

1. 阿兰·埃德蒙公司的高价策略成功的关键是什么?
2. 本案例对你有何启示?

案例5　休布雷公司巧定酒价

一、案例介绍

休布雷公司在美国伏特加酒市场上,属于营销出色的公司,它所生产的史密诺夫酒,在伏特加酒的市场上占有率达23%。20世纪60年代,另一家公司推出一种新型伏特加酒,其质量不比史密诺夫酒次,每瓶价格却比它低1美元。按照惯例,休布雷公司的面前有三条对策可用:

（1）降价 1 美元，以保证市场占有率；

（2）维持原价，通过增加广告和推销支出来与竞争对手争夺市场；

（3）维持原价，听任其市场占有率降低。

由此看出，不论该公司采取上述哪种策略，休布雷公司似乎输定了。但是，该公司的市场营销人员经过深思熟虑后却采取了对方意想不到的第四种策略：将史密诺夫酒的价格提高 1 美元，同时推出一种与竞争对手新伏特加酒价格一样的端色加酒和另一种价格更低的波波酒。

这一价格策略策划使该公司扭转了不利局面：一方面提高了史密诺夫酒的地位，同时使竞争对手的新产品沦为一种普通的品牌；另一方面休布雷不仅渡过了难关，而且比过去显得更强大，公司盈利情况不仅没有下降，而且利润反而大增。

（资料来源：任天飞. 中外经典营销案例评析. 武汉：中南工业大学出版社，1999.）

二、思考·讨论·训练

1. 休布雷公司在与对手的竞争中采用了什么定价策略？
2. 休布雷公司的定价策略获得成功的原因是什么？
3. 面对休斯雷公司的第四种对策，对方又会做出什么样的反应呢？

项目名称：价格策略应用训练

1. 实训目的

熟悉影响企业定价的主要因素，掌握基本的定价方法，学习应用定价的技巧和变价的策略。

2. 实训组织

教师给出市场上某行业某类产品价格竞争现状的基本资料。学生以小组为单位在市场上收集该类产品中相近产品的不同企业的定价情报，分析存在的问题。

3. 实训要求

（1）以实际市场情报为依据，为其中的一项产品提出变价的依据，并拟出相应的变价策划方案。

（2）在全班宣讲各组方案，之后由教师进行讲评。

项目名称：超市商品定价对比调查

1. 实训项目

超市商品定价对比调查。

2. 实训目的

检验学生对商品定价的理解，根据调查结果分析学生定价策略知识的掌握情况。

3. 实训任务

（1）任意选择 5 种商品，调查本市范围内各个超市该商品的价格。

（2）结合本章内容，对比分析各超市商品定价策略。

（3）写出调查报告。

4. 实训步骤

(1) 以小组为单位，利用周末或课外活动时间，进行调查。

(2) 小组讨论分析，写出调查报告。

(3) 课堂评析调查报告。

5. 考核评价

由任课老师负责指导与考核评价，其中预习准备占10％，实际调查符合要求占20％，初始记录完整占20％，实训分析报告完整清晰占40％，团队合作占10％。

(资料来源：任会福，李娜. 市场营销理论与实务. 北京：人民邮电出版社，2011.)

课后练习题

1. 请对你拥有的手机的市场价格策略现状进行调查，并对该品牌手机价格策划进行评析。

2. 汽油涨价会给哪些行业（企业）带来影响？出租车行业如何应对汽油涨价，请提出你的见解。

3. 怎样才能使产品定价为公司带来更大的利润？

4. 某超市同时经销两家企业生产的酸奶，其口味相同，且容积均为120mL。其中，甲厂酸奶定价1.00元，而乙厂酸奶定价为0.98元。经过一段时间的销售观察，超市发现乙厂酸奶的销售量相当于甲厂的1.6倍。请问：

(1) 超市对两种酸奶各自采取了什么定价策略？

(2) 为什么后一种定价策略取得了成功？不同的定价策略在适用的商品上有什么差别？

5. 美国某珠宝公司采购了一批具有中国风格的珍珠饰品和银手镯、银项链，期望征服消费者，并迅速打开此类产品的国内市场。为此，公司最初制定了比较低的市场销售价，但市场反应冷淡；于是，公司经理认为美国消费者并不认同这些首饰，决定彻底放弃这些首饰，以更低的价格清仓。不过，公司副总经理却建议不妨先把价格提高一倍，以探市场的反应。结果出人意料，几天的时间所有饰品全部销售一空。请问：

(1) 该珠宝公司采取了哪些定价策略？

(2) 这些定价策略各自的适用条件是什么？

(3) 除珠宝外，还有哪些商品适合采用类似于本案例中的定价策略？

6. 为什么许多公司没有将利润最大化作为定价目标？

7. 如果一家公司可以通过提高价格来增加它的总收入，它应该这么做？

8. 你正在策划为你公司销售的老产品改变价格。写一份备忘录，分析一下你在决策中需要考虑的因素。

9. 办公家具的制造商决定生产古董风格的拉盖书桌，同时又能用作个人计算机台。桌子具有内置的防震保护，提升或下降显示器的平台和其他的一些特性。这种质量上乘，用硬质橡木制成的书桌标价远低于同类商品。营销经理说："我们定出低价，计划用高的销售量来降低风险。"对此，你有何评论？

价格调整技巧

企业处在一个不断变化的环境之中,当企业的内部环境或外部环境发生变化时,为了生存和发展企业必须调整价格,以适应激烈的市场竞争。

1. 企业降价与提价

(1) 企业降价。降价往往会造成同业者的不满,引发价格竞争,但在某些情况下,仍需降价。

① 企业生产能力过剩,产品积压,虽运用各种营销手段(如改进产品、努力促销等),仍难以打开销路。

② 面临激烈的价格竞争,企业市场占有率下降,为了击败竞争者,扩大市场份额,必须降价。

③ 企业的产品成本比竞争者低但销路不好,需要通过降价来提高市场占有率,同时使成本由于销量和产量增加而进一步降低,形成良性循环。

(2) 企业提价。提高产品价格会引起顾客、经销商甚至本企业销售人员的不满,但成功的提价也会为企业带来可观的利润。当企业面临以下情况时必须考虑提价。

① 在市场供不应求,企业无法满足顾客对其产品的全部需求时,只有提高价格以平衡供求,增加收入。

② 在通货膨胀物价上涨,使企业成本费用上升时,必须提高产品销售价,以平衡收支,保证盈利。例如,2007年粮食价格上涨,运输成本上涨(燃油价格上涨)导致食用油价格上涨。

③ 提价可改善和提高产品形象,消费者觉得高价商品才是高档商品。企业在提价时,应注意通过各种传播媒介沟通信息,向买方说明情况,争取买方的理解,并帮助买方解决因提价而产生的一些问题。

2003年非典时期结束之后,广州许多餐饮企业纷纷降价以吸引顾客。但麦当劳却反其道而行之,提高了部分商品的价格。这种策略导致广州媒体的颇多微词,结果提价后销售量并没有减少,营业收入反而增加了。广州餐饮业人士分析认为:麦当劳敢于在别人都降价时提价是一个大胆举动,这种做法来自它对市场的正确分析。麦当劳采用低价策略进入中国市场,在这一过程中形成了自己的目标客户——青年人和儿童。青年人和儿童是麦当劳稳定的客户群体,而这个群体对价格变动几乎没有什么反应,无论价格上升还是下降,购买的麦当劳数量变动很小,价格上升,需求量减少微不足道,故总收益增加了。因此,麦当劳以低价占领市场,形成稳定的目标客户后提价是正确的。

2. 顾客对企业变价的反应

企业无论降价还是提价,都必然会影响到购买者、竞争者、经销商和供应商,而且政府对企业变价也不能不关心。在这里,首先分析购买者对企业变价的反应。

(1) 顾客对企业降价的反应。顾客对于企业某种产品的降价可能会这样理解:

① 这种产品的式样老了,将被新型产品所代替;

② 这种产品有某些缺点,销售不畅;
③ 企业财务困难,难以继续经营下去;
④ 价格还要进一步下跌;
⑤ 这种产品的质量下降了。

(2) 顾客对企业提价的反应。企业提价通常会影响销售,但是购买者对企业的某种产品提价也可能会这样理解:
① 这种产品很畅销,先买为快;
② 这种产品很有价值;
③ 卖主想尽量取得更多利润。

一般来说,购买者对于价值高低不同的产品价格的反应有所不同。对于那些价值高、经常购买的产品的价格变动比较敏感,而对于那些价值较低、不经常购买的小商品,即使单位价格较高,购买者也不太注意。

3. 竞争者对企业变价的反应

企业在考虑改变价格的时候,不仅要考虑购买者的反应,而且必须考虑竞争对手的反应。当某一行业中企业数目很少,产品同质性强,购买者颇具辨别力与知识时,竞争者的反应就愈显重要。

(1) 了解竞争者反应的主要途径。企业估计竞争者的可能反应至少可以通过两种方法:通过内部资料和借助统计分析。取得内部情报的方法有好几种,有些是可接受的,有些则近乎试探。有一种方法是从竞争者那里挖来经理,以获得竞争者决策程序及反应模式等重要情报。此外,还可以聘用竞争者以前的职员专门成立一个部门,其工作就是模仿竞争者的立场、观点、方法等思考问题。类似的情报也可以从其他渠道如顾客、金融机构、供应商、代理商等获得。

(2) 预测竞争者反应的主要假设。企业可以从以下两个方面来估计、预测竞争者对本企业的产品价格变动的可能反应。

① 假设竞争对手采取老一套的办法来对付企业的价格变动。在这种情况下,竞争对手的反应是能够预测的。

② 假设竞争对手把每一次价格变动都看作新的挑战,并根据当时自己的利益做出相应的反应。在这种情况下,必须断定当时竞争对手的利益是什么。企业必须调查研究竞争对手目前的财务状况、近来的销售和生产能力情况、顾客忠诚度情况以及企业目标等。如果竞争者的企业目标是提高市场占有率,它就可能随着本企业的产品价格变动而调整价格。如果竞争者的企业目标是取得最大利润,它就会采取其他对策,如增加广告预算、加强广告促销或者提高产品质量等。总之,企业在实施价格变动时,必须善于利用企业内部和外部的信息,观测出竞争对手的思路,以便采取适当的对策。

4. 企业对竞争者变价的反应

企业经常也会面临竞争者变价的挑战,如何对竞争者的变价做出及时、正确的反应是企业定价策略的一项重要内容。

(1) 不同市场环境下的企业反应。在同质产品市场上,如果竞争者降价,企业必须随之降价,否则顾客就会购买竞争者的产品,而不购买本企业的产品;如果某一企业提价,且提价会对整个行业有利,其他企业也会随之提价,但是如果某一个企业不随之提价,那么最先发动提价的企业和其他企业也不得不取消提价。

在异质产品市场上，企业对竞争者变价的反应有更多的选择余地。因为在这种市场上，顾客选择时不仅考虑产品价格因素，而且考虑产品的质量、服务、性能、外观、可靠性等方面的因素。因而在这种产品市场上，顾客对于较小的价格差异并不在意。

面对竞争者的变价，企业必须认真调查研究如下问题：

① 为什么竞争者变价？
② 竞争者打算暂时变价还是永久变价？
③ 如果对竞争者变价置之不理，将对企业的市场占有率和利润有何影响？
④ 其他企业是否会做出反应？
⑤ 竞争者和其他企业对于本企业的每一个可能的反应又会有何反应？

(2) 市场领导者的反应。在竞争性的市场上，市场领导者往往会遭到其他企业的进攻。这些企业的产品可与市场领导者的产品相媲美，它们往往通过进攻性的降价来争夺市场领导者的市场阵地。在这种情况下，市场领导者有以下几种策略可供选择。

① 维持价格不变。因为市场领导者认为，如果降价就会减少利润收入。而维持价格不变，尽管对市场占有率有一定的影响，但以后还能恢复市场阵地。当然，维持价格不变的同时，还要改进产品质量、提高服务水平、加强促销沟通等，运用非价格手段来反击竞争者。许多企业的市场营销实践证明，采取这种策略比降价和低利经营更合算。

② 降价。市场领导者采取这种策略的原因如下。

• 降价可以使销售量和产量增加，从而使成本费用降低。

• 市场对价格很敏感，不降价就会使市场占有率下降。

• 市场占有率下降之后，很难恢复。但是，企业降价以后仍应尽力保持原有的产品质量和服务水平。

③ 提价。提价的同时，还要致力于提高产品质量，或推出某些新品牌，以便与竞争对手争夺市场。

(3) 受到竞争对手进攻的企业必须考虑：

① 产品在生命周期中所处的阶段及其在产品投资组合中的重要程度；
② 竞争者的意图和资源；
③ 市场对价格和价值的敏感性；
④ 成本费用随着销量和产量的变化而变化的情况；
⑤ 中国企业价格战的形式与效果。

面对竞争者的变价，企业不可能花很多时间来分析应采取的对策。事实上，竞争者很可能花了大量的时间来准备变价，而企业又必须在数小时或几天内明确果断地做出明智反应。缩短价格反应决策时间的唯一途径是：预料竞争者可能的价格变动，并预先准备适当的对策。

（资料来源：熊云南，郑璁. 市场营销. 武汉：武汉大学出版社，2008.）

任务9
营销渠道策略

决胜在终端。

——张瑞敏

渠道威望,终端制胜。

——杨爱国

> **学习目标**
>
> - 能够进行企业营销渠道设计；
> - 能够进行企业营销渠道管理；
> - 能够进行企业营销渠道改进；
> - 强化营销渠道冲突管理，最大限度减少渠道冲突的发生。

营│销│故│事│导│入

松下走出营销困境

松下公司的两个新产品附属插头和双灯用插头刚投向市场就备受欢迎。为了迅速打开局面，松下幸之助与吉田签订总代理合约。吉田负责总经销，松下负责生产并从吉田那里取得3 000日元保证金。松下立即将资金用于扩大生产规模，月产量剧增。东京的电器制造商因此联合起来，不惜血本，大幅降价，致使松下的双灯插座几近到了无人问津之境。吉田于是赶到松下住处，交涉减价事宜。松下为难极了。要减价，先得从出厂价减起，可出厂价如何减得下来？不得已，松下与吉田解除了合约。

怎么办呢？松下决定自己抓销售。松下走上大阪的大街，走了数家电器经销店后，他发现一个惊人而有趣的事实：经销商要求减价的部分，与吉田商店批发的毛利大约相等。

也就是说，松下的双灯插座的出厂价不变，取消总经销的中间环节，经销商的零售价格与其他厂家双灯插座的零售价大体接近。松下一家挨一家拜访经销商，说明与吉田解约的原因，提出为制造商直接批发。经销商都表示欢迎。其中一位经销商说："松下君，说来是你不应该。你生产这么好的东西，却交给吉田一店包揽，真是莫名其妙。如果直接批发，我们今天就买你的东西。"

真是出乎意料的顺利，积压的双灯插座全部被销售出去。

经销商表示，以后松下工厂如果出了其他产品，他们也会继续帮着卖。

吉田公司签约又解约，这本是坏事。由于松下的坚忍不拔，结果坏事变成了好事。并不熟悉销售的松下，在这么短的时间里，建立起销售网，不能说不是一个奇迹。

（资料来源：http://blog.sina.com.cn/s/blog_ae897483010136z2.html）

企业分销渠道的选择，不仅要求产品及时到达目标市场，而且要求选择的分销渠道销售效率高，销售费用少，能取得最佳的经济效益。因此，企业必须讲求营销渠道策略。

9.1　营销渠道设计

渠道设计是指为实现分销目标，对各种备选渠道结构进行评估和选择，从而开发新型的营销渠道或改进现有营销渠道的过程。

广义的营销渠道的设计包括在公司创立之时设计全新的渠道及改变或再设计已存在的渠道。对于后者，现在也称为营销渠道再造，是市场营销者经常要做的事。相比之下，从一开始就设计全新的营销渠道的情形比较少。除了生产商外，制造商、批发商及零售商也都面临着渠道设计问题。对零售商来说，渠道设计是从生产商与制造商的对立面着手的。为了获得可靠的产品供应，零售商要从渠道的末端向渠道的上游看，而不是看渠道的下游（对生产商与制造商来说却是如此）。而批发商处于渠道的中间位置，对渠道设计的决策需要从两个方向着手，既要考虑上游，也需要了解下游的情况。

营销渠道设计包括三方面的问题：确定渠道的模式，确定每一层次所需的中间商的数目和规定渠道每位成员的权利和义务。

1. 确定渠道的模式

确定渠道的长度。渠道长度是以渠道层次（或称中间环节）的数量来衡量的。在进行渠道决策时，企业首先应综合产品、企业顾客、中间商、竞争者等各方面的因素，决定选择什么类型的分销渠道。确定是直接渠道还是间接渠道；是一层还是二层；是利用中间商推销，还是委托代理商推销。

2. 确定中间商数目

这是指决定渠道的宽度。

3. 规定渠道每位成员的权利和义务

制造商必须确定渠道成员的权利和义务。如生产企业给予中间商的供货保证、产品质量保证、退还货保证、价格折扣、广告促销协助等；经销商向生产企业提供市场信息和各种业务统计资料，保证实行价格政策，达到服务水准。制定渠道成员的权利和义务时必须十分谨慎，并要得到有关方面的配合。

9.2　营销渠道管理

在每条产品营销渠道中都存在着渠道成员间不同程度的合作和矛盾。在一般情况下，渠道成员间的合作往往占主导地位，生产商、批发商、零售商为了共同的利益而形成一条分销渠道。它们通过一系列业务，相互满足对方的需要。同单个企业单独业务相比，渠道成员合作能为各方带来更大的经济效益。可是，每一条产品分销渠道中也经常存在着某些矛盾，如"工商矛盾"和"商商矛盾"。渠道管理决策的目标就是要加强渠道成员间的合作，调解渠道成员间的矛盾。渠道管理决策主要由"渠道首领"来制定。渠道管理的任务包括：选择渠道成员、激励渠道成员、评估渠道成员三部分。

1. 渠道成员的选择

渠道成员的选择,就是从众多的相同类型的分销成员中选出适合公司渠道结构的能有效帮助完成公司分销目标的分销伙伴的过程。

渠道成员的选择是非常重要的。因为选择渠道成员并和渠道成员共事,是要"联姻结亲",长期携手合作。时下越来越多的公司重视与渠道成员的关系。有的甚至结成战略伙伴关系,这更加需要慎重认真。选择的成员将决定消费者需要的产品是否能及时、准确地转移到消费者手中,影响到分销的成本和顾客服务。因此,从这一点讲,企业战略伙伴的渠道成员的选择,意义相当重大。如果选择不当,可能引起巨大的资源投资失误;如果选择得好,则可以锦上添花。

渠道成员选择的重要性是与公司的分销密度高度相关的。也就是说,公司选择的分销密度越小,其分销成员的选择越重要。相反,如果分销密度很大,则渠道成员选择的重要性就相应地减小。

一般的情况下选择渠道成员必须考虑中间商的市场范围,中间商的产品政策,中间商的地理区位优势,中间商的产品知识、预期合作程度,中间商的财务状况及管理水平,中间商的促销政策和技术,中间商的综合服务能力等条件。

2. 渠道成员的激励

虽然生产商给予中间商的某种权利会起到一定的激励作用,但这些权利必须由生产商通过不断的监督和激励加以补充,中间商只有不断地得到激励才能尽力工作。刺激和鼓励渠道成员努力工作的前提,首先要求生产商了解各个中间商的需要和愿望。生产商必须明确:经销商是一个独立的经营者,而不是生产商的雇佣;中间商乐于接受受到顾客欢迎的产品,而不是生产商自己的产品;中间商关心的是所有产品的销路,而不是某一产品的销路;这些都是对生产商不利的。生产商应尽量避免激励不足和激励过分两种情况。当生产商给予中间商的优惠条件超过他取得合作与努力水平所需的条件时,就会出现激励过分的情况,其结果是销售量提高,而利润率下降。当生产商给予中间商的条件过于苛刻,以致不能激励中间商努力工作时,则会出现激励不足的情况,其结果是销售量降低,利润减少。所以生产商必须确定应花费多少力量以及花费何种力量来激励中间商。

一般来讲,对中间商的基本激励水平,应以交易关系组合为基础。如果对中间商仍激励不足,则生产商可采取两条措施:提高中间商可得的毛利率,放宽信用条件,或改变交易关系组合,使之更有利于中间商;采取人为的方法来刺激中间商,使之付出更大努力。例如,可以挑剔他们,迫使他们创造有效的销售机制,举办中间商销售竞赛,加强对最后顾客与中间商的广告活动等。不论上述方法是否与真正交易关系组合有直接或间接关系,生产商都必须小心观察中间商如何从自身利益出发来看待、理解这些措施。因为在渠道关系中存在着许多潜伏的矛盾点,拥有控制权的制造商很容易无意识地伤害到中间商的商誉。生产商在处理他们与经销商的关系时,常依不同情况而采取三种方法:合作、合伙和分销规划。

3. 渠道成员的评估

生产商除了选择和激励渠道成员外,还必须定期评估他们的绩效。如果某一渠道成员的绩效过分低于既定标准,则须找出主要原因,同时还应考虑可能的补救方法。当放弃或更换中间商会导致更坏的结果时,生产商则只好容忍这种令人不满的局面。当不致出现更坏的结果时,生产商应要求工作成绩欠佳的中间商在一定时期内有所改进,否则,就要取消其资格。

如果一开始生产商与中间商就签订了有关绩效标准与奖惩条件的契约，就可避免种种不愉快。在契约中应明确经销商的责任，如销售强度、绩效与覆盖率、平均存货水平、送货时间、次品与遗失品的处理方法、对企业促销与训练方案的合作程度、中间商对顾客须提供的服务等。

除了针对中间商绩效责任签订契约外，生产商还须定期发布销售配额，以确定目前的预期绩效。生产商可以在一定时期内列出各中间商的销售额，并依销售额大小排出先后名次，这样可促使后进中间商为了自己的荣誉而奋力上进，也可促进先进的中间商努力保持已有的荣誉。

测量中间商的绩效，主要有两种办法可供使用：一种是将每一中间商的销售绩效与上期的绩效进行比较，并以整个群体的升降百分比作为评价标准。对低于该群体平均水平以下的中间商，必须加强评估与激励措施。另一种是将各中间商的绩效与该地区的销售潜量分析所设立的配额相比较。即在销售期过后，根据中间商的实际销售额与其潜在销售额的比率，将各中间商按先后名次进行排序。这样，企业的调查与激励措施可以集中于那些未达既定比率的中间商。

9.3　营销渠道改进

生产商在设计了一个良好的渠道系统后，不能放任自由运行而不采取任何纠正措施。事实上，为了适应市场需要的变化，整个渠道系统或部分渠道系统必须随时加以修正和改进。企业市场营销渠道的修正与改进可从三个层次上来研究。从经营层次上看，其修正与改进可能涉及增加或剔除某些渠道成员；从特定市场的规划层次上看，其改变可能涉及增加或剔除某特定的市场渠道；从企业系统计划阶段上看，其改变可能涉及所有市场经营的新方法。

1. 渠道成员的改变

在考虑渠道改进时，通常会涉及增加或减少某些中间商的问题。做这种决策通常需要进行直接增量分析。通过分析，要弄清这样一个问题，即增加或减少某渠道成员后，企业利润将如何变化。同时，应该注意增量分析也有不适用的时候。因此，在实际业务中，还不能单纯依据增量分析的结果采取具体行动。如果管理人员确实需要对该系统进行定量化分析，最好的办法是用整体系统模拟来测量某一决策对整个渠道系统的影响。

2. 增加或减少市场营销渠道

生产商也会常常考虑这样一个问题，即他所使用的市场营销渠道是否仍能有效地将产品送达某一地区或某一类顾客。这是因为，企业市场营销渠道静止不变时，某一重要地区的购买类型、市场形势往往正处于迅速变化中。企业可针对这种情况，借助损益平衡分析与投资收益率分析，确定增加或减少某些市场营销渠道。

3. 改进和修正整个市场营销系统

对生产商来讲，最困难的渠道变化决策是改进和修正整个市场营销系统。这些决策不仅会改变渠道系统，而且还将迫使生产商改变其市场营销组合和市场营销政策。这类决策比较复杂，任何与其有关的数量模型只能帮助管理人员求出最佳估计值。

4. 解决渠道改进问题的概念性研究

在分析一个提议中的渠道改进措施时，要解决的问题是确定该渠道是否处于均衡状态。所谓一个渠道处于均衡状态是指：无论如何改变结构或者功能，也不可能导致利润增加的状态。结构变动包括增加或者取消渠道中某一级的中间商。功能变动是指在渠道成员中间重新分配一项或几项渠道任务。当渠道处于不均衡状态时，变动的时机就成熟了。

9.4 营销渠道冲突管理

在分销渠道各个成员之间的关系中，合作是主旋律、主流。换句话说，大部分渠道成员基本上是按照诚实信用的原则，自觉自愿地履行事先达成的协议、合同，积极履行应尽的义务，维护共同的利益，使分销渠道正常工作。然而，再好的合作关系也会不可避免地出现不和谐，因此，对分销渠道冲突的充分认识和有效解决是渠道策划管理者的任务。

分销渠道的冲突多种多样，如果从渠道成员之间的相互关系来看分为垂直冲突、水平冲突、多渠道冲突等。

产生渠道冲突的根源很多，这种购销业务本身就造成了渠道的冲突。如供货商要以高价出售，并倾向于现金交易，而购买者则要低价支付，并要求优惠的商业信用。另外，制造商及中间商对各自的企业有不同目标，也是冲突产生的原因。制造商希望增加市场占有率，增长销售额及利润；但大多数零售商，特别是小型零售商，希望在本地市场上维持一种舒适的地位，有些小型零售商，一旦在销售额及利润达到满意的水平时，就满足于安逸的生活。制造商希望中间商销售自己的产品；但中间商只要有销路就不关心销售哪一种商品。制造商希望中间商将折扣让给买方，而中间商却宁愿将折扣留给自己；制造商希望中间商为它的商标做广告，中间商则要求制造商付出代价。同时，每一个成员都希望对方多保持一些库存。所有这些问题，会由于相互之间缺乏交换意见而趋向紧张。最后当矛盾不能避免或控制时，渠道本身就必须改组，否则就要解散。

分销渠道管理者应保持渠道成员之间的良好的合作关系。在冲突与合作之间找到一个均能接受的平衡点，以使渠道正常运转。对待冲突可以采用：解决问题、谈判、仲裁、法律手段、退出等方法。

解决渠道冲突最重要的方法是建立超级目标抵御来自其他渠道系统的竞争。超级目标是指渠道成员共同努力，以达到单个企业所不能实现的目标，其内容包括渠道生存、市场份额、高品质产品、顾客满意度等。超级目标只有通过合作才能实现，渠道成员之间加强沟通、交流信息有利于渠道冲突的避免和解决。建立信息共享机制，交换各种情报，可以让渠道成员之间相互交换工作来加强沟通，也可以邀请渠道成员参与本企业的咨询会议或董事会议来强化沟通。

促进渠道成员之间的合作，建立产销战略联盟，是解决渠道冲突的另一个主要方法。一般而言产销联盟的主要形式有：会员制、销售代理、联营公司等。

9.5 主要营销渠道模式

营销渠道是一个很长的链条，一头连着制造商，一头连着消费者，营销渠道如果正常和高效，就能够实现马克思所说的"惊险的一跳"，即产品从使用价值到价值的转换。企业主要的营销渠道模式有如下四种。[①]

1. 代理

销售代理是指以签订合同为基础为委托人进行产品销售的代理商。随着市场经济的发展，这种分销方式几乎随处可见，尤其在服装、汽车、计算机和各种机器设备产品中更加普遍。在这种分销方式下，代理商具有在一定区域内销售产品的代理权。代理人与委托人利益对等，代理人按照委托人的意志代理委托人的产品，具有在合同范围内销售产品的权利，但不具有产品的所有权。代理人从代理销售的商品中获得佣金而不是差价。代理商是独立的法人，与委托商之间是一种合作关系，具有自己独立的利益。只是在签订合同的时候，双方必须约定，代理商要按照委托商的意思行事。正是由于这样一点原因，基于商品问题的法律责任应该由委托商承担，而不是由代理商承担。销售代理可以分为多种不同的形式。

（1）独家代理。这种方式的代理是指生产商授予代理商在一定地域内独家代理的权利，生产商的全部产品在该地域内全部由这个指定的独家代理商销售。

（2）缔约代理。在这种代理方式下，委托商委托代理商为自己售卖产品，并且约定代理商具有代表委托商订立销售合同的权力。但是由于这种销售合同是代理商代委托商行使权力而订立的，所以在销售合同中需要有明确卖方和代理方的字样，一旦产品出了问题，最终的法律责任由卖方承担。

（3）总代理。总代理商与一般的代理商不同，该代理商是制造商在某一地区的全权代理，总代理商可以在该区域内选择分代理商，可以代表制造商全权处理一些事物。就这一点而言，总代理具有独家代理不具备的权利，即总代理商可以设置分代理商但独家代理商就不具备这种权利。在总代理分销方式下，总代理商实际上就是一级代理，在其旗下可以设置二级乃至三级代理，这些都是总代理职权范围内的事情。代理商的权力无论有多大，也只是制造商的一个代理而已，只具有代理制造商销售其产品的销售权，不具有产品的所有权，更不是制造商属下的一个子公司。

2. 特许

特许经营是商家整个地将自己的经营系统或者服务系统转让给一个独立的经营者，转让者对经营者收取一定特许费的分销方式。在特许经营这种分销方式中，特许者将其商标、商号、技术、产品和模式等全部授予被特许者使用，双方事先订立合同，各自在合同约定的范围内行使自己的权利。特许者向被特许者支付合同约定的费用。由以上可以看出，特许者与被特许者之间是一种契约关系。各自的权利和义务是非常明确的。根据前文，特许也可以分成多种不同的形式，包括生产特许、商标特许、模式特许等。特许经营是一种历史悠久的分销方式，到目前为止已经有一百多年的发展历史。最初产生于美国的一家缝纫机公司，该公司为了扩展缝纫机的营销业务，开创了特许经营这种分销方式。事实表明，这种分销方式具有劲的拓展潜力，为品牌知名度的提升和产品迅速占领市场提供了绝佳的平台。这种方式使得被特许者借助特许者的品牌和经营模式等迅速发展自己的生意。由于被特许者对特许者的产品进行复制，生意可以在很短时间内打开局面。被特许者可以在特许者的支持下解决生意中的诸多问题，于是被特许者很快就可以由一个门外汉变成一个行家。这种方式可以使特

---

① 孟祥林. 市场营销学：理论与案例. 北京：机械工业出版社，2013.

许者的名号很快走红。但是被特许者只能在已有的模式下发展。由于各个地方消费者的需求差异是客观存在的,所以独有的经营模式对于有差异的消费需求而言就产生了严重的不对称,被特许者原本认为的具有优势的产品在其所在地不一定具有持续的竞争力,而且被特许者不可以结合当地的情况对产品进行变通,这就在很大程度上束缚了产品进行本土化的可能。特许经营这种分销方式在零售业、服务业和餐饮业中应用最为广泛。我国在向市场经济进军的过程中,特许经营分销方式成就了很多大品牌,不但为很多人解决了就业问题并带来了财富,而且为很多消费者带来了地道的产品和服务。消费者熟知的肯德基是以特许经营方式于1987年在北京第一个亮相的西式快餐,随后在祖国大江南北遍地开花。我国本土发展起来的第一个特许经营商是李宁品牌,现在已经是享誉海内外的大品牌。

3. 连锁

作为一种商业组织形式,连锁经营是指经营同类商品的若干企业,在整体规划下进行专业化分工,通过发展连锁店的方式得以进行集中化管理,从而达到规模经济优势目的的经营方式。这种经营方式一般都具有统一的配送中心,由于在配送中不会有其他环节,所以可从最严格的意义上保持产品的质量。由于商品的品质能够得到严格意义上的保障,所以消费者非常相信连锁经营的企业信誉,因此连锁店能够得到消费者永久的信任和支持。但是,一旦连锁店出现问题,消费者就会联想到所有的店都会有问题。这种经营方式下的授权人与被授权人之间是一种共赢合作的关系,双方在这种合作过程中都会受益。授权者可以让自己的产品在短时间内在更大范围内拓展,而不用垫付更多的资金;被授权者在最短的时间内得到成熟的经营模式和产品,省去了自己进行产品研发的过程。在经营过程中,授权者与被授权者之间是一种合同关系,合作双方都是独立的法律实体,各自承担自己的法律责任。连锁经营合同中规定的授权是指无形资产的使用权。连锁经营作为一种创新的经营模式,实际上已经有一个半世纪的发展历史。以这种模式最初创办的公司于1859年诞生在美国纽约。连锁经营到目前为止已经发展出非常丰富的种类,典型的有直营连锁、特许经营和自由连锁三种方式。特许经营方式前文已经介绍过了。直营连锁就是总公司直接经营连锁店,连锁店的投资全部由总部完成,各个连锁店都是总店全资建设的,连锁店要无条件地服从总部的管理。这种方式可以保证直营店的运营模式以及产品等都非常正宗,但总店需要投入过多的费用,只有在总店的财力非常充盈的情况下才可以考虑。与直营连锁方式相比较,自愿加盟方式就可以为总店省下很多的费用,加盟店的资产全部为加盟店所有,但是加盟店的运作技术和商店品牌全部归总部所有,加盟店是在总店的经营理念、生产技术、产品信誉等的滋养下谋求发展的。这种方式需要总店加大宣传力度。由于可以让总店借力发展,所以这种经营方式深受总店的肯定。尤其是一些投资方向看好、但本身资金实力不足的产品,采用自由加盟连锁发展方式是最为合适的,不但能够为总店节省资金,而且还可以赚取不菲的加盟费。

4. 经销

经销与代理有很大的差别。前面讲述的代理是制造商将自己的产品委托代理商经营,彼此之间并不形成买卖关系,代理商只是获得佣金。而经销则不同,经销商与制造商之间是买卖关系,经销商从制造商那里购买产品,然后从事销售。经销商是从产品的销售利润中获取报酬,制造商在经销商运营产品的方式上不进行干涉。经销商与消费者之间形成事实上的买卖关系,中间产生的法律问题由经销商承担。而在代理商制度下,代理商与消费者之间形成的只是名义上的买卖关系,实际的买卖关系发生在消费者与制造商之间,在产品出问题之后，消费者要诉求制造商，代理商只是代制造商出售产品而已。所以经销的终极责任者是经销商，消费者要与经销商发生联系，经销商与制造商之间具有责任义务关系，消费者不直接诉求制造商。代理制度下的代理商只是一个牵线搭桥的人，基于产品问题发生的责任与义务关系，最终要追溯到制造商，代理商不承担任何责任与义务关系，即使是缔约代理这种分销机制中，在合同上也要明确代理商与制造商的责任，代理商只是一个佣金受益人而已。经销商相对于代理商而言，具有更多的资金，并且具有相当规模的存储设施用于存储制造商的货物。经销商在经营中具有独立的定价权，市场价格最终以竞争方式决定。经销商在这种机制中最终决定自己的收益状态。按照运营方式的不同，经销被分为独家经销和非独家经销。独家经销就是经销商获得制造商在一定区域内的产品独家销售权，制造商不能再授予其他经销商在相同区域内的销售权。独家经销应该包含两层意思：其一是在一定区域内独家经销某一产品，其二是经销商经销了某种产品后就不能经销其他产品。独家经销商与制造商之间是一种长期稳定的合作关系。非独家经销与独家经销不同，制造商将自己的产品在某一地区内同时授予多个经销商销售，这些经销商由于有自己的发展方式，所以更加有利于商家的产品迅速在更大的范围内铺货。各家经销商之间还可以创造出竞争局面，更加有利于树立良好的产品形象。这较独家经销情况下制造商将产品命运完全系于一家的局面好得多。

娃哈哈怎样控制分销渠道

一、案例介绍

娃哈哈集团公司 2002 年的销售收入超过 60 亿元，成为中国饮料业当之无愧的江湖老大。娃哈哈的每一个产品都没有高的技术含量，不存在技术壁垒，但娃哈哈却能步步领先，一枝独秀。这与其牢不可破的分销网络是密切相关的，而分销是企业最难控制和管理的内容，特别是其中的窜货问题，是所有企业面临的共同难题，被称为分销渠道的一个"顽疾"。娃哈哈曾经出现过严重的窜货现象，现在却基本上控制了窜货。那么，娃哈哈是怎样整治分销渠道的这个"顽疾"的呢？其实，从娃哈哈的管理制度和实际操作中可以看出娃哈哈手握着对窜货极具杀伤力的"十把利剑"。

（一）实行双赢的联销体制度

娃哈哈在全国 31 个省市选择了 1 000 多家能控制一方的经销商，组成了几乎覆盖中国每一个乡镇的联合销售体系，形成了强大的销售网络。娃哈哈采用保证金的方式，要求经销商先交预付款。交了保证金的经销商，与娃哈哈的距离大大拉近。娃哈哈公司董事长兼总经理宗庆后称这种组织形式为"联销体"。对按时结清货款的经销商，公司偿还经销商交的保证金并支付高于银行同期存款利率的利息。宗庆后说："经销商打款的意义是次要的，更重要的是维护一种厂商之间独特的信用关系。我们要经销商先付款再发货，但我给他利息，让他们的利益不受损失，每年还返利给他们。这样，我的流动资金十分充裕，没有坏账，双方都得了利，实现了双赢。"娃哈哈的"联销体"以资金实力、经营能力为保证，以互信、互助为前提，以共同受益为目标指向，具有持久的市场渗透力和控制力，并能大大激发经销商的积极性和责任感，这些对防止窜货具有重要意义。

（二）实行级差价格体系

娃哈哈现在的销售网络构成是公司—特约一级经销商—特约二级经销商—二级经销商—三级经销商—零售终端。如果娃哈哈不实行严格的价格管理体系，由于每个梯度都存在价格空间，就为重利不重量的经销商窜货提供了条件。特别是如果特约经销商自己做终端，就可获得丰厚的利润。为了从价格体系上控制窜货，保护经销商的利益，娃哈哈实行级差价格体系管理制度。娃哈哈为每一级经销商制定了灵活而又严明的价格，根据区域的不同情况，分别制定了总经销价、一批价、二批价、三批价和零售价，在销售的各个环节上形成严格合理的价差梯度，使每一层次、每一环节的经销商都能通过销售产品取得相应的利润，保证各个环节有序的利益分配，从而在价格上堵住了窜货的源头。

（三）建立科学稳固的经销商制度

选取合适的经销商，规范经销商的市场行为，为经销商营造一个平等、公正的经营环境对于防止窜货是十分重要的。娃哈哈对经销商的选取和管理十分严格。近年来，娃哈哈放弃了以往广招经销商、来者不拒的策略，开始精选合作对象，筛出那些缺乏诚意、职业操守差、经营能力弱的经销商，为防止窜货上了第一道保险。娃哈哈虽然执行的是联销体制度，但企业与经销商之间是独立法人关系，所以娃哈哈和联销体的其他成员签订了严明的合同。在合同中明确加入了"禁止跨区销售"的条款，将经销商的销售活动严格限定在自己的市场区域范围之内，并将年终给各地经销商的返利与是否发生窜货结合起来。经销商变被动为主动，积极配合企业的营销政策，不敢贸然窜货。娃哈哈的政策使他们意识到：市场是大家的，品牌是厂商共有的，利益是共同的，窜货会损害双方的利益。

（四）全面的激励措施

很多厂家将销量作为返利的唯一标准，销量越多，返利就越高，导致那些以数量为根本、只赚取年终返利就够的经销商不择手段地向外"侵略"。娃哈哈也有返利激励，但并不是单一的销量返利这样的直接激励，而是采取包括间接激励在内的全面激励措施。间接激励，就是通过帮助经销商进行销售管理，以提高销售的效率和效果来激发经销商的积极性。比如，娃哈哈各区域分公司都有专业人员指导经销商，参与具体销售工作；各分公司派人帮助经销商管理铺货、理货及广告促销等业务。与别的企业往往把促销措施直接针对终端消费者不同，娃哈哈的促销重点是经销商，公司会根据一定阶段内的市场变动和自身产品的配备，经常推出各种各样针对经销商的促销政策，以激发其积极性。对一个成熟的经销商而言，他更希望长期稳定的合作同盟和收益来源，加上娃哈哈"无偿"地全力配合销售，总部的各项优惠政策可以不打折扣地到位，有哪个经销商愿意用窜货来破坏这种难得和谐的合作关系呢？

（五）产品包装区域差别化

在不同的区域市场上，对相同的产品包装采取不同标识是常用的防窜货措施。娃哈哈和经销商签订的合同中给特约经销商限定了严格的销售区域，实行区域责任制。发往每一个区域的产品都在包装上打上了一个编号，编号和出厂日期印在一起，根本不能被撕掉或更改，除非更换包装。比如，娃哈哈 AD 钙奶三款包装在广州的编号是 A51216、A51315、A51207。这种产品包装差异化能较准确地监控产品的去向。企业营销人员一旦发现窜货，可以迅速追踪产品的来源，为企业处理窜货事件提供真凭实据。

（六）企业控制促销费用

有的企业是按销量的百分比给经销商提取促销费用，销量越大，可供经销商支配的促销费用也就越多。有的企业让营销人员控制促销费用。其实，厂家拨给经销商和营销人员的促销费用是否全部用来做推广，厂家难以掌控，因而一些经销商和企业的营销人员往往从促销费用中拿出一部分钱用于低价窜货把销量做上去。因此，促销费用由经销商和营销人员掌握，变相为低价位，造成新的价格空间，给经销商和营销人员窜货创造了机会。娃哈哈经常开展促销活动，但促销费用完全由娃哈哈自己掌控，从不让经销商和公司营销人员经手操作。因此，在促销费用管理上，娃哈哈杜绝了窜货。

（七）与经销商建立深厚的感情

厂家和经销商之间的感情对防止经销商窜货也非常重要。经销商为了自身的利益，会维系这种已建立好的关系，不会轻易窜货来破坏这份感情。娃哈哈和经销商的关系是非常融洽的，感情是深厚的，有许多经销商都是与娃哈哈一起成长起来的。娃哈哈以下的一些制度和做法无疑能维持和加深与经销商的感情。

（1）对经销商信守诺言。每年经销商都踊跃地向娃哈哈预交保证金的原因，很重要的一点就是娃哈哈的承诺能够兑现，赢得了经销商的信任，这样可以防止厂家没有向经销商履行承诺或是没有完全按照合约执行而引起经销商不满甚至愤怒的"报复性"窜货。

（2）为经销商提供销售支持。公司常年派出若干位销售经理和理货员帮助经销商开展各种铺货、理货和促销工作；甚至在某些县区，当地的一批经销商仅仅提供了资金、仓库和一些搬运工，其余的所有营销工作都由娃哈哈派出的营销人员具体完成。

（3）每年举行全国联销体会议。娃哈哈总是借此热情款待每一位合作伙伴，以加强感情，巩固合作关系。

（4）把经销商当朋友，工作上是很好的合作伙伴，在生活上把经销商当朋友。2002 年春节晚会，央视给了娃哈哈 20 张入场券，公司把这难得的机会给了经销商，17 位与娃哈哈长期友好合作的经销商成了中央电视台春节联欢晚会特邀观众。

（八）注重营销队伍的培养

企业内部的销售人员参与窜货的现象并不鲜见。有些营销人员，由于缺乏职业道德、操守不正，置企业的销售政策和利益不顾，参与窜货。目前，娃哈哈在全国各地只有 2 000 多销售人员，为什么如此少的销售人员可以帮助公司完成超过 60 亿元的年销售额？这与娃哈哈注重营销队伍的建设和培养是分不开的，其主要表现如下。

（1）严格遵守人员招聘、选拔和培训制度，挑选真正符合要求的最佳人选。有敬业精神、政治素质和业务能力的，不论资历均可破格提升担任一定职务；对能力弱、素质差或不受欢迎的职工重新培训，达不到要求的予以淘汰。

（2）在企业中营造一种有利于人才发挥所长的文化氛围。娃哈哈的发展史，是一部尊重员工、尊重人才、不断提高企业凝聚力的历史。

（3）制定合理的绩效评估和奖惩制度，真正做到奖勤罚懒，奖优罚劣。定期对营销人员进行考核，一经发现违纪行为，进行严肃处理。

（4）实施关心人、理解人、体贴人的情感管理。公司不但注重人尽其用，还非常注重对员工生活的关心。如娃哈哈不定期举办"千人演唱会""职工运动会""千人大旅游"等活动，体现企业"大家庭"氛围，增强员工的归属感。

（九）制定严明的奖惩制度

面对窜货行为，娃哈哈有严明的奖罚制度，并将相关条款写入合同内容。很多企业之所以控制不了窜货，一个很重要的原因就是厂家对经销商心慈手软。有许多经销商是多年的老客户，一时下不了狠心。可娃哈哈不理这一套，对越区销售行为严惩不贷，绝不讲任何情面，而且，娃哈哈处理窜货之严格，为业界罕见。年底时，对于没有遵守协议的经销商，公司将扣除经销商的保证金用以支付违约损失，情节严重的甚至取消经销资格。在保证金的约束和公司严厉的处罚下，经销商不敢轻举妄动。

（十）成立反窜货机构

娃哈哈专门成立了一个反窜货机构，巡回全国，严厉稽查经销商的窜货和市场价格，严格保护各地经销商的利益。娃哈哈把制止窜货行为作为日常工作常抓不懈，反窜货人员经常检查巡视各地市场，及时发现问题并会同企业各相关部门及时解决。宗庆后及其各地的营销经理也经常到市场检查，第一要看的便是商品上的编号，一旦发现编号与地区不符，便严令彻底追查，一律按合同条款严肃处理。

（资料来源：无忧考网，2009—2—10，http://www.51ltest.net/show.asp?id＝530188&Page＝2.）

二、思考·讨论·训练

1. 娃哈哈是如何有效对渠道进行控制的？
2. 娃哈哈在防止商品窜货方面采取了哪些有效方法？

案例2　另解"重赏之下，必有勇夫"

一、案例介绍

眼瞅着大半年过去了，可销售计划只完成了三分之一，怎么办？作为某食品公司营销经理的张××，一直为销售不畅苦恼着。于是他请示老总，决定搞一次大规模的促销活动，以激励零售商大量进货，方法就是每进一件产品，奖励现金50元。

这招还真灵！零售商们见有利可图，进货积极性高涨，只一周时间，上半年落下的任务就超额完成了。

张经理看着销售表,长长地舒了口气,"真是有钱能使鬼推磨,重赏之下,必有勇夫啊!"

然而,让张经理万没想到的是,没出一个月,市场就发生了意外:公司在市场上一直平稳的食品价格莫名其妙地一个劲地往下滑。

各零售点,无论大商场还是小食杂店都竞相降价甩货,不但造成零售价格一片混乱,也直接影响了公司的市场形象。老总火了,公司急忙派出人员出面调查制止。零售商们当面说得好听,可一转身,仍然低价出售。搞得公司焦头烂额,无可奈何。

原来,在高额促销费的驱动下,零售商们进货量猛增,表面上看,公司的库存降下来了,而商圈内消费者的消费量是相对有限和固定的,货虽然到了零售商手里,可并没有顺利地卖到消费者手中。由于零售商都进了大量的货,而一时又销不出去,为尽快处理库存积压,回笼被占用的资金,他们便争相降价甩卖。结果市场上卖什么价的都有,而且是越卖价越低。

低价甩卖,零售商不赔钱吗?他们当然不会做赔本的买卖,因为还有高额促销费垫底呢,只不过是少赚一点罢了。而食品公司的损失却要大得多了。公司形象受影响不说,而产品价格一旦降下来,再想拉上去几乎是不可能的。因为消费者一旦接受了更低的零售价格,若再涨上去,他们肯定是不买账的,正所谓降价容易涨价难哪!

于是,该种产品的售价越卖越低,零售商的利润越来越薄,最后,干脆不卖这种产品了。没人再进货,这种产品也就寿终正寝了!而这时只有食品公司叫苦不迭。张经理也引咎辞职,痛苦地离开了这家公司。

(资料来源:庞洪芬.激励零售商的两大误区及对策.http://www.zrddn.com.)

二、思考·讨论·训练

1. 造成该公司产品最终销售陷入困境的原因是什么?
2. 你认为应该如何来激励渠道成员?

实施市场终端突围的龙津啤酒

一、案例介绍

近两年,"网络制胜,终端为王"几乎成为酒类市场操作的神话!不惜代价垄断旺销酒店,启动消费,带动分销和零售终端销售,从而占领市场,也几乎成为酒类企业市场的操作定律!

于是,酒店终端真的"为王"了。进店费用、买断费用、专场费用、促销费用节节攀升,已经到了令人瞠目结舌的地步。事实上,通路费用越来越高,收效却越来越差。可是,酒店恶性竞争已是千军万马过独木桥的局面,企业苦不堪言,却欲罢不能。

企业能否发现新的市场机会,摆脱酒店终端竞争恶性循环的怪圈?带着问题,我们与龙津集团市场部的人员成立了专门的项目小组,顺利完成了通路操作模式的创新,成功实施了"龙津啤酒终端突围战役",卓有成效。

机会永远在市场，创新永远来自一线！我们经过大量的市场调研发现，真正的旺销酒店，实际的市场份额不足10%，这些旺销酒店，却占据了厂家通路费用的90%以上！而啤酒的消费形态正在发生着潜移默化的转变，相当一部消费者已经将啤酒看作日常生活不可缺少的饮料，家庭消费增长势头强劲，邻近零售店成为消费者主要的购买场所，中低档酒店、排档也占有相当的市场份额，而这些市场尚没有得到竞争厂家足够的重视。

真正的终端是消费者，最后的赢家是品牌！组建一个既能方便目标消费群体购买，又能与目标消费群体良性沟通、互动的通路网络，不就是最好的突围之道吗？龙津突围方案一气呵成，突围战马上打响了。

（一）小区突围——建立龙津加啤站

龙津集团制订了"龙津家庭化工程"方案，在合肥市所有小区建立了"龙津加啤站"。适应家庭消费，加啤站重点推广听装龙津纯生啤酒，带动系列产品的销售。

龙津加啤站即龙津集团各地的经销商跳过分销商与各小区内的位置好、人气旺、影响力强的社区店直接合作，并制作和安装统一的门头、灯箱、货架，实行统一的产品摆放，达到较好的视觉效果；配备统一着装、专业培训的专职服务人员，介绍、推荐产品，并送货上门，实现与消费者一对一营销、面对面沟通。

加啤站终端设计非常漂亮，立即成了各小区的一道风景线，"今天你加了吗？"——这句广告语已在安徽的消费者中广泛流传，销售势头喜人，仅听装龙津纯生啤酒的销量与去年同期相比就翻了两番。

（二）零售终端突围——建立龙津品牌店

零售店——占啤酒消费总量60%。通过对合肥市全面零售终端的普查、甄别，挑选出信誉好、服务好、销售力强的零售店，建立了遍布全市每一个角落的"龙津品牌店"。

我们与"龙津品牌店"签订规范的合作协议，明确双方的责任和义务，建立紧密、长期而稳定的合作关系，充分调动零售终端的积极性和销售热情，从而全面提高了龙津啤酒的服务质量，较好地提升了企业的品牌形象。

龙津品牌店的建立，效果之好，出人意料，竞争对手也争相模仿。

（三）中小酒店、排档突围——建立流动送货站

夏季，中小酒店、排档占有相当大的啤酒市场份额。但是由于这些酒店现金流量小，库容量有限，谈判力弱，向来不为竞争厂家所重视，甚至一些小店不备酒水，从邻近的小店购买，成本高，也不方便，针对这些特点，龙津集团建立了"流动送货站"。

根据合肥市的排档群分布情况，他们划分了区域，每个区域设一个流动送货站，每个流动送货站配两辆车，车就是流动仓库，每晚定时将龙津啤酒送到每个酒店，并随时补货，当晚结算。既方便了客户，树立了龙津集团贴身服务的良好形象，又保证了货款回笼及时。流动加啤站实施不久，对中高档酒店消费拉动一样明显！

好的策略加好的执行才能形成竞争力，突围战，执行更是关键！

明确的经营理念，是龙津集团突围策略执行到位的根本。龙津集团提出"服务制胜"的口号，战前动员，全体业务人员集中培训，使大家真正明白战役的中心思想，提倡业务人员

创造性地工作，要求每一个业务人员站在客户、消费者立场思考，勇于发现市场机会，勤于了解客户需要，善于及时解决问题。

高效的运作系统，科学的人员配置，是突围策略执行到位的保证。在突围战役中，龙津加啤站招聘了一大批下岗女工，服务态度好，亲和力很强，又很敬业；龙津品牌店增加了零售终端专职业务员，重新分区，增加拜访频率，并加强日报表、周报表、月报表的管理；流动送货站成立了指挥中心，保持召开出发前动员会、当晚总结会的习惯。同时，我们成立了专门的终端检查系统，及时发现问题，立即调整。

龙津啤酒集团通过一系列的市场逆向操作方法，突围出酒店的恶性竞争，全新的操作理念，独特的通路操作模式，既节约了资金，又极好地提升了品牌形象，实现了销量与品牌的双增长，目前在安徽市场已经超越了华润啤酒成为安徽省的领导品牌。

（资料来源：祝有华．中国营销传播网：http://www.emkt.com.cn/article/109/10956-2.html．）

二、思考·讨论·训练

1. 龙津啤酒集团对销售渠道做了哪些改进？
2. 龙津啤酒集团的销售渠道策略对你有什么启示？

案例4　LG电子公司的渠道策略

一、案例介绍

LG电子公司从1994年开始进军中国家电业，目前其产品包括彩电、空调、洗衣机、微波炉、显示器等种类。它把营销渠道作为一种重要资产来经营，通过把握渠道机会、设计和管理营销渠道拥有了一个高效率、低成本的销售系统，提高了其产品的知名度、市场占有率和竞争力。

（一）准确进行产品市场定位和选择恰当的营销渠道

LG家电产品系列、种类较齐全，其产品规格、质量主要集中在中高端。与其他国内外品牌相比，其最大的优势在于产品性价比很高，消费者能以略高于国内产品的价格购买到不逊色于国际著名品牌的产品。因此，LG将市场定位在那些既对产品性能和质量要求较高，又对价格比较敏感的客户。LG选择大型商场和家电连锁超市作为主要营销渠道。因为大型商场是我国家电产品销售的主渠道，具有客流量大、信誉度高的特点，便于扩大LG品牌的知名度。在一些市场发育程度不很高的地区，LG则投资建立一定数量的专卖店，为其在当地市场的竞争打下良好的基础。

（二）正确理解营销渠道与自身的相互要求

LG对渠道商的要求包括渠道商要保持很高的忠诚度，不能因渠道反水而导致客户流失；渠道商要贯彻其经营理念、管理方式、工作方法和业务模式，以便彼此沟通与互动；渠道商应该提供优质的售前、售中和售后服务，使LG品牌获得客户的认同；渠道商还应及时反馈客户对LG产品及潜在产品的需求反应，以便把握产品及市场走向。渠道商则希望LG制定合理的渠道政策，造就高质量、统一的渠道队伍，使自己从中获益；希望LG提供持续、有针对性的培训，以便自己及时了解产品性能和技术的最新发展；另外，渠道商还希望得到LG更多方面的支持，并能够依据市场需求变化，及时对其经营行为进行有效调整。

（三）为渠道商提供全方位的支持和进行有效的管理

LG认为企业与渠道商之间是互相依存、互利互惠的合作伙伴关系，而非仅仅是商业伙伴。在相互的位置关系方面，自身居于优势地位。无论从企业实力、经营管理水平，还是对产品和整个市场的了解上，厂商都强于其渠道经销商。所以在渠道政策和具体的措施方面，LG都给予经销商大力支持。这些支持表现在两个方面：利润分配和经营管理。在利润分配方面，LG给予经销商非常大的利润空间，为其制定了非常合理、详细的利润反馈机制。在经营管理方面，LG为经销商提供全面的支持，包括信息支持、培训支持、服务支持、广告支持等，尤其具有特色的是LG充分利用网络对经销商提供支持。在其网站中专门设立了经销商GLUB频道，不仅包括LG全部产品的技术指示、性能特点、功能应用等方面的详尽资料，还传授一般性的企业经营管理知识和非常具体的操作方法。采用这种方式，既降低了成本又提高了效率。

然而经销商的目标是自身利润最大化，与LG的目标并不完全一致。因此，应对渠道商进行有效的管理，提高其经济性、可控制性和适应性。渠道管理的关键在于价格政策的切实执行。为了防止不同销售区域间的窜货发生，LG实行统一的市场价格，对渠道商进行评估时既考察销售数量更重视销售质量。同时与渠道商签订合同来明确双方的权利与义务，用制度来规范渠道商的行为。防止某些经销商为了扩大销售量、获取更多返利而低价销售，从而使经销商之间保持良性竞争和互相制衡。

（四）细化营销渠道，提高其效率

LG依据产品的种类和特点对营销渠道进行细化，将其分为LT产品、空调与制冷产品、影音设备等营销渠道。这样，每个经销商所需要掌握的产品信息、市场信息范围缩小了，可以有更多的精力向深度方向发展，更好地认识产品、把握市场、了解客户，最终提高销售质量和业绩。

（五）改变营销模式，实行逆向营销

为了避免传统营销模式的弊端，真正做到以消费者为中心，LG将营销模式由传统的"LG→总代理→二级代理商→…→用户"改变为"用户←零售商←LG＋分销商"的逆向模式。采用这种营销模式，LG加强了对经销商特别是零售商的服务与管理，使渠道更通畅。同时中间环节大为减少，物流速度明显加快，销售成本随之降低，产品的价格也更具竞争力。

（资料来源：http://www.51lieke.com/article/2237.html.）

二、思考·讨论·训练

1. 分析 LG 电子公司的渠道策略。
2. 分销渠道的选择应注意哪些问题？
3. 如何提高营销渠道的效率？

项目名称： 分销渠道策略训练

1. 实训目的

熟悉、掌握中小企业是如何选择分销渠道模式的，了解企业现有渠道运行的状况及存在的问题。

2. 实训要求

（1）选择学校所在城市，对该城市的不同行业的企业进行分类。小组根据所选行业、调查的目的、内容，统一制作调查问卷。

（2）进行实地调查，对所选择行业内的企业进行走访，了解其渠道选择、渠道运行、渠道管理的状况。

（3）总结走访企业的渠道状况及渠道选择的一般模式。

（4）指出调查企业渠道设计、运行、管理中的问题。

（5）针对渠道运行中存在的问题，提出具体的解决措施。

3. 实训步骤

（1）根据教学班级学生人数来确定数个小组，每一小组人数以 5～8 人为宜，小组中要合理分工。

（2）在教师指导下统一认识，以小组为单位开展企业分销渠道调查，分别采集不同的资料和数据。

（3）在调查的基础上，小组成员充分讨论，形成小组的课题报告。

（4）在全班进行交流，师生共同评价。

项目名称： 分销渠道运行管理的调查

（1）选择学校所在的城市，对该城市的企业按行业进行分类。小组根据所选行业，调查目的、内容，统一制定调查问卷。

（2）实际进行调查，对所选行业的典型企业进行走访，了解其渠道选择、渠道运行、渠道管理的状况。

（3）总结走访企业的渠道状况及渠道选择的一般模式。

（4）指出调查企业渠道设计、运行、管理中存在的问题。

（5）针对渠道运行中存在的问题，提出具体的解决措施。

（资料来源：李叔宁. 市场营销实训. 北京：高等教育出版社，2011.）

课后练习题

1. 请对下列产品先提出最理想的营销渠道机构，然后再实际补充营销渠道：糖果、家用塑料产品、科普图书、新汽车、农产品。
2. 某公司是专门制造和销售大学生组织用的时尚用品的，请你向公司总裁解释一下渠道的运作方式。
3. 请选择一家学校所在地的房地产公司，以小组为单位实地调研该公司的分销渠道现状，小组成员一起分析公司分销渠道的特点、优势、问题和解决对策，并形成报告。
4. 我国消费品市场渐趋饱和，行业总体利润在下降，在这样的背景下，越来越多的日化企业开始将触角延伸到农村市场。结合分销渠道的专业理论知识，为一家致力于农村市场的洗发水企业设计合适的分销渠道。

拓展阅读

物流作业

市场营销不仅意味着发掘并刺激消费者的需求和欲望，而且还意味着适时、适地、适量地把产品或服务提供给消费者，从而满足其需求和欲望，为此要进行商品的仓储和转移，即进行物流管理。企业确定正确的物流策略，对于降低成本费用，增强竞争实力，提供优质服务，促进和方便顾客购买，提高企业效益具有重要的意义。

1. 物流的含义与功能

（1）物流的含义。物流是现代社会赖以存在的基本经济活动之一，被称为"第三个利润源"。所谓物流，是以满足客户需求为目的的，为提高原料、在制品、制成品以及相关信息从供应到消费的流动和储存的效率和效益而对其进行的计划、执行和控制的过程。换句话说，物流是这样一个过程：是存货的流动和储存的过程，是信息传递的过程，是满足客户需求的过程，是若干功能协调运作的过程，是提高企业运营效率和效益的过程。其活动涉及信息、运输、存货、仓储、物料搬运和包装等方面。

总之，物流管理是为了以最低的物流成本达到客户所满意的服务水平，对物流活动进行的计划、组织、协调与控制的过程。

（2）物流的功能。物流的功能，就是将产品由其生产地转移到消费地，从而创造地点效用。物流作为市场营销的一部分，不仅包括产品的运输、保管、装卸、包装，而且还包括在开展这些活动的过程中所伴随的信息传播。

① 运输功能。运输是物流的核心功能之一，其作用是实现商品的空间移动。通过合理的运输，缩短商品在途时间，加速商品的流通；缩短商品的运输里程，减少运输费用和运输中的损耗，从而降低流通费用，增加企业盈利。

② 仓储功能。在物流系统中，仓储和运输是同样重要的构成因素。仓储功能包括对物流系统的货物进行堆存、管理、保管、保养、维护等一系列活动。

③ 包装功能。为使物流过程中的货物完好地运送到用户手中，并满足用户和服务对象

的要求,需要对大多数商品进行不同方式、不同程度的包装。包装的功能体现在保护商品、单位化、便利化和商品广告等几个方面。前三项属物流功能,最后一项属营销功能。

④ 装卸搬运功能。装卸搬运是随运输和保管而产生的必要物流活动,是对运输、保管、包装、流通加工等物流活动进行衔接的中间环节及在保管等活动中为进行检验、维护、保养所进行的装卸活动,如货物的装上卸下、移送、拣选、分类等。

⑤ 流通加工功能。流通加工功能是在物品从生产领域向消费领域流动的过程中,为了促进产品销售、维护产品质量和实现物流效率化,对物品进行加工处理,使物品发生物理或化学性变化的功能。这种在流通过程中对商品进一步的辅助性加工,是物流活动中的一项重要增值服务,也是现代物流发展的一个重要趋势。流通加工的内容有清洗、剪切、再制、分装、配装、量检、挑选等。

⑥ 配送功能。配送是现代物流的一个最重要的特征,是物流中一种特殊的、综合的活动形式,是商流与物流的紧密结合。配送几乎包括所有的物流功能要素,是物流的一个缩影。但是,配送与一般物流又有所不同,一般物流的主体活动是运输及保管,而配送的主体活动则是运输及分拣配货。分拣配货是配送的独特要求,是配送中特有的活动,以送货为目的的运输则是最后实现配送的主要手段。

2. 物流的目标

物流的目标,是以最低的成本,将企业的产品,在适当的时间,运到适当的地点,并要求兼顾顾客服务与最低分销成本。简言之,合理的物流目标,应通过有效的选择,适当兼顾最佳顾客服务与最低配送成本。其具体要求如下。

(1) 将各项物流费用视为一个整体。在致力于改善顾客对服务的过程中,重要的是努力降低物流总成本,而不只是个别项目成本费用的增减。

(2) 将全部市场营销活动视为一个整体。市场营销活动必须考虑到物流目标,联系其他活动的得失加以权衡,避免因孤立地处理某一具体营销业务而导致物流费用不适当地增加。

(3) 善于权衡各项物流费用及其效果。为维持或提高顾客服务水平而增加的某些成本项目视为必需,而不能使消费者受益的成本费用则要坚决压缩。

3. 物流策略

为了实现物流的目标,在实现顾客服务达到预定水准的前提下使成本最小化,企业要制定一个综合的策略,这一综合策略包括:仓库及工厂区位的选择、存货管理、运送方式等方面的内容。

(1) 运输策略。运输策略是一种重要的物流策略。企业选择何种运输工具会影响到产品的定价、准时交货和商品抵达时的损耗情况,所有这些都关系到顾客的满意程度。因此,应根据商品的特点和购销的具体要求,遵从"及时、准确、安全、经济"的原则,合理地选择运输方式。

企业在发货给仓库、经销商和顾客时,可供选择的运输形式有以下几种:铁路运输、公路运输、水路运输、航空运输、管道运输。

对企业而言,确定运输策略的实质,就是在运输成本、时间、市场机会、存货成本之间寻求一种平衡。由于不同的运输方式在运费、单位运量、速度、准时性等方面都存在差异,同时仓储、转运能力等也要考虑,因此,必须根据具体情况不断调整。

(2) 仓库选址策略。仓库是保管、储存物品的建筑物和场所的总称。物流中的仓库功能已经从单纯的物资存储保管,发展到具有担负物资的接收、分类、计量、包装、分拣、配送、存盘等多种功能。所以,仓库地址的选择也是物流策略中一项很重要的内容。

仓库选址的策略一般有以下三种。

① 以市场定位的策略。以市场定位的仓库应该接近被服务的市场,这样能以最低的成本快速补充库存,以满足客户的需求;以市场定位的仓库,通常是由零售商、制造商与批发商运作的;以市场定位的仓库应用十分广泛,特别是食品工业。

② 以制造定位的策略。以制造定位的仓库通常是临近生产工厂,以此作为装配与集运产品的地点;采用这种策略的多是一些食品和药品公司,如强生公司、通用食品公司。

③ 中间定位的策略。坐落在客户与制造厂之间的仓库是"中间定位"仓库,这些仓库与"以制造定位"的仓库相似,为广泛的库存品种提供集运,从而减少物流成本。当两个或更多工厂的产品被卖给同一个客户时,采用中间定位策略可使得物流总成本最小。

(3) 存货策略。存货水平是影响顾客满意程度的一个重要的物流策略。营销人员都希望自己的公司存货充足,以便立即为顾客供货。但是,公司如果存货过多,其成本效益也会出现问题,还可能给企业带来较大的经营风险。因此,企业应保持合理适当的存货水平。

存货策略,主要需要考虑两个问题:何时订货(订货点)和订多少货(订货量)。

① 订货点决策。存货水平随着不断地销售而下降,当降到一定数量时,就需要再订货、进货,这个需要再进货的存量就称为订货点。订货点的高低受以下两个因素的影响。一是订货完成周期。即从订单发出到接到物品所需要的平均时间。订货完成周期越长,订货点就越高。二是顾客需求水平。即在一定时期内,顾客的平均购买数量。顾客需求水平越高,订货点就应越高。

② 订货量决策。企业存货的订货量会受到两个相互矛盾的因素的影响,即订购成本和存货占用成本。其中,单位订购成本随订货量的增加而降低,单位存货占用成本随订货量的增加而提高;当两者相等时存货总成本最低,此时的订货量就是最佳订货量(也称为经济订货量)。

(资料来源:熊云南,郑璁. 市场营销. 武汉:武汉大学出版社,2008.)

任务10
促销策略

　　一个具有销售力的创意，基本上从未改变过，必须有吸引力与相关性。但是，在广告噪声喧嚣的今天，如果你不能引人注目并获得信任，依然一事无成。

——［美］李奥·贝纳

　　从本质上说，营销就是一门吸引和留住有利可图的顾客的艺术。

——［美］菲利普·科特勒

> **学习目标**
>
> ● 了解四种促销方式的特点；
> ● 能够组织开展各种促销活动；
> ● 能够进行促销组合，提高促销的效果。

营│销│故│事│导│入

"每日一得"纸条

约翰尼是一家连锁超市的打包员，他利用自己所学的计算机知识，设计了一个程序，他把自己寻找的"每日一得"都输入计算机，再打上好多份，在每一份背面都签上自己的名字。第二天他给顾客打包时，就把那些写着温馨有趣或发人深思的"每日一得"纸条打到买主的购物包中。

一个月之后，连锁店里发生了一种奇怪的现象：无论在什么时间，约翰尼的结账台前排队的人总要比其他结账台多好多倍。值班经理很不理解，就大声对顾客说："大家多排几队，请不要都挤在一个地方。"可是没有人听他的话，顾客们说："我们都排约翰尼的队，因为我们想要他的'每日一得'。"

我们经常为推销不出自己而烦恼，总认为自己很努力，但推销效果却甚微。打包员推销成功的秘诀归纳起来有两点：一是时刻想着为顾客创造快乐；二是与众不同的推销方式。

（资料来源：http://shaklee.zx58.cn/news/82168/）

促销策略是市场营销组合中的一个重要组成部分,在当今市场竞争日趋激烈的情况下,企业不仅要开发适销对路的产品,制定具有竞争力的价格和选择合理的分销渠道,还要及时有效地向消费者传递产品信息,激发他们的欲望与兴趣,使其产生购买动机和购买行为,以实现扩大产品销售的目的。

促销是促进销售的简称,是激励消费者购买产品的一种活动。它是指企业通过一定的方式,将产品或劳务信息传递给目标顾客,从而引起兴趣、促进购买,实现企业产品销售的一系列活动。促进活动将企业的产品或服务的有关信息向消费者传播,使其认识到购买的利益所在,从而引进消费者的兴趣,激发购买的欲望,促进购买行为,以实现企业的销售任务,达到占领市场的目的。

促销的实质是传播与沟通信息,即企业仅有优质产品是不够的,还要及时与消费者进行信息沟通,让消费者了解其产品,促使他们产生购买动机与行为。

市场交换活动是由供需双方共同实现的。这种交换活动的顺利进行,关键在于双方相互沟通信息。如果供方不了解需方的要求和欲望,需方又不了解供方的产品及特色,就不可能实现双方的交换。因此,要实现企业的销售活动,必须将企业产品和服务的信息传递给消费者。

一般来说,市场上供需双方信息沟通的基本方式有两种:一种是单向沟通,即一方发出信息另一方接收信息;另一种是双向沟通,即供需双方互相交流信息。前者往往通过广告、产品说明书、宣传报道、报纸、杂志、橱窗等方式,均属于供方向需方的信息单向沟通;后者常常通过现场销售、上门推销等,把产品直接介绍给消费者。同时,消费者把自己的需要和意见及时反馈给推销人员和公关人员,实现双向沟通。

10.1 促销方式

1. 广告

它是企业按照一定的方式,支付一定数额的费用,通过不同的媒体(如广播、电视、报纸、期刊等)对产品进行广泛宣传的一种促销方式。广告的最大优点是广而告之,能在同一时间内向广大目标顾客传递产品信息。因此,在促销组合中,广告的使用最为广泛。

2. 人员推销

它是指企业派出推销人员或委托推销人员亲自向目标顾客进行有关产品的介绍、推广、宣传和销售。人员推销不仅出售现有货物,而且能进一步了解消费者各方面的物质需要和精神需要,给予适当的售后服务,将消费者的要求和欲望、意见和建议反馈给企业主管部门和决策系统,以便调整企业的产品结构,改进产品性能,提高产品竞争能力。

3. 营业推广

它是具有短期诱导性的战术性促销方式,是在目标市场中为了刺激购买者需求而采取的能够迅速产生购买行为的促销方式。常用的营业推广有两大类:① 以消费者或用户为对象的推广方式,如展销会、有奖销售、免费样品、减价销售等,目的在于鼓励现有使用者大量、重复购买,争取潜在消费者,吸引竞争者的顾客等;② 以中间商为对象的推广方式,如在销售地点举办展览会、实行购买数量折扣、提供广告和陈列津贴以及合作广告等,目的是鼓励中间商大量销售、实现淡季销售目标等。

4. 公众关系

就其本身意义来说，是指一个组织与其内部、外部公众之间的协调关系。作为一种促销手段，是指企业为取得公众的了解、信任和支持，树立企业形象而进行的一系列活动。公众关系可以大大提高企业在公众中的知名度和美誉度，提高信息传递的可信度，使接受信息者在不知不觉中建立起对企业和产品的信赖感。这是其他促销方式难以取代的。

以上四种促销方式各有优缺点，相互之间具有互补性，单独使用某一种促销方式，往往难以收到理想的促销效果。因此，企业应该在总的促销预算下有目的、有计划地将四种促销方式有机地结合起来综合运用，形成一个完整的促销组合。

10.2 促销组合

所谓促销组合，就是四种促销方式的选择、运用与组合的策略。企业制定促销组合的最终目的是实现企业预期的销售目标。因此，企业进行促销决策除了应考虑四种促销方式的特点外，还应考虑以下几个因素。

1. 促销目标

企业在不同时期及不同的市场环境下所采取的促销活动有其特定的促销目标。由于促销目标不同，促销组合也就有差异。一般有三种目标。

（1）以介绍为目标。它是通过报道、诱导和展示来影响购买者，引起购买者对产品的初步需求。这种目标的促销组合应以广告为主，适当配合营业推广方式。

（2）以说明和提示为目标。侧重使用宣传报道，说服消费者购买本企业产品。这种目标的促销组合以广告和人员推销为主。

（3）以树立品牌和企业的形象为目标。大力宣传产品品牌和企业本身，努力树立品牌形象和企业信誉，以使企业扩大市场占有率。这种目标的促销组合应以公众关系和广告为主，并配合适当的人员推销。

因此，在市场促销活动中，企业应当在营销总目标下制定出具体的促销目标，根据促销目标制定促销组合与促销策略。

2. 产品性质与营销渠道

由于产品性质不同，消费者或用户具有不同的购买行为和购买习惯，因而企业采取的促销组合也会有所差异。一般说来，对于低价的日用消费品，规格与品种各异，利润很薄，需要大批量销售，主要采用广告促销；对于工业品、价高利厚，主要采用人员推销。反之，对于销售渠道长、环节多的产品，促销组合的重点放在广告上，以吸引顾客到商店去购买产品。营业推广和市场营销根据情况配合使用。

3. 市场特点

目标市场的特点是影响促销组合的重要因素之一，企业要根据市场地理范围的大小、市场类型、潜在消费者数量及其集中程度而采取不同的促销组合。当市场地域范围大、购买者分布广时，最好运用广告形式；若市场地域范围小、购买者少且集中，则应以人员推销为主。当市场消费者文化水平较高、经济比较宽裕时，应运用广告和公众关系。

4. 促销的总策略

企业促销活动的总策略有"推动"和"拉引"之别。"推动"策略就是以中间商为主要促销对象,把产品推进分销渠道,最终推上市场。"拉引"策略则是以最终消费者为主要促销对象,首先设法引起潜在购买者对产品的需求和兴趣,由消费者向中间商征询该产品,从而引起其向制造商进货。如果企业采取"推动"策略,则人员推销的作用较大;如果企业采取"拉引"策略,则广告的作用较大。

5. 产品生命周期的阶段

对于处于产品生命周期不同阶段的产品,企业的促销目的不同,促销重点与促销方式也有所不同(见表10-1),因此要制定相应的促销组合。

表10-1 产品生命周期不同阶段的促销组合

产品生命周期	促销重点目标	促销组合的方式
介绍期	使消费者了解产品,使中间商愿意经销,提高产品的知晓率	运用各种广告宣传,对中间商采用人员推销
成长期	激发消费者欲望与需要,增加他们的兴趣和偏爱,进一步扩大市场	扩大广告宣传,搞好营业推广与人员推销
成熟期	促成信任购买,提高企业在消费者中的知名度和信誉感,保持市场占有率	以营业推广为主,广告与人员推销相互使用,巧妙运用公众关系
衰退期	消除不满,保持老客户	适当的营业推广,辅以广告,并适时减价

6. 促销预算

企业能用于促销的费用也是确定促销组合的重要依据。企业采用什么样的促销方式,往往受促销费用预算的制约。每一种促销方法所需费用是不相同的,企业应根据预算,结合其他因素,选择适宜的促销组合。

总之,在充分了解各种促销方式,并考虑影响促销方式各种因素的前提下,有计划地将各种促销方式适当搭配,形成一定的促销组合,就可取得较好的促销效果。

美媛春果味常润茶的强势促销

一、案例介绍

随着现代都市生活节奏的加快,受工作压力、应酬、不规律进食、城市污染等各种因素的影响,许多人遭受便秘的困扰,由此产生了一个巨大的常润茶市场。为了瓜分润肠通便市场这块巨大的奶酪,各种润肠通便产品如排毒养颜胶囊、肠清茶、常润茶、通补胶囊等商家各显神通,竞相在渠道及终端大量投放广告,以不同的操作手法及概念在分割这块奶酪。正是鉴于这个市场广阔的前景,在补血市场久负盛名的美媛春品牌也决定进入这一市场。然而,面对这一竞争激烈的市场,作为常润茶市场新进品牌——美媛春,应该怎么样才能找到属于自己的一片绿洲呢?

从整个市场调查的结果来看:虽然常润茶的市场空间在华南地区非常巨大而且消费需求

稳定，但是为了瓜分润肠通便市场这块巨大的奶酪，各种润肠通便产品如排毒养颜胶囊、肠清茶、常润茶、通补胶囊等各显神通，不断蚕食这一市场。尽管如此，后来居上的碧生源常润茶还是依靠在华南市场的强势渠道投放、终端精耕细作的营销策略，在润肠通便、排毒养颜市场独占鳌头，销售形势大好！

调研数据显示：常润茶的目标群体非常明确，主要消费者是女性，其次是老年人。目前，常润茶市场的主力品牌——碧生源常润茶，它所采取的是一种大小通吃的全面进攻策略！然而，女性因自身生理原因，其便秘人群是男性的3倍以上，其中约1/3女性因减肥或饮食不规律，没有一天一大便的习惯。女性市场最大，美媛春常润茶要切割的就是女性群体市场，而美媛春品牌在女性市场拥有不错的口碑！这真是一次天衣无缝的契合！

无数次实验，终于在决明子、山药、茯苓、绿茶等常润茶成分组成的基础上改进了原有的配方，加入鲜橙提取物，推出了中国常润茶市场第一个史无前例的水果味常润茶——美媛春果味常润茶！

美媛春果味常润茶品牌的项目小组在传播、推广策略上，采取了"高举高打"的强势整合传播策略。

(1) 整个传播重心放在电视媒体，以影视广告和专题片为主。项目小组根据既定方案拍摄了美媛春果味常润茶电视广告。在拍摄电视广告时，项目小组从美媛春果味常润茶的口感："水果味，更好喝的常润茶"入手，在诉求上采取以情动人，体现美媛春18年来带给消费者的促销利益："买一送一"，用"水果味，更好喝的常润茶"突出常润茶的独特味道，并圈定中、青年女性消费人群。

美媛春的广告宣传的重点是强调"水果味，更好喝的常润茶"，而不像其他保健品上市一样主打功效，以实际行动避免保健品"夸大产品功效"的通病。

(2) 整个传播的次重心放在报纸媒体，以硬文广告和软文广告为主。为了提升美媛春果味常润茶的品牌知名度，项目小组根据报纸广告的实际情况，在标题方面做到了有张力，从多方位、多角度和消费者打招呼。主要是向读者陈述美媛春果味常润茶的口味，把"水果味，更好喝的常润茶"作为主诉求点，并大打优惠牌，开展"美媛春真情18年"特别优惠活动，在带有女性风格、娓娓道来的诉求中向消费者传达了美媛春果味常润茶独特的口味和优惠促销信息。

在报纸媒体的选择上，选择的报纸媒体都是覆盖率比较广、有权威性的报纸，如《广州日报》《信息时报》等发行量比较大且权威的报纸。在进行全面投放时，项目小组又撰写了《女老板和男秘书的小秘密》《时尚美女为何爱喝美媛春常润茶?》《喝美媛春果味常润茶，我的年龄是秘密》等系列软文。这些软文或以透视社会现象引出女性为了健康、美丽，喝了美媛春果味常润茶带来的幸福感和自信。

(3) 加强终端推广，踢好关键的临门一脚。终端是营销的临门一脚，为了踢好关键的这一脚，在包装设计上采用了符合女性审美特征的时尚包装，利用原有美媛春花瓣的形式，使包装富有张力；同时，运用"1+1"大于2的原则，采用"买一送一"的捆绑式包装模式，这样一来在体积上明显大于竞争品牌常润茶的包装。在摆放陈列效果上，美媛春果味常润茶在不增加费用的情况下使陈列最大化。一上市就进行"1+1"优惠促销，不但给经销商等渠道极大的信心和优惠感，而且也极大地满足了女性消费者精挑细选、讲究实惠的消费心理，更推动了女性消费者对美媛春果味常润茶的尝试和消费的欲望。在渠道选择上，他们的方针是"抓住中心点,重点包围",利用现有的一切优势,重点先对 A、B 类药店及连锁药店快速进行铺货,单一散店先期不纳入销售代表的铺货任务范围。这一方式强调在最大化、最快速铺货的前提下,先满足城市中心消费人群的需求,而不是盲目追求大而全的铺货率,真正贯彻二八定律的精髓思想。

(4)举行美媛春"水果美人"PK 大赛跟进活动。为了与空中媒体的宣传相呼应,项目小组精心策划和设计了美媛春"水果美人"PK 大赛跟进活动。活动是围绕美媛春果味常润茶的特点"水果味"展开的。目标群体针对女性,"只要您拥有自信和活力,崇尚健康与美丽,您就可免费报名参加美媛春'水果美人'PK 大赛,尽情展现自我,实现梦想!"活动提供丰厚的奖品来吸引更多的女性群体的参与,"获奖者将获得价值 3 000 元的美媛春系列产品,还有机会成为美媛春果味常润茶平面模特和代言人!"通过活动既提高了美媛春品牌在消费者中的美誉度,使更多的女性消费者通过这次活动之后便牢牢记住美媛春果味常润茶,又让更多的顾客在尝试了美媛春果味常润茶之后便喜欢上了这种果味的口感,成为忠实的顾客。

在有独特创意的策划指引下和强势媒体传播的组合效应下,消费者对美媛春果味常润茶的认知度大大提升,使越来越多的女性消费者加入了购买行列,在华南地区的销售战绩取得了良好的突破,销售形势节节攀升!

(案例来源:http://www.emkt.com.cn/article/374/37442.html.)

二、思考·讨论·训练

1. 美媛春果味常润茶的强势促销,"强"在何处?
2. 请对你身边的某一知名产品的促销策略进行评价?

案例2 小事件带来的产品促销

一、案例介绍

26 岁的小何第一次担任区域经理就遭遇了一个非常头疼的问题:连续奋战两个多月,依然未能将自己经销的 M 品牌冰箱打进广州市场,这令一开始雄心勃勃、并在公司营销总监老魏面前立下了军令状的他开始怀疑自己究竟有没有能力担任区域经理。尽管自己有三年的一线业务员经验,也以优异的成绩获得过 M 企业全国优秀业务员的荣誉,但眼下华南市场的僵局还是令他伤透脑筋。广州是冰箱品牌竞争最激烈的华南门户,目前已经聚集了海尔、科龙、容声等一系列国产一线品牌和西门子、伊莱克斯、松下等进口品牌,同时华凌、新飞、雪花等一些二线品牌也在这里占领了低端市场。当时,整个广州以 X 公司为最大的电器经销机构,它的批发和销售网络能覆盖整个广州,乃至辐射半个华南地区的重点城市和区域,是电器厂家进华南不得不与之合作的经销商大户。进驻广州以后,小何亲自与 X 公司接触,但由于 M 品牌的知名度不高,市场上也没什么大的动作,产品没有什么独特的创新,再加上其他一些原因,虽然经过了几轮洽商,对方依然没有一点愿意合作的迹象。

根据小何的经验判定,客户拒绝产品一般存在以下几个理由:一是品牌缺乏知名度;二是质量无法保证;三是利润空间狭小;四是公司缺乏销售支持……小何一个个对照,发现打进广州市场的主要关键点在第一点和第二点。品牌缺乏知名度，客户和消费者当然难以信任其产品的质量。品牌知名度，现在小何一时解决不了，产品质量问题，他可以想办法。于是，他决定从这里下手。

第二天，他带领其他三个业务员一起前往仓库，搬出了四台规格不一的冰箱，然后，每个人从上到下、由外而内地一项项进行检查，同时将检查出来的数据与海尔、西门子等著名品牌进行比较，发现除了诸如节能、省电、保鲜、电子温控等概念相同之外，M品牌冰箱无论在外观、压缩机运转声音大小，还是冷冻和冷藏室的设计，都与强势品牌存在一定差距，小何差点泄气了。但在测试冰箱门的时候，一个细微的发现引起了小何的注意，为了再次证实他的发现，他连续测试了10台M品牌冰箱，同时又专门前往商场，趁促销员不留意的时候，自己偷偷对海尔、科龙、容声和西门子、伊莱克斯、松下等品牌的冰箱进行测试，测试结果令小何自己也感到非常震惊和不可思议！

三天以后，小何调整好心态，并经过周密安排，信心十足地再次叩响了X公司客户办公室的大门，该公司总经理王女士正在接待其他客户，小何只能在一边默默等待……一个小时以后那个业务代表才走，小何立即起身微笑着跟王总打招呼，但王总一见是小何就没好气地说："我说过不想进你们的货！说实话，即使进了也很难卖，对不起，我很忙，我想我们没有再谈的必要了……"小何早有心理准备，只见他不慌不忙，依然平静地对着她微笑，等她说完，小何才耐心地对她说："王总，今天我只想耽误您几分钟时间，说完我就走！"

"好，那你快说，我真的有很多事要处理。"王女士说完，示意小何在左边的椅子上坐下。

"王总，"小何微笑着对她说，"说实在的，您对我们产品的销售利润是满意的，您最担心的其实是我们产品的质量问题，由于广东地区的消费者对我们的品牌缺乏了解，公司在品牌推广上也没有加大投入，因而在具体的产品销售上会有些障碍，而贵公司属下的商场都是广州市内人气最旺也是最著名的商场，假如进了滞销品，会给你们的经营带来影响，我说得对吗？"

"对呀！谢谢你能体谅！"王女士颇感意外地说。

"那好，现在我非常自信地告诉您，我们M品牌的冰箱比您现在商场里销售的任何品牌的冰箱质量都要好！"

"不会吧？你也太自信了，你敢说你的冰箱比西门子、伊莱克斯的质量要好？"王女士明显对小何的过分自信产生了怀疑。

"对！"小何理直气壮地说，"王总假如不信，我可以当场做实验给您看，假如我输了，我从今以后不再踏进贵公司一步；假如我赢了，我就只有一个要求：跟我们合作，进我们的货！"

"好！一言为定，我倒想看看，你们的冰箱究竟好在哪里！"

小何将王总和其他几位经理一起带到了公司楼下，这时，司机和其他几个业务员已经根据他事先的安排，运来了10台M品牌冰箱，并将冰箱整齐地排列在楼前。

"谢谢各位经理赏光！"小何站在自己的冰箱跟前，神情像一个检阅自己部下的将军，接着，他不慌不忙地从自己的包里，取出一张A4打印纸。

"事实上，说到质量，一台冰箱涉及的地方很多。"他向参观的人说，"M品牌冰箱在总体上跟其他品牌的产品相差不大，但唯一的特点是，M品牌冰箱的门采用了国际最新的材料和制造工艺。因而，它的密封程度要比普通冰箱好10倍以上。"

"冰箱的门一般都很密封啊，你怎么证实M品牌冰箱的更好呢?"一位经理发问道。

"好，请大家走近，我们现在来做个实验。"他边说边用右手轻轻拉开一台冰箱的门，将左手拿好的A4纸轻轻地放进去，然后关上门，对身旁的王总说："王总，现在，我请您把这张纸抽出来。"

王总半信半疑地走上前，用拇指和食指夹住冰箱门缝里的白纸，想轻轻地拉出来，试了几次都不行。

"再用力点！"小何在一旁鼓气，王女士只得加大力气，只听"嗞"的一声，白纸被王总一撕两半，一半在她手上，一半仍牢牢地夹在冰箱的门缝里……

这似乎不需要更多的解释了！其他几位经理，一个个从小何手里接过白纸，测试了现场的每一台冰箱，但结果都一样！

现场效果令小何非常满意，见火候已到，小何便耐心地跟大家解释说："冰箱最重要的环节就是门的密封程度，由于门不密封就会影响制冷效果，制冷效果不好，就会影响压缩机的正常运作，压缩机运作不正常或超负荷运作的话，就会影响压缩机的寿命……"

"好，不用说了！"王女士打断了小何的话，"我想问的是，其他品牌的冰箱难道不是这样的吗？你敢说就你们M品牌的冰箱能有这个效果？"

小何一见王总正一步步地进入自己的圈套，心里十分得意，但他依然不露声色，面带微笑地对王总说："现在，我请王总自己在你们的商场里做实验！"

于是，十几个人在王总带领下来到了间隔不远的××商场，王总迫不及待地第一个动手，还是运用刚才的方法，先测试了A进口品牌冰箱的门，结果，白纸能被轻轻地拉出来，然后又测试了B进口品牌的冰箱，还是与A进口品牌冰箱一样的命运！随后其他几位经理纷纷对商场里销售的各式各样的冰箱做了这样的测试，弄得商场里的营业员和顾客不知道发生了什么大事，都呆呆地站在一边观看。遗憾的是，所有的冰箱夹纸都能被轻轻抽动，没有出现过类似于M品牌冰箱的碎纸情况。

"小伙子，我输了！"王女士尽管承认自己失败了，但看得出，她的脸上却露出了兴奋的神色，真是太意外了，她说，"你的这一招，绝对胜过任何广告！来！拿上你的合同书，我决定先打500万货款，赶紧给我进一批这样的冰箱！"

"OK！"小何激动得眼泪差点流下来！

事后，由小何发明的用白纸测试冰箱门密封程度的促销方法很快在全国各地推广开来，并且产生了非凡的效果，尤其是在销售现场，往往能一下子打动消费者，使其产生购买的冲动。而华南市场也终于在小何的努力下全面打开，他也因此获得了优秀区域经理的特殊荣誉。

此案例说明，在现代市场经济条件下，企业不仅要生产和开发适销对路的产品，制定适当的价格，通过适当的渠道，使目标消费者易于取得他们所需要的产品，而且还要控制企业及其产品在市场上的形象，设计并传播有关企业产品的外观、特色、购买条件及产品给消费者带来的利益等方面的信息，通过企业有效的促销活动促进企业产品销售。

（资料来源：季辉，王冰．营销理论与实务．北京：科学出版社，2010．）

二、思考·讨论·训练

1. 小何促销成功给你哪些启示？
2. 试着为某产品找一个进入市场的"卖点"。

案例3 "阳光牌"丝袜人员推销活动

一、案例介绍

这年3月到4月间，美华达有限公司作为广州阳光有限公司在武汉地区的总经销商，在武汉高校学生宿舍中开展了一场"阳光牌"丝袜人员推销活动。

具体办法是：美华达有限公司的推销人员携带并出示工作证和身份证，到每一个学生宿舍现场比较和演示，进行产品介绍和推销。

推销人员一般是两人一组，一人身背"阳光牌"丝袜和其他品牌的样品袜，另一人专门向学生介绍产品。他们先敲门，当学生开门后，第一句话是："你好，打扰你们了，我是美华达有限公司的推销员，我能进来吗？"对于司空见惯的形形色色的推销员，学生都有一种说不出来的反感，但不知是出于好奇还是礼貌，绝大多数的学生都把他们让了进来，进来后，他们首先出示了自己的工作证、身份证和美华达有限公司的有关证件，然后开门见山地说："各位同学，今天向你们推荐我们公司的最新产品——'阳光牌'天鹅绒丝袜。"

推销员不卑不亢、彬彬有礼的第一句话，给大家一个好的印象。接下来，他向学生介绍说，"阳光牌"丝袜是利用新技术纺织出来的一种新型丝袜，采用天鹅绒丝等系列高级原料，经过特殊工艺加工制成，具有耐磨、吸汗、弹性好、不抽丝等独特优点。为了证明这些优点，他自己抓住袜子一头，让另一名同学全力拉袜子的另一头，拉长后一放手，袜子立刻恢复原状，没有任何变形。然后，他又拿出一根钢针，穿过袜子拉划，果然没有出现抽丝的现象，而其他品牌的袜子做同样的实验，马上就显示出区别：钢针拉划袜子后带出了抽丝。在示范的全过程中，他始终说："我们希望大家无论买不买，都帮忙宣传一下，有意见也请反馈。"

这位推销员还告诉学生们："'阳光牌'丝袜在武汉地区各大商场均有销售，两双为一包，价格在10元左右。现在是产品促销推广时期，打5折销售，5元一包；另外，买3包送1包。"由于大家亲眼看见'阳光牌'丝袜的性能试验，价格又便宜，比较实惠，于是纷纷购买。有的宿舍6个人有5个人买了，没买的一个人是因为当时不在寝室，回来后还懊悔不已。

最后推销人员十分有礼貌地结束了推销活动，并表示感谢，然后，很客气地带上房门离开了。有一名推销员在一个中午推销出去了100多双袜子。

(资料来源：王瑶. 市场营销基础实训与指导. 北京：中国经济出版社，2009.)

二、思考·讨论·训练

1. "阳光牌"丝袜人员推销为什么会成功？

2. 企业开展人员推销活动应该注意哪些问题？

  美汁源果粒橙营销：喝出来的乐趣

一、案例介绍

说到"美汁源果粒橙"，你会想到什么？是明媚灿烂的阳光，还是粒粒饱满的鲜橙果肉？抑或是形象健康、讨人喜欢的品牌代言人？不管怎样，我们不得不承认，"美汁源果粒橙"阳光、健康的形象已经深入人心。"丰富更饱满，口口逗乐趣"，美汁源最新的广告语告诉我们：阳光的果汁可以为你带来诸多乐趣。

无论是通过延续一贯风格的品牌代言人选择，还是通过网络互动活动的举办和社会化媒体的整合利用，我们都能对美汁源宣扬的品牌精神有深入了解。

（一）喝果汁找"乐趣"

2005 年，"美汁源果粒橙"在中国研发成功，当时统一鲜橙多、康师傅鲜的每日 VC、汇源果汁、农夫果园等品牌已经占据了中国果汁市场的半壁江山。2007 年，百事纯果乐加入这一竞争激烈的军团，希望分得一杯羹。

初入市场，"美汁源果粒橙"就以"柔取的阳光果肉"为口号，将自身定位为含有果肉果粒的果汁饮料，这一特点使其在 2008 年即成为在中国果汁饮料市场排名第一的产品，并一直保持这一领先优势。这样的品牌定位及差异化的市场切入，使"美汁源果粒橙"在这一细分市场中迅速崭露头角，也为其塑造了阳光、健康、天然的品牌形象。这一点，从美汁源品牌代言人的选择上也可以看得出来。从最初的刘青云到杨千、程菲，再到现在的陈奕迅、Ella，无论是娱乐明星还是体育明星，这些代言人都给人积极开朗、健康向上的感觉，与美汁源的品牌形象相当契合。

其实不光是产品和广告，在与消费者的互动沟通、店内陈列、公关宣传中，美汁源都非常注重品牌形象的深化，以"乐趣"作为沟通重点。可口可乐大中华区整合市场营销高级总监嘉景荣告诉记者："我们就是希望通过这样的沟通使消费者获得'美汁源果粒橙'产品中丰富的果粒所带来的'有得吃有得嚼'的饮用体验，带给消费者原汁原味的醇正感觉。"

"美汁源果粒橙"的目标消费群体是 18～28 岁的年轻人，他们的特点是追求时尚、乐于尝试并分享生活中各种有趣的体验。因此，在品牌推广中，美汁源运用年轻人使用最多的网络媒体为沟通主平台。嘉景荣介绍道："我们就是要不断强化'美汁源果粒橙'与乐趣的联系。"

2011 年 8 月，美汁源"爆笑汁多星"开播，掀起了一股调动网友参与互动、分享乐趣的热潮。作为首款品牌网络广播节目，"爆笑汁多星"邀请了幽默逗趣、古灵精怪的人气主持人朱桢和周瑾担任主播，与"橙客"分享生活中的各种趣事和笑料，品牌代言人陈奕迅和 Ella 也陆续作为嘉宾出现在节目当中。每一期节目中，朱桢和周瑾通过各大活动平台与观众互动，妙语连珠式的主持风格为听众不断带来笑声与欢乐；陈奕迅和 Ella 每一次的出现也都极尽搞笑之能事，充分调动网友发现乐趣、分享乐趣的积极性。

"美汁源果粒橙"一直以来都展现其阳光、充满乐趣的形象,因此,在社会化媒体平台上的互动活动与日常传播中,我们也注重鼓励网友寻找生活中的小乐趣,分享快乐。"在嘉景荣看来,品牌数字化营销,不仅要满足互动营销中易用性、易分享的特点,同时,还需要将品牌特性和产品特质融入活动设计的核心环节。

用"乐趣"作为品牌沟通理念,是美汁源一直以来的主张。2010年,美汁源与土豆网合作的"趣'喝'美汁源,一笑赢千金"活动也是对嘉景荣上述观点的印证。这一活动启动于2010年4月1日,意在向全体中国网民召集"乐子达人",分享身边无处不在的快乐。活动突破了以往网络评选局限于互联网平台的形式,分为网络赛区和北京、上海、沈阳、深圳4个地面赛区,分别通过上传视频和地面选拔的方式进行比赛。无论从活动形式的设计还是从参与方式的便捷程度来讲,都体现出了美汁源用"乐趣"沟通的亲和力。

这一节目共吸引了1 300多万人次参与,网络赛区的视频上传总数超过11 000件,网友评论近30万条。第三方公司的报告显示,收看了该节目的观众对于"一笑赢千金"冠名品牌的正确识别率达到81.2%。网友留言评论中,有80%以上的留言表示对整个活动和美汁源品牌的印象是:乐趣、幽默连连、有创意。

(二) 整合才是王道

"整合市场营销是'美汁源果粒橙',乃至可口可乐公司市场营销策略的制胜之道,"嘉景荣告诉记者,"我们非常注重消费者的体验,通过全方位的市场整合营销策略,把品牌所代表的精神和信息自然地带入消费者线上线下的体验中。"

目前,"美汁源果粒橙"每年有10亿人次的饮用量,如何持续性地与品牌消费者进行沟通,并不断扩充更多的"粉丝"是美汁源一直专注的重点。"对用户有黏着度、有吸引力的整合营销必须满足互动性、易用性、分享性三大要素,让用户很轻松地参与到活动中,并很轻松地与他的社交圈分享他的参与成果。"嘉景荣如是说。

以美汁源正在进行的"爆笑汁多星"网络广播剧活动为例,该活动在官方网站、人人网、开心网、新浪网、腾讯网以及手机上都搭建了平台,所有听众都可以通过各大媒体平台参与到节目中,只要配合当期话题跟帖讨论或者参与投票,就可能与主持人现场互动,成为"外场主持人"。听众的参与成果不但会出现在活动页面中,还将出现在个人的微博、SNS中,从而取得与好友分享乐趣的效果。据了解,节目开播一个多月就积累了超过470万人次的听众。

嘉景荣表示:"随着多元化生活的开始,不同的人们已经开始形成自己的圈子。在规模化的营销平台之外,必须使圈子文化互相认同,通过圈子中'意见领袖'的号召力,来达到与对品牌和文化感兴趣的受众的互动,并使得他们对品牌的认同最大化。""美汁源橙客团"的成立就是美汁源建立自身圈子文化的一个体现。

美汁源在新浪微博、腾讯微博、人人网都建立了"美汁源橙客团"公共主页,这为品牌粉丝创立了专属的交流平台,同时也为品牌日后的传播活动积累了广泛的粉丝群。"我们希望通过对社会化媒体平台的整合,为消费者提供更多的品牌互动体验,使品牌与消费者的关系不断密切,让消费者对品牌的热度持续升温。"嘉景荣说。

目前,中国已经成为可口可乐全球第三大市场。2011年8月,可口可乐公司董事长兼首席执行官穆泰康在接受新华社记者采访时透露,可口可乐中国市场2011年二季度的业绩引人注目,增幅达21%,其中"美汁源果粒橙"增幅高达36%。这一成绩与品牌的整合传播策略不无关系。

"橙客"是对"美汁源果粒橙"消费群体的一种昵称。美汁源对这一人群的定位是:他们喜欢"美汁源果粒橙";喜欢在看似平淡的小世界中寻找大乐趣;喜欢与朋友一起将身边的小乐子汇聚成大快乐;喜欢在阳光下晒幸福。2011年4月18日,陈奕迅与Ella在武汉出席"美汁源果粒橙"的代言活动,在现场为观众献上了"快乐满橙"创意舞台情景剧,并带领现场千余名"橙客"大跳爆乐果粒舞,宣告"美汁源橙客团"成立。

(资料来源:http://www.emkt.com.cn/article/56/5608-2.html)

二、思考·讨论·训练

1. 美汁源果粒橙运用了哪些营销技巧?
2. 你是如何理解公共关系这种促销组合的?

北京奥运广告

一、案例介绍

奥运会是人类社会文化的奇观,具有广泛的影响力和传播力,奥运会不仅能够推动举办城市及国家的经济社会发展,而且也为企业提供了前所未有的营销平台,从顶级赞助商到普通企业,都想与奥运会结缘,提升自身的品牌影响力。因此,面对规模空前的北京奥运会,每个企业都想以此为平台,提升品牌的文化内涵和产品的社会影响力。

(一)联想:北京奥运会唯一全球顶级赞助商

作为中国唯一一家全球顶级赞助商,联想集团启动了奥运营销计划,围绕奥运和体育营销开展了一系列整合营销活动,让人们将联想品牌、全球化与北京奥运会紧密地联系到了一起。

2006年11月18日联想集团以1.6201亿元的价格中了中央电视台2007年第一标,成功拿下了"奥运倒计时标板"的独家冠名权。

在火炬传递活动中,联想集团董事局主席杨元庆成为北京奥运会第111棒火炬手。杨元庆向媒体这样诠释"111"的含义:联想是第一家来自中国的奥林匹克全球合作伙伴,也是第一家来自中国的奥运火炬接力全球合作伙伴,同时联想还是第一家为奥运设计火炬的TOP赞助商。杨元庆的这番话,向世界昭示了联想抢夺奥运市场、征战国际舞台的勃勃雄心。

行走在北京街头,出入火车站、飞机场,打开电视机或翻看报纸,联想的广告无处不在。不仅如此,在美国、印度、澳大利亚,以及欧洲的大部分国家,联想都投放了大量的电视广告。联想推出了"全球冠军计划",签约了一些知名度高、形象健康的运动员,借助他们在奥运会上的预期表现,使其在不同的国家成为联想的品牌代表。

(二)农夫山泉:一分钱一个心愿,一分钱一分力量

面对北京奥运会这一前所未有的机遇,农夫山泉延续了其"一分钱"广告传统,用较小的投入赢得了人们的关注。

2000年,农夫山泉成为悉尼奥运会中国代表团训练、比赛专用水,刘璇、孔令辉代言的"冠军的味道有点甜"的广告频频出现。2000年,浙江千岛湖养生堂饮用水有限公司作为首家被授予"中国奥委会合作伙伴/荣誉赞助商"称呼的企业,开始了与中国奥委会的密切合作之旅。2000年11月,农夫山泉被授予"北京2008年奥运申办委员会热心赞助商/北京2008年奥申委声援团"称号。

在北京申奥的冲刺阶段,农夫山泉在中央电视台打出"一分钱一个心愿,一分钱一分力量"的广告口号,明确表示在2001年1月1日至7月30日,公司从所销售的每一瓶农夫山泉中提取一分钱,作为捐赠款,代表消费者来支持北京申奥事业。

申奥成功之后,农夫山泉"2008阳光工程"正式启动。从2002年到2008年奥运会落幕,农夫山泉继续推出"一瓶水,一分钱"活动,即每销售一瓶农夫山泉饮用自然水,公司就代表消费者捐出一分钱用于"2008阳光工程"活动。而每一年度的捐助款将用于购买同等价值的体育器械捐献给贫困地区的中小学。

(三)李宁:一切皆有可能

李宁公司因为财务实力不如阿迪达斯,没能成为2008年北京奥运会赞助商,但李宁公司创始人李宁被选为奥运会开幕式主火炬手,获得了巨大的关注。李宁公司也制订了详尽的广告公关计划,甚至一度被人们当成奥运会赞助商,取得了良好的传播效果。

在奥运会开幕式之前,李宁公司推出了"我们用信念唤醒心中的英雄,微笑是不屈的力量,做英雄就看你;李宁,一切皆有可能"的主题广告,4句简短的话,4个简短的画面,却充满了震撼力与期待。

奥运会开幕后,李宁公司转变广告风格,用设问的形式来对中国队进行莫大的鼓励,同时提升国人的信心,开篇就推出"谁说中国不能创造梦之队?李宁,一切皆有可能"。

当中国男子体操队杨威获得全能金牌时,李宁公司立刻做出反应,打出"成就全能王,扬威北京,李宁,一切皆有可能"的广告语来庆祝这一值得国人激动的时刻。

当刘翔宣布退出110米栏比赛的时候,当全中国失望的眼神聚焦在这一刻的时候,李宁公司随即打出"谁说中国人在田径场上不再是焦点?李宁,一切皆有可能"的口号,在最需要安慰与信心的时候,李宁公司为观众做出了自信的回答。

李宁公司的这一系列广告已经超出了一种局限于品牌宣传的广告效应,充满了民族自信与自豪的激情,也扩大了李宁公司的民族认同感和国际影响力。

(四)伊利:有我中国强

在北京奥运会上,伊利成为唯一一家乳品赞助商。2007年,在中央电视台2008年黄金资源广告招标会上,伊利以过人的魄力凭2 008万元重金一举拿下奥运会开幕式和闭幕式广告的"第一位置",约合33.5万元/秒,创下单条广告价格的最高纪录。北京奥运会带来了天文数字的收视人群,使伊利30秒的两次广告播放,成为奥运会开幕式上除了点火仪式以

外让人印象最深刻的开幕式符号,伊利"有我中国强"的专属口号和其背后所代表着的民族精神,一直被电视观众津津乐道。

北京奥运会唯一乳品合作伙伴伊利集团一直这样描绘自己的形象:"在消费者眼里,伊利不一定是最热闹的,但伊利肯定是最亲切、最踏实的。"秉承这样的务实作风,伊利选择了一条踏实但却略显低调的奥运会公益之路。在传递奥运精神的同时,伊利将"健康中国"的梦想传递到每一个角落,用"有我中国强"的口号喊出了每一个中国人的心声。

伊利另辟捷径推出的"有我中国强——寻找我的奥运坐标"大型网络公益签名活动,通过腾讯、酷6等高人气的网站、新媒体重点推广,并突破性地运用了MSN、动漫传情等新型营销工具,这种方式立刻得到了网民的广泛支持。

(五) 阿迪达斯:众人的力量铸就成功

在同质化越来越严重的市场中,人们更换品牌,越来越多地取决于精神感受,而非产品的物理属性。品牌给予消费者的心理暗示,能使消费者对号入座。当品牌冷冰冰的商品物理属性赋予人类生活的意义,赋予幸福、胜利和快乐,能满足消费者的情感和精神寄托时,产品也就自然被消费者所接纳。

在北京奥运会上,阿迪达斯广告中用了两种对比,一种是颜色的对比:画面中的运动健儿都是身穿红色的运动装,而普通大众都是身穿灰白色衣服,甚至看不清他们的面部表情;另一种是人数的对比:运动健儿们都是单独出场,而普通大众却是密密麻麻,人数众多。这种对比强烈的画面使阿迪达斯所要诠释的"众人的力量铸就成功"的品牌内涵深入人心。

(六) 可口可乐:畅享奥运激情

可口可乐长期以来赞助奥运会、世界杯等重大体育赛事,体育营销已成为其品牌发展不可或缺的一部分。"更快、更高、更强"的体育精神与可口可乐"乐观奔放、积极向上、勇于面对困难"的品牌精神实现了有机融合,让可口可乐的品牌特点得以清晰地展现。

在宣布北京申奥成功的当天晚上,可口可乐公司正式启动了"金色的喝彩"活动,推出庆祝申奥成功的纪念罐,并实施了所配套的一系列造势及生产、配送工作。

2003年8月3日,于2008年北京奥运会会徽隆重揭标的同一天,可口可乐公司作为北京奥运会顶级赞助商中第一家有幸被授权使用奥运会会徽的公司,推出的100万罐印有奥运会新会徽标志的可口可乐限量精美纪念罐正式上市。新会徽纪念罐的上市,为可口可乐公司占领市场主导地位迈出了重大的一步。

2004年,雅典奥运会结束以后,可口可乐在中央电视台的"奥运特别节目"及"庆祝奥运健儿凯旋归来"特别节目中,签订贴片广告。另外还精心设计了"要爽由自己——2004年可口可乐奥运中国行"大型巡回路演活动,并在全国范围内举行。

2005年11月11日,北京奥运吉祥物福娃诞生。可口可乐公司在当日即推出160多万罐印有鲜活可爱吉祥物形象的可口可乐纪念罐在全国21个城市同步上市。

在北京奥运会上,可口可乐"红遍中国"的计划,让可口可乐各种类型的广告纷纷呈现。

在1984年的洛杉矶奥运会上,奥组委主席尤伯罗斯创造性地运用商业化运作模式,并以盈利2.25亿美元开创了奥林匹克运动的新篇章,从此,"奥运经济"成为一个响亮的新名词，众多赞助和广告让奥运会第一次扭亏为盈，也使许多企业获益匪浅。北京奥运会不仅是一次体育的盛宴，也是一次广告的盛宴。

（资料来源：莫凡，王成文. 广告创意案例评析. 武汉：武汉大学出版社，2009.）

二、思考·讨论·训练

1. 在北京奥运会上，联想和农夫山泉的广告推广策略有什么不同？
2. 案例中的企业广告策略对我们有什么启示？

案例6　耐克的促销策略

一、案例介绍

（一）广告促销

耐克神话是因为"上帝所赐"吗？耐克公司的总裁耐特回答说："是的，是'消费者上帝'。我们拥有与'上帝'对话的神奇工具——耐克广告……"

耐克公司拓展市场的首要突破口是青少年市场，这一市场上的消费者有一些共同的特征：热爱运动，崇敬英雄人物，追星意识强烈；希望受人重视，思维活跃，想象力丰富并充满梦想。

针对青少年消费者的这一特征，耐克相继与一些大名鼎鼎、受人喜爱的体育明星签约，如乔丹、巴克利、阿加西、坎通纳等，他们成为耐克广告片中光彩照人的沟通"主角"。在广告片"谁杀了兔子乔丹"中，飞人迈克尔·乔丹和另一个受人喜爱的卡通片角色巴格斯·本尼（兔子乔丹）先后出现在片中。广告开始的镜头是本尼正在地洞中呼呼大睡，突然地面上传来强烈的振动，把本尼弄醒了，他爬出洞一看，原来是四个家伙在玩篮球，本尼抱怨了几句，但却受到那些人的攻击，他们把本尼像球一样在空中抛来抛去，本尼大叫："这是与我为敌！"这时，飞人乔丹出现了，前来帮助他的卡通朋友兔子乔丹，一场篮球大战随即开始……在这个电视广告片的画面上，几乎没有出现耐克产品的"身影"，没有像其他广告那样宣扬产品、陈述"卖点"，只是用令人瞩目的飞人乔丹和兔子本尼演绎了一场游戏或者说是一段故事。

此外，20世纪90年代耐克公司还专门设计推广了一种电脑游戏，让参与者可在游戏中与球王乔丹一起打篮球。耐克掌握了十几岁少年厌恶说教、独立意识增强的特点，充分发挥和迎合了他们的想象力与自我意识，从"乔丹"意识到"热爱运动的我"，从"穿着耐克鞋的乔丹"联想到"穿着耐克鞋的我"……在一连串的消费者自我想象与对比中，耐克公司与其目标市场的沟通就自然而然地形成了，耐克品牌形象也在潜移默化中深植在了顾客的心里。

（二）公关营销

耐克认为：品牌策略一旦确立，只可坚持，绝不可半途而废。

一场广告运动战如果只凭借一两条广告片显然是不会达到很好的传播效果的。企业应在广告投放期间运用组合传播策略的手段，对品牌传播系统中能与目标顾客有着某种联系的诉求点，进行有所侧重的组合宣传，积极创造品牌的知名度和相关联想。

孤立的广告运动只是徒耗金钱，获得一些品牌曝光率罢了，缺乏与广告运动配套的攻关营销策略。不进行组合宣传，就很难达到最佳的传播效果。耐克为了进入特定的市场，开展业务经营，在策略上协调地运用了经济的、心理的、政治的等公共关系手段，博得各方面的合作和支持，从而达到预期的目的。

公关营销战略最终的目的是为了树立耐克品牌形象和区别于竞争者的差异定位。品牌形象具有丰富的内涵，是企业文化、企业环境、企业素质、企业影响综合因素功能的体现，是企业巨大的无形资产，是企业凝聚力、号召力、吸引力的源泉。公关营销是耐克品牌成功的又一高招。

有多少人真的会安坐在家中看电视广告而不手持遥控器将没有趣味的广告删去？除了传统的广告方式可以把产品牌子及好处输入目标顾客脑中之外，真的没有其他办法可行吗？如果人人都用类似的营销或广告方式，我们发出来的宣传推广信息，岂不是效力极其有限？在人人都做同一样东西时，我们的广告，我们的销售信息岂不是变成"模仿性产品"？怎么能做到百发百中，无孔不入呢？

传统的媒体广告，在广告爆棚的环境之下，再也不像以前那样有效了。耐克公司结合所有"有关痛痒"的营销武器，使目标顾客在多元化的营销信息轰炸之下，不得不张开耳朵和眼睛接收信息。步入"知识经济社会"和"广告爆棚"的时代，耐克公司认为单一使用传统的广告及营销方法，除了可以替产品或服务树立个性形象以外，其实际效用是值得怀疑的。

耐克宣布它将组织篮球奇才勒布朗·詹姆斯的三个亚洲城市的巡回表演，作为勒布朗和全亚洲年轻孩子跨文化交流的构想。从8月2日开始，巡回表演的站点包括东京、北京。

从勒布朗抱起篮球的那天起，他就从来没有独自玩过，他知道他自己就是经验的全部，应与自己的启蒙老师、教练、队友和球迷分享。通过他的2005年夏季巡回表演，勒布朗和耐克希望能够与亚洲的孩子们创造新的经验。"去亚洲我感到非常的兴奋，"勒布朗·詹姆斯说，"我已经听说了很多关于亚洲篮球文化的了不起的事情，我迫不及待地想见到这些孩子，以我的运动方式来给予他们灵感，同时让他们的方式给予我灵感。"

勒布朗·詹姆斯2005年夏季的亚洲巡回表演将为他和亚洲人民特别是孩子们创造跨文化交流的机会。当他与这些孩子们联系的时候，他将给予他们灵感，自己也将从中获取灵感，这次巡回表演是西方与东方的融合，对于每一个人来说都是一个难得的学习机会。除了在球场的贡献之外，勒布朗·詹姆斯在美国还是耐克PE2GO活动的代言人，致力于提高学校体育教育的质量，在他的亚洲之旅中，他将在北京捐赠一个球场。

公关营销正是耐克促销的另一种重要手段。在耐克的营销活动中，公关营销是通过协调耐克和与之相关公众之间的关系，以争取公众对企业的理解与合作，从而增强营销能力、扩大其市场份额的一种促销方式。其主要功能和作用是增进社会各界与耐克的联系、了解和合作，为耐克树立良好的品牌形象，提高耐克声誉、创造良好的营销环境。因此，它是一种间接的促销方法。要想做好公关营销，在社会公众中树立良好的声誉和形象，从而更好地促进产品销售，必须做好公关营销策划。在进行公关营销策划时，应坚持以下基本原则：建立和维护耐克的良好信誉和形象、注意信息的双向交流、注意社会整体效益。

（三）明星促销

让我们看看"耐克"是怎样利用运动员提高自己产品知名度的。耐克曾有一个著名的声明："任何人花五万美元都可以在《体育画报》中做一个全页广告，但封面是谁也买不来的。""耐克"与那些愿意上《体育画报》的运动员定了合同，并包下了整个封面。当这些著名运动员们身穿印有"耐克"字样的衣物出现在电视、公众场合及《体育画报》上，耐克产品的知名度也大大提高了。观众们喜欢模仿体育明星，于是也争相购买"耐克"产品。与"耐克"签约的体育明星们有在1979年一人连破800米、1500米、1609米跑世界纪录的赛巴斯蒂安·科尔，以及同时保持3000米竞走和3000米、5000米跑四项世界纪录的亨利·罗娜等。

在运动鞋领域，耐克品牌尽可能地争夺NBA市场的份额，其根本目的就是争夺人们的"眼球"。对运动员来说，脚是他们的"第二心脏"，因此，NBA球员非常关注鞋子的选择。在NBA这片天地中，有的球员是主角，有的是配角，而更多的是默默无闻的群众演员。与阿迪达斯相比，耐克无疑是目前运动鞋领域的龙头老大。耐克营销策略的成功，在于其手中的明星牌。从营销角度看，用明星做广告至少有三种收效：增加销售额、提高知名度、改善形象。

美国是个崇尚英雄、寻找光荣与梦想的国家。树立英雄、追求时尚、激发年轻人奋斗成功的梦想，不仅是美国体坛，也是美国文化的不变主题。耐克作为一家生产体育器械、服饰、运动休闲产品的公司，它与体育和体育明星有着密切的关系。

耐克认为，"运动鞋"与"运动"分不开，而运动员又与运动鞋分不开，所以，耐克公司总是用各种办法同运动员建立十分密切的关系。耐克的信念一开始就是要建立一个世人从未见识过的运动产品生产基地。

耐克与运动员交朋友，让运动员为耐克公司服务。

① 在产品设计上征求他们的意见，用更新的设计提高产品质量，使之更有的放矢。

② 新产品生产出来后请运动员试穿，运动员们便成了耐克公司的产品"检验员"。

③ 耐克公司还同运动员签订推销合约，请运动员做广告宣传。于是，公司不惜支出重金，免费赠送运动鞋给运动员，送鞋给名牌大学球队，捐款给跑步讲习班和组织职业球赛的团体等。在奥运会上，耐克公司不仅设立广告专栏，而且制定出奖励措施，凡运动员穿耐克运动衣和鞋夺得金牌者，公司奖给重金。

耐克公司研究把握顾客的需求偏好及心理特点，通过顾客调查，发现了最重要却最不被人重视的问题："没有人会永远固定在一种商品上，产品必须和其他更有吸引力和更深层的意义结合在一起"。明星代言对大学以下的青年最有魅力，拓展市场的首要突破口是针对青少年市场。这一市场上的消费者有一些共同的特征：热爱运动，崇拜英雄人物，追星意识强烈，希望受人重视，思维活跃，想象力丰富并充满梦想。针对青少年消费者的这一特征，耐克公司拿出"明星攻势"的法宝，相继与一些大名鼎鼎、受人喜爱的体育明星签约，作为其形象代表人，如乔丹、巴克利、阿加西等，他们成为耐克广告片中光彩照人的沟通"主角"。有人说，耐克与其说是个全球化的企业，不如说是由乔丹、耐克鞋和广告组合而成的一个企业实体。

耐克的公共形象几乎就是"旗下运动员的生活缩影"。耐克的成功与这些人的健康及其在运动场上的表现、是否继续受欢迎有关。耐克认为，要一直保持巅峰，就要在每一项运动，每一场比赛里，都找到最有天分的运动员当形象大使。这方面最成功、最典型的例子便是飞人乔丹。

美国职业篮球群星荟萃，而最耀眼的明星无疑是大家所熟知的乔丹。耐克公司岂会放过这样一位大明星？他们不惜重金聘请乔丹为自己的产品做广告，甚至干脆以乔丹的名字命名产品。耐克与乔丹的合作是其运动鞋营销中的典型案例，虽然其中掺杂了很多上帝的眷顾。许多人认为，耐克和乔丹的结合是现代商业和现代体育最完美的婚姻。学习品牌与明星该怎样联袂传播形象，达到双赢，耐克与乔丹绝对是最佳样板。

（资料来源：封展旗，黄保海．市场营销案例分析．北京：中国电力出版社，2008．）

二、思考·讨论·训练

1. 耐克的促销策略有什么特点？
2. 怎样利用明星来开展促销？
3. 本案例对你有哪些启示？

案例7　成功推出"野马"汽车的福特公司

一、案例介绍

福特汽车公司是世界上最大的汽车企业之一，由亨利·福特先生创立于1903年，福特汽车公司始终坚持"消费者作为工作的中心"的经营理念，提供比竞争对手更好的产品和服务，并致力于成为全球领先的以消费者为导向的公司。2000年，福特汽车在世界各地已经拥有35万名员工，在30多个国家设有福特汽车制造装备企业，共同创造了1 700亿美元的营业总收入，向六大洲、200多个国家共销售各种轿车、卡车和商用车740万辆。

福特汽车公司旗下拥有众多汽车知名品牌：福特（Ford）、林肯（Lincoln）、水星（Mercury）、美洲豹（Jaguar）、马自达（Mazda）、沃尔沃（Volvo）和陆虎（LandRover）这些都是人们耳熟能详的品牌，这些汽车品牌自身也和公司的名称一样蕴含着巨大的无形的价值。根据国际著名品牌咨询公司Interbrand的调查，"福特"品牌价值为364亿美元，位居汽车品牌价值榜首，名列全球所有品牌第七，1999年，《财富》杂志将亨利·福特评为"20世纪商业巨人"，以此表彰他和福特汽车公司对人类工业发展所做出的杰出贡献。福特汽车公司推出过很多经典的车型，而在营销上最为成功的是"野马"。

野马汽车是福特汽车公司在1964年推出的新产品，在当时购买野马车的人打破了美国历史的记录，在不到一年的时间里，野马汽车风靡整个美国，取得了轰动一时的成功，在投产后不到两年，便生产出第100万辆野马汽车，两年内为福特公司创造了11亿美元的纯利润。野马汽车受到市场如此青睐是与当时加盟福特公司的著名营销大师李·艾柯卡周密独到的营销策划密不可分的。艾柯卡曾经说过："天下没有倒闭的企业，只有经营不善的企业。"野马的巨大的成功不仅验证了他的这句话，令世人瞩目的销售业绩也为他赢得了"野马之父"的称号。

1962年，艾柯卡就任福特公司的分部总经理，开始策划生产一种受欢迎的新型汽车。在前期的市场调查中，艾柯卡就做好预备功课，调查范围遍及了美国及欧洲，找出现有的车型的不足并加以改进。在当时的情况是，美国年纪比较大的买主，已经不再满足于经济实惠的车型，而是追求式样新颖的豪华车，而第二次世界大战后的生育高峰时期出生的小孩已经长大，在20世纪60年代，美国20~24岁的人增至总人口的50%以上，年轻人向来是汽车消费的主要力量，因此在新车型的设计上就要体现新颖，性能好，车不能太重而最重要的是价钱要吸引人。因此在新车问世前，艾柯卡邀请底特律地区的54对夫妇到汽车厂做客，并请他们对新车发表意见。他们中既有收入颇高的，也有中下水平收入的。当54对夫妇对新车发表感想后，负责策划的人员发现白领阶层的夫妇非常满意野马，而蓝领工人则认为新车虽好，但买不起。于是，艾柯卡请他们估计新车价，大部分人均认为至少要一万美元。当艾柯卡告诉他们，野马的实际售价为2 500美元时，大家都惊呆了，他们根本没想到令人如此心仪的车，竟会如此便宜。

在早期设计阶段，新车被命名为猎鹰，后来又有人想叫它美洲豹、雷鸟Ⅱ型等，艾柯卡认为均不理想，于是委托广告代理人去底特律公共图书馆去查阅，从A到Z列出成千种动物，最后筛选出一个——"野马"，由于美国人对第二次世界大战中野马式战斗机的名字印象极为深刻，用"野马"作为新型车的名字，适合美国人放荡不羁的个性，既能使消费者立即联想到汽车的速度和性能，也有"海阔凭鱼跃，天高任鸟飞"的味道，艾柯卡对消费者需求的精准理解，对野马车的准确定位，使野马一上市就受到人们的热切追捧，成为市场上的香饽饽，将竞争对手远远地抛在了身后。

野马车推出的整个过程，艾柯卡在每个环节上都下足了功夫。在分阶段营销上，艾柯卡更是全情投入，创意不断，福特汽车公司，为了使新车"野马"一上市便获得较高的市场认知度，细致周密地设计了一套宣传策划方案，6个步骤的营销活动使得野马车的知名度在短短的时间里迅速提升。

（1）邀请各大报纸的编辑到迪尔伯恩，并给每人一辆野马车，组织他们参加从纽约到迪尔伯恩的野马车大赛，同时邀请100名新闻记者亲临现场采访。从表面上看，这是一次赛车活动，实际上是一次告知性的广告宣传。此项活动一经展开，便引来新闻媒体的广泛关注，并纷纷报道野马车大赛近况，从而大大提高了该车的知名度和透明度。

（2）野马车上市的第一天，在全美2 600家报纸上，用整版刊登了野马车在奔驰的图片，并且在数家电台做广告，广告使用了所谓的"蒙娜丽莎"的手法：一副朴素的白色"野马"在奔驰的画面，注上一行简单的字："真想不到"，副题是：售价2 368美元。由于公关经理的努力，新车照片同时出现在《时代》和《新闻周刊》封面上，关于这两大杂志的惊人宣传效果，艾柯卡后来回忆说，"通过《时代》和《新闻周刊》，我们多卖出10万辆！"此举大大地提高了该产品的知名度和透明度。

（3）自野马车上市开始，各大电视台每天不断播放野马车广告。广告内容是：一个渴望成为赛车手的年轻人，正驾驶着一辆华贵、时尚、动感十足的野马车在飞驰。选择电视做宣传，旨在扩大广告宣传的覆盖面，进一步提高产品的知名度。

（4）在最显眼的停车场，竖起巨幅路牌广告，上书："野马车"，以引起消费者的注意，扩大野马的曝光率。

（5）在美国各地最繁忙的15个机场和200家度假饭店展览野马车，以实物广告形式，激发人们的购买欲。

（6）同时，福特公司向全国的小汽车用户直接散发几百万封推销信，既达到了促销的目的,也表示了公司对顾客的一片诚挚爱心和为顾客服务的态度和决心。此外,公司大量上市"野马"墨镜、钥匙链、帽子、"野马"玩具车,甚至在面包铺的橱窗里贴上广告:"我们的烤饼像'野马'一样快。"

从产品的目标市场的定位到产品自身的设计,从"野马"这个名称的选取,到最后的促销环节的别出心裁上,野马车做得丝丝入扣,在铺天盖地、排山倒海的宣传攻势后,仅一周内,野马车便享誉全美,风行一时了。

在野马车上市的第一天,就有大量的人拥到福特经销店购车,原计划销售指标为年销售量7 500辆,后剧增至20万辆。年终结算统计时发现,野马车在一年内竟销售36万辆,创纯利11亿美元。1964年的圣诞节期间,美国因野马而如痴如狂的家长们还给孩子们买了93 000辆野马脚踏童车。最让福特激动不已的是那些急切地领取自己的头一份驾照的人们,他们希望自己的车与众不同,野马可以满足这一要求。野马车营销的规模和声势已经成为营销的经典案例,时至今日,仍有一大批"野马"迷们对此津津乐道,并且专门地成立俱乐部,相互交流野马车的性能和各自与野马车相关的轶事。到1966年3月野马车已售出了100万辆。

第一辆野马车注册的车主名叫斯坦利·塔克,是一位19岁就开始在天上飞的客机飞行员,经销店老板帕森原本不想卖塔克想买的这辆野马车,想把车多留在店里一段时间做广告用。但塔克在看到这辆"野马"的第二天,就带着支票来了,帕森只好将这部第一辆"野马"卖给了塔克。对于塔克买下"野马"后最初几年的情况,《野马》月刊中曾引述过这样一句话:"很长时间在纽芬兰只有我这一辆'野马'真是让我春风得意。人们好几次将我逼到路旁,问这问那,如这辆车是什么牌子,哪儿出的,性能怎么样,价钱多少等。拥有和驾驶这部汽车给我带来了无穷的乐趣。进入车里有种进入驾驶舱的感觉,我觉得和开飞机差不多。"

(资料来源:刘洋,乐为,王晓萍.市场营销习题、案例与实训.北京:科学出版社,2008.)

二、思考·讨论·训练

1. "野马"车的推出运用了哪些市场营销策略?
2. 如果分析"野马"车配件的市场情况,你认为应考虑哪些因素?如何分析这些因素对顾客的影响?

非凡的推销员——乔·吉拉德

一、案例介绍

乔·吉拉德,因售出13 000多辆汽车创造了商品销售最高纪录而被载入吉尼斯大全。他曾经连续15年成为世界上售出新汽车最多的人,其中6年平均每年售出汽车1 300辆。销售是需要智慧和策略的事业。在每位推销员的背后,都有自己独特的成功诀窍。那么,乔的推销业绩如此辉煌,他的秘诀是什么呢?

(一) 250 定律：不得罪一个顾客

在每位顾客的背后，都大约站着 250 个人，这是与他关系比较亲近的人：同事、邻居、亲戚、朋友。如果一个推销员在年初的一个星期里见到 50 个人，其中只要有 2 个顾客对他的态度感到不愉快，到了年底，由于连锁影响就可能有 500 个人不愿意和这位推销员打交道。他们知道一件事：不要跟这位推销员做生意。这就是乔·吉拉德的 250 定律。由此，乔得出结论：在任何情况下，都不要得罪哪怕是一个顾客。

在乔的推销生涯中，他每天都将 250 定律牢记在心，抱定生意至上的态度，时刻控制着自己的情绪，不因顾客的刁难，或是不喜欢对方，或是自己心绪不佳等原因而怠慢顾客。乔说得好："你只要赶走一个顾客，就等于赶走了潜在的 250 个顾客。"

(二) 名片满天飞：向每一个人推销

每一个人都使用名片，但乔的做法与众不同：他到处递送名片，在餐馆就餐付账时，他要把名片夹在账单中；在运动场上，他把名片大把大把地抛向空中。名片漫天飞舞，就像雪花一样，飘散在运动场的每一个角落。你可能对这种做法感到奇怪，但乔认为，这种做法帮他做成了一笔笔生意。

乔认为，每一位推销员都应设法让更多的人知道他是干什么的，销售的是什么商品。这样，当他们需要的时候，就会想到他。乔抛撒名片是一件非同寻常的事，人们不会忘记这种事。当人们买汽车时，自然会想起那个抛撒名片的推销员，想起名片上的名字：乔·吉拉德。同时，要点还在于，有人就有顾客，如果你让他们知道你在哪里，你卖的是什么，你就有可能得到更多的生意机会。

(三) 建立顾客档案：更多地了解顾客

乔说："不论你推销的是什么东西，最有效的办法就是让顾客相信——真心相信——你喜欢他，关心他。"如果顾客对你抱有好感，你成交的希望就增加了。要使顾客相信你喜欢他，关心他，那你就必须了解顾客，搜集顾客的各种有关资料。

乔中肯地指出："如果你想要把东西卖给某人，你就应该尽自己的力量去收集他与你生意有关的情报……不论你推销的是什么东西，如果你每天肯花一点时间来了解自己的顾客，做好准备，铺平道路，那么，你就不愁没有自己的顾客。"

乔认为，推销员应该像一台机器，具有录音机和计算机的功能，在和顾客交往的过程中，将顾客所说的有用情况都记录下来，从中把握一些有用的材料。乔说："在建立自己的卡片档案时，你要记下有关顾客和潜在顾客的所有资料，他们的孩子，嗜好，学历，职务，成就，旅行过的地方，年龄，文化背景及其他任何与他们有关的事情，这些都是有用的推销情报。所有这些资料都可以帮助你接近顾客，使你能够有效地跟顾客讨论问题，谈论他们自己感兴趣的话题。有了这些材料，你就会知道他们喜欢什么，不喜欢什么，你可以让他们高谈阔论，兴高采烈，手舞足蹈……只要你有办法使顾客心情舒畅，他们不会让你大失所望。"

(四) 猎犬计划：让顾客帮助你寻找顾客

乔认为，干推销这一行，无论你干得多好，别人的帮助总是有用的。乔的很多生意都是由"猎犬"（那些会让别人到他那里买东西的顾客）帮助的结果。乔的一句名言就是"买过我汽车的顾客都会帮我推销。"

在生意成交之后，乔总是把一叠名片和猎犬计划的说明书交给顾客。说明书告诉顾客，如果他介绍别人来买车，成交之后，每辆车他会得到25美元的酬劳。几天之后，乔会寄给顾客感谢卡和一叠名片，以后至少每年他会收到乔的一封附有猎犬计划的信件，提醒他乔的承诺仍然有效。如果乔发现顾客是一位领导人物，其他人会听他的话，那么，乔会更加努力促成交易并设法让其成为猎犬。实施猎犬计划的关键是守信用——一定要付给顾客25美元。乔的原则是：宁可错付50个人，也不要漏掉一个该付的人。

猎犬计划使乔的收益很大。1976年，猎犬计划为乔带来了150笔生意，约占总交易额的1/3。乔付出了1 400美元的猎犬费用，收获了5 000美元的佣金。

（五）推销产品的味道：让产品吸引顾客

每一种产品都有自己的味道，乔·吉拉德特别善于推销产品的味道。与"请勿触摸"的做法不同，乔在和顾客接触时总是想方设法让顾客先"闻一闻"新车的味道。他让顾客坐进驾驶室，握住方向盘，自己触摸操作一番。如果顾客住在附近，乔还会建议他把车开回家，让他在自己的太太、孩子和领导面前炫耀一番，顾客会很快地被新车的"味道"陶醉。根据乔本人的经验，凡是坐进驾驶室把车开上一段距离的顾客，没有不买他的车的，即使当即不买，不久后也会来买，新车的"味道"已深深地烙印在他们的脑海中，使他们难以忘怀。

乔认为，人们都喜欢自己来尝试，接触，操作，人们都有好奇心。不论你推销的是什么，都要想方设法展示你的商品，而且要记住，让顾客亲身参与。如果你能吸引住他们的感官，那么你就能掌握住他们的感情了。

（六）诚实：推销的最佳策略

诚实，是推销的最佳策略，而且是唯一的策略。但绝对的诚实却是愚蠢的。推销允许谎言，这就是推销中的"善意谎言"原则，乔对此认识深刻。

诚为上策，这是你所能遵循的最佳策略。可是策略并非是法律或规定，它只是你在工作中用来追求最大利益的工具，因此，诚实就有一个程度的问题。

推销过程中有时需要说实话，一是一，二是二。说实话往往对推销员有好处，尤其是推销员所说的，顾客事后可以查证的事。乔说："任何一个头脑清醒的人都不会卖给顾客一辆六汽缸的车，而告诉对方他买的车有八个汽缸。顾客只要一掀开车盖，数数配电线，你就死定了。"

（七）每月一卡：真正的销售始于售后

乔有一句名言："我相信推销活动真正的开始是在成交之后而不是之前。"

推销是一个连续的过程，成交既是本次推销活动的结束，又是下次推销活动的开始。推销员在成交之后继续关心顾客，将会既赢得老顾客，又吸引新顾客，使生意越做越大，客户越来越多。

"成交之后仍要继续推销"，这种观念使得乔把成交看作是推销的开始。乔在和自己的顾客成交之后，并不是把他们置于脑后，而是继续关心他们，并恰当地表示出来。

乔每月要给他的1万多名顾客寄去贺卡。一月份祝贺新年，二月份纪念华盛顿诞辰日，三月份祝贺圣帕特里克日……凡是在乔那里买了汽车的人,都收到了乔的贺卡,也就记住了乔。

正因为乔没有忘记自己的顾客,顾客才不会忘记乔·吉拉德。

(资料来源:杨明刚. 市场营销100:个案与点析. 上海:华东理工大学出版社,2004.)

二、思考·讨论·训练

1. 乔·吉拉德为何能够创下如此辉煌的推销业绩?
2. 乔·吉拉德的推销实践体现了它怎样的营销观念?
3. 怎样理解诚实是推销的最佳策略,而且是唯一的策略?

实践训练

项目名称:促销策略应用训练

1. 实训目的

理解和掌握企业促销的策略,学会对促销过程进行控制,培养学生的促销策划能力。

2. 实训要求

分析某保健品的促销策略,找出存在的问题,重新拟订该产品的市场导入的促销组合方案和实施方案。

3. 实训步骤

(1) 根据教学班级学生人数来确定数个小组,每一小组以5~8人为宜,小组中要合理分工。

(2) 在教师指导下统一认识,以小组为单位,根据所学习的促销组合知识及四种主要的促销组合策略,结合当地市场实际,为某一产品的市场导入设计促销组合方案,提交书面的促销组合策划方案,通过教师和企业的审批。

(3) 各小组在教师的指导下组织促销组合方案的实施。

(4) 在全班进行交流,师生共同评价。

项目名称:营业推广策划训练

1. 训练目的

通过本项目的实训让学生在实地调查后加深对各种营业推广理论与方法的解,培养各种营业推广策划的能力,会写营业推广方案。

2. 训练类型

分组交流,角色模拟。

3. 学时建议

6学时。

4. 训练准备

在课余调查的基础上,选定营业推广的标的。建议以学院周边某实体店为对象组织策划。

5. 训练内容

• 熟悉营业推广的含义。

• 重点掌握营业推广的实施过程。

- 熟悉营业推广策划方案的写作步骤和流程。
- 面向消费者和中间商的营业推广方式。

6. 训练方案

（1）小组讨论。

① 了解产品，分析销售对象。先由学生根据自己的调查了解确定销售对象，分析产品特点，再由企业人员讲解产品特点与市场特点，为设计营业推广方案奠定基础。

② 根据收集的信息资料，每位同学设计推广方案。

③ 在小组间分析、评价，选择最佳方案。

④ 结合企业的销售与促销活动，组织实施营业推广方案。

⑤ 总结评价推广方案。

（2）上交营业推广方案。

每位同学将作品签名后上交汇总成册。

（资料来源：赵柳村，胡志权. 市场营销核心技能强化训练. 广州：暨南大学出版社，2011.）

课后练习题

1. 请试为一种饮料的新品牌设计一整页的杂志广告。要好好构思新产品的名称及包装设计。在另一张纸上，注明广告中所需要强调的产品优势或产品吸引力。

2. 作为一家体育运动品公司新上任的公共关系主管，你的任务是为即将推向年轻人市场的运动鞋建立市场公共关系。起草一份备忘录，概括你对该运动鞋上市所期望达到的目标及理由。

3. 中间商促销和消费者促销的不同点在哪里？相同点在哪里？

4. 讨论个人推销在促销商品过程中所扮演的角色。相对于其他形式的促销，个人促销的优势在哪里？

5. 成立一个3人小组，到当地的杂货店中去并记录下你所看见的所有促销方案，从中找出产品类型和销售方式的联系。

6. 春节期间由于天气寒冷，很少有人喝啤酒，因此对啤酒生产企业来说是十足的淡季。但某啤酒厂家却一反春节被动销售的常规，反其道而行之，推出具有"营养、健康、时尚"等新特点，口感淡雅、舒爽，男女老幼皆宜的新产品果啤，提出"赢销春节"，请你为其制定促销策略。

7. 利用周末、节假日到学校附近的超市进行实地考察，了解其举办的各种促销活动，并归纳整理写一篇分析报告。

拓展阅读

常见促销手段

1. 网络促销

随着现代网络技术普遍应用,更多的商家开始借助网络技术宣传自己的产品。商家可以借助网络技术,在消费者中间建立起一个虚拟市场。产品可以在网页上通过图像、视频、文字等方式全方面展示出来。商家在网页上可以将最新的产品信息放置在最显要的位置。互联网的特点在于能够突破时空界限,让全世界的消费者都可以浏览网页,并且通过电子邮件等方式方便地向商家索取资料。生产商与消费者通过邮递服务很好地联系在一起。网络促销的方法多种多样。

(1) 打折。年轻人现在非常热衷于网购。一般会先到实体店中找到中意的商品,记住型号,然后到网上购买。网上产品的价格一般较实体店中的低很多。消费者只需要在网上点点鼠标,满意的产品就由快递公司送到家门口了。网店为了吸引消费者,往往都会给消费者诱人的折扣。为了用较少的钱购买到相同的产品,越来越多的消费者开始热衷网上购物。小到针头线脑,大到家具装饰,都可以在网上购到。

(2) 积分。在网上淘物之后,商家都会让计算机记录下消费者的购物记录,与消费者的消费额度相对应,商家会给消费者一定的积分,在积分达到一定程度的时候,就会为消费者送上一款心仪的礼品。商家通过这种方式让消费者始终在心中树立起一个希望:在积分达到一定程度的时候,看看商家会给自己献上什么样的"礼物"。

(3) 限时。商家对一些产品推出限时销售的策略。这在网上很容易实现。商家对限时购买的产品推出优惠政策,在限定的时间内购物可以享受这样的优惠。商家在网页的显要位置打出限时销售的警示语,一些比较热衷"捡便宜"的消费者就会去抢。这实际上是商家薄利多销的策略。

(4) 抽奖。网上购物也可以通过抽奖方式吸引消费者。消费者在购买了某件产品后,如果比较幸运,就会随即收到一个附赠奖品的信息。消费者在收到包裹的时候,会同时收到商品和奖品,这无形中又相当于给商品打了一个更大的折扣,消费者会因此而更加热衷网购。

网购是伴随互联网的发展而兴起的一个新事物。消费者在感到网上购物方便和优惠的同时也会感觉到有些商家诚信不够,这是消费者非常不愿意遇到的事情。所以在人们热衷网购的同时也多少会产生一些忧虑。在遇到这样的事情的时候可以向谁诉苦?这种状况的存在无形中就会使得网购打折扣。提高诚信水平,减少人们在网购过程中的担心,是将网购事业做大做强的重要前提。

2. 折扣促销

折扣促销是企业在特定产品范围内和在特定时期内,以明示的方式准予消费者对购买商品的价款总额按照一定比例进行支付的销售方式。消费者正常情况下支付较少的价款,从而感觉到产品实惠。这种促销方式一般适合在节日或者换季时推出。按照执行时间的差异可以分为限时折扣、优惠卡折扣、批发折扣等多种情况。限时折扣是指在某一特定时间段内实行的折扣措施。在推行这种折扣方式的时候,要将具体的商品名录和实行折扣的时间段对消费者进行详细宣传。优惠卡折扣是指商家事先向消费者出售优惠卡,消费者在再度购买商品的时候凭借优惠卡购物可以享受一定折扣的销售策略。批发折扣是指消费者在大量购买产品的时候商家给予的一种优惠措施。商家规定,消费者单次购买产品达到一定数量以上,就可以享受到相应的价格优惠。除了以上三种情况外,商家有的时候还推出组合销售和产品回购等策略,这些也可以归到折扣促销手段当中来。组合销售,就是在消费者购买了某件产品时,在同时购买规定的其他产品时也享受一定的价格优惠。产品回购,就是商家以一定的价格购买消费者先前已经消费了的产品,消费者能按一定的折扣价以旧换新。在这种促销策略下消费者可以将原先的旧产品折合成一定的价款,用较低的价格就可以享受到新产品了。

3. 赠品促销

赠品促销是一种最古老也是使用最广泛的促销方式。为了达到促销的效果,这种方法在推行的时候一定要注意以下各方面内容:首先是消费者容易得到赠品,如果消费者感觉到赠品很不容易得到,就会感觉到商家没有诚意;其次是赠品要有较大的用途,如果赠品与消费者购买的产品之间没有太大联系,或者消费者在日常生活中根本用不上,消费者认为这样的赠品就没有多大意义;再次是让消费者明白赠品的价值,消费者一般会认为赠品不会贵重,所以不太在意,消费者清楚赠品的价值后就不再猜疑。按照赠送方式不同,可以分为即买即赠、附加赠送、免费赠送等多种方式。即买即赠是消费者在购买商品的时候就会得到相应的促销产品,没有任何其他的附加条件。例如,在购买照相机的时候就会得到相机包,在购买计算机的时候就会得到电脑包等。这些赠品实际上原本就是商品的组成部分,商家在为消费者介绍产品的时候,往往会将这些说成是赠品,让消费者产生占便宜的感觉。附赠产品是当消费者购买产品达到一定数量后才能够得到赠品的一种促销方式。这种赠品,一般只有消费者整箱购买的时候才能够得到。例如,购买一箱蒙牛奶就会得到三包赠品奶,赠品一般都会附于包装箱的外部,一目了然。免费赠送是将产品免费送给消费者品尝或者使用,以便让消费者更好地了解本产品,从而达到促销的目的。

4. 展示促销

展示促销,就是商家当着消费者面通过现场操作详细讲解产品的功能,让消费者对产品进行全方位认识的促销手段。通过现场展示,消费者可以清楚地了解产品使用方法和使用中应该注意的问题。很多商家都会抓住店庆和节假日的好机会通过现场展示对产品进行促销。商家的展示带有浓重的表演色彩。商家在推出一款新产品的时候,消费者对其功能不熟悉,为了打开市场局面,商家会通过各种方式将产品推介给消费者,在诸多方式中现场展示是最为直接的,商家通过现场展示为消费者介绍这种产品的功能。在产品展示过程中,消费者可以随时介入,商家会耐心地解答消费者提出的各种问题。商家对产品现身说法,消费者可以对产品有更多的了解。商家可以将这种新产品较先前同类产品的优势介绍得一清二楚,从而给消费者留下较好的印象。音乐、表演、媒体等各种展示手段在展示现场同时发挥作用,可以营造出一个浓郁的销售氛围。在产品展示过程中,工作人员装束整齐、业务熟练,对消费者提出的各种问题对答如流,激发了消费者对这种新产品的兴趣。展示促销在操作过程中要在有奖问答、道具选择、人员配备、天气状况等各个方面作精心安排,以保障展示促销的效果。

5. 竞赛促销

竞赛促销就是通过举办竞赛这种富有趣味的活动让消费者充分参与进来。知识竞赛是最常见的一种方式。商家将有关产品各方面的知识编写成各种类型的题目,让消费者参与答题。在得奖的激励下,消费者就会非常积极地参与到知识竞赛当中来。答对题目的消费者可以按照规定得到相应的奖品。知识竞赛这种方式集竞争性、趣味性于一身，消费者会在不知不觉中记住并宣传有关产品的知识，商家在此过程中达到了宣传产品的目的。将知识竞赛与游戏紧密结合在一起，就会让知识竞赛变得不僵硬、不刻板，消费者就会更加愿意参与到商家举办的竞赛当中来。除了知识竞赛外，商家也可以采用有奖征文的方式，以产品为主题征文，然后根据文章质量评出奖项。这种对产品进行宣传的方式会影响到更多人群。除了以上两种竞赛方式外，商家也可以通过在社会上征集广告语、消费感受等方式让产品引起消费者的注意，通过奖励让更多的人留心该产品。由于消费者对该产品的了解更加全面，所以在购物的时候很容易产生消费该产品的想法。消费者购买该产品后，只要感觉第一次用得比较舒心，下次就可能再次考虑消费该产品，竞赛促销就会长时间对消费者产生影响。

6. 陈列促销

产品的陈列方式是有学问的，产品的不同陈列方式可以产生不同效果，为了达到促销的目的，商家可以在产品陈列方式上做文章。精心设计产品陈列方式，可以强化产品对消费者的冲击力。商店可以采用自选货的陈列方式，让消费者从敞开展示的产品中直接进行选择。消费者可以直接触摸产品，这对消费者产生的感染力会更大。为了让消费者一眼就能够捕捉到促销的产品，商家可以将促销的产品放在比较醒目的位置上。在货品陈列的过程中，通过图片、影像等烘托产品个性，让消费者的情怀从产品个性中得到抒发。为了最大限度地突出产品，商家可以采用系列陈列、对比陈列、重复陈列、层次陈列等方式给消费者创造视觉享受，多种不同的陈列方式可以从不同角度对消费者产生影响。系列陈列就是商家在精心安排下将某些产品按照系列原则放在一起陈列，系列化的产品给消费者产生产品非常丰富的印象，消费者在购买产品时有更多的选择。对比陈列就是通过灯光、色彩等各种方式在物体间形成反差，让不同产品相互间产生衬托效果，在吸引消费者注意力的情况下达到促销产品的目的。重复陈列是让产品在一个陈列面上重复出现的方法。这种方法通过反复强调和心理暗示，对消费者产生影响。重复陈列是将产品按照高、中、低档次进行摆放，让消费者感觉到分类清晰、主次分明，更加容易识别，消费者的消费愿望就会增强。

7. 抽奖促销

抽奖促销就是在产品销售过程中设置中奖机会，从而吸引消费者购买产品的一种促销方式。抽奖能够给消费者造成悬念，让消费者怀着一种中奖的希望产生购物的愿望。这种促销方式可以分为购物抽奖和非购物抽奖两种类型。购物抽奖是指消费者只有在购买了产品之后才会有抽奖机会。这种抽奖方式又可以分为即买即抽奖和定期抽奖两种类型。即买即抽奖就是消费者在购买产品后，可以凭借自己的购物票到摇奖箱中抓取彩票，如果抓到了能够中奖的彩票，则可以马上获得奖品，这种方式立竿见影，对消费者充满吸引力。定期抽奖则是商家推出的在特定时间内进行抽奖的方式。消费者并不是每次购物后都可以进行抽奖，而是在商家规定的时间内，凭借购买凭证进行抽奖，只要有这个时间段内消费的购物凭证都可以抽奖。非购物抽奖则是消费者不必购买产品，只要持有商家发放的奖券就可以前往兑奖。奖券可以是商家发放的，也可以是从报纸、杂志上剪下来的。有兴趣的消费者都会非常关注商家的抽奖信息，商家在报纸、杂志等媒介上面的宣传信息可以吸引更多消费者关注，从而起到宣传作用。相对于购物抽奖而言，非购物抽奖对消费者更加具有吸引力。这种抽奖方式，可以让消费者在不需要产生任何花费的情况下得到奖项，让消费者有得到意外之财的感觉。

（资料来源：孟祥林. 市场营销学：理论与案例. 北京：机械工业出版社，2013.）

任务11
营销创新

任何人在任何领域的理论都会过时，如同我们理解宇宙的过程那样，哥白尼取代了托勒密，爱因斯坦又取代了哥白尼。所以每当一个全新的营销理论露出端倪，我会毫不犹豫地成为第一个吃螃蟹的人。
——［美］菲利普·科特勒

营销是一门科学。它包括实现、测量、分析、提炼和反复，你必须愿意更新观念。
——［美］塞尔希奥·齐曼

学习目标

- 能够开展绿色营销；
- 能够开展关系营销；
- 能够开展网络营销；
- 能够开展体验营销；
- 能够开展整合营销；
- 能够开展文化营销；
- 能够开展体育营销。

营|销|故|事|导|入

也是"买一赠一"

美国宣传奇才哈利十五六岁时，在一家马戏团做童工，负责在马戏场内叫卖小食品。但每次看马戏的人不多，买食品吃的人更少，尤其是饮料，很少有人问津。

有一天，哈利的脑瓜里诞生了一个想法：向每一个买票的人赠送一包花生，借以吸引观众。但老板不同意这个"荒唐的想法"。哈利用自己微薄的工资做担保，恳求老板让他试一试，并承诺说，如果赔钱就从工资里扣，如果盈利自己只拿一半。于是，以后的马戏团演出场地外就多了一个义务宣传员的声音："来看马戏，买一张票送一包好吃的花生！"在哈利不停的叫喊声中，观众比往常多了几倍。

观众们进场后，小哈利就开始叫卖起柠檬冰等饮料。而绝大多数观众在吃完花生后觉得口干时都会买上一杯，一场马戏下来，营业额比以往增加了十几倍。

在现代市场经济条件下，面对日趋激烈的竞争，一个企业如何才能立于不败之地？重要的一点就是要有创新精神、创新能力，要不断创新。正如江泽民同志所说的："创新是一个民族进步的灵魂，是一个国家兴旺发达的不竭动力。创新要求人们以科学的理论为指导，面对实际，敢于提出新问题、解决新问题。"对于营销人来讲，要敢于打破常规，进行逆向思维，努力培养自己的创新精神、创新能力。

（资料来源：https://www.sohu.com/a/76666992_118779）

近年来，我国市场营销学发展迅速，出现了前所未有的新潮营销方式。主要有以下主要的新潮营销方式。

11.1 绿色营销

20 世纪 80 年代末，随着国际社会对环保的日益关注，绿色营销首先在工业发达国家产生了。绿色活动和绿色意识引起了人类经济行为和社会经济结构的改变，人们抛弃了从前那种高消费、高污染且被认为是时尚的消费方式，迎来了绿色消费新时代。

1. 绿色营销的含义

关于绿色营销的概念，理论界还没有统一的表述，这里是几种具有代表性的观点。

（1）从永续经营角度看，绿色营销是指企业重视和保护生态环境，辨识和适应消费者的绿色需求，防治污染，充分回收并利用可再生资源，获取利润，谋求永续经营的过程。

（2）从绿色消费角度看，绿色营销是指企业在绿色消费的驱动下，以绿色观念为经营哲学，制定和实施相应的营销策略，实现企业的经营目标。

（3）从产品的角度看，绿色营销强调产品对环境的影响，通过改革产品的结构、生产过程及废物的处理方式，达到保护环境的目的。

综合起来，绿色营销是企业通过致力于变换经营过程以满足人们的绿色消费需求，履行环境保护的责任和义务，促进经济与生态的发展，实现企业的自身利益、消费者利益及社会利益三者相统一的一系列经营活动。

2. 绿色营销的实施

绿色营销是 21 世纪营销的主流，实施绿色营销有利于社会与自然环境的和谐发展，使得有限的自然、社会资源能被合理地运用于提高消费者的生活质量和人类的社会福利中，从而推动新兴的绿色文明的发展。绿色文明作为一种新的生产、生活和思维方式，代表一种更高级的目标和更深远的理想，促进了社会的进步。那么企业作为社会经济复合系统中的一个组成部分，应如何改变经营观念、实施绿色营销呢？

（1）制订绿色营销战略计划。制订绿色营销战略计划即企业根据消费者对绿色消费的需求，兼顾环境和社会利益的因素，结合企业现状及长远的经营目标，对企业市场营销活动制定长期的、系统的、体现绿色内涵的战略计划。该战略计划包括绿色产品开发计划、绿色生产计划、环保投资等，一切以满足绿色需求为出发点和归宿，实现企业的"绿色盈利"，树立企业的绿色形象。

（2）实施绿色营销组合策略。该组合策略包括以下内容。

① 开发绿色产品。它是指产品的生产、使用及处理过程符合环境要求，有利于资源再生和回收利用，满足各种技术和质量标准。体现以人为本，提高舒适健康度和环境保护程度，同时建立有效的废弃物处理系统。

② 重视绿色包装。它是指采用对人体健康和生态环境无危害、易回收、可再生利用、无污染的包装。绿色标志是绿色产品的证明性商标。由产品的生产者自愿提出申请，由权威机关授予产品本身，并受法律保护。

③ 制定绿色价格。绿色价格是绿色营销组合中的一个重要而又复杂的决策变量，在一定程度上影响了企业的收入和利润，又是企业的一种竞争手段。制定时要考虑消费者需求、

产品特性、市场环境等因素，充分体现"使消费者满意"的经营理念，遵循污染者付费（即对污染环境者征收环境补偿费）、谁受益谁分摊（在环境治理中受益者支付治理费用）、诚实定价的原则。

④ 选择绿色分销渠道。绿色分销渠道是指绿色产品从生产者手中转移到消费者手中经过的由众多中间商连接起来的通道，有直接通道、间接通道等模式。中间商、零售商在产品运输、储存、装卸过程中力求使运作费用最低，收益最大。

⑤ 开展绿色促销活动。绿色促销是指通过绿色媒体，传递绿色产品及绿色企业的信息，引发消费者对绿色产品的需求及购买行为。绿色促销组合包括绿色人员推销、绿色广告、绿色公关、绿色销售促进等，旨在提高绿色产品的知名度。

11.2 关系营销

所谓关系营销，是把营销活动看成是一个企业与消费者、供应商、分销商、竞争者、政府机构及其他公众发生互动作用的过程，其核心是建立和发展与这些公众的良好关系。

1. 关系营销的本质特征

（1）双向沟通。在关系营销中，沟通应该是双向而非单向的。只有广泛的信息交流和信息共享，才可能使企业赢得各个利益相关者的支持与合作。

（2）合作。一般而言，关系有两种基本状态，即对立和合作。只有通过合作才能实现协同，因此合作是"双赢"的基础。

（3）双赢。即关系营销旨在通过合作增加关系各方的利益，而不是通过损害其中一方或多方的利益来增加其他各方的利益。

（4）亲密。关系能否得到稳固和发展，情感因素也起着重要作用。因此关系营销不只是要实现物质利益的互惠，还必须让参与各方能从关系中获得情感需求的满足。

（5）控制。关系营销要求建立专门的部门，用以跟踪顾客、分销商、供应商及营销系统中其他参与者的态度，由此了解关系的动态变化，及时采取措施消除关系中的不稳定因素和不利于关系各方利益共同增长的因素。此外，通过有效的信息反馈，也有利于企业及时改进产品和服务，更好地满足市场的需求。

2. 关系营销的具体实施

关系营销的实质是在市场营销中与各关系方建立长期稳定的相互依存的营销关系，以求彼此协调发展，因而必须遵循主动沟通原则、承诺信任原则、互惠互利原则才能保证关系营销的具体实施。

（1）关系营销的组织设计。为了对内协调部门之间、员工之间的关系，对外向公众发布消息、处理意见等，通过有效的关系营销活动，使得企业目标能顺利实现，企业必须根据正规性原则、适应性原则、针对性原则、整体性原则、协调性原则和效益性原则建立企业关系管理机构。该机构除了协调内外部关系外，还将担负收集信息资料、参与企业决策的责任。

（2）关系营销的资源配置。面对当代的顾客、变革和外部竞争，企业的全体人员必须通过有效的资源配置和利用，同心协力地实现企业的经营目标。企业资源配置主要包括人力资源和信息资源。人力资源配置主要是通过部门间的人员转化、内部提升和跨业务单元的论坛和会议等进行。信息资源共享方式主要是：利用电脑网络、制定政策或提供帮助削减信息超载、建立"知识库"或"回复网络"以及组建"虚拟小组"。

(3) 关系营销的效率提升。与外部企业建立合作关系，必然会与之分享某些利益，增强对手的实力，另一方面，企业各部门之间也存在着不同利益，这两方面形成了关系协调的障碍。具体的原因包括：利益不对称、担心失去自主权和控制权、片面的激励体系；担心损害分权。关系各方环境的差异会影响关系的建立以及双方的交流。跨文化交流时，必须克服文化所带来的障碍。对于具有不同企业文化的企业来说，文化的整合，对于双方能否真正协调运作有重要的影响。

关系营销是在传统营销的基础上，融合多个社会学科的思想而发展起来的。它吸收了系统论、协同学、传播学等思想。关系营销学认为，对于一个现代企业来说，除了要处理好企业内部关系，还要有可能与其他企业结成联盟，企业营销过程的核心是建立并发展与消费者、供应商、分销商、竞争者、政府机构及其他公众的良好关系。无论在哪一个市场上，关系具有很重要的作用，甚至成为企业市场营销活动成败的关键。所以，关系营销日益受到企业的关注和重视。

11.3 网络营销

网络营销的产生，是科学技术的发展、消费者价值观的变革和商业竞争等综合因素所促成的。网络营销（on-line marketing 或 e-marketing）就是以因特网为基础，利用数字化的信息和网络媒体的交互性来辅助营销目标实现的一种新型的市场营销方式。广义的网络营销概念的同义词包括：网上营销、因特网营销、在线营销、网路营销等。这些词汇说的都是同一个意思，笼统地说，网络营销就是以因特网为主要手段开展的营销活动。狭义的网络营销是指组织或个人基于开放便捷的因特网，对产品、服务所做的一系列经营活动，从而达到满足组织或个人需求的全过程。网络营销是一种新型的商业营销模式。

1. **网络营销与传统营销的区别**

网络营销与传统的营销方式的区别是显而易见的，从营销的手段、方式、工具、渠道及营销策略都有本质的区别，但营销目的都是为了销售、宣传商品及服务、加强和消费者的沟通与交流等。虽然网络营销不是简单的营销网络化，但是其仍然没有脱离传统营销理论，4Ps 和 4Cs 原则仍在很大程度上适合网络营销理论。

(1) 产品（product）和消费者（consumer）。理论上一般商品和服务都可以在网络上销售，从营销角度来看，通过网络可以对大多数产品进行营销，即使不通过网络达成最终的交易，网络营销的宣传和沟通作用仍需受到重视。网络营销可真正直接面对消费者，实施差异化营销（一对一营销），可针对某一类型甚至某一个消费者制定相应的营销策略，并且消费者可以自由选择自己感兴趣的内容观看或购买。这是传统营销所不能及的。

(2) 价格（price）和成本（cost）。由于网络营销直接面对消费者，减少批发商、零售商等中间环节，节省了中间营销费用，可以减少销售成本，降低营销费用，所以商品的价格可以低于传统销售方式的价格，从而产生较大的竞争优势。同时也要注意，减少了销售中的中间环节，商品的邮寄和配送费用也会在一定程度上影响商品的销售成本和价格。

(3) 促销（promotion）和方便（convenience）。在销售方式上，网络营销本身可采用电子邮件、网页、网络广告等方式，也可以借鉴传统营销中的促销方式，促销活动一般要求要有新意、能吸引消费者，所以网络营销同样需要创意新颖的促销方式。在方便性上，一方面网络营销为消费者提供了足不出户即可挑选购买自己所需的商品和服务的方便，另一方面少了消费者直接面对商品的直观性，限于商家的诚实和信用，不能保证网上的信息绝对的真实，还有网上购物需等待商家送货或邮寄，在一定程度上给消费者又带来了不便。

（4）渠道（place）和沟通（communication）。二者在渠道上的区别很明显，由于网络本身的条件，离开网络便不可能去谈网络营销，而传统营销的渠道是多样的。由于网络有很强的互动性和全球性，网络营销可以实时地和消费者进行沟通，解答消费者的疑问，并可以通过 BBS、电子邮件快速地为消费者提供信息。

2. 网络营销的特点

（1）跨时空。营销的最终目的是占有市场份额，由于因特网可以超越时间约束和空间限制进行信息交换，因此使得脱离时空限制达成交易成为可能，企业可有更多时间和更大的空间进行营销，可每周 7 天，每天 24 小时随时随地地提供全球性营销服务。

（2）多媒体。因特网被设计成可以传输多种媒体的信息，如文字、声音、图像等信息，使得为达成交易进行的信息交换能以多种形式存在和交换，可以充分发挥营销人员的创造性和能动性。

（3）交互式。因特网通过展示商品图像、商品信息资料库提供有关的查询，来实现供需互动与双向沟通。还可以进行产品测试与消费者满意调查等活动。因特网为产品联合设计、商品信息发布，以及各项技术服务提供最佳工具。

（4）个性化。因特网上的促销是一对一的、理性的、消费者主导的、非强迫性的、循序渐进式的，而且是一种低成本与人性化的促销，避免推销员强势推销的干扰，并通过信息提供与交互式交谈，与消费者建立长期良好的关系。

（5）成长性。因特网使用者遍及全球，数量快速成长，使用者多属年轻、中产阶级、高教育水准，由于这部分群体购买力强而且具有很强市场影响力，因此是一项极具开发潜力的市场渠道。

（6）整合性。因特网上的营销可由商品信息至收款、售后服务一气呵成，因此也是一种全程的营销渠道。另一方面，企业可以借助因特网将不同的营销活动进行统一设计规划和协调实施，以统一的传播资讯向消费者传达信息，避免不同传播中不一致性产生的消极影响。

（7）超前性。因特网是一种功能最强大的营销工具，它同时兼具渠道、促销、电子交易、互动顾客服务以及市场信息分析与提供的多种功能。它所具备的一对一营销能力，正是符合定制营销与直复营销的未来趋势。

（8）高效性。计算机可储存大量的信息，代消费者查询，可传送的信息数量与精确度，远超过其他媒体，并能因应市场需求，及时更新产品或调整价格，因此能及时有效了解并满足顾客的需求。

（9）经济性。通过因特网进行信息交换，代替以前的实物交换，一方面可以减少印刷与邮递成本，可以无店面销售，免交租金，节约水电与人工成本，另一方面可以减少由于迂回多次交换带来的损耗。

（10）技术性。网络营销是建立在高技术作为支撑的因特网的基础上的，企业实施网络营销必须有一定的技术投入和技术支持，改变传统的组织形态，提升信息管理部门的功能，引进懂营销与计算机技术的复合型人才，未来才能具备市场的竞争优势。

任务 11　营销创新

3. 网络营销策略

尽管网络营销具有很强的竞争优势，但并不是每个公司都适合进行网络营销，公司能否实施网络营销要考虑公司的业务需求、目标规模、顾客购买状况、技术支持等。开展网络营销时仍以 4P 作为主体，同时贯彻 4C 思想。

（1）网络营销产品策略。网络营销是在网上虚拟市场开展的。在网络时代，个性化消费成为主流，市场主导地位从企业转向了消费者，公司面临着日益上升的开发、生产和营销费用。为此，首先要对网络营销产品和服务进行定位。要通过网络市场调研，充分了解消费者的需求，让顾客全程地参与产品的开发过程。网络营销的产品和服务应尽量信息化和标准化，并充分利用因特网所具有的双向沟通特性进行营销，使得顾客通过因特网在企业的引导下对产品和服务进行选择、设计。

（2）网络营销定价策略。在网络营销中，由于企业生产成本降低，流通环节减少，价格竞争较为激烈。消费者会在网上广泛搜集信息，货比多家。这使得网上产品价格趋于较低水平。为此，首先要以消费者能接受的成本来定价。先由顾客给出能接受的价格。然后由企业根据成本组织生产和销售；其次议价将会是企业产品定价最常见的方式。价格取决于产品对用户的价值，合理的价格表现为较低的价位、周到的服务和技术支持。

（3）网络营销渠道策略。网络营销最大的革命在渠道上面，网上销售渠道就是借助因特网将产品从生产者转移到消费者的中间环节，起点是制造商，终点是消费者。一个完善的网络营销渠道应由订货系统、供货网络、生产网络和分销网络组成。消费者通过企业的订货系统发出订单，然后经供货系统输入原材料，再经生产网络加工生产，由分销网络将产品送给消费者，最后由服务网络解决售后服务问题。

（4）网络营销促销策略。在网络营销促销策略中最具创造力的方式是网络广告，它不同于报纸、杂志、电视这类传统的广告媒体，它将商品的特点、功能、价格等信息呈现在网络上，由消费者在自己需要时进行查询。网络广告信息呈现立体化和全方位化，丰富多彩。网络广告改变传播者与接受者之间的关系，由原来的单向转为双向互动的信息交流。另外。传统的促销策略如打折、优惠、推行会员制等也可用于网络促销，通过建立链接、发送电子邮件、发布新闻等来宣传网络营销站点，树立企业网上品牌形象，实现网络营销的目标。

4. 网络营销的基本方式

（1）网上页面广告。主要包括横幅旗帜广告（即 Banner，可以是静态图片或 gif 动画或 Flash 动画），标识广告（即 Logo，它又分为图片和文字两类）、文字链接以及分类广告等几种形式。当访问者看到网上广告并对其感兴趣时，即会单击链接转到广告发布者的网站上。

（2）搜索引擎加注。经常上网的朋友都会熟悉这个名词，搜索引擎收集了成千上万的网站索引信息，并将其分门别类地存放于数据库当中，当我们想在网上寻找某方面的网站时，一般都会从搜索引擎入手。有关机构的统计报告显示，搜索引擎查询已经成为上网者仅次于电子邮件的一种最常使用的网上服务项目，相信每一位网站建设者都希望自己的网站能被搜索引擎罗列出来，甚至排名靠前，这就必须进行搜索引擎加注。

（3）商业分类广告。据统计，上网者查看分类广告与查看新闻的比例不相上下。分类广告是指按行业及目的等进行分类的各种广告信息，它具有针对性强、发布费用低、见效快、交互方便及站点覆盖广等优点。目前网上提供这种服务的站点层出不穷，较常见的有阿里巴巴、经贸信息网及市场商情网等。

(4) 电子邮件。历年来世界各国的因特网应用调查显示，电子邮件几乎永远是网络用户的首要应用项目，各类专业的邮件营销服务商已将服务深入到千家万户，作为一种全新的电子邮件 Rich E-mail，由于其具有的多媒体特性，正在受到越来越多的客户的关注。

(5) 交换链接。如果说"链接"是因特网站上最实用、最有特色的技术，那么"交换链接"应当是开展网上营销最经济、最便利的手段，网站之间通过交换图片或文字链接，使本网站访问者能很容易地到达另一个网站（对新网站尤其重要），这样可以直接提高访问量，扩大知名度，实现信息互通、资源共享。

以因特网为载体的网络营销呈现出勃勃生机。在这个过程当中客户处于中心地位，而信息的获取成为企业追逐的目标。网络营销中企业的信息活动主要表现为以企业为中心的信息流的运动。任何信息都是为了满足某一特定企业的某一需求而产生的，任何企业又作为信息的生产者而存在。营销信息流的出现很好地满足了企业的需求。网络营销作为企业经营活动的一部分，是信息的生产者，它产生了大量的无序杂乱信息，需要进行信息组织，以便更好地为企业服务，创造更好的价值。

11.4 体验营销

所谓体验营销是指企业通过采用让目标顾客观摩、聆听、尝试、试用等方式，使其亲身体验企业提供的产品或服务，让顾客实际感知产品或服务的品质或性能，从而促使顾客认知、喜好并购买的一种营销方式。这种方式以满足消费者的体验需求为目标，以服务产品为平台，以有形产品为载体，生产、经营高质量产品，拉近企业和消费者之间的距离。

1. 传统营销与体验营销的区别

与传统的营销模式相比，体验营销有着鲜明的特点（见表 11-1）。

表 11-1　传统营销与体验营销的特点

传统营销	体验营销
关注产品特色和利益	关注消费者体验
消费者是理性消费，将消费过程视为解决问题的过程，忽视感情因素	消费者消费时是理性与感性兼具，两个因素产生购买的概率一样
注重产品的分类和在竞争中的定位	注重在社会文化、环境、消费因素下的体验消费情境

2. 体验营销的体验形式

由于体验的复杂化和多样化，所以《体验式营销》一书的作者伯德·H. 施密特将不同的体验形式称为战略体验模块，并将其分为以下五种类型。

(1) 知觉体验。知觉体验即感官体验，将视觉、听觉、触觉、味觉与嗅觉等知觉器官应用在体验营销上。感官体验可分为公司与产品（识别）、引发消费者购买动机和增加产品的附加价值等。

(2) 思维体验。思维体验即以创意的方式引起消费者的惊奇、兴趣、对问题进行集中或分散的思考，为消费者创造认知和解决问题的体验。

(3) 行为体验。行为体验指通过增加消费者的身体体验，指出他们做事的替代方法、替代的生活形态与互动，丰富消费者的生活，从而使消费者被激发或自发地改变生活形态。

（4）情感体验。情感体验即体现消费者内在的感情与情绪，使消费者在消费中感受到各种情感，如亲情、友情和爱情等。

（5）相关体验。相关体验即通过实践自我改进的个人渴望，使别人对自己产生好感。它使消费者和一个较广泛的社会系统产生关联，从而建立对某种品牌的偏好。

11.5 整合营销

整合营销又称"整合营销传播"（integrated marketing communication，IMC），它是欧美20世纪90年代营销传播界以消费者为导向的营销理念的具体体现，它的基本思想是以顾客需求为中心，通过企业营销工具和手段的有机结合，使产品价值链上的所有部门和企业都一致服务于顾客的利益，最大限度地满足消费者的需求。

1. 整合营销的特点

（1）整合营销以服务顾客为宗旨，使每一位顾客都能体验到企业高效、优质、一致的服务，它把消费者贯穿于整个营销传播活动的第一个环节，并实现与消费者的双向沟通。

（2）整合营销以系统化思想作指导，它将整个营销沟通作为一个系统，对其进行计划、协调和控制。不仅关心局部，更注重全局，考察所有行动与方案的效果，使得营销资源在营销工具间最优配置，提高企业的组织管理水平。

（3）整合营销理念引入了整体观与动态观，要求企业用动态的观点看待市场，认清企业与市场之间的互动关系，并根据市场的变化及时调整发展战略。企业内部所有部门都应当相互配合，竭诚协作，形成一个紧密团结的整体。

2. 整合营销的实施

整合营销的实施是将整合营销计划转化为行动和任务的部署过程，通过这一过程，最终实现整合营销目标。

（1）整合营销实施的前提。正确区分整合营销策略和传统市场营销策略在观念上的不同，树立并贯彻整合营销新观念，这是积极有效地实施整合营销的前提。传统的营销观念基本上是以企业为中心，围绕企业的需求来决定产品、价格、分销渠道等；整合营销则强调企业的一切活动必须适应消费者，实现企业和消费者之间的双向沟通。

（2）影响整合营销实施的技能。企业在执行整合营销过程中可能会会面临各种问题。这些问题一般发生于企业的三个层次，即基本的营销功能层、营销方案执行层和营销战略层。为了使营销计划实施快捷有效，企业应从各个层面入手，学会运用分配、调控、组织和协调等技能。分配技能是指各层面的营销负责人对资源进行最优配置的能力；调控能力是指年度计划控制、利润控制、战略控制等有效整合的能力；组织技能是指开发组建有效的工作组织；协调技能是指营销人员要具备发动本企业内外的所有力量去执行营销方案的能力。同时企业还应具备营销诊断、问题评估等技能，并对营销中出现的每一问题提出具体的解决办法。

（3）整合营销的具体实施过程。整合营销的实施是一个不断改进和完善的过程，涉及资源、人员和组织等方面的问题。

① 资源的合理配置。在实施过程中，要以整合营销为导向，对企业的有形资源和无形资源进行规划管理，实现最优配置，同时避免资源浪费。

② 人员的选择和激励。要建立一支以企业营销经理为核心的，包括市场营销研发人员、销售人员、广告与营销行政事务人员等组成的高素质的营销团队，建立人员激励机制，激发员工的积极性，最大限度地发挥团队精神。

③ 整合监督管理机制。整合营销的执行需要强有力的组织领导和健全的监督管理机制。最高管理层要对整合营销进行监督，整合营销团队要正确领悟企业的整合营销目标，实行自我监管和团队成员之间的相互监督。营销的执行是一个复杂的过程，其间会出现许多意料不到的问题，企业应合理地安排战略计划，为推动整合营销的实施而努力。

11.6 文化营销

文化营销作为新营销观念是以文化分析为基础，以满足消费者需求为目的，是为实现组织目标而营造、实施、保持的文化渗透过程。文化营销从战略的意义来讲是企业满足消费者差异需求而制定的实施强有力文化渗透的战略营销。

1. 文化营销的内涵

文化营销是指企业经营者运用文化资源，通过文化理念的设计创造来提升产品及服务的附加值，在满足和创造消费者对真善美的文化需求中，实现市场交换的一种营销方式。

（1）文化资源。指从事文化营销活动中所利用或可资利用的各种资源。按性质分为物质文化资源和精神文化资源；按形态分为古代文化资源、现代文化资源、外国文化资源；按内容分为自然文化资源、人文文化资源。

（2）文化理念。指企业在产品设计、市场定位、包装广告、公关形象、促销服务等营销活动中，结合时代精神、消费态势与消费者沟通而构建的一种思想价值观念。这些文化理念体现的价值沟通，贯穿于整个营销活动的各个环节，成为开展营销的指导思想。

（3）文化价值取向。文化活动作为人类高级的生命活动，其价值追求的终极意义，就是对真善美的追求。这使文化营销表现出不同于其他营销方式的高品质素质，使营销不仅成为追求经济效益的经济行为，而且成为追求社会效益的文化行为。

2. 文化营销与传统营销的区别

传统营销是以有形产品为对象的，要通过过硬的质量、吸引人的外形、合理的价格、有力的渠道和促销手段来达到销售的目的，人们也称传统营销为物化营销，而文化营销则以文化观念为基础，它的实现方式主要是通过凝聚在有形产品中的文化信念表达的。二者的区别见表11-2。

表11-2 传统营销与文化营销的区别

	传统营销	文化营销
侧重点	以有形产品为中心，侧重顾客对产品本身某些属性的认同	顺应和创造某种积极的价值观或价值观集合来满足受众的某种文化心态
关注对象	关注客户对产品、服务等方面的满意度，关注交易的盈利	与客户产生共同期望，形成互动，始终保持这种共同期望，以顺应和创造客户的某种文化需求

续表

	传统营销	文化营销
与客户的沟通	较少与客户相互沟通	高度重视与客户的相互沟通，以产生与客户价值观的共鸣
对文化的运用	只提出不断适应的概念	文化是客户的一种需求，是需要不断总结、满足和发掘的

3. 文化营销的策略

（1）培育文化营销观念。文化是企业不可或缺的文化核心价值观，只有当企业文化渗透到员工、顾客的内心，形成企业的伦理和一种企业的理念，人们才会真正明白企业追求的价值标准，才能自觉维护企业的根本利益，当这种文化渗透到营销及营销人员的意识中，与其营销专业知识相结合，一定会产生意想不到的效果，为企业带来源源不断的经济效益。

（2）进行文化定位。企业所处的社会文化环境、客户群及企业内部情况不尽相同，因此进行文化定位要注意两个方面：一是注意适应文化差异性，降低文化差异对营销的影响。文化差异决定着企业对国际目标市场的选择、营销的效益和效率，在其他条件相近的条件下，企业总是先钟情于与本国文化相近的国家或地区；二是注意文化的多样性，实施组合策略。企业决不能在不同的人群中推行相同的价值观念。

（3）开展多层次文化营销。企业可以从不同的层次开展文化营销：一是产品文化营销。这是文化营销的核心，要巧妙地在产品的设计、造型、生产、包装等各方面进行营销文化渗透，发扬优秀的传统文化，融合时代文化风貌，最大限度地利用文化差异增添产品的魅力；二是品牌文化营销。品牌不仅是对产品的识别，还是产品的形象和文化的象征，品牌必须具有丰富文化内涵；三是制度文化营销。制度文化是营销文化的基础。企业应根据社会时代制度的变迁，考虑区域制度和文化的需要，把文化融入特定的制度背景下积极地开展营销；四是理念文化营销。这是指企业寻求为顾客所接受的价值信条，并以之为立业之本，在营销中充分体现企业的文化营销理念，以促进顾客对整个企业及其产品的认同。

（4）重视营销文化的传播。企业的营销文化只有通过对外传播，影响到消费群体，其功能才能充分地体现出来，为此，企业要不断强化营销人员的文化素质，让营销人员把企业精神在消费者面前实现完美的展现和最大限度的传播；同时企业要加强对外宣传的力度，通过开展各种公关活动、散发企业内刊、加强新闻报道、出版企业文化书籍、重视企业参观人员的接待等隐形广告宣传方式，让消费者接受企业文化。

11.7 体育营销

体育运动在当今社会生活中正扮演着越来越重要的角色。随着电视的普及和传播技术的进步，打破了体育比赛的时空局限性，大大地增强了体育对社会的影响力。越来越多的企业认识到体育背后蕴藏的无限商机，借助体育赛事开展的营销活动不仅能吸引消费者的目光，达到提高销售额和利润的目标，更重要的是体育运动所推崇的公正、公平更能使企业的宣传效果和品牌价值提升到较高的水平。

1. 体育营销的内涵

体育营销这种提法最先出现在20世纪90年代初期的美国,是近几年国内外新兴的概念。体育营销是以运动项目为基础,以著名运动员群体或运动队等为感召体,以产品销售为终极目标,通过实施公共关系、市场推广、广告促销和产品测试等市场技术,来销售企业产品和服务。简言之体育营销就是企业借助体育去营销产品和服务,让企业和消费者通过体育产生共同的焦点,形成共鸣,带动品牌和产品形象的提升,使产品和服务能够更好地满足现实和潜在的需求。

在越演越烈的市场竞争中,体育营销日益显示出独特的优势,众多国际知名品牌都把体育营销作为其重要的营销目标。随着现代体育运动在我国的传播,体育营销这一手段越来越受到国内企业的关注。

2. 体育营销的优势

与其他营销手段相比,体育营销具有如下优势。

(1) 体育营销的隐含性可以使企业不露痕迹地传达自己的诉求。体育营销由于其隐含性,使广告不直接、单独出现,反而更好地凸显了品牌。通过体育营销宣传企业及其产品,可以使企业和产品品牌恰到好处地站在公众注意力焦点的边缘,巧妙地借助公众视线的余光,既不喧宾夺主,又最有效地达到企业营销的目的。

(2) 体育营销的公益性和社会性有助于企业树立良好的企业形象。体育运动最能集中公众的注意力和情感。体育运动热烈、紧张、激动人心的场面及其所代表的拼搏、平等、快乐、健康的精神都极易得到普遍认同,体育营销将这些人类情感作为企业品牌形象的内涵元素,可以使赞助商的公众形象和品牌都得到更大范围的传播和认同。世界上很多知名企业都是在赞助体育事业的过程中树立了全球形象的。

(3) 体育营销的立体多元性使企业容易获得全球消费者的认同和共鸣。体育由于其特有的激情、活力、精彩等特点,受到全球不同种族、性别、年龄的观众的喜爱,是世界上除音乐之外的"国际通用语言",最能够集聚全球人们的目光,为企业的全球化营销创造了条件,成为企业在全世界范围内推广品牌的最佳营销方式。

3. 体育营销的主要功能

(1) 体育营销可以使企业在目标市场上吸引和争取到更多的潜在客户,使企业的公众形象和品牌得到更深层次的认同,直入人心,难以摇动。

(2) 体育营销有助于企业开辟新市场,是力求开发国际市场、走全球化道路的企业的一项长期战略。

(3) 通过开展体育营销可以塑造企业专业、权威、有实力的形象,大大提升企业的美誉度和知名度,提升品牌价值。

(4) 城市有影响力的体育赛事成为城市营销的一部分,企业将体育营销与其整合起来,会产生事半功倍的协同效应,不但提升城市形象,刺激当地经济,而且也使企业在当地树立起良好的声誉和品牌形象。

(5) 体育营销可以大大提高企业的销售额,从而获得可观的利润,使经济效益很好地得到提升。

4. 开展体育营销的策略

(1) 在体育营销观念上企业要以消费者利益为基准,正确处理义与利的关系,并将这一观念贯穿于生产、经营及销售的全过程，将企业利益、消费者需求及社会长远利益有机地结合起来。

（2）要有良好的社会初衷。项目运营过程中所反应的公众感情、媒体感情及公关因素和主题必须自始至终贯彻在活动中，并渗透到细节的执行之中。要怀着良好的社会初衷来策划体育营销。

（3）以人为本，将感情和文化因素融入体育营销之中，项目设置人性化。让产品、品牌、服务增加文化内涵，讲究感情服务。让体育拥有良好的文化氛围，体现出民族和传统特色。

（4）所营销的产品的属性与运动的联系应该自然流畅，如果商品与运动的链接过于牵强，则难以让消费者对运动的热情转移给产品。

（5）要注意品牌和名人之间的有效连接，要注意名人类别与产品类别一致，名人形象与企业力图为品牌塑造的形象相一致，名人档次与企业档次相匹配。

（6）将品牌核心文化以体育为平台进行提升和超越是一个系统工程，因此要用整合营销的观念来从事体育营销。围绕某一赛事要采取一系列相关营销活动，从公益、文化、热点等各个角度，运用广告、促销、活动等多种手段，从而达到整合的功效。

浅析华隆公司的绿色营销

一、案例介绍

浙江省华隆食品有限公司成立于1996年，地处义乌市城西经济开发区。公司主要生产"森王"牌手剥小白杏、开口松子、纸皮核桃、琥珀桃仁、巴旦木、榛子、开口杏仁、香瓜子、杏脯、杏子酱、番茄酱等系列农副加工产品。其中，手剥小白杏系列分为90克，150克，300克，500克，2500克礼盒装，公司产品销量占小白杏市场总销量的85%以上，是公司主打产品，并被农业部认定为无公害农产品、AA级绿色食品、有机食品，并获得了2004年浙江省农业博览会金奖，2005年被认定为"浙江名牌产品"，"森王"商标被认定为浙江省著名商标。公司主要生产基地位于新疆，公司在新疆轮台县拥有"手剥小白杏"原材料基地，种植小白杏果园1万余亩，合同收购面积达21万亩。

华隆公司之所以能在短短几年时间内取得如此巨大的成绩，成功的秘诀在于公司从开始就立足于开拓国际市场，紧紧抓住绿色营销的大旗，引导绿色消费潮流，以绿色营销战略为公司发展的核心，开发绿色产品，建立绿色品牌，培育绿色渠道。

（一）华隆公司的绿色产品营销

开发绿色产品，要从产品设计开始，包括材料的选择，产品结构、功能、制造过程的确定，包装与运输方式，产品的使用及产品废弃物的处理等都要考虑环境的影响。

1. 绿色设计

绿色设计是开发绿色产品的关键，它强调对资源与能源的有效利用。在产品设计时，要综合考虑各种因素，如材料选择、产品制造品牌、功能、包装、回收、无污染、安全等。绿色产品的生产过程应该是"一种清洁生产",这是一种物料和能耗最少的人类生产活动的规划和管理,将废物减量化、资源化和无害化,或消灭于生产过程之中。企业在给产品命名和选择品牌时,要符合绿色标志的要求,符合"环境标志"。华隆公司的小白杏包装以绿色为主要色调,手剥小白杏系列分为90克、150克、300克、500克装,这些包装设计主要考虑到产品进入终端市场的要求。2500克装的包装设计主要是满足流通批发市场的需求。

2. 绿色产品

华隆公司的产品从一出生就打上绿色有机的烙印。产品种植过程中,使用有机肥料。在生产果酱过程中,全自动意大利无菌灌流水线,进行果核与果肉的分离,果核分离出来以后,不是像有些小企业使用硫黄进行烘干,而是充分利用新疆充足的日照资源,将果核自然晒干。晒干以后就运输到总公司,再由员工进行挑选,把坏的、变质的挑出来,把好的留给下一道工序。把好的杏核由人工进行开口,之后把好的运到炒制车间。在炒制过程中,公司选用的是纯天然香料,不添加任何防腐剂和色素,整个炒制时间要2小时。炒好了要进行风干,然后再进行挑选。之后就可以包装出厂销售。在整个过程中都有品质部门的人监督,他们从原料到来就要测量原料的水分含量,化验原料的各种成分,对炒制出来的产品进行化验,以保证公司的产品合格、卫生、安全。

3. 绿色包装

绿色包装是绿色产品一个极其重要的组成部分,应选择纸料等可分解、无毒性的材料来包装,并使包装材料单纯化,避免过度包装等。企业在产品或劳务满足绿色消费的同时,要考虑废弃物的再生利用性、可分解性,并搞好包装品及其废弃物的回收服务,以免给环境带来污染。华隆公司的包装采用无毒性的材料,外包装用纸制材料,可以回收利用。包装外面贴了绿色、有机、KS、无公害等认证标志。

(二) 华隆公司的绿色价格营销

华隆公司的产品价格定位在综合考虑了企业对价格的承受程度、顾客对价格的接收程度、国家物价法规的允许程度后,决定以最大利润作为企业定价目标,即追求企业长期利润目标和短期利润目标的最大化,从短期看,获得最大的现金流量,从长期看,树立品牌优质优价的形象,因此采取了高价位策略。在具体定价方法上,利用人们求新、求异、崇尚自然的心理,采用消费者心目中的"觉察价值"来定价,而且消费者一般都认为绿色产品具有更高的价值,愿意为此支付较高的价格。当然,绿色产品价格上扬的幅度不仅取决于绿色产品品质提高的幅度和环保费用支出的多少,而且还取决于消费者对绿色产品价格的理解。在工业发达国家,绿色产品价格上扬幅度较大,消费者也乐于接受。在我国,由于消费者的绿色意识较弱,绿色产品价格上扬幅度不宜过大,在大中城市市场价格可略高。一开始的时候,有些消费者很难接受,认为这样的产品价格太高了,比市场上的同类产品高出了好几倍。经过一段时间,当消费者比较了公司的产品与市场上同类产品之后,就发现公司的产品无论从口感,还是外观上都比同类产品高出一个档次,就会慢慢接受这个价格。

(三) 华隆公司的绿色营销渠道

绿色营销渠道的畅通是成功实施绿色营销的关键,既关系到绿色产品在消费者心中的定位,又关系到绿色营销的成本。因此,华隆选择绿色渠道时的原则如下。

(1) 选择具有绿色信誉的中间商。如关心环保,在消费者心中有良好信誉的大中间商,借助该中间商本身的良好信誉,推出绿色产品。公司在东北、西北、华北等地区的各个省设立一个经销商,现在这些地方的销量已经占公司总销量的80%以上,成为公司的主要销售市场。为了让经销商能得到更多的利润,一方面公司实施优惠政策,只要经销商今年首付货款100万,就可以享受在出厂价基础上每吨优惠2 000元的政策。另一方面公司在和经销商的合同文件中加入了年终返利这一项,规定销售500万以上有3%的年终返利,300万以上有2.5%的年终返利,200万以上有2%的年终返利,100万以上有1.5%的年终返利,50万以上有1%的年终返利。

(2) 所选择的中间商应不经营相互排斥的、相互竞争的非绿色产品。

(四) 华隆公司的绿色促销营销

绿色促销就是围绕绿色产品而开展的各项促销活动的总称。华隆公司主要通过绿色广告和绿色公关两个途径连续不断地向消费者传递绿色信息,树立企业和产品的绿色形象,扩大公司的知名度。

1. 树立和坚持绿色广告风格

通过平面媒体、电视广告、各种POP广告来宣传华隆公司的绿色营销宗旨,大力宣传绿色消费时尚,告诫人们使用绿色产品,支持绿色营销,本身就是对社会、对自然、对他人、对未来的奉献,提高公众的绿色意识,引导绿色消费需求。如公司在新疆电视台、义乌商贸频道做电视广告,在义乌世纪联华一楼电梯两旁制作了五块平面广告。每年逢重大节日,一方面公司在超市这样的终端市场制作各期邮报,以让利的形式来促进销售。另一方面公司自己制作宣传海报,在上面夹着公司手剥小银杏的品尝包,让消费者真正了解产品,感受公司的企业文化。

2. 开展绿色公关活动

积极参与各种与环保有关的活动,如在新疆积极投身种植果树,开发当地的绿色旅游资源,支持各种社会慈善活动,以实际行动来树立企业在公众心目中的形象。尤其着重处理好以下两个方面的关系。

(1) 与当地农民的关系。新疆地处欧亚大陆腹地,地广人稀,自然资源十分丰富,非常适合小白杏等水果的生产,杏核又是上等的炒货原料。但在新疆地区小白杏主要以卖鲜果为主,由于新疆气温较高,小白杏鲜果储藏、运输都较困难,因而在当地市场价格一般仅有0.5元/公斤左右,在丰产年份,价格就更低,甚至导致果农不愿采收而烂在地里,严重挫伤了果农的生产积极性。公司进入以后与当地农户签订保护价收购协议,将收购价格提高到1.2元/公斤,合同收购面积达11.8万亩,直接带动了3 800个农户,有力地促进了当地农业产业结构的调整,推动了农业产业化发展。此外,公司还建立了1万亩番茄生产基地。小白杏综合开发一是利用杏肉加工成杏子酱,二是将杏核运回义乌加工手剥小白杏。该项目现已列入新疆维吾尔自治区"星火计划"项目和巴州地区农业产业化重点项目。2003年共收购小白杏鲜果18 000吨,鲜番茄21 800吨,投入收购资金2 770万元。仅此小白杏一项,当地人均增加收入200多元,占轮台县当年农民增收额的65%以上,成为当地农村经济发展新的增长点。

(2) 与政府的关系。公司在参与西部大开发过程中,得到了当地党委和政府的高度重视和大力支持。全国政协领导和农业部有关领导也专程到新疆公司进行视察和考察。《人民日报》《农民日报》《浙江日报》和《浙江科技报》及中央电视台、浙江电视台、新疆电视台等新闻媒体,对公司在新疆投资建设情况进行了专题报道。

（资料来源：王巍,余建伟．浅析华隆公司的绿色营销．科教文汇,2006（10））

二、思考·讨论·训练

1. 华隆公司的绿色营销成功之处何在？它对我国企业实施绿色营销有何借鉴意义？
2. 怎样成功实施绿色营销组合策略？
3. 搜集有关资料,撰写一篇关于我国实施"绿色营销"的综述。

案例2　以情感营销构建客户关系的芬必得

一、案例介绍

芬必得是一种止痛药,该药品在消费者中间形成了非常好的影响,为人们缓解疼痛的折磨提供了一个非常好的手段。市场上的其他产品在做宣传的时候,大多采用明星做广告和对产品的功效进行简单描述的办法,这种方法不能产生与消费者之间的心灵交流。在铺天盖地的广告影响下,消费者很难区分广告的真伪。由于人们对产品不信任,所以产品就很难在市场上热销。芬必得为了使自己的产品从众多的产品中脱颖而出,特别制作了系列广告:"光爱学校篇""郭律师篇"等都是让消费者为之动情的。

在"郭律师篇"广告中,以公益律师郭建梅的真人真事为蓝本,在广告中突出了郭律师十多年从事公益事业的奋斗历程,郭律师为公益事业而奋斗的人生历程使消费者在看了之后非常感动。郭律师将自己由于工作压力而造成的头疼与芬必得为自己解除病痛的功能之间进行了很好的融合,人们对郭律师充满好感之余也就对芬必得充满了好感,消费者会认为芬必得是值得信赖的。芬必得通过这样的情感化营销方式,使产品中的情感因素大大增强。商家与消费者之间的距离得以缩短了。

在"光爱学校篇"中讲述了石青华老师收养了103个流浪儿童的故事。在为这些孩子们的日常生活奔波劳碌的过程中,石老师不免会腰酸背痛,通过这样的情节很自然地引入了芬必得。在这样的广告中,石老师对孩子们付出的爱自然不必说,芬必得为了解除石老师的病痛,也为石老师付出了爱。这样的广告给广大消费者展示了一个完整的故事,不但激发了消费者对光爱学校的情感,而且对芬必得的感情也不一般。产品在这样的宣传中达到了先声夺人的目的。

除了前面的宣传方式外,芬必得还用名人做广告,提升产品的形象。甄子丹是消费者心目中非常熟悉的形象,甄子丹扮演的叶问打出了中国人的尊严,甄子丹也因此为更多的观众所熟知。画面选取了甄子丹排演武打节目的片段,画面非常惊险,整个片子30秒。镜头从甄子丹的画外音开始"是他们的坚持,保障了我的安全。"随后从甄子丹与同事的问话开始:"怎么又吃药呀？""没办法,腰背关节痛又犯了。"之后水到渠成地引出甄子丹关于芬必得的独白。整个广告片非常短小,但将芬必得要表现的思想表达得非常清楚。甄子丹是人们心目中的武打英雄,人们因而也将这种情感转移到了芬必得这个牌子上。

广告电影《父亲的板凳》:"那时候,家里不到20平方米的房子,住了四口人,再也没有多余的地方放家具,所以长条板凳既是爸爸的床也是我的书桌,准备高考那年每天复习到半夜,只要我不睡爸爸就不会睡,不管多晚,他总是默默地陪着我,看到他疲惫的脸,我只能更抓紧时间读书,好让他早点睡,读书的压力越大往往就会适得其反。"在随后的镜头中有了"我"摔板凳的场面,然后是父亲修板凳,然后是"我"拿到了录取通知书,一家人都非常高兴。在整个片中没有一句话是提到芬必得的,但是在片尾打出了"芬必得与幕后英雄"的字幕,这意味着父亲就是支撑着整个家庭的幕后英雄。片子中有句话非常形象,"岁月留给它的裂纹就像父亲脸上的皱纹"。虽然在整个片子中没有一句话谈芬必得,但是随着父亲逐渐变老,腰背逐渐变驼的样子多次出现,这就意味着父亲腰酸背疼的情况经常出现,这就为片尾推出芬必得字幕打下了很好的基础。

(资料来源:孟祥林. 市场营销学:理论与案例. 北京:机械工业出版社,2013.)

二、思考·讨论·训练

1. 你认为商家和消费者之间应建立怎样的关系?
2. 以情感人与关系营销之间有怎样的联系?芬必得在宣传产品的过程中坚持以情感人,请结合案例谈谈你的理解。
3. 结合其他产品谈谈如何根据产品特点植入"情"意,从而更好地感动消费者,与消费者建立和谐的关系。

TCL的网络营销体系

一、案例介绍

创办于1981年的TCL集团股份有限公司,总部位于中国南部的广东省惠州市,目前已在深圳和香港上市。TCL集团发展的步伐迅速而稳健,特别是进入20世纪90年代以后,连续12年以每年42.65%的速度增长,是中国增长最快的工业制造业企业之一。目前TCL集团主要从事彩电、手机、电话机、个人电脑、空调、冰箱、洗衣机、开关、插座、照明灯具等产品的研、产、销和服务业务,其中彩电、手机、电话机、个人电脑等产品在国内市场具有领先优势,TCL已是中国最具价值的品牌之一。2003年12月5日,中国最有价值品牌评比揭晓,TCL品牌价值为267.12亿元,名列第六。2004年8月,TCL与法国汤姆逊合资组建并由TCL控股的全球最大彩电企业——TTE正式开业运营,它标志着彩电行业世界版图已经被改写。2004年4月,TCL与法国阿尔卡特公司签署谅解备忘录,共同组建一家从事手机及相关产品和服务的研发、生产和销售的合资公司,目前各自公司已正式投入运营。从1981年组建以来,TCL集团的发展,特别是以彩电为代表的家电产品的营销,是与其营销网络的建设和不断完善密切相关的。可以说,营销网络的组织与控制关系到TCL的盛衰。

TCL有一套完善的网络营销组织体系。早在1991年TCL公司就在上海建立了第一个以销售音响设备为主的销售分公司,随后在哈尔滨、武汉、成都建立了销售分支机构。为配合彩电产品的全国市场销售,1993年正式开始组建了TCL电器销售公司,成为全国最早和拥有自己独立营销网络的电子企业之一。销售公司成立后,按照大区分,TCL把全国分为七个大区,建立了32家分公司,200家经营部,400家分销点,200多个专营连锁店和800个特约维修专营店,并拥有数千家授权经销商,直属用户服务遍及全国。在整个中国,从南到北,从东到西,每隔100公里就至少有一家TCL公司直接投资的营销机构,因此,TCL网络已经成为中国最为庞大,最为细腻的营销服务网络,其中最大区的人口为2.6亿,最小区(西北区)的人口为8 000万;分公司按省建立,独立核算;经营部位于地区级以上城市或100万人口以上县级地区;400家分销点中独立核算的就占200多家。在巩固、完善和扩展国内市场,保持国内网络同行业领先地位的基础上,TCL目前还正计划有步骤地开拓海外市场。

TCL公司对营销网络的管理主要是从以下几方面展开的。

1. 对营销人员的管理

TCL公司强调员工要有一个共同的企业核心价值观,并且切实把"为员工创造机会"这一口号深植于对营销人员的管理中;TCL强调人性化的管理,以顺应人性的方法进行管理,注重调动人性中积极的一面。信任员工,在网络组织机构中权力下放,产品价格在一定范围的变化完全由营销人员决定,充分让网络营销人员当家做主。TCL不仅在依靠企业文化实现网络的目标,还在激励机制的完善上达到了精神和物质的有机结合。TCL激励机制主要包括教育计划、福利和奖励三部分。例如,1997年在每股利润一元的情况下,每股现金红利分配达到了0.08元。使员工的工作得到了丰厚的回报。

2. 对经销商的管理

TCL认为在营销网络中,厂商是一个利益共同体,一损俱损,一荣俱荣。因而首先加强理念上的沟通,力求经销商能够理解和接受TCL理念,在双方利益一致的基础上,共创品牌和品牌商号。在营销网络建立之初,针对经销商对TCL产品不甚了解和信心不足的状况,TCL采取了"赎买"政策,即保证经销商经营任务指标的完成,若因TCL产品的销售情况不好使得经销商未完成指标,不足部分则由TCL公司补足。这样取得了经销商的信任,激励经销商努力开拓市场。

3. 对营销结构的管理和调整

TCL的家电营销网络通过多年的发展演练已逐步成熟,而为适应市场的变化,1998年开始推行营销网络扁平化,实行"管理重心下沉",网络管理从集权走向分权,在销售公司已分解为七个大区进行管理的基础上,又将分公司由原来的销售平台转变为管理平台,销售重心下放到各基层经营部,经营部主权增加。加之实施"精耕细作"的战略,减少了网络的环节,节约了销售成本,使营销网络竞争力大大增强,使同业真正体现了"网络制胜"的优势。1988年TCL还着手加强"航空港营销"平台的改造,充分发挥企业营销网络的兼容力和扩张力,所谓的"航空港营销",打个比喻,就是无论哪家"飞机"泊入时都能快速加油。由于TCL营销网络起始于销售音响和彩电,已成为家电行业最庞大和最细腻的网络,而在集团与之并存的通信和信息等产品的营销队伍,又形成了一些各自独立的分散小网络。因此,TCL希望在分公司,经营部层面开辟多元化产品"绿色通道",整合集团综合优势,财务、仓储等服务资源共享,使多种产品能快速切入市场,为企业提供更大的生存空间和发展机遇。同时，TCL也希望这支7 000人的庞大的营销队伍能改变单一任务现状，增加业务范围，分担巨大的网络开支和分散经营风险。

TCL家电营销的销售服务是网络体系中的重要一环，并成为顾客创造价值的理念。TCL全面落实完善的服务网络，建立售后服务基金，进一步推进"千店工程"的建设，将服务网络延伸到每一个乡镇，甚至每一户家庭。TCL还与经销商合作推出"送货上门，上门调试"的服务。提出"以速度战胜规模"的方针，产品从出厂到用户手中，最快可在五天之内实现。TCL承诺，哪里有王牌彩电，哪里就有王牌服务"三年免修保修，终身维护，一律免收服务费"24小时内城内服务到位，边远地区特约服务；24小时全天候电话服务，节假日照常服务。

管理手段的现代化，是TCL公司家电营销网络管理的一大特点。在强化管理，改善营销网络"软件"的同时，TCL集团也注意了对营销硬件条件的建设。TCL公司建立的分布全国的营销网络提高了产品销量，在企业的市场战略中成功发挥了重要作用，但随着规模的不断扩大，营销网络的管理难度也加大了。尽管TCL营销网络的管理理念也逐步趋向成熟，并向更高一层迈进，但企业发展不但要有新的管理理念，同时还要有先进的管理手段做支撑才能成功，而管理的现代化必须要求信息的电子化和计算机的网络化。由于企业的信息化建设涉及企业的核心竞争力问题，营销网络的信息化直接影响一线营销队伍管理，关系到企业的利润和生存。因此，对于TCL来说，信息化的工作就不仅仅是一个计算机或者网络建设的问题，更是一个如何从根本上提高营销管理水平、如何管理好庞大的营销渠道的经营问题。要搞好营销网络的信息化工作，用先进的技术手段为管理服务，首要工作是从企业的管理角度出发，加快营销网络的物流和资金流的运转，进行规划建设，在此过程中采用先进的"IT"技术手段，只有如此，才能更快地实现管理的信息流及工作流的电子化，加快企业的物流和资金流的流速，由此加强TCL的速度经济和网络的规模经济，提高TCL的核心竞争力。

（资料来源：刘洋，乐为，王晓萍. 市场营销习题、案例与实训. 北京：科学出版社，2008.）

二、思考·讨论·训练

1. TCL集团是如何组织自己的家电营销网络的？对我们有何启示？
2. TCL集团的营销网络管理采取了哪些有效措施？

新疆乳液的体验营销

一、案例介绍

新疆乳品市场总消费人口1 600多万人，而乳品生产企业却有近10个，竞争产品多达13个，且竞争的重点多集中在短保质期的常温奶，其竞争的激烈程度不亚于内地的一二线市场，而竞争的手段却处于一个相对低级的阶段，过度地依赖促销战和价格战促成销售量的增长。如何转换企业的营销思考方式，实现差异化营销达成销售的增长和品牌的提升成为新疆乳品企业思考的重点。

新疆 A 乳品企业成立于 2003 年 9 月，位于新疆首府乌鲁木齐市，在其成立之初，一无品牌，二无市场，且在产品上市前，乌鲁木齐市场已有三个品牌的产品占据乌鲁木齐市场 95％的市场份额，在经过 2004 年一年的市场开发、产品促销、品牌宣传推广以及新品开发上市，到 2005 年 5 月，该 A 乳品企业产品在整个新疆市场产品日销量已达 70 吨，市场占有率达 27.7％，跃升为新疆乳品企业三甲之列，尤其在乌鲁木齐市场其产品销售量达 50 多吨，市场占有率近 40％，成为乌鲁木齐市场销售量最大的乳品企业之一，但该企业在经历一年多的高速成长之后，面临新的发展问题。

（1）市场销量虽达到了一定水平，但长时间处于停滞的平台期，怎样突破销售瓶颈，进一步提升销量？

（2）品牌建设和品牌提升的问题。

（3）产品宣传和推广上传播界限突破的问题。

针对上述三个问题，企业品牌推广小组首先对该企业自成立之初的发展历程进行深入的了解，寻找原因，同时，对新疆乳业的现状和消费者的关注度状况进行了分析并做出 SWOT 分析。

（1）优势。① 专业的营销团队，进行深度分销的营销模式和一年的市场运作，拥有营销优势和品牌、销量基础；② 6 000 头奶牛的牛奶场为其提供了可靠的奶源保障，形成了其他企业难以比拟的优势；③ 克隆牛技术独步新疆，该企业的研发能力，使其拥有技术优势；④ 先进的生产技术设备和完善的品控体系使其拥有安全优势。

（2）劣势。① 产品销售过度依赖促销实现，销售不稳定；② 企业进入市场时间较短，缺乏市场经验而且由于时间短品牌基础较弱，虽有知名度却缺乏美誉度；③ 产品定位模糊不清，企业的核心和竞争优势尚未传播开来；④ 产品口味与目前市场流行的香浓口味相比欠佳。

（3）机会。① 消费者对牛奶产品认识度较低、品牌忠诚度较弱，消费的随机性较强；② 企业产品线丰富，便于组合，同时企业营销能力和思维转换较快；③ 消费者对乳制品安全性的消费需求；④ 新进入牛奶消费市场的消费者的加入。

（4）威胁。① 作为新疆市场有 50 年历史的 B 品牌牛奶，其对消费者的影响；② 作为新疆第一品牌的 C 品牌牛奶对消费者的影响；③ 外来全国品牌，对市场的冲击。

通过分析得出以下结论。

（1）目前新疆乳业营销和品牌媒体运作同质性较强，无明显差异化，品牌突围难度较大。

（2）随着消费者对"乳品消费安全"的需要，乳品的安全问题备受社会和消费者的关注，给消费者消费的知情权，这将是一个品牌运作的机遇。

（3）对该企业来说，奶源优势是其最大、最突出的核心优势，以此为突破更利于企业优势的传播。

（4）从乳品消费者的消费关注点来看，参观牛场、生产车间，了解乳品的生产过程对消费者有吸引力，也是消费者消费的潜在需求，会引起众多消费者的关注和参与。

（5）新疆乳业的竞争环境和现状决定了谁能出奇招实现差异化营销，谁将是市场争夺最后的胜者。

通过仔细分析与认真研究后企业品牌推广小组认为解决 A 乳品企业面临的问题要达到

三个"实现"。

（1）产品上要实现由口吃——胃吃——心吃的推进，培养消费者的信任度、忠诚度和满意度，吸引新顾客的加入，提升销量。

（2）品牌上要实现由单一品牌宣传向赋予品牌文化内涵的延伸，对品牌进行定位，提供给消费者利益点，树立品牌形象。

（3）宣传上要实现消费者由过去单纯的片面认识向全面认识的推进，使企业的优势，让消费者能从认识到认知，再到接受，实现差异化传播和营销。

基于以上的结论和目标，企业品牌推广小组确立了应用既能体现消费者的价值，又能凸显企业的价值的体验式营销为营销手段的实现方式，以最能发挥该企业与众不同的优势奶源和牛场的优势作为突破口，利用企业母公司在新疆市场的知名度，确定了运用以"××之旅"为主题的推广方案，通过"××之旅"活动引领消费者走出城市来到春光明媚的郊外牛场，亲近自然、亲近小牛犊，参观生产基地，寓教于乐，在旅游中了解牛奶的奥秘，实现消费者与企业之间互动为目标的体验式营销，以消费者的思考角度通过五个部分进行设计，具体是① 感官：看短片介绍（公司简介）、看牛场、看工厂、与牛亲密接触；② 情感：照相留影、寄相片；③ 思考：奶源现状、安全是硬道理、产品讲解；④ 行动：免费品尝、牛奶的鉴别、口感测试；⑤ 关联：认识到企业产品是最好的和最安全的并购买产品。他们以消费者一日旅游的形式来实现，为使此项推广方案能确实执行，品牌推广小组进行了周密部署并写出了详细的策划案。

"××之旅"策划方案

一、活动目的

稳定和提升销量，完善品牌建设，提升品牌知名度、品牌价值和品牌忠诚度，实现企业优势宣传与战略推广，成功地走出一条差异化的乳品品牌营销之道。

二、活动时间

20××年5月至20××年10月（主要利用夏秋两季的时间，这样便于活动开展，让消费者在体验之余能得到休闲）。

三、活动形式

游牛场，认小牛，看工厂，听讲座，品牛奶，集体照相的一日游。

四、活动主旨

实现消费者在体验中了解、探索牛奶的生产源头和过程，教会消费者如何选择安全的乳品，提出乳品生产消费安全是硬道理的观点。

五、活动流程

在公司看短片介绍（公司简介）—去牛场（由讲解员在车上介绍）—参观牛场（了解奶牛、奶源状况）—到厂房（了解生产工艺过程）—到公司（公司和消费者进行沟通）—品尝产品、填写信息反馈表、购买产品。

活动实施细则如下。

(一) 内部实施细则

1. 牛场选定

选定了该企业的第三牛场作为消费者参观的牛场,主要在于该牛奶离乌鲁木齐市场较近,同时作为该企业克隆牛的专门饲养地,对消费者能有很好的兴趣感。

2. 牛场的环境布置

(1) 牛场的卫生要求。

要求:地面干净、玻璃干净、消除或减少臭味,新建一个较卫生的厕所,同时增加垃圾桶数量,清除牛场周边的垃圾。

目的:给参观区一个良好的环境卫生,减少参观区域的苍蝇数目,同时方便消费者生理需要。

(2) 牛场的环境改造和宣传布置。

对参观牛场区域内的墙面粉刷并在墙体、门口和屋顶制作"××之旅"的巨幅广告牌和宣传指示牌。

目的:吸引消费者眼球和目的地、参观点的确认。

3. 牛场内展厅的设计

(1) 牛场参观走廊的设计。由于牛场安全生产和预防病菌的侵入,我们专门设计了两侧透明的参观走廊并进行装饰。

目的:满足消费者既能方便去游牛场近距离看小牛,又能避免病菌在牛场的传播。

(2) 牛场内挤奶厅的设计。主要强调牛奶的生产过程的图解和挤牛奶的要求,使消费者能了解到安全的牛奶产品奶源是关键的道理。

(3) 牛场内的设施配备。配备显微镜、投影仪、投影幕和空调。

目的:给消费者进行奶源知识的讲座并告知和让消费者了解好奶源与不好奶源的区别并通过消费者亲眼看来加深印象和对比。

4. 车辆的选择

我们选择有空调(考虑夏季的炎热气候)并有车载电视的车辆,在对车体进行包装后命名为"××之旅"号,同时制作企业宣传广告牌,使消费者在一路上对企业和产品能有大致了解并配备专门的讲解人员进行全程服务。

5. 参观工厂

从牛奶进入工厂的第一个环节至产成品出来的各个环节,邀请消费者全方位参观,并对生产的各个环节的事宜由工厂技术人员进行详细讲解,满足消费者对牛奶生产过程了解的心理。

6. 专题讲解

开设牛奶知识的专业讲座和消费者座谈会与消费者沟通,为消费者答惑解疑。

(1) 选择座谈场所。场所中专设电教设备,产品展示区牛场微缩模型,企业组织架构图等,满足讲座、产品展示与企业优势展示的需要。

(2) 制作讲座课件。课件内容包含企业规模、优势、市场情况及企业各品项产品说明,教消费者如何选购乳品,并着重提出乳品消费安全就是硬道理的主张。

(3) 产品展示。对企业全部产品集中展示,体现产品品种优势并对产品进行宣传。

7. 免费品尝

消费者在对奶源、产品和生产工艺了解后,邀请消费者品尝,填写信息反馈表、购买产品,了解消费者需求,实现消费者对企业产品的更进一步了解与感受,并坚定消费者的购买决心。

8. 留影纪念

选择在厂区门口进行,加深消费者的印象。

9. 照片寄发

在照片冲洗出来后,分寄给各消费者并建立消费者档案,定时回访,使体验之旅产生深远影响,同时更能强化对消费者的影响。

活动实施细则:(略)

(二)外部实施细则

1. 消费者选择

本着抓住消费人群中购买决定者的同时注重培养对消费者有影响的人群,选择参与活动的人员,主要为成年女性与学龄儿童。

2. 消费者的组织

包括:① 企业自发组织:主要是由企业联系社区、单位、协会、学校等相关单位。② 市场推广组织:主要通过在产品中夹带参观券的形式让消费者来主动参加。

3. 媒体选择

选择在乌鲁木齐市场具有最大影响力的《晨报》为宣传载体。

4. 宣传角度

一方面利用新闻报道形式对"××之旅"进行正面宣传报道,另一方面通过儿童的认知角度,以儿童写作文投稿的形式对"××之旅"进行隐性宣传,潜移默化影响和吸引更多消费者对A乳品企业的关注和对A乳品企业产品的了解,使参与"××之旅"的人群逐步扩大。

通过"××之旅"的活动,企业吸引了十几批近四五百名消费者参与到活动中,消费群体遍布不同行业的各个消费层面,活动时间历时四个月,在此期间不仅保持了A乳品企业产品销售的提升,同时也强化了A乳品企业产品品牌的美誉度,实现了消费者在消费前、消费中、消费后的体验,在乌鲁木齐市场更是引起较大反响,其对后期产品市场销售和品牌的传播及A乳品企业的效益都有不可估量的影响。

同时随着"××之旅"活动第一阶段的结束,从整个方案执行前后的全过程来看,我们发现该活动仍存在许多的不足和要修正的地方。① 该方案以A乳品企业母公司名字命名,为"××之旅",虽然体现了A乳品企业奶源优势,但却削弱了产品的宣传,人为地割裂了A乳品企业产品名与母公司名字的联系,减弱了宣传效果,如能命名为"××.A之旅"将会更好。② 该活动方案的执行面仅限于乌鲁木齐市场,没有将其执行面扩大至全疆市场,仅是一个区域市场的一个简单推广案,因而宣传面和影响力受到限制。③ 对该活动方案因未提升到一个高度,使此活动方案在推广的过程中缺乏必要的宣传面和广告投入,使对消费者层面告知度不够,未能更好体现该活动的效果和参与人群。④ 该活动方案对赋予品牌内涵以健康和文化的提升仍有欠缺,需要在活动中予以强化,宣传中予以告知。

（资料来源：伯建新．易迈网络：http://www.mba163.com/glwk/scyx/200602/25472.html，2006－2－27．）

二、思考·讨论·训练

1. 本案例中 A 乳品企业的体验式营销有哪些特点？
2. 怎样才能保证体验式营销取得良好的效果？
3. 请为某食品企业设计一次体验式营销活动，并拟订一份活动方案。

案例5 "蒙牛酸酸乳超级女声"的整合营销传播

一、案例介绍

"蒙牛酸酸乳超级女声"是由蒙牛乳业集团与湖南卫视联合打造的青春女孩秀，可谓办得风风火火，无论前期造势，还是活动的举办，其亮点都可圈可点。但是最成功的当属蒙牛集团利用这次娱乐活动的整合传播宣传。

（一）TVC 广告片及电视媒体的运用

1. 代言人的选取——"乖乖女"张含韵与"超级女声"

张含韵，四川德阳人，16岁，2004年"超级女声"大赛季军。形象甜美、可爱，自信并前卫。

说起代言人的选取，我们首先应该从"蒙牛酸酸乳"这个产品说起。"酸酸乳"相比蒙牛其他乳品来说，口感清新爽滑，酸甜中又不失牛奶特有的浓香，产品附加值较高，属中高档奶产品系列。所以，该产品的主力消费群体定位为15～25岁的女孩子。这个消费群体的特点是：追求个性、前卫，喜欢彰显个人的魅力与自信。机缘巧合，蒙牛酸酸乳也是一样，其品牌内核同样是鼓励少女们勇敢地秀出独特的一面，用真实、勇气、自信、激情，用自己的魅力给这个世界增添更多味道。

张含韵作为 2004 年"超级女声"的季军，其形象浪漫、天真又不乏自信与激情。而正是这种自信及激情使她在 2004 年的比赛中取得了不菲的成绩。同时，张含韵作为去年及今年的参赛选手，本身也是对"超级女声"宣传的一种效应最大化。所以，应该说在代言人的选取方面，湖南卫视与蒙牛都是下了很大的心思的，而结果也是很成功的。

2. TVC 广告片评测

广告内容：张含韵一开始戴着耳机在唱歌，但是歌声走调严重，引起了不少人的嘲笑。但是，在她喝了一口蒙牛酸酸乳之后，其歌声有了质的改变，人们的目光从嘲讽变成了跟随，继而大家和张含韵一起唱起了《酸酸甜甜就是我》，并拿起酸酸乳一起合力喊出了"蒙牛酸酸乳，酸酸甜甜就是我"，最终以标版结束。

从喧哗的场面到走样的歌声，从喝了一口酸酸乳到大家一起唱"酸酸甜甜就是我"，再到产品标版，其全过程均围绕"青春、自信"展开。是什么使歌声有了质的改变呢？是"蒙牛酸酸乳"，是这种青春滋味的饮料给了这个少女以自信，也使众人成了朋友，成了追随者。

最后标版加上粉色的界面与产品的组合，巧妙地将"超级女声"打造青春粉色梦想的追求与产品内涵进行了完美的搭配，使整个广告片都洋溢着梦想与自信的色彩。

但是，个中不足就在于 TVC 画面本身存在一定的缺憾，其清晰度有待进一步提高。

3. 高空媒体的搭界使用

作为央视标王的蒙牛素以高空轰炸见长，这次蒙牛更是不惜血本，在央视各套全面开花，同时辅以各地卫星电视进行宣传，将宣传的效应进行积累以求效应最大化。央视作为打造品牌的基地其效果已经不言而喻，当年众多的品牌崛起都是仰仗于央视的强大号召力。蒙牛作为央视的老客户更是深谙其道，本次宣传蒙牛主打 15 秒的 TVC，在夜晚黄金时段进行滚动播出，同时辅以强势栏目进行插播，使广告能尽可能地与受众贴近。

同时，各地卫星电视的崛起也不容当前厂家忽视。拿湖南卫视来说，从《还珠格格》的播放开始，其收视率已经在国内占有老二的位置。作为蒙牛来讲，这样的机会自然不能错过，于是湖南卫视、安徽卫视等强档媒体也变成了蒙牛宣传的主战场，其宣传攻势较央视丝毫不弱。通过各高空媒体的使用，不仅可以迅速树立品牌形象，同时也为新品上市做好了铺垫。所以，我们应该看到，在选择高空媒介搭配的时候应该将新兴媒体进行良好的组合，方可取得宣传效应的最大化。

（二）平面媒体的宣传及应用

在平面媒体宣传方面，蒙牛更是做到了有的放矢。"超级女声"活动分为几大赛区：广州赛区、郑州赛区、成都赛区、杭州赛区、长沙赛区。所以，在以上几大赛区的宣传就必不可少。为此，蒙牛在《南方都市报》《潇湘晨报》《东方今报》《成都商报》《都市快报》等平面媒体对活动及产品进行了大范围的双料宣传。从赛事的举办及内涵，报名及比赛资格介绍、比赛全程报道，到蒙牛酸酸乳的"酸甜"新口味、代言人张含韵的介绍及产品核心定位都做了系列的报道，有效地聚集了广大青春少女的目光，普及了"蒙牛酸酸乳"在消费群体心中的认识。

同时，蒙牛乳业集团与湖南卫视还在《国际广告》等各大广告、财经类杂志上进行了一定力度的宣传，使广告界的传媒都兴奋起来，主动关注本次赛事活动，扩大了宣传的效应。

（三）网络媒体的宣传及应用

有一次，笔者照常在新浪网看新闻，但是巨大的弹出式广告一下映入了我的眼帘。出于职业习惯与好奇，我打开了百度进行搜索，结果发现在"新浪网影音娱乐世界""中国湖南卫视""超级女声站"等各大网络媒体均出现了"超级女声"及蒙牛的整版宣传报道。

应该说蒙牛与湖南卫视在网络媒体的选择方面更具眼光。其一，网络媒体造价便宜，可以铺开进行系统全面的宣传。其二，网络作为年轻人了解世界的新途径，其作用已经超过了电视媒体，也就是说采用网络进行宣传能有效集合受众目光，争取最大的宣传效应。其三，利用网络的互动性与场外观众进行实时的沟通，及时地将信息进行反馈，可以不断改进营销策略。

在宣传手法方面，蒙牛更是翻出了花样：除了既有的报名及参赛规则、全程报道、赛事图片及主流媒体宣传外，蒙牛更是在百度中专门创立了"张含韵吧"，使众多网友能将自己品尝蒙牛酸酸乳后的感想，对张含韵的关注，以及对超级女声比赛的看法都集中发表在这里,将"势"巧妙地造到了最大。同时,由张含韵演唱的"酸酸甜甜就是我"更是受到了广大网友的好评,截至笔者发稿为止,"酸酸甜甜就是我"已经在百度mp3歌曲TOP 500强中排名第十位,下载次数更是以十几万次名列榜首。

在宣传创新方面,蒙牛在此次推广活动中的互动游戏"蒙牛连连看"与"超级FANS"极具亮点。这两款小游戏在蒙牛乳业网站及相关活动网站都提供下载。而更值得一提的是,这两款小游戏还提供分数上传,当玩家在打出超高分数的时候可以将游戏结果进行上传,最终由蒙牛评选出数位优秀玩家并派发礼品。这一活动不仅使玩家在娱乐中感受到休闲的滋味,同时还加深了对蒙牛酸酸乳的好感,化解了宣传的生硬性,使品牌效应能更深刻地植根于消费者心中。

(四)终端的促销及公关造势活动

1. 通路造势

蒙牛集团利用自身的通路优势,将20亿包蒙牛酸酸乳的外包装上都印上了"超级女声"的比赛信息。同时,蒙牛加大了产品铺市率。就石家庄而言,蒙牛在石家庄保龙仓的3个店、世纪联华的5个店、家世界的2个店、华普超市的3个店、北国超市的6个店及一些单店大型卖场都进行了大范围的铺货。与此同时,在这些店中蒙牛的堆头数量明显激增。

在具体促销方面,蒙牛一是统一了堆头的外观,所有堆头全部采用四方及环形的包装,张含韵的形象鲜明突出。同时,大量POP贴于超市入口及生鲜卖场奶品角落,使消费者能很容易看到,加大了他们随机购买的概率。二是推出了买六送一的促销活动。消费者毕竟最关心的还是价格,在这个大好的促销时段,顾客们抓住这个机会大批量的购买,甚至还有人一下买两三箱的。据调查,在举办"超级女声"大赛期间蒙牛酸酸乳的销量明显优于伊利优酸乳系列产品,并且蒙牛其他产品的销量也有一定上涨,很好地起到了以点带面的效果。

2. 公关义演造势

据媒体报道,在"超级女声"的主赛区长沙等地,蒙牛适时地推出了许多大型义演活动。尤其在大型广场及卖场的门口附近,蒙牛推出了"青春女生大比拼""品蒙牛酸酸乳,看超级女声"等活动,热辣的歌舞加上新品的品尝,使现场的气氛热闹非凡,有效地锻造了品牌的高端形象,使蒙牛酸酸乳在人们的心中烙下了印记。

整合传播的要义就在于充分利用各种有效媒体,树立品牌形象并提高产品销量。可以说,蒙牛这次活动的举办是继"神舟五号"之后最成功的一次整合宣传。利用"超级女声"这一内地最有轰动效应和影响力的大众娱乐活动,不仅将高附加值的新品有效地推介给了消费者,同时还树立了鲜明的品牌形象。而这一形象的推出与蒙牛的品牌核心价值"强壮每个中国人"又不谋而合,这就是整合传播的真谛所在!

(资料来源:马超. 全球品牌网:http://www.globrand.com/2005/10445.shtml,2005—5—18)

二、思考·讨论·训练

1. 蒙牛的整合营销传播都运用了哪些传播手段?
2. 在整合营销中,怎样才能更好地实现"整合"?
3. 请分析蒙牛整合营销传播成功的关键所在。你还有什么更好的整合营销传播"金点子"?

案例6 星巴克的文化营销

一、案例介绍

当你走进一家星巴克店时,你想过没有,是什么力量在支配着你的双腿?是美味的咖啡?可能它并不比其他随便一家街头小店的咖啡好多少!是为了解渴吗?可以说随便喝上一杯矿泉水都更奏效!况且论价钱,星巴克也并不含糊!

作为社会环境的文化影响下的营销,营销学的泰斗菲利浦·科特勒尽管没有明确提出"文化营销"这样的概念,但他指出文化的因素(包括文化、亚文化和社会阶层)是影响购买决策的最基本的因素,那么,什么是社会学意义上的文化呢?按照社会学家戴维·波普诺的定义,文化是一个人类群体或社会的所有共享成果,包括物质的,也包括非物质的,例如,你在北京营销,那就应该考虑北京人的价值观、语言、知识等非物质文化和建筑、交通、蔬菜等物质文化。

为了形成一种有利于竞争和销售的文化而营销,这里的文化可以理解成一种包括品牌形象、品牌内涵、品牌忠诚、独特社群(由现有的和潜在的消费者构成)等多种元素的文化,这种文化一旦形成,将使品牌的拥有者在与其他厂商的竞争中能获得其社群的支持,从而处于优势。

可见,从以上两种意义来定义文化营销,更具有普遍性和实践意义,这里就在这个意义的基础上分析一下星巴克的文化营销。

(一)星巴克浓郁的咖啡文化

注重品牌形象推广,和其他跨国在华企业不同,星巴克是不利用巨额的广告宣传和促销的少数品牌之一。星巴克品牌推广不依赖广告,其一贯的策略是重在品牌形象推广,全球皆然。星巴克认为咖啡不像麦当劳,咖啡有独特的文化性,赞助文化活动是星巴克形象推广的一个重要手段。比如上海举办的达利画展,星巴克就是主要赞助商;星巴克也是上海APEC会议的赞助者。

可口可乐把其咝咝作响的饮料与无忧无虑的快乐联系在一起;耐克用"just-do-it"来说服跑步者,它们出售的是个人的成功;而星巴克出售的则是文化,体验咖啡文化内涵是星巴克品牌形象塑造的关键。

在上海的星巴克,一项叫作"咖啡教室"的服务把"咖啡文化"做到了极致。如果三四个人一起去喝咖啡,星巴克就会为这几个人配备一名咖啡师傅。顾客一旦对咖啡豆的选择、冲泡、烘焙等有任何问题,咖啡师傅会耐心细致地向顾客讲解,使顾客在找到最适合自己口味的咖啡的同时,体味到星巴克所宣扬的咖啡文化。文化给其较高的价格一个存在的充分理由,顾客由此获得心理上的莫大满足,真正的赢家却是星巴克。

在星巴克咖啡店里,员工是传递体验的咖啡文化的主要载体,咖啡的文化价值通过员工的服务才能提升,因而员工对咖啡体验的创造和环境同样重要。事实上,星巴克的员工就如同咖啡迷,他们可以详细地解说每一种咖啡产品的特性,而且善于与顾客进行沟通,预感他们的需求。员工在星巴克被称为"伙伴",因为所有人都拥有期权,他们的地位得到了足够的尊重,也为星巴克口碑创造了极大的竞争力。

在星巴克看来,人们的滞留空间分为家庭、办公室和除此以外的其他场所。麦当劳努力营造家的气氛,力求与人们的第一空间——家庭保持尽量持久的暧昧关系;而作为一家咖啡店,星巴克致力于抢占人们的第三滞留空间,把赚钱的目光紧紧盯住人们的滞留空间,现场钢琴演奏+欧美经典音乐背景+流行时尚报纸杂志+精美欧式饰品等配套设施,力求给消费者带去更多的"洋气"感觉。让喝咖啡变成一种生活体验,让喝咖啡的人自觉很时尚,很文化。

(二)根植于文化——培养创造附加值

2002年,星巴克在全球28个国家拥有5 689家咖啡店。1996年星巴克初涉亚洲,那时的第一家店开在日本。仅仅6年后,在亚洲的14个市场的850家店中都可享受到星巴克独特的咖啡体验,这些国家包括以茶为第一饮料的日本和中国。2002年出版的《商业周刊》对全球100个知名品牌所做的调查显示,星巴克是成长最快的品牌之一,它的股价在经历了过去10年的分拆增长了2 200%,总回报甚至超过沃尔玛、通用电气和可口可乐等公司。

尽管在商场上明争暗斗,但星巴克和上岛等其他咖啡连锁企业对待罐装速饮咖啡的态度却有着一致的不屑,斥之为"垃圾食品",尽管在中国设厂的雀巢、麦斯威尔等国际品牌咖啡公司,除了可以赚些人民币外,似乎还在为星巴克打着一个儿子不收的义务工:用他们的速溶咖啡培训中国人的味蕾,为星巴克的煮咖啡方式当开路先锋。但星巴克似乎并没有多少感激之情,星巴克把一杯咖啡的消费挂上了文化的标签,以文化的名义与之划清界限。

全球一致的管理、品质和口味,星巴克的成功故事并非始于每一杯都保持相同味道的咖啡,而是当咖啡豆还在成长的时候就已经开始了:十分挑剔地选择咖啡豆,从品种到产地到颗粒的形状等,每一个环节都有严格的标准;据说星巴克绝不让未经专家严格品评(杯评)的咖啡豆进入市场,其咖啡品评专家每年要品评10万杯以上的咖啡,以确保品质,以杯评法挑选咖啡豆,然后决定精准的烘焙程度,令每一种咖啡的独有滋味都得以完全释放。星巴克的口号是:将每一粒咖啡豆的风味发挥尽致。最后的一道工序是把热气腾腾的咖啡连同标准的服务模式一起卖给顾客。

星巴克连锁店的外观设计单纯从店周围的环境来考虑,但是其内部装修却要严格控制以配合连锁店统一的装饰风格。深圳星巴克为与中心城市广场高档时尚的理念匹配,桌椅均用不锈钢,时髦、摩登;上海城隍庙商场的星巴克,外观像一个现代化的庙堂,而濒临黄浦江的滨江分店更是华丽,仿佛一个花园里的玻璃帷幕宫殿。

每一家店创造丰富的视觉元素和统一的风格,从而使顾客和过路客赏心悦目,达到推广品牌的目的。这种推广方式称为Tie-in,就是把咖啡馆形象和顾客的口味紧密联系起来,同时,也传递着星巴克的形象与品牌文化。

令竞争对手瞠目结舌的盈利数字背后是一成不变的经营模式,星巴克浓郁的黑咖啡香味与文化丝丝入扣地渗入全球各色人的生活中,但其管理却只有一个版本,从北美大陆复制下来,放之四海而皆准。

(资料来源:封展旗,黄保海. 市场营销案例分析. 北京:中国电力出版社,2008.)

二、思考·讨论·训练

1. 星巴克从哪些方面开展了文化营销？
2. 文化营销给星巴克带来了什么？
3. 怎样提高文化营销的附加值？

可口可乐的体育营销

一、案例介绍

从1928年可口可乐开始赞助第9届阿姆斯特丹奥运会，到2000年在悉尼举办的第27届奥运会，可口可乐参加了每一届的奥运盛会。作为奥运会的唯一饮料供应商，可口可乐从饮料、火炬接力、设立国际奥委会博物馆、出版奥运歌曲唱片及历史书到电视台转播等项目的赞助，都显示出了一个全球销量最多的饮料品牌对一项关注者最多的全球活动的无限热忱。

对于赞助奥运会，可口可乐一向表现出大家风范的大手笔投资。在1966年亚特兰大奥林匹克运动会上，可口可乐总计投入6亿美元，约占其当年全部广告预算的47%。在奥运期间，可口可乐举办全球范围内各式各样奥运公关活动，协助奥运筹委会承办包括圣火传递，入场券促销在内的多项工作。

（一）奥林匹克公园的设计

其中奥林匹克公园的设计，尤其体现了可口可乐的匠心独运之处。奥林匹克公园位于亚特兰大市区内，占地4 856平方米，它是在可口可乐的号召下，由可口可乐、电玩软件商Sportlab、松下电器、Discovery频道、Champion运动用品公司、锐步（Reebok）和麦当劳七家厂商共同参与，出资2亿多美元兴建而成的。公园内精心设计的各项参观活动，高新科技淋漓尽致的运用，以及琳琅满目的各式商品，就足以令人叹为观止。走进公园，摄入眼帘的是大大小小的可口可乐标志，众多醒目的红色标志装点着整个公园，条幅、彩旗、遮阳伞……处处都印有COCACOLA，整个公园完全被塑造成一个浓缩的可口可乐世界。

（二）策划北京"奥运会徽金罐闪电战"

2003年8月3日，北京奥组委对外公布2008年北京奥运会新会徽的当天，100万只印有新会徽的可口可乐限量精美纪念罐就摆进了北京、上海和青岛三个城市的超市。可口可乐也因此成为北京奥运会顶级赞助商中第一家有幸被授权使用奥运新会徽的公司。

由于可口可乐的空罐需要提前生产，如何严格保持这个秘密并在第一时间生产出纪念罐，就成为策略执行者面临的巨大考验。为了保证计划的顺利实施，早在2003年3月，可口可乐就向国际奥委会及北京奥组委提出，希望在新会徽公布时生产一批纪念罐来纪念这一重大事件。

可口可乐从1928年就开始赞助奥运会，生产奥运纪念罐成为公司的传统。北京奥组委认为可口可乐的纪念罐将起到宣传新会徽的作用,出于对该公司的信任,双方签署了严格的保密协议,一个对外界严格保密的计划开始启动。在可口可乐公司,只有六个人事先知道这一秘密,每个人都签署了保密协议。可口可乐慎重地选择了国内一家广告公司和公关公司,只有总监级员工才能知道秘密的核心,并与他们签署了如果泄密要承担法律责任的协议。与此同时,制罐厂也采取了严格的防泄密措施:空罐被黑色胶布封起来,藏在了特定的仓库里。仓库里24小时都有专人把守,只有30名工人加班参与生产,在运输时,空罐被放在加锁的全密封货柜车内,拿着仅有的一把钥匙的人并不随车走。在这样精密的保障之下,一个伟大的创意成功了!新奥运会徽宣布的那一天,北京长安街上的可口可乐广告牌以最快的速度换上了最新的祝贺广告,北京、上海、青岛的各大商场也开始通宵达旦的布置。可口可乐奥运新会徽纪念罐顷刻成为市民热情追捧的最新收藏品。随后的几天里,可口可乐在这几个城市的出货量是平时的5倍。

可以设想,如果没有一个强大和协调的执行体系,绝不可能完成运作这个行销全世界200多个国家的营销策略体系。可口可乐完善的基础管理和务实的执行文化,使得众多异想天开的创意成为现实。

值得注意的是,可口可乐在多年赞助奥运的过程中,和各级奥委会形成了默契的合作关系,这也使得可口可乐在执行奥运策略中具有无可比拟的优势。可口可乐公司也不讳言,通过和国际奥委会以及它的各级机构长期合作,可口可乐已经融入奥运会的组织工作中,奥委会很信任可口可乐,甚至会主动找可口可乐帮助完成一些商务运作。2008年的北京奥运会,可口可乐玩出了"奥运会徽金罐闪电战",这一令人称道的经典营销案例。

(三) 赞助世界及中国足球

就全球范围而言,足球一直是可口可乐最重要的赞助项目之一,也是可口可乐最为宝贵的市场资源。作为国际足联和世界杯的长期合作伙伴,从1974年开始,可口可乐就成为每届世界杯的主要赞助商之一,可口可乐拥有在全球推动足球运动无可争议的领先地位。贯穿于足球运动中的精神则恰恰是可口可乐品牌所一贯主张的核心价值。

在中国,可口可乐对中国足球事业的支持,使可口可乐将其品牌在全球范围内与足球的渊源恰如其分地本土化,并由此建立起与中国足球强有力的感性沟通模式。从2001年开始,可口可乐通过一系列围绕中国足球的公关推广活动,把中国消费者对可口可乐的品牌认知推向了一个新的高度。

(1) 全面赞助中国国家足球队。2001年1月,可口可乐与中国足协签订了赞助中国队所有赛事的合作意向,可口可乐成为中国队官方饮品。通过赞助中国队,支持中国足球发展,可口可乐再次巩固了自身的品牌领导地位——运动、奔放、向上,充满乐观精神,真实可信地充分体现了国家荣誉和对中国队的激情。

(2) 为世界杯外围赛创作"中国之队"队歌。2001年4月22日,对于中国足球及球迷来说,有着特殊的含义。在无数中国球迷殷切的期望中,中国之队在西安迎战马尔代夫国家队,使中国之队又一次义无反顾地拉开了第七次冲击世界杯的帷幕。在小组赛首场比赛上,可口可乐为中国国家队创作了第一首队歌——《让我们向前冲》。在比赛开幕式上,由孙楠、那英等八位国内知名歌手联袂演绎的这首"中国之队"队歌最为激动人心。这首歌体现了"永不言败,拼搏到底"的精神,同时也表达了广大中国球迷对中国之队的热切期望。毫无疑问，这首歌在很大程度上鼓舞了中国之队的球员们，给中国之队在冲击世界杯的征程中开了个"好头"。

（3）为中国队主场比赛摇旗助威。2001年8月25日，在沈阳五里河体育场，可口可乐组织了由1 300多名东北大学生组成的大型"啦啦队"，同时可口可乐还从球迷协会请来专业人士，专门指导大学生"啦啦队"的演练，以确保起到为中国之队助威鼓舞的效果。

（4）开展"激情拥抱世界杯"系列活动。2002年3月，可口可乐针对中国球迷开展了一次大规模的系列推广活动，活动中的"弹指足球"项目成为风靡世界的超级球迷的最爱。球迷只需将小球靴套在手指上，就可以以手代足在桌面上进行二对二的对抗比赛。可口可乐把"球迷"定义为：那些喜欢足球并视足球为生命一部分的人。中国球迷具有这样的一些特征：足球可以让他们放松；在观看足球比赛的时候可以互相交流；他们可以很容易地回忆出每一个中国队光荣的经典瞬间；他们与中国足球荣辱与共。其后，可口可乐开展的"为世界杯壮行"、"为中国队护旗"、赞助"女足世界杯"、赞助"中国女足南北明星争霸赛"等一系列的活动，使中国球迷关注世界杯、关注中国之队的情感得以升华，世界杯、中国之队、可口可乐则成为众多球迷提及率最高的词汇。可口可乐通过对中国足球事业的支持，使其赢得了极高的品牌美誉度与消费者忠诚度。

（资料来源：封展旗，黄保海．市场营销案例分析．北京：中国电力出版社，2008．）

二、思考·讨论·训练

1．可口可乐采取了哪些措施开展体育营销？
2．可口可乐开展体育营销为其带来了什么效果？

项目名称：企业新产品整合营销训练

1．实训目的

运用整合营销传播知识，为某一新产品的市场导入设计整合营销传播方案。

2．实训组织

（1）在教师指导下，由学生自由组合成4～6人为一组的研究性学习项目小组，并确定负责人。

（2）小组经过调查、研讨、分析形成方案。

（3）在全班展示各组的方案。

（4）师生共同对此次实训活动进行总结。

3．实训要求

（1）在方案中体现出社会传播媒介的新变化。

（2）条件许可的话可以尝试组织实施整合营销传播方案。

1．关系营销的着眼点何在？在开展关系营销方面你有哪些好的建议？

2. 观察一下身边的企业是如何开展绿色营销的？将他们的做法总结在一张纸上。
3. 网络营销在当前有哪些领域应予推广？哪些方面可以应用？
4. 搜集网络资源分析一下企业是如何利用 2008 北京奥运会进行体育营销的？
5. 总结企业巧打文化牌，在文化促销策划方面呈现出的新特点、新方式、新手段。

直 销

直销这种营销模式最早起源于美国，20 世纪 80 年代后期，直销随着信息化社会的迅速发展和消费者追求方便快捷的购物心理而兴起。现在，直销几乎遍及全球所有市场经济成熟和发达的国家。

直销定义。虽然直销可以说是人类最早的商业销售方式之一，但是直销并没有被大多数人所了解，至今对直销的定义一直没有定论，原因是直销这种销售模式被分为了两大类：

第一类是狭义直销（Direct Selling），即产品的生产商、制造商、进口商通过直销商（兼消费者）以面对面的方式将产品销售给消费者，这其中又包含单层次直销和多层次直销。目前，单层次直销大约有 20% 的直销公司在使用，而多层次直销则有近 80% 的直销公司在使用。单层次直销是直销商（兼消费者）将公司产品或服务销售给消费者，根据其销售业绩向公司领取奖金的销售模式；多层次直销又称"传销"，一般是根据公司的奖励制度，直销商（兼消费者）除了将公司的产品或服务销售给消费者之外，还可以吸收、辅导、培训消费者成为他的下线直销商，他则称为上线直销商，上线直销商可以根据下线直销商的人数、层数、业绩晋升职务，并获得不同比例的奖金。

另一类直销模式是直复营销，这种模式也叫直效营销。这种模式下的产品生产商、制造商、进口商通过媒体（邮寄产品广告、电视电话购物、因特网络宣传等）将产品或者咨询传递给消费者。直复营销中的"直"，是指不通过分销商直接销售给消费者，"复"是指企业与顾客之间的联系，顾客对企业营销有一个明确的回复（买与不买），企业可统计到明确回复数据，由此对以往的营销效果做出评价。

相关链接

直复营销的起源和发展

直复营销起源于美国。1872 年，蒙哥马利·华尔德创办了美国第一家邮购商店，标志着一种全新的营销方式的产生，但直至 20 世纪 80 年代以前，直复营销并不为人重视，甚至被看成是一种不正当的营销方式。进入 20 世纪 80 年代后，直复营销得到了飞速的发展，其独有的优势也日益被企业和消费者所了解。

（资料来源：百度百科）

以上两类直销模式合起来被称作广义的直销。2005 年 12 月 1 日，我国颁布了《直销管理条例》，该条例中对直销下的定义是：直销企业招募直销员，由直销员在固定营业场所之外直接向最终消费者推销产品的经销方式。该条例中指的直销是上面提到的第一种模式。而第一类直销模式中最主要的一种营销模式：多层次直销（即我们平时所称的传销）已经被我国禁止。条例中的直销企业是指依照规定经批准采取直销方式销售产品的企业,直销员是指在固定营业场所之外将产品直接推销给消费者的人员。企业采取直销的方式直接面对客户,减少了物流成本、减少了呆账坏账,减少了经销商和相应的库存带来的额外成本,因而可以保障企业及客户利益,加快企业成长的步伐。

1. 直销的特征

(1) 营销渠道短。在传统营销过程中,生产者与消费者之间的批发商、中间商或者零售商较多,产品经过逐层加价其最终价格也就较高。而直销是最短的营销渠道,在生产者和消费者之间没有任何中间商或第三者参与产品的转移,生产企业通过直销员与消费者面对面的沟通,产品从生产者直接过渡到消费者手中,此处的直销员也不是传统渠营销渠道里的分销商,而是生产商的销售代表,因此以直销方式销售的产品就有可能具有一定的价格优势。另外,由于直销员与客户进行的是一对一的交流,直销员更能了解客户的详细情况,把握客户各方面的需求,因此直销的服务质量较高。由于没有中间商,客户对于产品的反馈信息能更快地传递给生产商,在售后方面也应该更有保障。

(2) 多层次计酬。直销企业利用构建直销网络来组织庞大的直销员队伍,实现产品的销售,计算直销员的奖酬等。直销网络又被称作部门,直销员通过自身推荐及间接推荐的形式发展下线,从而形成自己的销售网络即部门。依靠组建的网络,直销公司对直销员实行多层次计酬。直销员不仅可以从自身销售的业绩中获得报酬,而且可以从其直接推荐或间接推荐的人员(整个部门或网络)的销售业绩中提取一定比例的奖金。网络和多层计酬方式是直销存在的根本,虽然每个直销公司的计酬方式会有所不同,但从本质上看,都是以多层计酬为基础。由于直销网络十分复杂,直销公司制定了较为严格的网络管理制度,包括发展网络、人员管理、薪酬统计等。

(3) 产品示范和直销会议。一般情况下,直销人员在进行销售产品之前,都会进行较为详尽的产品讲解和示范,特别是那些高附加值的产品。产品讲解包括产品的主要成分、功能、作用等,产品示范则采取现场使用产品,以显示产品的效果。直销员往往会通过现身说法,讲解自己亲身使用的体验,传递给消费者更多的信息。直销企业的现场产品讲解和示范增加了消费者对产品的了解,提高了消费者购买产品的兴趣和信心。

另外直销企业还定期召开各种类型的会议,包括新产品发布会、业务拓展会、经验交流会等。参加会议的人员很多都是企业的直销人员和直销网络发展对象,直销企业通过这些会议进行业务说明、经验交流、先进理念推广等,增加了参与人员对直销的直接认识,同时在很大程度上激励了企业的直销员,促进了其业务水平的提高。

(4) 无固定销售地点。直销是无店铺销售形式的一种,直销的销售地点一般不固定,往往是直销员自己选择场所,或是在家中,或是在工作场所等,上门销售是其销售的主要形式。由于直销的销售地点和时间的灵活性,不但方便了消费者购物,也可以实现部分直销员的兼职销售工作。

2. 直销与非法传销的区别

我国国务院颁布的《禁止传销条例》中规定:"传销是指组织者或经营者发展人员,通过对被发展人员以其直接或间接发展的人员数量或者销售业绩为依据计算和给付报酬,或者要求被发展人员以交纳一定费用为条件取得加入资格牟取非法利益、扰乱经济秩序、影响社会稳定的行为。"直销与非法传销的主要区别有以下几点:

(1) 人员获取报酬的方式不同。直销中直销员报酬的取得依靠的是推销产品的销售收入中的提成，并且我国法律规定其提成最高不能超过其推销产品销售收入的30%。

而传销人员的报酬取得并非来源于销售产品或服务等所得的合理利润，而是靠从其下线交纳的费用中获取提成，而且发展下线越多报酬越高。非法传销活动与国外所谓的"老鼠会""金字塔欺诈"如出一辙，实际上就是一种使组织者等少数人聚敛钱财，使绝大多数加入者沦为受害者的欺诈活动。参与人员交纳的费用完全被不法分子非法占有或用来支付上线。多数不法分子仅将参与者交纳的费用的一小部分用于维持非法活动的运作，大部分早已转入个人账户，一旦其从事的这种非法行为败露就会卷款潜逃。

(2) 产品的价值表现不同。正规的直销企业一方面要求产品的质量好，另一方面，其产品在市场上的销售情况也比较好。对于直销企业而言，其直销员推销的是实实在在，看得见摸得着，同时还具备一定实用价值的实物产品，另外直销产品品质的优良与否是决定产品销量的根本原因。由于直销企业产品的流通渠道是由生产厂家通过销售代表直接到顾客手中的，中间没有其他环节，而且广告宣传一般也不多，所以直销企业的产品大都物有所值。

而非法传销则完全相反，这些组织主要以发展下线为目的，其所谓的产品只是一个借口或依托，有的组织即使提供产品也基本上都价格虚高却毫无实用价值。

(3) 产品有无退换保障制度。凡是正规的直销企业都会为顾客提供完善的购货和退换货保障。例如，绝大多数直销企业给一般顾客承诺在购货7天以内退回包装完好仍具有销售价值的产品，可获100%现金退款。有的直销企业对于优质顾客还承诺在购货10天以内可退回曾经使用或不具销售价值的产品（剩余量至少达50%），可获得50%现金退款或50%等值购货额。而非法传销组织的产品一旦销售就无法退换，或者想方设法给退货顾客设置障碍。

(4) 参加组织的方式不同。直销活动中直销员加入直销企业不需要以缴纳费用或购买商品作为条件。而非法传销组织的传销人员加入传销组织必须以缴纳一定费用或购买商品作为加入条件，并以此获得回报。

(5) 与组织间的关系不同。直销员加入直销企业是自愿的，加入后要与企业签订产品销售合同，直销员与直销企业间是合法的契约式关系，没有签订合同的不得从事直销活动。而传销组织中的大部分采取欺骗方式诱使他人加入，他们根本不会与传销人员签订合同。近年来在我国的有些地方传销活动愈演愈烈，有的传销组织甚至采取非法拘禁等方式将被骗人员控制，引发了一系列相关的刑事案件。

3. 我国直销行业存在的问题

我国直销法规正式实施以来，已获得经营许可的中外资直销企业20余家，包括一些跨国企业和中资企业，如"雅芳""安利""隆力奇"等，全国直销市场已达到一定规模。

从直销在我国的发展现状看，一些取得经营许可的直销企业，以产品品质为核心，在突出消费个性上下功夫，力求以产品的高品质和销售方式的人性化、管理的规范化来吸引直销人员和消费者；有些直销企业通过各种方式在产品研发、经营方式、人力资源和品牌传播等多角度加强建设、增加投入；还有一些直销企业强化社会责任，积极参与我国的一些社会公益活动和慈善事业；也有直销企业与专家和媒体广泛合作，加强对我国直销法规的宣传和正确解读。而在直销企业工作的直销人员在销售产品的过程中则努力满足消费者的个性化需求，为消费者提供差异化的优质服务。目前直销在我国的很多地区已经取得了良好的社会效果和经济效益。但是,在我国直销行业的发展过程中,也还存在着一些亟待完善问题,主要包括以下几方面。

(1) 消费者辨别能力、消费心理尚不成熟。虽然一直以来我国都没有放松对非法传销的活动的大力打击,并不间断地在各种媒体进行详细的报道,但非法传销活动仍然存在于我们的周围,而且在短时间内还不大可能被彻底地扫除干净。正是由于这些非法传销活动长期以来给消费者带来的恶劣影响,直接对人们的消费心理造成了伤害,在人们对直销的本质还没有客观理性了解的情况下,直销市场的开放,会使广大消费群体感觉又是一次传销活动,导致消费者不能理性地去面对直销企业和直销活动。

(2) 部分直销企业管理不严,行业自律不够。直销活动有没有风险,最主要是看直销企业有没有自律能力,还要看企业负责人对自律的决心如何。我国有些直销企业在管理上存在漏洞,个别企业甚至还有违反法律规范生产经营的现象,如有些直销企业的产品价格很高但质量很差、直销人员违背职业道德等问题;也有一些起步较晚的本土直销企业,因为经营时间较短且对直销模式不够熟悉,还没有形成稳定的生产经营制度环境和运营机制。总体上来说,我国的直销企业当前整体还是存在理性不足,短期行为和投机行为较多,没有将直销作为一项终身事业去用心经营,同时还缺乏行业自律性。

(3) 政府监管力度不足。在对直销活动的监督管理上,我国政府执法的科学性和强化监督检查等方面还是存在很多问题,这在很大程度上造成了非法传销活动在我国的屡禁不止,有些地区非法传销活动甚至十分猖獗,国家执法部门虽然不断加大对传销活动的打击力度,但由于非法传销点多面广,而且欺骗手段变化多端,加之地方执法力量不足,使得非法传销对我国直销市场的正常经营造成了很坏的影响。

(4) 直销从业人员素质有待提高。我国一些直销企业的从业人员对直销的职业道德和基本操守缺乏必要的了解和掌握,诚信度偏低;同时,有些直销企业的直销员缺乏必备的专业技术素养。因为目前尚缺乏具有专业能力的管理人员和营销队伍,我国的大多数直销企业还难以形成有效的市场竞争力。

(资料来源:柴雨,杨金宏,熊衍红. 市场营销. 长沙:湖南师范大学出版社,2012.)

任务12
行业营销

　　企业要想获得生存下去的机会,唯一的办法就是保持一种始终面向外界的姿态。若想长期生存,仅有的途径就是使人人竭尽全力,千方百计让下一代产品进入用户家中。

——[美]约翰·多伊尔

　　企业的情况很复杂,所以应该有壮士断臂的勇气和决心,因为这个放弃减少了对他的很多压力和拖累,使他更有力量,寻找更好的机会来发展。

——段永基

> **学习目标**
>
> - 能够开展汽车市场营销；
> - 能够开展旅游市场营销；
> - 能够开展酒店市场营销；
> - 能够开展保险市场营销；
> - 能够开展房地产市场营销。

营│销│故│事│导│入

把汽车卖给买鱼钩的人

一个乡下来的小伙子去应聘城里"世界最大"的"应有尽有"百货公司的销售员。老板问他："你以前做过销售员吗？"

他回答说："我以前是村里挨家挨户推销的小贩子。"老板喜欢他的机灵："你明天可以来上班了。等下班的时候，我会来看一下。"

一天的光阴对这个乡下来的穷小子来说太长了，而且还有些难熬。但是年轻人还是熬到了5点，差不多该下班了。老板真的来了，问他说："你今天做了几单买卖？""一单。"年轻人回答说。"只有一单？"老板很吃惊地说："我们这儿的售货员一天基本上可以完成20到30单生意呢。你卖了多少钱？""300 000美元。"年轻人回答道。

"你怎么卖到那么多钱的？"目瞪口呆，半晌才回过神来的老板问道。

"是这样的，"乡下来的年轻人说，"一个男士进来买东西，我先卖给他一个小号的鱼钩，然后中号的鱼钩，最后大号的鱼钩。接着，我卖给他小号的渔线，中号的渔线，最后是大号的渔线。我问他上哪儿钓鱼，他说海边。我建议他买条船，所以我带他到卖船的专柜，卖给他长20英尺有两个发动机的纵帆船。然后他说他的大众牌汽车可能拖不动这么大的船。我于是带他去汽车销售区，卖给他一辆丰田新款豪华型'巡洋舰'。"

老板后退两步，几乎难以置信地问道："一个顾客仅仅来买个鱼钩，你就能卖给他这么多东西？"

"不是的，"乡下来的年轻售货员回答道，"他是来给他妻子买卫生棉的。我就告诉他'你的周末算是毁了，干吗不去钓鱼呢？'"

关于营销，我们要相信一切皆有可能。而营销绝不是只适用于一般的企业，它实际上已经渗透到各行各业，甚至非营利组织也离不开市场营销。

(资料来源：http://www.doc88.com/p—9935177759467.html)

12.1 汽车市场营销

20世纪前中国的汽车市场只是销售，而销售只是卖的技术，靠价格等基本要素吸引消费者。21世纪，中国汽车企业进入营销时代。为了汽车市场份额的最大化，各汽车商家加大了商品的投入，降低销售渠道成本，提高信息反馈速度，整合一体化服务，形成自己的汽车营销模式。

1. 汽车营销的作用

（1）提供汽车信息。通过宣传，可以使用户知道企业生产经营什么样的汽车产品，有什么特点，到什么地方购买，购买的条件是什么等，从而引起顾客的注意，激发并强化购买欲望，为实现和扩大销售做好舆论准备。

（2）突出汽车产品特点。在激烈的市场竞争中，通过促销活动能够宣传突出企业产品的特点，激发潜在的需求，提高企业和产品的竞争力。

（3）打造品牌。由于需求的变更和竞争的推动，除了少数产品外，绝大多数产品不会长久地被消费者接受。一般而言，产品都有一个生命周期，会经历从投放市场、成长、成熟和衰退、推出市场四个阶段。但是具有竞争力的品牌会因为它拥有高的知名度和顾客忠诚度而安全超越产品的生命周期，长久存在。因此，品牌特别是知名品牌就可以相对独立出来，并可使消费者长期积累对它的认同和偏好，使品牌成为企业的一种无形资产。汽车营销就具有这种独特作用。

2. 汽车营销模式

我国最早的汽车营销是由国营的汽车销售公司垄断的。到了20世纪90年代中期汽车厂商开始建立自己的销售渠道，并逐渐形成以下的汽车渠道模式。

（1）总代理制。其渠道模式可以表述为：厂商—总代理—区域代理—下级代理商—最终用户。进口汽车主要采用这种模式。

（2）区域代理制。其渠道模式可以表述为：厂商—区域总代理—下级代理商—最终用户。这种模式与IT渠道的区域代理制基本一致。这是汽车渠道最早采用的模式，目前采用这种模式的厂商已经较少。

（3）特许经销制。其渠道模式可以表述为：厂商—特许经销商—最终用户。区域代理制实施一段时间后，汽车厂商逐渐发现很难对经销商的经销行为进行规范，市场价格体系混乱，1996年后，汽车渠道逐渐向特许经销制转变。

（4）品牌专卖制。其渠道模式可表述为：厂商—专卖店—最终用户。品牌专卖只是1999年发展起来的渠道模式，主要以"三位一体"（3S）（整车销售、零配件供应、售后服务）专卖店和"四位一体"（4S）（整车销售、零配件供应、售后服务、信息反馈）专卖店为表现形式。

这里重点强调一下4S模式。它是1998年逐步由欧洲传入我国的。由于4S店与各个厂家之间建立了紧密的产销关系，具有购物环境优美、品牌意识强烈等优势，一度被国内诸多厂家效仿。在整个获利过程中，汽车销售、配件、维修的比例结构为2∶1∶4，维修服务获利是汽车获利的主要部分，对专卖店的重要性显而易见。4S模式的出现，恰好能满足用户的各种需求，它可以提供整洁干净的维修区、现代化的设备和管理服务，高度职业化的氛围、保养良好的服务设施、重组的零配件供应、迅速及时的跟踪服务体系。通过4S店的服务，可以使用户对品牌产生信赖感，从而扩大汽车的销售量。

从以上可见特许经销制和品牌专卖制（主要是4S模式）是目前汽车渠道的主流模式，二者的区别见表12-1。

表12-1　特许经销制和品牌专卖制（4S模式）的区别

	特许经销制	品牌专卖制（4S模式）
对经销商要求	厂商只能对经销商的地理位置、销售能力进行考察，不能对其有过多的硬性要求	对专卖店的硬件有严格的规定，特别强调售后服务和信息反馈功能
对经销商管理力度	对经销商销售管理和培训支持较少	厂商对专卖店店面、员工培训等有严格统一的管理
展示形象	经销商不能展示厂商的品牌形象	专卖店可以打厂商的牌子，注重展示厂商的形象
经营品牌的数量不同	经营汽车品牌的数量不是唯一的，厂商不能对此进行控制	只能经营单一的汽车品牌

3．我国汽车营销的发展趋势

借鉴发达国家的经验，我国的汽车营销应从以下几方面加以改进。

（1）提高售后服务质量。汽车整车销售利润在整个产业链利润构成中仅占20％，零部件供应占20％，而50％～60％的利润则是由服务环节产生的，包括维修、保养、检测、救援等。为此要进一步完善售后服务体系，提高售后服务专业化水平，实现从"卖汽车"向"卖服务"的跨越。一方面要加强维修人员的专业化培训，提高维修保养人员的技术素质和服务水平；另一方面要对售后服务网点进行清理整顿，积极开展汽车维护和保养业务。

（2）开展汽车信贷服务。汽车金融信贷服务已经成为汽车产业价值链中最有价值的环节，但这恰恰是我国汽车业最薄弱的环节。为了改变这种状况，要进一步改革商业信贷体系，建立信息信用库，对个人和单位信用情况做出记录，作为评估依据，确定信用等级。银行和汽车财务公司等金融机构则应学习借鉴国外汽车信贷公司的专业经验，推广汽车信贷业务。

（3）积极开展网络营销。汽车行业应充分认识到网络营销的巨大潜力，积极拓展营销渠道，开拓网络销售业务，向消费者提供个性化的自助销售服务。

（4）不断提高管理水平。汽车行业要在客户资源管理、品牌经营、企业内部信息化管理、仓库管理、店面管理、服务规范、市场调查、技术培训等"软"管理方面下大力气，增强自身向消费者提供附加值的能力，使自己在市场竞争中立于不败之地。

12.2　旅游市场营销

1．旅游市场

旅游市场，指旅游商品交换的场所，以及旅游商品的现有消费者、潜在消费者与生产者、销售者之间的经济关系。一个完整的市场包括三个要素：有某种需要的人、为满足这种需要的购买者和购买愿望。市场的这三个要素相互影响，缺一不可。只有三者相结合才能构成有效的市场，才能决定市场的规模和容量。即

$$市场＝人口＋购买力＋购买愿望$$

旅游市场亦是如此，它是旅游社会经济活动的集中反映，是旅游产品分配、交换实现的条件。旅游市场的构成有三个基本要素：① 旅游主体，即旅游者；② 旅游客体，指旅游资源；③ 旅游媒介，指旅游设施。从营销学的角度来看，由于旅游业属于提供无形产品的服务业，因此，旅游市场的核心就是客源市场，即一切具有旅游需求并且愿意与可能参加旅游以使该需求得到满足的现实和潜在的旅客群体。即

$$旅游市场＝客源市场（人口＋购买力＋购买愿望）$$

旅游市场有多种分类方法，如按地域范围分为国际和国内旅游市场；按旅游者的年龄和性别特征分为老、中、青、儿童和妇女旅游市场；还可以按旅游者的社会地位、文化程度和经济支付能力划分。按旅游活动类型分为观光、度假、会议、购物、体育、探险和科学考察旅游市场；按旅游接待量和地区分布划分为一级市场、二级市场和机会市场。

通过对旅游市场的研究可以确定旅游需求的现状和变化趋势，包括估计国际、国内旅游市场发展的总趋势，供需状况和竞争形势，并据此确定本地区的目标市场，进行市场规划；研究影响市场的各种因素，使旅游经营适应不断变化的市场，达到吸引旅游者的目的。

2. 旅游市场的特点

旅游市场与其他市场相比，有其不同的特点。

(1) 旅游市场的全球性。从旅游需求来看，旅游者的旅游活动范围已打破了一切地理界限和行政界限，世界的每一个地方都留有旅游者的足迹。从旅游供给来看，不仅欧美一些发达国家重视发展旅游业，而且世界其他地区及发展中国家也都在积极发展旅游业，努力增加旅游供给。因此，全球性是旅游市场的一个基本特点。

(2) 旅游市场的波动性。和其他市场相比，旅游市场受到许多因素的制约，非常敏感。旅游消费属非生活必需消费，这就使旅游市场表现出波动性的特点。从内部原因看，由于旅游产品的生产与许多相关行业联系密切，它们之间存在着错综复杂的比例关系，这就要求旅游业内部各组成部分之间和旅游业同其他行业之间必须协调发展。只要某一个局部环节出现问题，就会影响旅游产品的生产和销售，造成整个旅游市场的波动。从外部原因看，旅游市场受自然因素、政治因素和经济因素的影响很大。例如，自然因素中的一年四季的变化，对旅游活动具有极为明显的影响，造成旅游市场淡季和旺季的周期性波动；政治因素中的社会动荡、暴力恐怖活动猖獗、战争爆发等；经济因素中的收入减少、通货膨胀、地区性或世界性经济危机等，都会造成旅游业的萧条和衰退。这一特征成为旅游市场营销的显著特征。

(3) 旅游市场的高度竞争性。由于旅游者对稀缺旅游资源的竞争，以及旅游经营者对旅游者的竞争，同时又由于经济的发展和由此带来的人们生活水平的提高、闲暇的增多、经济条件的改善，以及人们对异域文化的兴趣等，都决定了旅游业良好的发展前景。因此，新的进入者不断出现，他们开发出许多相同或不同种类的旅游产品，尤其是许多不具有垄断性的旅游资源。行业的进入门槛较低，旅游产品易于被模仿，最终会使这类产品越来越多，旅游市场的竞争也越来越激烈，旅游市场的这种高度竞争性，既给旅游企业的发展带来了严峻的挑战，也提供了良好的机遇。

3. 旅游市场营销的含义

旅游业是一个特殊的行业，旅游商品是一种特殊的商品，这种商品在时空上具有相当特殊的作用，它既不可储存，留待以后出售，也不可转移、搬运到另一个地方。因此，旅游市场营销和一般市场营销相比，有着自己特殊的规律。从某种意义上说，市场营销对于旅游业来说比对其他行业更为重要。如果不能把餐厅的一个座位或者饭店的一间客房租出去，那么，在一定时期内这种商品便失去了它的价值。

因此，可以这样理解：旅游市场营销是指在变化的市场环境中，旨在满足旅游消费者的各种需要而开展的一切旅游商务活动过程。

4. 旅游市场营销的特点

与传统的有形商品市场营销不同，旅游市场营销有如下特点。

（1）提供的产品是一种服务。旅游产品具有顾客感知性，即它不是实际存在的物体，而是一种旅游经历和切身感受。游客不对旅游产品具有所有权，而只拥有暂时的使用权。

（2）游客可参与到旅游产品的生产过程。在旅游市场营销中，游客也成了旅游产品生产过程中必不可少的元素之一，因此，对旅游市场营销人员来说，要生产出符合游客需要的旅游产品，不仅要对从业人员进行一定的管理，而且对游客也要同样进行某种管理，以便于实现游客与旅游产品生产人员之间的沟通，提高游客对旅游产品的满意度。

（3）产品质量难以控制。旅游产品的好坏是以旅游者的切身感受为标准加以衡量的，然而每个人的感受都不会是一样的，在旅游业强调个性化服务的今天，制定一套统一的服务标准更是不可能，因此，需要激励旅游从业人员热情地为游客服务。

（4）时间因素十分重要。一方面，时间因素不仅是指为游客服务时的迅速快捷、高质量，而且还指在对待游客投诉的处理及回复的及时上，只有如此游客才会感觉受到了重视，旅游企业的信誉才能逐渐建立起来。另一方面，旅游产品不可储存性的特点，也要求旅游企业重视时间因素的把握。

（5）产品的分销渠道与有形产品不同。有形产品一般是通过物流渠道送到消费者手中，而旅游产品的分销是通过各旅游企业与游客签订合同，然后游客自己前来参与旅游产品的生产与销售。

12.3 酒店市场营销

1. 酒店市场的概念

（1）酒店市场的概念。在商品经济日益发展的今天，酒店的服务日趋商品化，酒店市场也就应运而生，成为现代市场概念的一个重要组成部分。但是由于酒店的产品属于服务业的范畴，其产品特点必然与一般物资商品有一定的区别。从市场的角度来说酒店市场的概念应做以下理解。

① 酒店市场可以被理解为酒店商品交换关系的综合。

② 酒店市场的概念不仅是指酒店现有的顾客，还要包括其潜在的顾客。这些潜在的顾客可能是曾经购买过商品的消费者，也可能是需要诱导才会产生购买行为的消费者。他们可能会在一起出现，也有可能分散在一些不同的地方。但是可以统称他们为酒店的市场。

③ 顾客购买酒店的产品消费的过程。顾客对酒店产品的购买就好比是对酒店设施的租

赁，所需求的是对酒店的住宿设施享有使用权，而酒店设施的所有权并没有发生转移。

（2）酒店市场的特点。这主要包括：一是异地性，酒店的客人一般是出门在外、对住宿设施有首要需求的人群；二是季节性，酒店业属于旅游业的大范畴，淡季和旺季的差别显而易见；三是高弹性，由于酒店是第三产业，并且基本属于买方市场的环境，酒店之间的竞争很激烈，所以每一家酒店都无法对自己的市场前景做出十分有把握的预料；四是脆弱性，酒店受政治、经济、环境等各个方面的制约很大，如2003年一场突如其来的"非典"使得酒店市场急剧萎缩。

2. 酒店市场营销的概念

酒店市场营销，具有这样一种功能：负责了解、调研宾客的合理需求和消费欲望，确定酒店的市场目标，并且设计、组合、创造适当的酒店产品，以满足这个市场的需要。简单地说酒店市场营销就是为了满足客户的合理要求，为使酒店盈利而进行的一系列经营、销售活动。营销的核心是满足客人的合理要求，最终的目的是为酒店盈利。随着我国酒店业日益发展，酒店营销意识在我国酒店业中也得到了发展，成功的营销是酒店在激烈的市场竞争中处于不败之地的有效保证。

酒店的营销，必须与酒店内其他部门密切配合，如住宿与前台、客房、用餐与餐厅、会议与工程、音响等。营销部常常代表顾客的要求和利益，而顾客的要求有时非常挑剔，有可能影响其他业务部门的正常工作程序。营销部应做好顾客与经营部门的协调工作。市场营销的作用在于沟通酒店和客源市场的供求关系，以求得酒店的最佳经济效益，因而酒店的市场营销是酒店经营管理的核心。

3. 酒店市场营销的特点

酒店产品是有形设施和无形服务的结合，它不是单纯以物质形态表现出来的无形产品。酒店产品的市场营销，具有综合性、无形性、易波动性、时效性等特点。因此，酒店的营销要根据其特点，有效地组织相应的市场营销，以追求最高利益。

（1）综合性。顾客对酒店的需求，除了基本的食宿外，还包括购物、娱乐、信息交流、商务活动等综合需求。由于生产和消费同步，酒店产品无法得到大量生产。它只能在需求确定的情况下，被逐个地、有针对性地生产出来。

顾客直接参与到生产的过程之中，并可以简单地观察到服务的过程。现代酒店营销与酒店各部门的员工密切相关。只要有一名员工的服务使宾客不满意，就会造成"100－1＝0"的后果。顾客可能对酒店产品的产出产生正面或负面的影响，使得管理、营销更加难以控制。

（2）无形性。服务是酒店的主要产品，酒店所有的产品都伴随服务出售。对酒店产品质量的评价，取决于顾客对有服务支配的酒店产品的主观感受。酒店产品被顾客购买后，顾客只是在一定时间和空间拥有使用权，而无法占有它们。顾客在购买酒店的产品之前，不可能知道服务的好坏。这样，酒店的营销人员就要尽可能与顾客进行沟通，通过一些实物，如小宣传手册、纪念品等，来使顾客在酒店得到的服务有形化，达到宣传效果。但是，酒店在营销活动有形化过程中，应注意承诺要和实际相符，以防止顾客对酒店期望过高所带来的不利影响。

（3）时效性。酒店产品的时效性，也称为不可储存性。酒店的营销人员首先要面对的问题就是服务无法被储存。如果客房卖不出去的话，就无法像其他的产品一样，可以放在库房。而且酒店的服务发生失误时，服务的弥补是十分关键的。往往在酒店中，这些压力由营销人员来承担。所以，酒店要通过一些策略，如降价、促销、赠送甚至免费等方式来加强自身产品的销售，弥补不可储存性所带来的问题。

（4）易波动性。主要指季节性波动，即酒店的淡季和旺季。另外，酒店的经营受政治、经济、社会及自然因素的影响很大。

（5）不可分离性。酒店的产品要想被顾客所获得，顾客需要来到酒店接受服务。所以，酒店的选址应该相对分散，以使"服务半径"效应发挥到最大。

12.4 保险市场营销

1. 保险营销概念

保险营销就是在变化的市场环境中，以保险为商品，以市场交易为中心，以满足被保险人需求为目的，实现保险企业目标的一系列活动。它立足于全方位的思考，以系统的方法和策略达成保险销售，把保险销售纳入一个更完整的活动体系来加以俯瞰。这一概念从保险营销的目的、中心和手段三个方面，概括了现代保险营销的核心思想。保险营销的目的是满足顾客的需求；保险营销的核心是交易；保险营销的手段是综合性商务活动，即整体营销。

（1）满足顾客的需求是保险营销的目的，是保险营销的出发点和归宿点。人类在向自然界索取及在进行这种索取的活动中，总是希望在安全的环境中进行，以实现自己的预期目标。但实际情况却是，在这种活动中无时无刻不存在着各种风险，有自然风险，诸如风灾、火灾、海啸等；有社会风险，诸如偷窃、抢劫、战争、罢工等；有经济风险，诸如因经营管理不善、市场预测失误给企业带来的损失等；有政治风险，诸如政治矛盾、种族冲突等。这些风险有时会打破或中断人们的生产或生活，使人们无法达到预期的目的。于是，人们就寻求规避或转移风险的方法，保险则是最有效的途径之一。可以说，有风险才有保险，保险需求产生并存在于保险营销活动之前。作为保险公司不能创造保险需求，而只能通过各种方式影响、刺激和发掘人们的保险需求，将保险需求转化为保险行为，并推出各种适销对路的保险产品满足这些需求。

保险需求是人们为转移风险而产生的渴求和欲望，它具有客观性、多样性、差异性、渐进性、波动性、选择性、隐蔽性、非迫切性的特点。保险需求按不同标志可分为现实保险需求与潜在保险需求，长期保险需求与当前保险需求，低层次保险需求、高层次保险需求与特殊保险需求，等等。保险公司必须深入细致地了解和分析这些需求，在此基础上设计险种，选择自己的目标市场，制定科学合理的促销策略。

（2）保险营销的核心是交换。当人们用以满足保险需求的交易方式产生时，营销就存在了。所谓交易是指从他处获得所需之物并拿出某种物品或服务作为回报的行为。在保险营销中，交易是一个特定的概念，即构成交易需具备五个条件：一是交易的主体至少有两个；二是双方都认为对方的物品或服务对自己有价值；三是彼此之间能够进行信息沟通和货物传送；四是任意一方都有接受或拒绝对方产品的权利；五是双方都认为与对方的交易是必要的、合理的。

具备了上述的条件，交易行为就有可能产生，然而，交易是否发生还取决于买卖双方能否找到交易的条件，即交易以后双方都比交易以前好。交换是一个过程，而不是一个事件，例如,双方正在谈判,并即将签订保险合同,这意味着他们正在交换,一旦合同签订了,交易行为就发生了。一次交易通常包括三个方面可以度量的内容:至少有两个有价值的事务;具备买卖双方同意的条件;有时间和地点。

广义而言,保险营销者是在寻求人们对所提供保险保障的反应,即保险公司希望得到的反应是购买保险产品,保险营销是由目标公众对购买保险产品产生预期反应而采取的各种行动所组成的。

上面所讨论的是与交易联系在一起的保险营销活动,可称之为交易营销。与之相关的是,1985年美国学者巴巴拉·本德·杰克逊提出的关系营销。他认为企业与顾客建立一种长期关系是交易活动的基础,这就需要企业以公平的价格、优质的产品、良好的服务与对方进行交易。同时,买卖双方之间还需加强各方面的联系和交往,双方越是相互信任和了解,就越容易达成交易。

交易营销与关系营销的区别在于:前者强调市场占有率,企业必须投入大量的费用吸引潜在顾客购买,以实现交易利润最大化;后者强调顾客忠诚度,企业的回头客越多,营销费用越低,企业追求与顾客关系最佳化。实际上,保险营销涵盖了交易营销和关系营销,而交易无疑是保险营销的核心,没有交易的发生,保险营销就无从谈起,保险营销的一切活动都是围绕着交易的实现而进行的。

(3)保险营销是一项综合商务性活动过程。有了交易便形成了市场。市场这个词,最早是指买卖双方聚集在一起进行交易的场所。经济学家将市场表述为买主与卖主的集合。而在营销者看来,卖主构成行业,买主构成市场。保险公司则用市场这个概念来概括不同的顾客群体。

由于顾客群体存在着不同的保险需求,所以保险公司的营销活动就不能仅仅局限在从推出保险产品到签订保险合同这一活动范围之内。在此之前,应该做好市场调研,设计出符合顾客需要的保险产品。在此之后,应该提供良好的售后服务。如此看来,保险营销活动是包括保险公司售前、售中、售后活动在内的整个经营过程。

2. 保险营销的主体、客体和对象

(1)保险营销的主体。保险营销的主体是指针对保险市场需求,组合营销策略,从而影响消费者购买行为的经济组织。保险营销的主体一般包括保险公司和保险中介。

① 保险公司。保险公司指按照《中华人民共和国公司法》的规定成立的独立经营的经济单位。保险公司的成立首先要符合《中华人民共和国公司法》的一般规定,其次还要符合我国《中华人民共和国保险法》的特殊规定,按照《中华人民共和国保险法》的要求开展保险业务。

保险公司由于从事大致相同的业务,因而其内部的机构设置也相当。一般来说,保险公司都设有承保部、理赔部、财务部、营销部及精算与统计部等。承保部接受客户投保,审核保险单据以及发放保险单等。在实践中,保险公司代理人及保险经纪人的保险单都要经过承保部的审核才能正式发放。保险公司也是通过承保部的审核筛选保单,对不符合条件的保险单不予承保,从而可以有效地控制公司的风险。理赔部主要负责保险事故发生的调查、勘验,识别保险诈骗,对符合赔付条件的办理相关手续。对保险公司来讲,对理赔部的有效控制可以避免不必要的损失及为顾客提供比较满意的服务。财务部负责保险资金的收付和有关核算。营销部则通过开展活动促进保险产品的销售。精算与统计部对各部门数据进行跟踪,为领导决策和日常管理提供依据。

② 保险中介。保险中介包括保险代理人、保险经纪人和保险公估人。

保险代理人是指根据保险人的委托，向保险人收取代理手续费，并在保险人授权的范围内代为办理保险业务的单位和个人。这种代理具有以下特点。

- 保险代理人的代理行为基于保险人的授权，是一种委托代理。如果没有保险人的委托，产生的法律后果由行为人自己负责。
- 基于授权的保险代理产品的法律后果由保险人负责。保险代理人只是代保险人履行职责，实际的权利义务关系产生在保险人和投保人之间，所以代理行为的法律后果由保险人负责。
- 保险代理人向保险人收取佣金。因为代理人的行为是委托授权获得的权限，所以委托人应该向被委托人支付佣金，即保险人向保险代理人支付佣金。

保险经纪人是指基于投保人的利益，为投保人和保险人订立保险合同提供中介服务，并依法收取佣金的单位。与保险代理人相比，保险经纪人存在重大的不同。

- 保险经纪人的行为是独立的行为，不是基于任何一方的授权。
- 保险经纪人是基于投保人的利益进行的中介行为。
- 保险经纪行为成功后，保险经纪人向保险人收取佣金。这是保险营销中一个独特的现象，就是保险经纪人基于投保人的利益行为向保险人收取佣金。

保险公估人也称为保险公证人，它是独立于保险人与被保险人之间的第三方，它凭借着自己的专业知识，本着客观、公正的态度，根据保险合同双方当事人的需要，提供调查、评估、鉴定和理算等服务。保险公估人既不代表保险人，也不代表被保险人，而是独立的法人。保险公估人是为保险供求双方服务的，但是一般由保险人出面邀请进行公证，公证费用由保险人支付。

(2) 保险营销的客体。保险营销的客体就是保险产品，也就是保险公司设计的各种类型的保险单。保险产品具有以下特点。

① 保险产品是无形的。消费者在购买财产保险产品时，获得的只是一种承诺、一种心理上的安全感，并没有获得实物。因此，保险企业的硬件设施、服务人员形象等对消费者信心有较大影响。

② 保险产品具有不可分割性。消费者对保险营销人员和服务人员的印象，从主观态度、知识程度、形象衣着到谈吐风度，都将影响到对保险公司承诺的信心，影响到对保险产品质量的判断。

③ 保险服务质量的不稳定性。保险产品无论在销售的时候还是在发生保险理赔的时候，都无法与保险公司员工相分离，而同一个人在不同时间或者对不同顾客，提供服务的质量是有差异的，因此，保险服务质量的不稳定性是客观存在的。

④ 保险产品销售和服务的消费者参与度高。在购买保险产品时，依据《保险法》的规定，消费者必须履行告知义务，如实填写保险告知事项，保险公司将依据消费者的告知来确定是否承保及以何种形式承保；在发生保险理赔时，事故的查勘和定损都需要消费者的如实陈述和积极配合，如果存在欺诈等行为将负法律责任。

保险产品可分为人身保险产品和财产保险产品两类。

人身保险产品主要包括如下方面。

① 人寿保险产品。人寿保险产品包括定期寿险、终身寿险、年金保险和两全保险。定期寿险是一种以被保险人在规定期间内发生死亡由保险人负责给付保险金的保险；终身寿险是保险公司对被保险人从投保之日起到死亡之日始终负责给付死亡保险金的保险；年金保险是保险公司在一次性收取保险费或者分批收取保险费的前提下，承诺每隔一个特定时间向指定人给付约定年金的保险；两全保险是集合生存保险和死亡保险，既保生存又保死亡。

② 意外伤害保险产品。意外伤害保险产品是指因被保险人遭受意外伤害导致的死亡和残疾给付保险金的保险。

③ 医疗保险产品。医疗保险产品是指被保险人因患病或者伤害需要支付医疗费用，保险人按照约定给予赔付的保险。

财产保险产品是指以物质财产和相关的经济利益及损害赔偿责任为保险标的的保险，主要包括机动车辆保险、家庭财产保险、企业财产保险、责任险、保证保险及农业保险等。财产保险具有以下特点。

① 财产保险是一种补偿性保险，对保险损害的补偿不能超过100%，也就是说，被保险人不能因为保险事故的发生获得额外的经济利益。这在重复保险中体现得最为明确，当投保人为一个保险标的在多个保险公司买了多份保险时，如果发生保险事故，多家保险公司联合赔付，总额不得超过被保险人的损失总额。

② 财产保险存在代位求偿权。当保险标的发生损害后，保险人向被保险人支付保险金后，可以向施加损害方要求赔偿。

③ 财产保险的期限一般比较短，通常为一年，保险单到期后即失去效力。

(3) 保险营销的对象。保险营销的对象是顾客，包括现实的顾客和潜在的顾客。保险产品的无形性使得保险人对顾客的研究非常重要，顾客是否在保险营销中获得价值将是决定保险营销成败的关键。

3. 保险营销的功能

保险营销的作用是指其所产生的客观效果；保险营销的功能则强调保险营销机制本身所具有的效能。保险营销的功能如下。

(1) 导向功能。保险营销对保险企业经营方向具有"导向功能"。所谓导向功能，是指保险企业通过对保险市场进行认真调查研究后，会充分掌握客户对保险需求的意向、市场供求态势、各家竞争对手的情况和所形成的竞争态势等。这样就能为保险企业决策人员制定战略决策、安排工作计划及适时开发适销对路的新产品等，提供可靠的依据。在错综复杂的市场中为本企业的经营起到导向作用。

(2) 便利功能。便利功能是指保险市场营销能给保险交易双方带来交易上的方便和利益。它一方面使保险人能准确地了解客户的需求情况，从而开发出适销对路的产品；另一方面使投保人能通过保险中介人、广告等渠道对各家保险公司的资信情况及其保险产品的功能特点等进行比较与鉴别，顺利地做出正确的投保决策。

(3) 交换功能。投保人与保险人是买卖交换的关系。保险营销的交换功能是指它所具有的使投保人与保险人买卖交换顺利实现的功能。投保人与保险人的交换，是权利、义务的等价有偿的平等交换。投保人要从保险公司购买保险产品，使自己获得保险保障的权力，就必须履行向保险公司缴纳保险费的义务；保险公司从投保人处收取了保险费，就要向被保险人承担保险事故发生时履行保险金的赔偿或给付的义务。双方的交换涉及保险产品的价格，因此费率的科学厘定就成了交换功能的题中应有之意。

12.5 房地产市场营销

房地产市场是房地产产权交易关系的总和。房地产市场营销是指房地产开发经营企业开展的具有创造性的适应动态变化着的房地产市场的活动,以及由这些活动综合形成的房地产商品、服务和信息从房地产开发经营者流向房地产购买者的社会和管理过程。

房地产市场营销是一门科学,也是一门艺术,通过其专业人员的服务,不仅可以帮助客户选到理想的房地产商品,也可以使企业迅速收回投资,增强市场竞争能力,提高经济效益。

房地产市场营销的目标和核心,是通过运用既定的程序及随机的技巧,使房地产交易迅速达成,使商品尽快实现价值。房地产市场营销是沟通和连接房地产开发、房地产流通及房地产消费和使用的重要手段。

1. 房地产市场营销的特性

(1) 产品生产周期长。与一般日用百货、家用电器不同,生产几百套房子、建几栋大楼所需耗费的时间要长得多,通常要 2~3 年。

(2) 所需投入金额大,风险性高。房地产生产周期长,所需投入金额少则几百万,多则几亿甚至上百亿元。连续巨额的资金投入在未来几年后才能得到回报,因此所面临的风险性极大。

(3) 产品独特性极强,几乎没有相同的产品。与一般的产品可以大量相同地从生产线制造不同,房地产却因区位、建筑设计等因素,常具有独一无二的特性。产品的这种特性使得购买行为具有全新性,即每次购买所面临的环境都是新的,消费者都要重新做出购买决策;同时房地产销售人员几乎每次面对的客户都是新的,可以说不存在"老客户"的问题。

(4) 需要多种行业的企业协同作战。房地产营销是一门综合的学问和综合的艺术,任何一家企业都无法单独完成整个营销过程。房地产营销需要多兵种协同作战,它是企业间的协同经营而不是个人间的合作。按照次序,其社会分工大致为:投资咨询机构、市场调研机构、项目策划机构、建筑设计机构、建筑施工机构、工程监理机构、销售推广机构、物业管理机构。因此它是一个多领域专家共同谋划的大事业。

2. 房地产营销的方式

从房地产市场营销的方式来看,主要分为开发商自行租售和委托营销代理两种。

(1) 开发商自行租售。由于委托营销代理要支付相当于售价 1‰~3‰ 的佣金,所以,有时开发商愿意自行租售。一般在下述情况下,开发商愿意采取自行租售方式。

① 大型房地产开发公司,它们往往有自己专门的市场营销队伍和世界或地区性的销售网络,他们提供的自我服务常常比委托营销代理更为有效。

② 在房地产市场供应短缺,所开发的项目很受使用者和投资职业人士欢迎的情况下,而且是开发商预计在项目竣工后很快便能租售出去的项目。

③ 当开发商所发展的项目已比较明确,甚至有固定的销售对象时,也无须再委托营销代理。例如,开发项目在开发前就预租(售)给某一业主,甚至是由业主先预付部分或全部的建设费用时,开发商就没有必要寻求营销代理的帮助。

（2）委托营销代理。经纪人和代理商是从事购买或销售或二者兼备的洽商工作，但不取得商品所有权的商业单位。房地产委托营销代理的主要职能在于促成商品房的交易，借此赚取佣金作为报酬。他们通常专注于某些商品房种类或某些顾客群。房地产市场上的经纪人或代理商通常被称为营销代理。一般来说，营销代理负责开发项目的市场宣传和租售业务。

尽管有些开发商也有自己的销售队伍，但他们往往还要借助于营销代理的帮助，利用营销代理所拥有的市场、专业、营销网络等某些优势。营销代理熟悉市场情况、具备丰富的销售知识和有经验的专业人员，它们对所擅长的市场领域有充分的认识，对市场当前和未来的供求关系非常熟悉，或就某类物业的销售具有专门的知识和经验。

奇瑞 QQ 诠释"年轻人的第一辆车"

一、案例介绍

奇瑞汽车公司作为中国地方汽车企业，曾经成功推出奇瑞"旗云""东方之子"等性价比较高的轿车，并且凭借自主品牌的优势与合理的价格优势向国外出口轿车产品，已经在全国拥有相当的知名度。

微型客车曾在 20 世纪 90 年代初持续高速增长，但是自 90 年代中期以来，各大城市纷纷取消"面的"，限制微型客车，微型客车被大城市列在"另册"，受到歧视。同时，由于各大城市在安全环保方面的要求不断提高，成本的抬升使微型车的价格优势越来越小。因此，主要微型客车厂家已经把主要精力转向轿车生产，微型客车产量迅速下降，2001—2003 年，微型客车产量的年增长幅度分别为 20.41%、33%、5.84%。

在这种情况下，奇瑞汽车公司经过认真的市场调查，精心选择微型轿车作为市场突破口。奇瑞公司的新产品不同于一般的微型客车，它是微型客车的尺寸、轿车的配置。QQ 微型轿车在 2003 年 5 月推出，6 月就获得良好的市场反应。

（一）奇瑞 QQ 上市之路

2003 年 4 月初，奇瑞公司开始对 QQ 上市做预热。在这个阶段，通过媒体宣传、传播奇瑞公司的新产品信息，引发媒体对 QQ 的关注。由于这款车的强烈个性特征和较高的性价比，媒体自发掀起第一轮炒作，吸引了消费者的广泛关注。

2003 年 4 月中下旬，蜚声海内外的上海国际车展开幕。奇瑞公司通过媒体告知，奇瑞 QQ 将亮相于上海国际车展，与消费者见面，引起消费者更进一步的关注。就在消费者争相去上海车展关注奇瑞 QQ 的时候，奇瑞 QQ 以未做好生产准备为借口没有在车展上亮相，只是以宣传资料的形式与媒体和消费者见面，极大地吸引了媒体与公众的好奇心，引发媒体第二轮颇有想象力的炒作。在这个阶段，厂家提供了大量精美的图片资料供媒体炒作，引导消费者对奇瑞 QQ 的关注走向高潮。

2003 年 5 月（上市预热阶段），就在消费者和媒体对奇瑞 QQ 充满了好奇时，公司适时推出奇瑞 QQ 的网络价格竞猜，在更进一步引发消费者对产品关注的同时，让消费者给出自己心目中理想的奇瑞 QQ 的价格。网上的竞猜活动有 20 多万人参与，当时普遍认为 QQ 的价格应该在 6 万～9 万元。

2003 年 5 月底（上市预热阶段），媒体将奇瑞 QQ 的价格揭晓了——4.98 万元，比消费者期望的价格更吸引人。这个价格与同等规格的微型客车差不多，但是奇瑞 QQ 从外观到内饰都是与国际同步的轿车配置。此时媒体和消费者沸腾了，媒体开始了第三轮自发的奇瑞 QQ 现象讨论，消费者中也产生了奇瑞 QQ 热，此时人们的心情就是尽快购买。

这时奇瑞公司宣布，QQ 是该公司独立开发的一款微型轿车，因此，消费者在购车时不必多支付技术转让费用。这为 QQ 树立了很好的技术形象，让消费者吃了一颗定心丸。

2003 年 6 月初（上市阶段），消费者对奇瑞 QQ 的购买欲望已经具备，媒体对奇瑞 QQ 的关注已经形成，奇瑞 QQ 自身的产能也已具备，开始在全国同时供货，消费者势如潮涌。此阶段，奇瑞公司一边大批量供货，一边借助平面媒体，大面积刊出定位诉求广告，将奇瑞 QQ 年轻时尚的产品诉求植根于消费者的脑海。除了平面广告，奇瑞公司还邀请了专业的汽车杂志编辑进行实车试驾，以对奇瑞 QQ 的品质进行更深入的真实报道，在具备了一定知名度后进一步加深消费者的认知度，促进消费者理性购买。

2003 年 6 月下旬（上市阶段），奇瑞公司在全国近 20 个城市同时开展上市期的宣传活动，邀请各地媒体对奇瑞 QQ 进行全面深入的报道，保持对奇瑞 QQ 现象持续不断的传播。

2003 年 7—9 月，奇瑞 QQ 开始了热卖阶段，这个阶段的重点是持续不断地刊登全方位的产品诉求广告，同时针对奇瑞 QQ 的目标用户年轻时尚的个性特点，结合互联网的特性，推出奇瑞 QQ 网络 Flash 设计大赛，吸引目标消费者参与。

到 2003 年 10 月，奇瑞 QQ 已经热卖了 3 个多月，在全国各地都有相对的市场保有量，这时，厂家针对已经购车的消费者开展了"奇瑞 QQ 冬季暖心服务大行动"，为已经购车的用户进行全方位服务，以不断提高消费者对奇瑞 QQ 的认知度，以及对奇瑞品牌的忠诚度。

2003 年下旬，厂家更进一步地针对奇瑞 QQ 消费者时尚个性的心理特征，组织开展了"QQ 秀个性装饰大赛"。由于奇瑞 QQ 始终倡导"具有亲和力的个性"的生活理念，因此在当今社会的年青一代中深受欢迎。从这次车饰设计大赛中不难看出，"奇瑞 QQ"已经逐渐成为年青一代时尚生活理念新的代言者。

令人惊喜的外观、内饰、配置和价格是奇瑞公司成功占领微型轿车这个细分市场的关键。

（二）奇瑞 QQ 独特的细分营销策略

轿车已越来越多地进入大众家庭，但由于地区经济发展的不平衡及人们收入水平的差距，市场对汽车的需求进一步细分。由于微型车的品牌形象在汽车市场一向是低端的代名词，因此要把握消费者的心态，突出微型轿车年轻时尚的特征及轿车的高档配置，在众多的消费群体中进行细分，才能更有效地锁住目标客户，以全新的营销方式和优良的性能价格比吸引客户。

令人惊喜的外观、内饰、配置和价格是奇瑞公司占领微型轿车这个细分市场成功的关键。

1. 明确的市场细分，锁定时尚男女

奇瑞 QQ 的目标客户是收入并不高但有知识、有品位的年轻人，同时也兼顾有一定事业基础、心态年轻、追求时尚的中年人。大学毕业两三年的白领都是奇瑞 QQ 潜在的客户，人均月收入 2 000 元即可轻松拥有这款轿车。

许多时尚男女都因为 QQ 靓丽的外表、高配置和优良的性价比就把这个可爱的小精灵领回家了，从此与 QQ 成了快乐的伙伴。

奇瑞公司有关负责人介绍说，为了吸引年轻人，奇瑞QQ除了轿车应有的配置以外，还装载了独有的"I-say"数码听系统，成为"会说话的QQ"，堪称目前小型车时尚配置之最。据介绍，"I-say"数码听是奇瑞公司为用户专门开发的一款车载数码装备，集文本朗读、MP3播放、U盘存储多种时尚数码功能于一身，让QQ与电脑和互联网紧密相连，完全迎合了离开网络就像鱼儿离开水的年青一代的需求。

2. 独特的品牌策略，成功诠释"年轻人的第一辆车"

奇瑞QQ的目标客户群体对新生事物感兴趣，富于想象力，崇尚个性，思维活跃，追求时尚。虽然由于资金的原因他们对品牌的忠诚度较低，但是对汽车性价比、外观和配置十分关注，是容易互相影响的消费群体；从整体的需求来看，他们对微型轿车的使用范围要求较高。奇瑞把QQ定位为"年轻人的第一辆车"，从使用性能和价格比上满足他们通过驾驶QQ所实现的工作、娱乐、休闲、社交的需求。

奇瑞公司根据QQ的营销理念，推出符合目标消费群体特征的品牌策略。

（1）在品牌名称方面。QQ在网络语言中有"我找到你"之意，QQ突破了传统品牌名称非洋即古的窠臼，充满时代感的张力与亲和力，同时简洁明了，朗朗上口，富有冲击力。

（2）在品牌个性方面。QQ被赋予了"时尚、价值、自我"的品牌个性，将消费群体的心理情感注入品牌内涵。

（3）在品牌广告方面。富有判断性的广告标语"年轻人的第一辆车"及"秀我本色"等流行时尚语言配合创意的广告形象，将追求自我、张扬个性的目标消费群体的心理感受描绘得淋漓尽致，与目标消费群体产生情感共鸣。

3. 整合营销传播，形成市场互动

QQ作为一个崭新的品牌，在进行市场细分与品牌定位后，进行了立体化的整合营销传播，以大型互动活动为主线，具体活动包括QQ价格网络竞猜、QQ秀个性装饰大赛、QQ网络Flash大赛等，为2003年的营销传播大造声势。

（1）相关信息的立体传播。选择目标群体关注的报纸、杂志、电视、网络、户外、活动等，将QQ的品牌形象、品牌诉求等信息迅速传达给目标消费群体和广大群众。

（2）各种活动点面结合。通过新闻发布会和传媒的评选活动，形成全国市场的互动，并形成良好的营销氛围。在所有的营销传播活动中，特别是网络大赛、动画和内装饰大赛，都让目标消费群体参与进来，在体验之中将品牌潜移默化地融入消费群体的脑海，与消费者产生情感共鸣，起到了良好的营销效果。

QQ营销战略作为奇瑞诸多品牌战略中的一环，抓住了微型轿车这个细分市场的目标用户。但关键在于要用更好的产品质量去支撑品牌，在营销推广中注意客户的真实反应，及时反馈并主动解决问题，突出品牌的公信力。

据奇瑞汽车销售有限公司总经理金戈波介绍说："因为广大用户的厚爱，QQ现在供不应求。作为独立自主的企业，奇瑞公司什么时候推出什么样的产品完全取决于市场需求。对于一个受到市场热烈欢迎的产品，奇瑞公司的使命就是多生产出质量过硬的产品，让广大用户能早一天开上自己中意的时尚个性小车QQ。"

（资料来源：孙艺萌. 奇瑞QQ：年轻人的第一辆车. 市场营销案例，2005（2）；葛晓明. 市场营销实训. 武汉：华中科技大学出版社，2013.）

二、思考·讨论·训练

1. 奇瑞 QQ 为什么会取得经营成功?
2. 试比较奇瑞轿车和吉利轿车的市场细分。
3. 在当今中国汽车市场,奇瑞公司面临着哪些机会和风险?它的优势和劣势又是什么?
4. 奇瑞汽车的做法对我国汽车营销业的发展有何启示?

案例2 武夷山风景区旅游营销策略

一、案例分析

武夷山是我国继泰山、黄山、峨眉山-乐山风景名胜区之后的第四处世界双遗产地,武夷山近年来旅游宣传促销可谓成绩斐然。

(一)科学分析市场现状,确定营销目标

在资源普查和市场调查的基础上,武夷山认真分析了自身优势和不利因素。

联合国世界遗产专家认为,武夷山有极高的自然价值。武夷山是世界上最突出的亚热带森林之一,是至今保护得最完好、最大,而且最具代表性的中国亚热带森林和南中国雨林。它是很多古代的及濒临灭绝的树种的保护地,其中许多树种中国仅有。这里还有大量的爬行、两栖动物及昆虫。九曲溪两岸平滑兀立的悬崖峭壁和清澈的溪水相得益彰,具有极高的景观价值。

武夷山也富有文化价值。武夷山风景很美,得到保护的时间长达12个世纪。山中有很多非常特殊的古迹,包括公元前1年建立的汉城遗址、许多的庙宇。武夷山是新儒教(后孔子主义)的发源地。新儒教的思想在东亚及东南亚国家具有很深远的影响,对世界很多地区的哲学思想和国家统治产生影响。

近年来,武夷山建了铁路,修了机场,公路也提高了等级,交通状况得到改善。但是,武夷山的不利因素也很明显。

武夷山"偏于东南一隅",与国内大部分省份距离较远。在交通上,航班只开通北京、上海、广州(深圳)及省内福州、厦门等地;列车只开通上海、南京、武汉及省内福州、厦门等地,东北、西南、西北省份的游客到武夷山旅游不便。从客源市场看,来自本省和华东地区的客人占游客总量的70%,省内及华东是武夷山的主要客源市场。

因此,武夷山自身的市场现状是:世界级的旅游资源,区域性的旅游市场。

针对这种情况,武夷山明确了宣传促销目标,加大营销力度。

(二)精心市场细分,开拓重点市场

从区域来讲,福建、北京、上海、广东、江浙的旅游者较多,每年接待的境外旅游者寥寥无几,据不完全统计接待我国香港游客为2.75%、台湾游客为3%,外国旅游者来武夷山不到1%。从游客年龄来看,以中青年为主。

为此,武夷山采取了以下措施。

(1)针对区域市场,依托媒体和促销手段进行宣传:在上海及华东地区,以旅交会、大

篷车促销、电视媒体、晚报为依托；在广东乃至华南地区，以广东电视台、深圳电视台、香港凤凰台、晚报及旅行社包机为依托；在北京、山东及华北地区，以电视台、晚报、大篷车、新闻发布会为依托；武夷山还和厦门建发国旅、厦门航空公司等单位在韩国首尔电视台、日本东京电视台进行旅游宣传。

（2）针对重点城市，把火车、航班直达的城市作为宣传促销的重点城市，常年在列车上发布景区广告，在民航报刊上刊发景区采风报道，在直达城市电视台进行景区系列宣传。

（3）针对学生、老年人等特殊群体，在《中学生报》《中国青年报》上进行系列宣传，并给予门票优惠；组织大学生登山赛，建立青少年活动基地；对老年人，与北京、长沙等地旅行社进行合作，开行夕阳红专列，在《中国老年报》进行系列宣传，对离退休人员给予门票优惠。

（4）针对家庭、情侣、白领阶层、职工劳模等特殊群体，先后推出了七夕中国情人节、森林休闲游、民俗风情游、职工疗养休闲游等相关活动。

（三）突出特色品牌，开展联合促销

近年来，无论是电视台，还是旅游报的系列宣传；无论是旅游展销，还是景区自己制作的电视片、宣传书籍，武夷山均注重突出世界"双遗产"金字招牌，将武夷山与泰山、黄山、峨眉山并列，宣传效果显著。

考虑到游客出游一般要游两个以上风景区这一行为特点，武夷山大力推进联合促销。不论是在内地宣传，还是在我国的台、港、澳地区及日、韩、东南亚促销，武夷山都把武夷山—厦门联成一条旅游线路进行推介，围绕"蓝天碧海鼓浪屿，碧水丹山武夷山"进行整体宣传促销，从而突出了福建旅游的整体形象。同时，与武夷山建发旅行社合作，共同推出厦门—武夷山旅游热线，并在《厦门晚报》等媒体进行重点宣传。

此外，武夷山强化系统营销，先后邀请全国中旅系统、全国康辉系统、全国铁路系统、全国教育旅行社系统、全国职工旅行社系统总经理来武夷山考察，增进合作。在新浪网开辟了武夷山专栏，景区建立了自己的网站和网络订票系统等网络旅游项目。

（四）组织重点项目，形成宣传活力

针对宣传促销工作点多面广、形式多样的特点，各单位进行了合理分工，管委会负责形象宣传，旅游企业（景点、宾馆、旅行社）负责微观促销。

在宣传促销媒体形式上，确定了重点媒体。如以中央电视台、北京电视台、上海电视台、广东电视台为代表的电视媒体，以《中国旅游报》《旅游时报》为代表的旅游行业报刊，以《中国老年报》《中学生报》为代表的专业性媒体，以列车广告为代表的广告媒体，以中央电视台和旅游卫视景区天气预报为代表的旅游气象专栏。

每年度，武夷山都制订全年宣传促销计划，确定宣传项目。2001年，武夷山确定武夷山电视采风赛、武夷山风光VCD、职工教育读本等18个宣传项目；2002年，武夷山确定报纸副刊武夷山采风、旅游卫视天气预报、中央电视台世界遗产专题片等20个宣传项目；2003年组织全国漂流大赛，万人登山大赛，冬泳赛等活动；2004年举办国际摄影大赛等重点项目。

武夷山利用每年一度的武夷山茶文化节、5.16中国武夷山旅游节、七七中国情人节、森林健康节做好宣传，争取将中国报纸副刊年会、景区与媒体协作年会、旅游电视协作年会等会议放在武夷山召开。武夷山还派员参加各种类型的旅游促销会、交易会，以及国家建设部、文物局等部委举办的世界遗产展示交流会等，并开出旅游大篷车以扩大宣传面。

武夷山景区管委会还在重点城市设立旅行社代理商，直接给予门票优惠；与中国广告联合总公司、上海华域咨询公司、厦门航空公司等单位合作，制订整体营销方案，重点加强对外宣传；与中央电视台和东南卫视合作，对闽越王城古墓挖掘保护情况和世界遗产保护工程进行整体的系列宣传。

（五）建立利益共享机制，实现互惠双赢

武夷山先后制定了对旅行社的优惠办法，对专列包机、自驾车游的奖励办法，受到经营者的欢迎。

几年来，通过不断加大宣传力度，武夷山的知名度得到了很大提高。2001年武夷山景区被评为4A旅游区，2002年被评为中国十大名山。

（资料来源：中国旅游新闻网，http://www.cntour2.com/viewnews/2006/12/7/1207170026_2.htm.）

二、思考·讨论·训练

1. 结合本案例谈谈旅游企业市场营销的特点。
2. 武夷山风景区的旅游营销成功表现在哪些方面？

案例3　沙漠度假酒店卖什么

一、案例分析

位于智利北部的阿塔卡马沙漠，有一个高档度假酒店。酒店只有52间客房，平均收费659美元/每人/每间/夜，由"探险"酒店管理集团经营管理。酒店的卖点在于探险，它的目标市场是探险旅游者。酒店在旅游地为顾客组织了35个探险活动，这些活动包括：步行、远足、骑马、登山、攀岩、驾车探险远征等。根据探险游客的平均逗留时间，酒店推出了四天游2 636美元的包价节目。这包价包括四个晚上的住宿、四天的所有饮食及探险旅游活动费用，酒水另外收费。为了安全和管理，每项探险活动最多10人参加。每天在晚餐前，由顾客选择决定第二天的活动内容。酒店相应配有导游兼安全员。

在这遥远的沙漠地经营度假酒店，营造一种探险旅游的氛围是非常重要的。针对探险旅游度假者喜欢放松自己、享受宁静的特点，酒店客房内没有配备电视机和影碟播放机，只有用卫星天线连接的电话。在阿塔卡马沙漠酒店听到的唯一声音就是鸟鸣和夏天房间内天花板上老式风扇的呼呼声。

厨师长为探险游客准备了清淡、新鲜而可口的菜肴。新鲜的蔬菜、水果都是随每天的航班运来的。当然这些成本也都计算在昂贵的房价内。

这家只有52间客房的度假酒店，虽然地理位置远在沙漠边缘，日常供应有着诸多的不便，但他们的产品、服务和设计的节目，完全符合他们的目标市场即探险旅游者的需求。所以，他们经营很成功，业绩十分理想。

（资料来源：何丽芳，李飞，罗小川. 酒店营销实务. 广州：广东经济出版社，2005.）

二、思考·讨论·训练

1. 沙漠地度假酒店为什么能够吸引顾客光临？
2. 你认为酒店营销成功的关键是什么？

案例4　江苏国寿第一团队

一、案例分析

中国人寿保险公司江苏省常熟支公司营销一区部自1998年2月晨光一部创建以来，由最初20多人的小团队发展到550人，下设3个部，共5个职场，2000年新单保费2 200万元，2001年新单保费3 000万元，2002年1月至6月初，新单保费收入2 950万元，占全年的76%，业务总量成为全国第三、江苏第一。

（一）分享连通心灵

在营销一区部，大家有一个共同的感觉，职场就是自己的家，每个人都是家的一分子。你的欢乐就是我的欢乐，你的苦楚就是我的苦楚，大家荣辱与共，目标一致，心脉相连，相互勉励。当有人签下一份保单，伙伴们都向他恭贺，表示支持。有一个业务员曾说："当我站到台上，与大家分享我的辛酸苦辣时，我有一种莫名的感动，外面的拒绝、不解和误会都烟消云散了，我自信我能成功。"

在营销一区部，经理、主管、组训、业务员之间的沟通渠道是便捷而畅通的。一次早会，不仅可以了解伙伴的业绩和各团队发展状况，也可以学到资深伙伴的心得、经验和先进的知识；二次晨会是主管、组训和业务员进一步沟通与交流的会议，通过面对面的交流可了解把握业务员的展业状况、活动状况和思想状态，沟通的过程就是增进感情、加深了解的过程。有一位业务员分享时说："在每一次团队活动中，我感受到大家就是一个人，我喜欢这样的氛围，得到了许多乐趣。"可以说，中国人寿常熟支公司营销一区部的成功源自自上而下、由下达上的沟通渠道，通过沟通，不仅业绩日渐发展，而且团队规模也逐渐壮大。

（二）竞争合作壮大团队

中国人寿常熟支公司营销一区部面对外部压力提出要建立自身的"竞争"与"合作"体系，孕育发展潜质，增强发展后劲，壮大团队实力，做大、做强、做高。他们引入良性的竞争机制和合理的激励机制，为业务伙伴提供施展才华和抱负、实现自身价值的舞台。

为了让竞争与合作观念深入人心，并形成一种制度，在营销一区部，他们精心设计了各式各类的竞争舞台，每日、每周、每月、每季、每年通过一系列评核产生相应的明星；他们借助"百舸争流"流动业务竞争方案，在各团队、职场进行评比，较好地建立起职场、团队之间的竞争与合作的机制；同时，利用持续不断的业务劳动竞赛，加大了竞争的力度，竞争观念深入人心；此外，名人俱乐部、区部明星评比和先进事迹的上报、在媒体公开发表以示表彰与激励。在营销一区部，大家竞争意识、团队意识和荣誉感强烈，他们会为了集体荣誉、团队荣誉全力以赴，披星戴月，走家串户，不计得失。

竞争是为了合作，合作是为了更好地竞争。竞争则发展，合作则生存，竞争与合作并存才会把事业做大，才会走得更远、更好。在营销一区部有这样几位伙伴，他们为了团队的荣誉，在每月的月明星争夺战中，互不相让，你争我夺，特别在5月份中，东方职场的胡建芬、三部的周春荣业绩都突破10万元的大关，成为5月份营销一区部的双明星，同时双双取得五、六月份苏州"横刀立马"劳动竞赛前三名。用区部张晨经理的话说："营销一区部伙伴之间竞争是为了更好地合作，这样我们才能树立品牌，增强在同业间的竞争力。"

（三）用心良苦增对人

增员是营销单位永恒的话题，在增员问题上，中国人寿常熟营销一区部比较慎重。在增员大会上，区部与在职业务员、主管签订增员责任状，明确增员的数量、保证增员的质量和新人留存率。在增员活动中，以公司新的《基本法》为依托，责任到人，任务到人，业绩到人，层层有任务，人人有担子。在增员初期，他们十分强调打破以往的增员"瓶颈"，宣导业务人员树起"增对人、增好人"的增员观念，本着对被增人员、自己、团队和公司负责的态度，要求各级主管主抓增员工作。在具体增员操作时，不再用以往的"1+1"模式，而是采取"1+多"模式，鼓励更多的人走组织发展道路；在增员活动中，通过新闻媒体、网络、人才市场等场所，挖潜人才，招聘年轻优秀的人才加盟到人寿保险队伍中来，效果明显。营销一区部五月份增员累计600人，从目前来看，留存率比预想的要好。

（四）诚信和持续学习

营销一区部的伙伴们在展业过程中，遵纪守法，诚实信用，把客户的要求列为自己工作的标准，确保诚信原则落实到行动中，融化在血液里。在具体展业过程中，不与同业公司比较，不比较产品，反对诋毁同业，制止恶劣竞争，反对无序市场行为，全面配合中国人寿江苏省公司、苏州分公司"建立保险信用安全体系"的行动计划；不断学习吸取兄弟公司管理经验、经营观念、教育模式和培训形式，加强对外交流的机会。培训和提高各级主管是营销一区部的重点工作，主管们管理与学习紧跟不放松，在不断的学习、探索中努力打造千人大团队，培训百名主管是他们今后几年内的发展思路。

有始有终地坚持分享、沟通的职场文化建设，大力倡导竞争和合作两大主题并举，富有人性化的管理和激励模式，把诚信和持续学习作为团队永续经营的根基，这是中国人寿常熟支公司营销一区部的基本做法，也是被实践证明了的成功的做法。

（资料来源：周鹏. 综合营销实务. 北京：电子工业出版社，2006.）

二、思考·讨论·训练

1. 为什么中国人寿保险公司江苏省常熟支公司营销一区部能够成为"第一团队"？
2. 结合本案例谈谈你对保险营销的理解。

案例5 大连城市广场复合商业地产项目的运营

一、案例介绍

由广东旭辉国际地产运营机构运用其首创的"房地产系统运营策划模式（RSMO）"，策划运营的大连城市广场，在短短七天的大连春季房交会上，整栋酒店式公寓362套全部售罄；5月初，五洲风情步行街的全部临街商铺及面临解放路的所有商铺全部售出；7月中旬以来，大世界国际家居中心、铜锣湾百货及万宝海鲜舫三大主力店陆续开业，城市广场成为引领大连购物、旅游、娱乐休闲的新天地，成为大连商业的一张新名片。

（一）将先天劣势转换成优势

大连城市广场用地面积约5万平方米，总建筑面积逾20万平方米，位于大连市青泥洼桥商业圈南端，整个地块被解放路隔离开来，三纵两横的路网将其分成了六个地块，把项目地段和规模优势所带来的整体效果切割得七零八碎，与商业地产所要求的整体性优势产生了很大矛盾，如果对地块研究不好，利用不好就很容易失败。

策划最大的价值是能够将先天的劣势转化成优势，针对项目的实际状况，在项目总体规划设计和空间功能布局时，旭辉国际整合资源，提出"不造商城造商圈"的理念，使项目劣势转化成优势。

在总体规划上，用下沉式商业广场将北区与中区的商业建筑连接，并通过一条五洲风情步行街，将中区与南区也串联起来，而且将中区的两幢塔楼定位为超五星级酒店和酒店式公寓。酒店式公寓汇聚的白领群体和上流阶层形成了强大的消费市场，为商业部分带来商机，商务公寓内公司的商务往来为酒店带来客房超低空置率，各项目之间形成了互为补充，互助互利的整体力量，使城市广场成为拥有整体优势的动力型地产项目。

在业态规划上，一是立体"逛街"改变传统商业经营观念。北区的商业部分引用室内透明中庭、双首层、垂直交通引导等设计意念，配合潮流天地、品牌特区、休闲广场、艺术天地等特色商业布局，引入国内著名服装设计师走廊、动感电影院等特色业态，组成一个以百货业态为主的特色购物中心。

二是休闲"逛街"体现生活新时尚。中区地上一层临街的商业部分利用长达约300米的风情街及五星级酒店的设置，通过街道的特色风情装修，并引入各种高档的经营业态（如国际品牌服饰、休闲餐饮等）营造出一条休闲风情步行街。

三是空中"逛街"首开大连商业先河。南区的商业部分运用独立垂直建筑体和平层廊道接引等手法，配合酒吧街、时尚家居、红粉世家、运动天地等特色商业布局，引入国内知名的餐饮、健身中心、女子SPA纤体美容会馆等功能特色较强的行业主力店，配合相应的零售业态，形成一个集休闲、娱乐、运动、购物于一身的"空中新天地"。产品主题的多元性充满了对人们越来越高的生活和经商要求的理解，带给人们充满想象的消费体验。

（二）从预期目标入手的运营策划模式

通过全面系统的调查研究，结合城市广场项目所在地块的综合分析与评估之后，旭辉国际首先从如何使城市广场项目实现持续发展与永续经营方面展开思考,并依次制定城市广场总体运营思路与开发总体目标。在此目标之下制定项目投资者与经营者如何满足消费者需求的策略,在充分考虑了消费者的需求之后,才考虑城市广场如何满足投资者投资与经营者经营的需求。最后,根据总体战略要求与部署,提出系统的切实可行的解决方案,并在项目开发与实施过程中进行整体统筹运作。

(1)科学设计租售比例。开发商放弃过早过多地卖掉商铺回收资金的念头,精心设计并切割了其中15%的铺位用于销售,最有价值的街铺部分在主力店达成意向后才推向市场,这样进一步提升销售单价,发展商获取更高的回报。

(2)商家早期介入。在项目规划设计之前,城市广场提前开始与主要相关行业的商家、投资商进行沟通,广泛征求他们的投资意向与意见,并与其共同研究项目的规划设计。这种方式可以从商家使用的角度考虑项目的规划,可以让商家更了解项目,更便于项目的招商进程。

(3)三大板块引入主力店,形成主题商业格局。城市广场将铜锣湾百货引进项目的北区,将大世界国际家居中心与万宝海鲜舫引入项目南区,在这两端龙头商户的基础上,再引入国际知名的凯宾斯基酒店到项目的中区,利用国际级酒店知名度全面提升项目的档次。

(三)营销推广:欲卖城市广场,先卖青泥洼

一个能够推动行业变革的商业大盘,其宣传造势,必须高屋建瓴,跳出项目推项目。大连城市广场是青泥洼的城市广场,青泥洼是大连的青泥洼,同时也是东北的青泥洼,欲想卖好城市广场,先出售青泥洼!在充分运用"运营营销"理论的基础上,城市广场通过深度运用"造势、借势、推势"推广体系,三位一体,联合作战,调动和借助各种力量,使项目未动先热,形成既叫好,又叫座的人旺、地旺、财旺的局面。

城市广场把投资、定位、规划、开发、招商、销售、经营、管理等各个环节纳入到运营策划的范畴,从市场营销运营、合作伙伴运营、组织管理运营、品牌管理运营、资本融资运营和资源整合运营上全方位围绕项目的开发运营展开,从而保证项目的最终成功。

目前,国内商业地产投资与开发普遍存在着"开发重于经营、规划早于策划、销售先于招商"的问题。而大连城市广场的开发在一开始就考虑和避免这三大问题,能够很好地处理"经营与开发的矛盾、策划与规划的矛盾、招商与销售的矛盾",成为中国商业地产科学运营的一个很好的范例。

(资料来源:陆葵菲.大连城市广场复合商业地产项目全程实战解码.房地产导刊,2004(14).)

二、思考·讨论·训练

1. 大连城市广场复合商业地产项目运营成功表现在哪些方面?
2. 结合本案例谈谈房地产市场营销具有哪些特点?

项目名称:对行业营销的理解训练

1. 实训目的

采用听、说、想的形式,最大限度地调动学生的学习积极性,拓展学生的思维,提高其

分析问题、解决问题的能力以及收集资料并进行信息分析的能力。

2. 过程设计

（1）按每组5～6人对学生进行分组，根据每组的兴趣，分别让不同的小组收集有关汽车、旅游、酒店、保险、房地产营销方面的资料。

（2）各小组对收集的资料进行研讨，形成分析报告，推选一名代表上台演讲。

（3）由授课教师对每组的表现进行点评。

3. 实训要求

教师可围绕行业营销的各个步骤及方法，采取灵活多样的方式对学生进行各种能力训练，以提高学生的综合素质。

课后练习题

1. 一名保险推销员，向顾客推销人寿保险。顾客说："我感到相当健康。"你如何回答。

2. 汽车推销员向顾客介绍一新款轿车，顾客说："我需要和妻子讨论讨论。"你作为推销员该如何向顾客推销？

3. 对你最近接受过的服务（比如就餐、住店、导游、汽车美容等）进行分析和评价。

4. 调查你身边的一家房地产公司的新楼盘，分析一下它采用了哪些营销手段？

5. 请为某旅行社制订一份"十一黄金周"旅游营销计划。

6. 通过对你所在城市三星级、五星级酒店的调查，了解各酒店的经营特点和营销方式，并进行对比。若条件允许，可以适当地对酒店公关经理进行采访，同时调查消费者对酒店的认知程度。

7. 联系一个比较知名的汽车企业，或选取一个知名的汽车品牌，运用所学知识进行调查，分析该汽车品牌的状况，分析该品牌的市场占有率、知名度、美誉度等。在条件允许的情况下，可将意见反馈给企业，或就某一问题，撰写一篇小论文。

拓展阅读

市场营销发展新趋势

1. 营销理念的更新

传统的市场营销十分注重销售业绩，而忽视企业的经营特色、品牌形象的维护等。但是在新经济时代下，企业就需要转变这种经营理念。首先要从以销售业绩为中心转变为以满足消费者需求为中心，注重扩大和维持长期客户群，建立以满足消费者需求为重心的消费理念；其次是发展合作共赢理念，把以竞争为中心转变为以合作为中心，做到资源的整合以及营销关系的培养。注重人力资本的投资和知识资本的投资，这样才能实现企业的可持续发展。

2. 营销策略的更新

社会的发展客观地把现代的企业营销置身于一个国际化的环境之中。当今世界企业的快速发展加剧了企业之间的竞争。企业之间的竞争不仅仅只限于服务与产品之间的竞争，企业的品牌也成为企业加强自身社会影响力和社会竞争力的有效因素。品牌战略的市场营销能在消费者心里树立企业产品的形象同时树立企业的形象。此外，传统的营销策略往往从企业自身出发，在新经济时代下企业需要将这种营销策略转变为从消费者的需求出发。根据消费者的需求制定产品。这种营销策略能够有助于实现企业和消费者双赢。

3. 营销目标市场的细化

传统的市场营销存在着营销结构不合理，营销策略盲目性，营销方式滞后性以及承受环境变化带来的压力等问题。随着市场经济的发展，顾客的购买心理和购买行为在不断地发生着变化。消费者开始自己思考和购买需要的产品，从而减少外部因素的影响。由于市场上商品种类、价格、质量等多种多样，消费者开始更加注重商品之间的比较。他们往往通过商品之间各种因素的比较来选择适合自己的产品。另外，不同年龄层的顾客，不同地区的顾客以及拥有这不同价值观的顾客对商品的选择都存在差异性。因此，企业应该分析市场营销的发展趋势进而进行目标市场的细化。

4. 营销管理的重整

传统的营销管理表现在缺乏沟通管理、整合管理及学习管理等。在新经济时代下，市场营销中需要做到双向沟通。即与消费者、市场环境等的沟通。以消费者为中心建立长期的营销管理思想模式。传统的营销方式注重实际效果而忽视了企业与消费者之间的内在联系。所以现代的市场营销应更加注重培养企业与消费者之间的双向关系的建立及长期的维持。

（资料来源：丁玥. 企业市场营销发展前景及其应对策略研究. 商场现代化，2016（12）.）

参考文献

[1] 黄涌波，李贺，张旭凤. 市场营销基础：理论·案例·实训. 上海：上海财经大学出版社，2014.
[2] 葛晓明. 市场营销实训. 武汉：华中科技大学出版社，2013.
[3] 孟祥林. 市场营销学：理论与案例. 北京：机械工业出版社，2013.
[4] 熊云南，郑璁. 市场营销. 武汉：武汉大学出版社，2008.
[5] 任会福，李娜. 市场营销理论与实务. 北京：人民邮电出版社，2011.
[6] 赵柳村，胡志权. 市场营销核心技能强化训练. 广州：暨南大学出版社，2011.
[7] 彭石普. 市场营销理论与实训. 北京：北京师范大学出版社，2011.
[8] 李叔宁. 市场营销实训. 北京：高等教育出版社，2011.
[9] 胡德华. 市场营销理论与实务. 北京：电子工业出版社，2009.
[10] 朱华，窦坤芳. 市场营销案例精选精析. 北京：中国社会科学出版社，2006.
[11] 麦克丹尼尔，兰姆，海尔，等. 市场营销学学习手册. 时启亮，朱洪兴，王啸吟，译. 上海：上海人民出版社，2009.
[12] 鲍丽娜，姚丹. 市场营销学习题与案例. 大连：东北财经大学出版社，2009.
[13] 姚丹，鲍丽娜. 市场营销实训教程. 大连：东北财经大学出版社，2009.
[14] 王瑶. 市场营销基础实训与指导. 北京：中国经济出版社，2009.
[15] 袁誉莲. 关于体育营销的探讨[J]. 大众商务月刊，2009（10）.
[16] 马勇，刘名俭. 旅游市场营销管理. 大连：东北财经大学出版社，2008.
[17] 温国云. 论企业的文化营销[J]. 商业文化：学术版，2008（8）.
[18] 傅永刚，王淑娟. 管理教育中的案例教学法. 大连：大连理工大学出版社，2008.
[19] 刘洋，乐为，王晓萍. 市场营销习题、案例与实训. 北京：科学出版社，2008.
[20] 封展旗，黄保海. 市场营销案例分析. 北京：中国电力出版社，2008.
[21] 王煊. 市场营销综合实训教程. 武汉：湖北科学技术出版社，2008.
[22] 张昊民. 市场营销. 北京：高等教育出版社，2008.
[23] 卢海涛. 市场营销学. 2版. 武汉：武汉理工大学出版社，2014.
[24] 杨明刚. 营销策划创意与案例解读. 上海：上海人民出版社，2008.
[25] 王志伟. 市场营销学. 北京：对外经济贸易大学出版社，2008.
[26] 姜维奇. 汽车产业市场营销的作用[J]. 决策与信息：财经观察，2008（7）.
[27] 卢国红，马斌. 市场营销学. 昆明：云南科技出版社，2005.
[28] 梅子惠. 现代企业管理案例分析教程. 2版. 武汉：武汉理工大学出版社，2014.
[29] 谭术魁. 房地产管理学. 上海：复旦大学出版社，2006.
[30] 闵星. 汽车营销模式浅析[J]. 伊犁教育学院学报，2006（9）.
[31] 周鹏. 综合营销实务. 北京：电子工业出版社，2006.
[32] 陈守则，王竞梅，戴秀英. 市场营销学. 北京：机械工业出版社，2005.
[33] 郭国庆. 市场营销学通论. 6版. 北京：中国人民大学出版社，2014.
[34] 韩庆祥. 突破：实用营销. 北京：北京科学技术出版社，2005.

[35] 李川, 戴晓艳. 体育营销初探 [J]. 当代经理人, 2005 (1).
[36] 何丽芳, 李飞, 罗小川. 酒店营销实务. 广州: 广东经济出版社, 2005.
[37] 潘瑾, 徐晶. 保险服务营销. 上海财经大学出版社, 2005.
[38] 任娜. 论文化营销及其实施 [J]. 北方经济, 2005 (12).
[39] 罗农. 市场营销实训. 北京: 对外经济贸易大学出版社, 2005.
[40] 黄华明. 保险市场营销导论. 北京: 对外经济贸易大学出版社, 2004.
[41] 王慧彦. 市场营销案例新编. 北京: 北京交通大学出版社, 2004.
[42] 李弘, 董大海. MBA 市场营销学. 5 版. 大连: 大连理工大学出版社, 2006.
[43] 方光罗. 市场营销学. 3 版. 大连: 东北财经大学出版社, 2008.
[44] 陈文华, 叶志斌. 汽车营销案例教程. 北京: 人民交通出版社, 2004.